MICHEL DE MONTAIGNE

Die Essais

AUSGEWÄHLT,
ÜBERTRAGEN UND EINGELEITET
VON ARTHUR FRANZ

PHILIPP RECLAM JUN. STUTTGART

Umschlagabbildung: Frontispiz der *Essais* von 1608, gestochen von Thomas de Leu.

Universal-Bibliothek Nr. 8308

Lizenzausgabe mit Genehmigung der
Sammlung Dieterich Verlagsgesellschaft

Erste Auflage dieser Ausgabe 1969
Bibliographisch ergänzte Ausgabe 1984
Gesamtherstellung: Reclam, Ditzingen. Printed in Germany 1996
RECLAM und UNIVERSAL-BIBLIOTHEK sind eingetragene Marken
der Philipp Reclam jun. GmbH & Co., Stuttgart
ISBN 3-15-008308-7

EINLEITUNG

Was ist am Menschen das Menschliche? Wie sind die Menschen wirklich? Die Beantwortung dieser Fragen bildet das Hauptanliegen der »Essais« von Michel de Montaigne (1533 bis 1592). Die Gesamtantwort wird in viele Teilantworten zerlegt. Denn die Menschen sind verschieden, noch mehr geistig als körperlich. »Diese Unähnlichkeit«, so heißt es einmal am Ende des Zweiten Buches, »ist ihr allgemeinstes Charakteristikum.« Die Menschen sind verschieden, weil sie abhängig sind: abhängig von den Zeitumständen, von den Erbanlagen und von dem Herkommen auf religiösem, sittlichem, nationalem und politischem Gebiet; sie sind auch ungleich, weil sie in sich widerspruchsvoll sind und sehr oft anders als sie scheinen.

Wie sind sie nun wirklich? Was steckt an eigentlich Menschlichem in oder hinter dieser Verschiedenheit? Welches sind die Grenzen, welches sind aber auch die Möglichkeiten dieses Menschlichen, und wie kann man sie erkennen? Welches sind andrerseits die Folgerungen, die wir aus diesem Suchen und dieser Besinnung ziehen können für unsere Einstellung zu uns selbst und zu unserer Umwelt?

So sieht die Aufgabe aus, vor die Montaigne sich gestellt sieht, zu deren Lösung er beitragen und seine Leser anregen möchte. Diese Aufgabe scheint ihm nun aber, so allgemein sie ist, nur mit Hilfe der speziellsten Problemstellung einigermaßen lösbar, indem er die Frage so stellt: Wie bin ich, Michel de Montaigne, wirklich? Seine Methode ist die der Selbstbeobachtung.

Man hat die Meinung vertreten, eine Einführung in die folgende Auswahlübersetzung sei entbehrlich, denn jeder unbefangene Leser verstehe sie auch ohne eine solche. In der Tat: obwohl Montaigne seine »Essais« vor fast 400 Jahren geschrieben hat, in der Zeit des französischen Späthumanismus und der Religionskriege, also in einer Periode des Übergangs vom Mittelalter zur neueren Zeit und der politischen Umschichtung, als dem Absolutismus der Boden bereitet wurde; obwohl also seine Beobachtungen sich auf Menschen beziehen, die in eine von der unseren verschiedene Gesellschaftsstruktur eingeordnet waren und die sich zwar des Glaubens wegen bitter befehdeten, die Klassen- und Standesunterschiede aber noch als selbstverständlich hinnahmen; obwohl er als adliger Grundbesitzer, hoher Jurist und angesehener Diplomat einer bevorzugten Schicht angehörte und sich an Leser seiner Zeit wendet, die von ähnlichen Bildungs- und Standesvoraussetzungen ausgingen wie er – trotz alledem berührt das Wesentliche, was Montaigne zu sagen hat, auch uns irgendwie, und er spricht über seine Zeit hinweg auch zu uns. Natürlich bleibt er dennoch seiner Zeit verpflichtet, und er ist, so gegenwärtig viele seiner Ideen anmuten, kein moderner Mensch. Er stellt auch nicht etwa Vorbilder für uns auf. Er selbst erkennt sich als Mensch gerade in seinen Unvollkommenheiten – nur seine leidenschaftliche Ehrlichkeit bildet hierin eine Ausnahme –, und viele Voraussetzungen, von denen er ausgeht, treffen für unsere Zeit nicht mehr zu. Aber wir können ihn immer verstehen und werden von ihm fortgesetzt zu zeitgemäßen Gedanken angeregt.

Diese Verstehbarkeit über die Zeit hinweg hat mehrere Gründe. Montaigne schreibt nicht gelehrt, sondern so, wie er wirklich denkt. Er versucht, sich von der Typik seiner Zeit freizumachen und die beobachteten Einzeltatsachen für sich sprechen zu lassen. So stellt er sich selbst nicht als Aristokraten seiner Zeit dar, sondern er nennt die uneinheitlichen einzelnen Züge des gewöhnlichen Menschen, der dahintersteht. Er erkennt an, daß die Menschen an die Zeitumstände gebunden sind, das ist gleichsam eine Eigenschaft von ihnen; aber eigentlich will er darauf hinaus, zu sehen und zu zeigen, wie die Menschen immer sind. Die vielen Beispiele aus dem klassischen Altertum werden nicht historisch eingeordnet, sondern als Varianten des gleichen vielgestaltigen Menschentums angeführt, für das der Autor sich selbst als Hauptbeispiel hinstellt. Die ständische Gliederung sieht er als eine Tatsache an, die für seinen Zweck unwesentlich ist. Ein König ist, trotz seiner Würde, nicht anders beschaffen als seine Untertanen; Montaignes Standesgenossen haben nur gesellschaftlich, nicht menschlich, eine herausgehobene Stellung; sie werden wegen ihrer Einseitigkeit von ihm oft getadelt; er verurteilt die Ausbeutung primitiver Völker in den damals neu entdeckten Teilen der Welt; er haßt den Krieg, diese Pest der Menschheit, und die Gewalt in jeder Form, weil durch sie die eigentlich menschlichen Eigenschaften verdeckt und erdrückt werden.

Alles dies ist uns heute ohne weiteres verständlich. Montaigne ist infolge seiner eigentümlich realistischen Sehweise seiner Zeit vorausgeeilt. Trotz seines praktischen Konservatismus ist er ein gedanklicher Revolutionär; er hat die Auffassung vom Menschen, die in seiner Zeit herrschte, erschüttert.

Unsere Einführung kann auch deshalb kurz sein, weil die Einzelschwierigkeiten, die bei der Lektüre auftreten, auf andere Weise behoben sind. Im Namen- und Sachregister werden historische Namen und Daten sowie Begriffe, die heute nicht ganz geläufig sind, kurz erklärt. Dort sind auch die verschiedenen Themen, die Montaigne behandelt, unter Stichworten zusammengestellt; hierdurch wird es leicht gemacht, eine Übersicht über die verschiedenartigen Inhalte der »Essais« zu gewinnen, und zwar genauer als durch die Kapitelüberschriften, durch die oft nur ein Teilinhalt des betreffenden Essais angedeutet ist. In Montaignes absichtlich unsystematischer, der jedesmal sich darbietenden Assoziation folgenden Darstellungsweise werden nämlich ähnliche Gegenstände und Gedanken in den verschiedensten Zusammenhängen untergebracht, wiederholt, diskutiert und abgewandelt. Montaigne illustriert seine eigenen Ideen mit vielen fremdsprachlichen Zitaten, hauptsächlich aus lateinischen und italienischen Autoren. Das galt in der bildungsfreudigen Renaissancezeit für einen wesentlichen Schmuck.

Heute üben sie auf den deutschen Leser nicht mehr die gleiche bestätigende Wirkung aus, wie es bei den französischen Lesern seiner Zeit der Fall war. Sie sind in möglichst sinngetreuer Übersetzung wiedergegeben; ihre Originalform ist in Fußnoten abgedruckt, und zwar mit Angabe der Herkunft, obwohl diese bei unserem Autor ursprünglich in der Regel fehlte.

Das 16. Jahrhundert war in Frankreich eine Zeit tiefgreifender Umgestaltungen und Erschütterungen.
Dieser Hintergrund, von dem sich Montaignes Persönlichkeit abhebt, soll zunächst in einigen Grundzügen dargestellt werden. In der ersten Hälfte, in die Montaignes Jugend fiel, vollzog sich eine wirtschaftliche Umschichtung. In der zweiten Hälfte des Jahrhunderts, in der Montaigne sich als juristischer Beamter in Bordeaux und dann als humanistischer Philosoph und als vermittelnder Politiker betätigte, kam die geistige Krise zum Ausbruch und verschärfte sich durch die religiöse Krise zum Bürgerkrieg, der das Land an den Rand des Abgrundes brachte und der Montaignes Weltbeobachtung zugrunde liegt.
Zunächst brachte die Entwicklung des Handels, der Zustrom von Gold aus dem Auslande und das Anschwellen der Warenpreise eine Verarmung und Schwächung des landwirtschaftlichen Feudaladels und eine Verelendung der Arbeitenden mit sich. Durch die Käuflichkeit der Privilegien und Ämter wurde einerseits die Finanzkraft der Zentralgewalt gestärkt und der Luxus am Hofe ermöglicht, andrerseits entwickelte sich dadurch eine neue herausgehobene Schicht des Bürgertums, die sich aus Kaufleuten und Beamten zusammensetzte. Zugleich brachte der Ersatz der mittelalterlichen traditionellen Bildung durch den von Italien beeinflußten Humanismus eine neue Art geistiger Aristokratie hervor, die dem Erbadel den Rang streitig machte. Montaignes Familie bietet ein charakteristisches Beispiel dieser Entwicklung. Seine Vorfahren sind reichgewordene Kaufleute; Michels Vater tut es auf seinen Italienzügen den Rit-

tern gleich und wächst durch seine Ämter, z. B. als Bürgermeister von Bordeaux, in die Aristokratie hinein. Michel selbst gehört von seinem 21. Jahre an als studierter juristischer Beamter dem Amtsadel an, und er nennt sich nach dem Tode seines Vaters, als erster seines Geschlechts, Herr von Montaigne, nach dem kleinen Schlößchen und Gut Montaigne (eine orthographische Variante von Montagne = Berg) in der Nähe der unteren Gironde, das der Urgroßvater für 900 Francs gekauft hatte. Seine früheste Erziehung ist ein pädagogisches Experiment nach italienischem Vorbild; er besuchte vom 6. bis zum 13. Jahr ein humanistisches »Collège«, wie sie damals erstmalig aufblühten, und später richtete er seine Studien ganz in humanistischem Sinne aus.

Die Reformation brachte eine Glaubensspaltung in Frankreich hervor. Sie gewann infolge des Verfalls der damaligen französischen Geistlichkeit rasch an Boden. Zunächst schien sie dem Staat nicht gefährlich; erst gegen Mitte des Jahrhunderts griffen königliche Richter ein, die gegen die abtrünnigen Gläubigen die Todesstrafe aussprechen konnten. Die Lehre Calvins breitete sich trotzdem aus, erst im geheimen, dann öffentlich. Die Entstehung der Buchdruckerkunst leistete ihr Vorschub. Die Bibelübersetzungen und geistliche Schriften in der Volkssprache traten an die Stelle des dem Volke unverständlichen Lateins und wurden weit verbreitet. Zugleich aber kamen nationale und politische Gesichtspunkte aller Art zu den rein religiösen Erwägungen. An der Spitze beider Bekenntnisse, die immer mehr zu politischen Parteien wurden, standen Fürsten, Mitglieder der königlichen Familie und einflußreiche Räte des Königs. Auf der Seite der Hugenotten war der Admiral Coligny der tatkräftigste Führer; an der Spitze der katholischen Partei stand die lothringische Fürstenfamilie der Guise. Infolge dieses Tatbestandes wurden die Entscheidungen der Krone in der Bekenntnisfrage mehr von politischen als von religiösen Gesichtspunkten bestimmt. Heinrich II., der Gatte der Katharina von Medici, und ihr ältester Sohn Franz II. waren zur Ausrottung der neuen Kirche bereit; sie starben aber beide, ehe sie ihre Absicht ausführen konnten. Als Katharina die Vormundschaft für ihre jüngeren Söhne, Karl IX. und Heinrich III., führte, unterstützte sie zunächst die Hugenotten, um zu verhindern, daß die Guise die Königskrone errangen. Das Religionsgespräch von Poissy, das eine Vereinigung der zwei Kirchen bringen sollte, verlief ergebnislos. Die Festigung der Katholischen Kirche (Tridentiner Konzil, 1545–63) bereitete den späteren Sieg der Katholiken in den kommenden Religionskriegen vor. Dieser aus vielen Einzelaktionen bestehende Bruderkrieg wurde zuerst durch einen Aufstand der Calvinisten ausgelöst, die durch den Mord zahlreicher ihrer Glaubensgenossen gereizt waren. Feste Plätze, wie La Rochelle, boten den Calvinisten Schutz. Der innerpolitische Streit hatte außenpolitische Folgen; die religiöse Sache, um die es ging, wurde dabei oft vergessen; kriegerischer Ehrgeiz und persönlicher Haß mischten sich ein. Die Einigungen über den Schutz des calvinistischen Gottesdienstes waren nur vorübergehend. Coligny gewann nach fast zehnjährigen Fehden den König Karl IX., nachdem dieser mündig geworden war, für eine Versöhnung, die dadurch bekräftigt wurde, daß der protestantische König von Navarra, der spätere Heinrich IV., die Schwester Karls heiratete. Aber jetzt war die Königinmutter gegen die Einigung. Es kam zum Blutbad der sogenannten Bartholomäusnacht (1572), bei dem die Hugenottenführer im Pariser Louvre ermordet wurden. Gegen die Zugeständnisse, die hierauf den geschwächten Calvinisten gemacht wurden, bildete sich unter Führung der Guise eine Liga zum Schutze des Glaubens. Ein Staatsstreich wurde vorbereitet. Spanien unterstützte ihn. Eine gewaltige Flotte wurde von dort gegen die protestantische Vormacht, England, geschickt. Diese »Armada« wurde vernichtet. Damit fiel die ausländische Unterstützung weg. Der neue König Heinrich III. ließ den Kronprätendenten Heinrich von Guise ermorden, verband sich mit Heinrich von Navarra und belagerte gemeinsam mit ihm das von der Partei der Guise weiter beherrschte und verteidigte Paris. Die Lösung kam dadurch, daß Heinrich III. durch einen katholischen Fana-

tiker ermordet wurde und der nun zum Erben der Krone bestimmte Heinrich IV. zum Katholizismus übertrat.
Diese politische und historische Situation Frankreichs beeinflußte auch das Leben in der Guyenne, der südwestfranzösischen Heimatprovinz Montaignes, und ihrer Hauptstadt Bordeaux auf das tiefste. Dort war Montaigne von 1557 an 14 Jahre Parlamentsrat, wurde öfters an den Hof geschickt und mit schwierigen Vermittlungsaufgaben betraut. Dort wurde er zweimal, 1581 und 1583, auf zwei Jahre zum Bürgermeister gewählt, was als sehr ehrenvolles und politisch verantwortungsreiches Amt galt. Dort, und später auch auf seinem Gut, sah er aus der Nähe die Zersetzung des Lebens durch religiöse und parteimäßige Fehden und die dauernde Unsicherheit aller Einrichtungen und Anschauungen infolge der Kriegswirren.
Diese Ereignisse haben natürlich auch auf seine Lebensanschauung eingewirkt, bei deren Darstellung er fortgesetzt auf die Kriegswirren, unter denen sie zustandegekommen ist, verweist.
Wir sahen, daß Montaigne dem aufstrebenden Bürgertum angehörte, das Kapital und Bildung sich erwarb und dadurch das fortschrittliche Element darstellte gegenüber dem im Abstieg befindlichen Feudaladel (vgl. z. B. Buch II, S. 250); wir werden noch sehen, daß er sich mit dem Königtum und speziell mit den Zielen des zukünftigen Königs Heinrich IV. eng verbunden fühlte.
In den Religionskriegen ging es nicht nur um Fragen des Glaubens, sondern sie hatten einen Hintergrund rein politischer Art. Dieser wird gebildet durch den Kampf des Königtums um die nationale Einheit und gegen die partikularistischen Adligen beider Konfessionen. In diesem vielgestaltigen Kampfe fühlt sich die neue bürgerliche Oberschicht, zu der Montaigne gehörte, als Verbündete des zentralistischen Königtums. Die beiden Tendenzen, die in die Zukunft weisen, finden sich. Die Spannung zwischen den beiden Lagern, den feudalistischen Separatisten und den zum König haltenden höheren Beamten und Politikern, war für

einen Mann wie Montaigne, der in dauernder Berührung mit anders denkenden Adligen stand, lebensgefährlich. Deshalb ist das zeitweilige politische Beiseitestehen Montaignes, von dem noch zu sprechen sein wird und das mit Unrecht als für ihn wesentlich angesehen wird, nicht nur als freiwillige Zuflucht zum Dienst der Musen, sondern mehr noch als Zwangszuflucht zu verstehen, weil nur auf diese Weise sein politisches Weiterwirken möglich gewesen ist. Unter anderen Umständen wäre eine solche apolitische Muße in entscheidungsreicher Zeit als unzulässig zu bezeichnen. Er empfiehlt sie auch seinen Mitmenschen nicht etwa als Mittel zu einem egoistischen Selbstgenuß. Er zeigt vielmehr deutlich die schweren Mühen und Gefahren auf, die eine solche Isolierung mit sich bringt. Sein Beiseitestehen im Dienste der Erkenntnis seines Ich ist keineswegs wirklichkeitsfeindlich, passiv und pessimistisch, wie man annehmen könnte. Er will es vielmehr aufgefaßt wissen als Voraussetzung für sein Experimentieren, durch das es ihm möglich ist, zu der einzigen menschlichen Wirklichkeit vorzudringen, deren er habhaft werden kann. Durch die Selbsterkenntnis soll der Schein dieser Wirklichkeit von ihrer Wahrheit getrennt werden; dabei ist es für ihn selbstverständlich, daß der einzelne von der Gemeinschaft, zu der er gehört, nicht zu trennen ist; die Kräfte, die im Gemeinschaftsleben eingesetzt werden können, sollen auf ihre Realität geprüft werden. Und wenn schließlich der Skeptiker Montaigne seine Flucht vor der Zuchtlosigkeit seiner Zeit oft in pessimistischem Tone mit der Schlechtigkeit der Welt begründet, so zeigt doch sein Humor und seine politische Zukunftshoffnung (vgl. z. B. die Fortsetzung der oben zitierten Stelle, Buch II, Kapitel 17, S. 250: die Tätigkeit eines guten Fürsten ist nur als Ausdruck des Volkswillens fruchtbar; dieser Volkswille bejaht die edelsten Tugenden; ein Fürst, der, wie Heinrich IV., diese Tugenden in Anwendung bringt, wird seine Konkurrenten alle überflügeln) einen menschlichen und auch einen politischen Optimismus, der mit der Haltung des »Dichters im Elfenbeinturm« nichts gemein hat.

Aus Michel de Montaignes Leben sollen hier nur einige wichtigere Ereignisse erzählt werden. Er ist am 28. Februar 1533 auf dem Landgut Montaigne geboren, dessen Herrenhaus der praktische Vater allmählich zu einem schloßähnlichen Herrensitz umbaute. Dieser Vater, an dem der Sohn mit schwärmerischer Liebe hing, war ein kräftiger und keuscher Mann, der vor seiner Verheiratung in italienischen Feldzügen Kriegsdienste geleistet hatte und dann das Leben eines sehr tätigen Gutsbesitzers führte. Dies gilt vor allem auch für die Jahre, in denen er in der Stadtverwaltung und danach als Bürgermeister von Bordeaux wirkte. Das pädagogische Experiment, von dem wir gesprochen haben, bestand darin, daß er seinen Sohn Michel durch einen deutschen Betreuer mit Namen Horst (Horstanus), der kein Wort Französisch verstand, vom 2. bis zum 6. Jahre nur in lateinischer Sprache erziehen ließ. Dann gab ihn sein Vater auf das Collège de Guyenne, wo glänzende Humanisten als Lehrer wirkten, und ließ ihn noch durch einen besonderen Hofmeister versorgen, um ihm ja die beste Bildung, die möglich schien, zu verschaffen. Der Erfolg dieser verfrühten Gelehrsamkeit war zweifelhaft; Michel zeichnete sich durch seine Beherrschung des Lateinischen als Umgangssprache im Schulleben aus, aber später hielt er von dieser strengen Büchererziehung nicht viel. Mit 13 Jahren war seine Schulbildung beendet. Er studierte dann in Toulouse und übernahm schon mit 21 Jahren ein juristisches Amt in Périgueux. In Bordeaux, wohin er als Parlamentsrat vierundzwanzigjährig versetzt wurde, begann 1558 die Freundschaft mit seinem Amtskollegen, dem Dichter Étienne de La Boétie (gest. 1563), die zu seiner eigentlichen und einzigen Herzensneigung wurde. Montaigne reist dann von 1559 an mehrere Male in dienstlichem Auftrag an den Hof, nach Paris und nach Bar-le-Duc, von 1561 an bleibt er, wegen der Religionsstreitigkeiten in der Guyenne, die nur am Hofe geschlichtet werden können, über ein Jahr in Paris; mit dem königlichen Heere begibt er sich 1562 nach Rouen und wohnt der Eroberung dieser Stadt, die im Besitz der Hugenotten war, bei. Dort trifft er einen eingeborenen

Brasilianer, von dem er Auskünfte über die Neue Welt erhält, die er in den »Essais« verwertet. 1565 verheiratet er sich mit der Tochter eines seiner Bordelaiser Kollegen, Françoise de Chassagne. 1568 erbte er als Ältester von acht Geschwistern die Herrschaft Montaigne. Um einen Wunsch seines Vaters zu erfüllen, veröffentlicht er 1569 die französische Übersetzung der lateinischen Theologia naturalis (das ist eine Theologie, die sich erklären läßt) des Spaniers Raimundus Sebundus, auf die er später in dem längsten Kapitel der »Essais« (II. 12), überschrieben: »Apologie de Raimond Sebond«, Bezug nimmt, dabei aber von dem Standpunkt ausgeht, daß sich das Religiöse eben nicht erklären lasse. 1570 gibt Montaigne sein juristisches Amt auf und zieht sich auf sein Schlößchen zurück.

Damit beginnt der letzte, der humanistische Teil von Montaignes Leben, in dem die »Essais« entstehen. Aber auch diese stilleren 22 Jahre sind noch ereignisreich genug. 1571 wird seine zweite Tochter Leonore geboren, die einzige seiner sechs Töchter, die am Leben blieb und die er 1590 mit einem südfranzösischen Edelmann verheiratete. Der Bürgerkrieg zieht ihn in Mitleidenschaft und verlangt öfters sein Eingreifen. 1577 zeigt sich erstmalig ein ererbtes Steinleiden. Die Ehrungen, die er erhält, zeugen von seinem Ansehen. So wird er Ritter vom Orden des heiligen Michael, mit dessen Kette er gewöhnlich abgebildet ist; er wird von König Karl IX. und später auch vom König von Navarra zum Kammerherrn ernannt, und er darf 1580 die erste Ausgabe der »Essais«, in zwei Bänden, dem König Heinrich III. persönlich überreichen. Dieser lobt das Buch sehr. Darauf antwortet Montaigne: »Also muß ich Euer Majestät gefallen, da mein Buch Ihr angenehm ist; denn es enthält weiter nichts als Betrachtungen über mein Leben und mein Tun.«

Montaigne reist gern und viel, teils aus dienstlichen, teils aus gesundheitlichen Gründen, aber auch aus Freude am Wechsel und an der Beobachtung verschiedener Menschen und Sitten. Die längste dieser Reisen ist die, welche er nach Fertigstellung der ersten Ausgabe der »Essais«, 1580, unternimmt und die ihn, wie wir sahen, an den königlichen Hof nach Paris, dann aber nach Ostfrankreich und Süddeutschland und schließlich nach Italien führt. Hierüber hat er ein zum Teil italienisch geschriebenes Tagebuch geführt, »Le Journal de Montaigne en Italie«, das erst 1774 aufgefunden und veröffentlicht wurde. Während dieser Reise, als er in den Bädern von Lucca die Kur brauchte, erhält er die Nachricht, daß er zum Maire von Bordeaux gewählt ist. Er beeilt sich nicht mit der Rückreise und führt dann sein Amt zur allgemeinen Zufriedenheit. 1583 wird diese Wahl für weitere zwei Jahre wiederholt. Während dieser zweiten Amtsperiode ist der König von Navarra zum erstenmal, und später noch öfters, sein Gast in Montaigne. Diese Jahre werden überschattet durch schwere Sorgen um das Schicksal von Bordeaux und durch den Ausbruch der Pest in dieser Stadt. Das Jahr 1588, in dem die durch das Dritte Buch und viele Zusätze erweiterte Ausgabe der »Essais« erscheint, ist durch seine letzte Reise nach Paris charakterisiert. Dort erlebt er seine zweite Freundschaft, die Alterszuneigung zu seiner »Wahltochter« Fräulein von Gournay, die sich später um die Ausgabe seiner Werke verdient macht. Im Gefolge des Königs Heinrich III. muß er Paris verlassen und hat eine Reihe sonderbarer Erlebnisse, die ein Licht auf die verschiedenartigen politischen Beziehungen, welche er unterhält, fallen lassen. Als Heinrich IV. König geworden ist, steht Montaigne im Briefwechsel mit ihm und richtet an ihn ein Schreiben, das man als sein politisches Testament bezeichnen kann. Am 13. September 1592 stirbt Montaigne während einer Messe, die an seinem Krankenlager gelesen wurde.

Über die Probleme der *Montaigne-Forschung* können hier nur wenige Andeutungen gemacht werden. Es besteht sonst die Gefahr, daß der Blick des Lesers vom Text selbst abgezogen wird. Es ist aber das Ziel dieser Sammlung, durch die Übersetzungen ihm die Originale selbst nahezubringen. Außerdem sind eingehendere kritische und historische Erläuterungen meist erst für den von Nutzen, der Montaigne schon kennt und sich dann in einzelne Fragen, die ihn bei der Lektüre interessiert haben, gründlicher einarbeiten will. Solche Leser seien auf die neue, glänzende Darstellung Montaignes von Hugo Friedrich[1] hingewiesen. In diesem Buch ist die wichtigste Literatur über die Montaigne-Probleme angegeben.

Hierin spielt die *Biographie* eine große Rolle. Montaignes Leben ist genau durchforscht. Aber für unsere Zwecke dürfte die obige kurze Übersicht genügen. Sagt doch der Autor das Wichtigste, was der Leser wissen muß, in den »Essais« selbst. Denn das ganze Buch ist um den Gedanken der Selbstdarstellung gruppiert. Was er äußerlich erlebt hat, scheint ihm hierfür weniger wichtig – das rechnet er alles zum Zufall –, als wie er innerlich darauf reagiert hat. Darüber kann jedoch die objektive Biographie nur unvollkommen Auskunft geben.

Außerordentlich sorgfältig sind auch die *Quellen* von Montaignes »Essais« untersucht. Das Bild der Quellen ist aber nur mit Vorbehalt auf dieses Werk anwendbar. Unendlich viele Gedanken daraus finden sich ähnlich auch in den Schriften früherer Menschenkenner. Aber Montaigne hat sie neu gedacht und oft umgedacht. Als Quellen springen sie für ihn nur, wenn sein kongenialer Geist sie berührt hat. Natürlich schuldet er seinem geistigen Erbe sehr viel. Er hat eine ungeheure Fülle von allgemeinen Ideen und von Einzelheiten aus der Literatur der Antike und seiner Zeit benutzt, nicht selten ungenau, aus zweiter Hand, und ohne Angabe der Stelle, so daß es oft schwierig ist, zu sagen, woher er geschöpft hat; aber er hat diese Gedanken und Zitate in der Regel nicht als übernommene, objektive Weisheit dargeboten, sondern als schmückende und bestätigende Formulierungen seines eigenen Denkens.

1. Hugo Friedrich: *Montaigne*. A. Francke Verlag, Bern 1949, zweite neubearbeitete Aufl. 1967. Vgl. dazu: Arthur Franz, Deutsche Literaturzeitung, Jahrgang 71 (1950), S. 298–302, und Hans Flasche: *Das Montaignebild der Gegenwart*. Neuphilologische Zeitschrift, 3. Jahrgang (1951), S. 390–402.

Ein weiteres Problem der Montaigne-Forschung ist die *Gedankenentwicklung* innerhalb der »Essais«, ihre innere Geschichte. Er geht von Lesefrüchten aus. Erst allmählich setzt sich die Absicht durch, die eigene Individualität darzustellen; deshalb finden sich in der jüngsten Schicht besonders viel Angaben, die sein persönliches Leben und seine privaten Ansichten betreffen. Erst allmählich wandelt sich die auch aus dem Altertum übernommene Skepsis zur Weisheit.

Dann hat man Montaignes Verhältnis zum *Christentum* untersucht. Hier haben sich verschiedene Meinungen gegenübergestanden. Ist er widerchristlich, wie Pascal es fühlte? Steht seine eigene Gedankenwelt selbständig neben der christlichen Heilslehre, mit der er sich als Opportunist abfindet; ist also sein konservativer Katholizismus etwas Äußerliches und für ihn im Grunde Unwesentliches? Oder ist das christliche Erbe des Mittelalters, wenn auch oft in säkularisierter Abwandlung, von entscheidender Bedeutung für sein Denken?

In der Geschichte der Kenntnis vom *inneren Menschen* nimmt Montaigne einen hervorragenden Platz ein. Man bezeichnet dieses Suchen nach dem Wissen vom Menschsein je nach dem Standpunkt, von dem man ausgeht, und nach der Methode, die man anwendet, mit verschiedenen Fachausdrücken: man spricht von Humanismus, wenn die Anregungen aus der Antike im Vordergrunde stehen, von Anthropologie, wenn die naturwissenschaftliche Methode vorherrscht, und, nach französischem Vorbild, von Moralistik, wenn die menschlichen Realitäten, die zur Sittenbildung führen, unabhängig von metaphysischer und politischer Zielsetzung untersucht und in künstlerischer Form dargestellt werden. Mit Moral hat solche Moralistik wenig zu tun. Denn man meint mit der letzteren gerade jene sachliche und zugleich ästhetische Sehweise, die den Menschen nicht erziehen, ändern, emporreißen und idealisieren und ihn auch nicht klassifizieren und schematisieren will, sondern ihn so beobachten, analysieren und darstellen möchte, wie er tatsächlich ist. Montaigne bildet einen Höhepunkt in der Entwicklungslinie dieser Betrachtungsweise. Wollte man diese Linie nachzeichnen, so gälte es, wie Friedrich in dem erwähnten Buche es unternimmt, zu untersuchen, wie die Erkenntnisse vom Menschen, die Montaigne bietet, in ihrer Gesamtheit und in ihren Einzelheiten zu den Auffassungen vom Menschen sich verhalten, die bei seinen Vorgängern und bei seinen Nachfolgern vorkommen. Das ist ein gewaltiges Programm. Hier kann nur so viel gesagt werden, daß die »Essais« ein Hauptstück der neuzeitlichen »Moralistik« bilden; daß ein großer Teil der Menschenkunde, die nach ihm in Frankreich und dann auch außerhalb Frankreichs gepflegt wurde, in den »Essais« ihren Ursprung hat; daß durch dieses Buch bedeutende Menschenkenner der verschiedensten Art angeregt worden sind; schließlich, daß Montaigne sich von allen seinen Vorgängern und Nachfolgern durch sein Mißtrauen gegen unberechtigte Verallgemeinerungen und durch seine unbestechliche Selbstbeobachtung unterscheidet.

Natürlich ist das letzte Ziel der Montaigne-Forschung, zur Charakterisierung und *Deutung* der »Essais« beizutragen. Diese Erklärungen bringen den rechten Nutzen erst, wenn die Lektüre vorausgeht. Die Gesamtanschauung baut sich auf der Einzelinterpretation auf; ein Teil von dieser steckt schon in unserer Übersetzung. Bei vorzeitiger Gesamtbeleuchtung der »Essais« besteht das Bedenken, daß der Leser voreingenommen an das Werk selbst herangeht. Montaigne ist in der Tat sehr verschieden und oft einseitig ausgedeutet worden: als Skeptiker – die Kapitel über die Freundschaft beweisen, daß er keineswegs nur Skeptiker war; als Popularphilosoph – was unsystematisch dargeboten und leicht zu lesen ist, kann doch sehr wahr und wichtig sein; als Pädagog, als Feind des Christentums, als Stoiker, als Spieler des Geistes, als Individualist, als Erotiker, als Weisheitslehrer, als Erniedriger des Menschen, als Vertreter der bitteren oder der heiteren Ironie, als anschaulicher Schriftsteller, ja als Dichter. Im einzelnen hat jede dieser Charakterisierungsarten eine gewisse Berechtigung; zur Gesamtbeleuchtung taugen sie alle nicht. So vielgestaltig die

Menschen überhaupt sind, so vielgestaltig sind auch die Mittel, mit deren Hilfe Montaigne sie darstellt.
Die folgende Einführung in Montaignes Werk gruppiert sich nicht um die Lebenserkenntnis, die sich aus den »Essais« gewinnen läßt, sondern um die *Lebenskunst*, der seine Beobachtungen und Erkenntnisse dienen. Das ist natürlich auch ein Einzelgesichtspunkt, von dem man Montaigne nicht vollständig überschauen kann, aber vielleicht derjenige, von dem aus man ihn dem heutigen Leser am leichtesten nahebringen kann.

Was Montaigne den Bedrohungen des Menschlichen entgegenzusetzen hat, ist seine *Lebenskunst.* »Leben«, sagt er, »das ist mein Handwerk und meine Kunst.« Diese »Kunst zu leben« ist eine durch Selbstbeobachtung und Reflexion gewonnene seelische Haltung. Ein Verhalten, nicht nur vor anderen, sondern vor sich selbst. Es ist nicht christlich, obwohl Montaigne ein im Grunde demütiger und frommer Mann und ein konservativer Katholik ist; denn sein Glaube schwebt über dem Leben, und es fehlt ihm jede Sehnsucht nach überirdischer Erlösung. Die Haltung ist nicht moralisch, obwohl er ein empfindliches Gewissen und eine vorbildliche Ehrlichkeit besitzt; denn er will nicht aufzeigen, wie die Menschen sein sollten oder sein könnten, sondern wie sie wirklich sind. Sie ist auch nicht heroisch, obwohl Montaigne sich der revolutionären Kühnheit seiner Einstellung bewußt ist und den Mut sehr hoch einschätzt; denn er will eben nicht vom Aufschwung der Seele und vom »Herausspringen aus ihrer normalen Lagerung« sprechen, sondern davon, wohin sie »von ihrem üblichen Sitz aus reichen kann«. Es ist eine Lebenskunst im Bereich des rein Menschlichen.
Was uns diese irdische Lebenskunst heute zunächst als etwas befremdlich erscheinen läßt, ist eine gewisse Bindungslosigkeit. Diese erklärt sich aus seiner Naturanlage, aus philosophischer Beeinflussung, aus seiner politischen Erfahrung und aus seinem Selbsterhaltungstrieb gegenüber einer Umwelt, die alles zu verschlingen drohte. Man muß bedenken,

daß die »Essais« in dem Jahrzehnt nach der Bartholomäusnacht entstanden sind. Um Mensch sein zu können, verhält er sich zu allem Äußeren vorsichtig. Er schließt sich der katholischen Partei an, aber er verschreibt sich ihr nicht, sondern arbeitet für den Ausgleich und achtet im Gegner den Menschen. Er will nicht einseitig sein, kein Kämpfer, kein Berufsmensch, sondern eben ein Mensch schlechthin. Auch an seinen Stand fühlt er sich nicht ganz gebunden. Stammt er doch von Kaufleuten ab, die den bürgerlichen Namen Eyquem führten, wie sein Vater noch hieß, und hatte seine Mutter doch reiche Juden aus der Iberischen Halbinsel zu Vorfahren.

Als Ganzes können wir Montaignes Lebenskunst heute gewiß nicht übernehmen. Keine Kunst, die auf den geistigen und gesellschaftlichen Voraussetzungen einer anderen Zeit beruht, kann nachgeahmt werden. Die Rolle des Individuums, das Glück der Hingabe an das Werk, die Liebe usw. sehen wir nun einmal anders als er. Aber die »Essais« sind hervorragend dazu geeignet, uns auch heute zur Besinnung anzuregen, wie sie auf ganz verschiedene Menschen seiner Zeit und mehr noch späterer Epochen lebendig und befruchtend gewirkt haben, nicht nur auf ihr Denken, sondern auch auf ihr Leben. Man kann seine »Essais« immer wieder lesen und meditieren; sie helfen dazu, eine neue Lebenskunst zu gewinnen, die bei jedem wieder auf sein eigenes Wesen, auf seine eigene Zeit und auf seine eigene Umgebung antwortet. Jeder muß sich dabei wieder neu besinnen, »wie es in seinem Inneren aussieht und was darin vorgeht«.

Auf diese Anregungen Montaignes hat die Nachwelt nicht immer positiv reagiert, sondern in der zweiten Hälfte des 17. Jahrhunderts, in der Zeit des Absolutismus, durch Ablehnung und Haß. Die Gegner, die als »Antimontanisten« bezeichnet werden, bekämpften ihn heftig, nicht nur, weil sie philosophisch anders dachten, sondern weil sie dem Leben gegenüber eine andere Grundeinstellung hatten. Sie vermissen bei Montaigne das Christentum, die Moral, die Heroik. Im Gegensatz zu ihm erstreben sie die Herrschaft des

Verstandes und des Willens über die menschliche Natürlichkeit. Auch die klare, strenge Form sollte in der Zeit der französischen Klassik dazu beitragen, die Verschlungenheit des Innenlebens zu meistern und dem Verstand und dem Willen zu unterwerfen. Aber das Herrschen-Wollen verträgt sich mit Montaignes Lebenskunst nicht. Der Verstand soll ihm vielmehr dazu helfen, diese unberechenbare Verschlungenheit, dieses ewige Fließen im menschlichen Wesen, aufzudecken. Dem entspricht die schweifende Form der »Essais«, welche auch die Art und Weise widerspiegelt, wie sein Denken tatsächlich verläuft.

So kommt es, daß zwischen den Jahren 1669 und 1724 keine einzige Neuausgabe der »Essais« erschien, während sie sonst sehr oft gedruckt wurden. Nach der Zeit des Absolutismus fand man dann von verschiedenen Seiten her wieder den Zugang zu den »Essais«. Es gab seit der Zeit der Aufklärung und besonders seit dem Beginn des 19. Jahrhunderts immer wieder Perioden, in denen Montaigne als sehr zeitgemäß empfunden wurde. Die Jahre 1933 bis 1945 in Deutschland gehörten hierzu nicht. Als Beispiele nenne ich nur drei Repräsentanten ihrer Zeitalter: Goethe, der von »Montaignes unschätzbar heiterer Wendung« spricht; Jacob Burckhardt, der Montaigne eine Zwischenstellung zwischen den Philosophen und den Dichtern zuweist; Heinrich Mann, der Montaigne bewunderte und sich in seinem Denken nachhaltig von ihm beeinflussen ließ. So laßt er im ersten Bande seines großen Werkes: Henri IV, »Die Jugend des Königs Henri IV« mit einiger dichterischer Freiheit Michel de Montaigne, den einfachen Edelmann, als geistigen Berater seines Helden auftreten. Dieser beeinflußt im Roman den späteren König von Frankreich nicht nur philosophisch in einem Sinne, der in die Zukunft weist, sondern er greift als Bürgermeister von Bordeaux sogar in die Handlung ein, da er bei der Erklärung Heinrichs von Navarra zum Erben der Krone mit wirkt. Der Roman ist als dichterisches Gleichnis unserer Zeit gedacht. In ihm wird Montaigne eine nicht unwichtige Rolle zugewiesen. Heinrich Manns Montaignebild wird bestimmt durch zwei Sätze: »Ich liebe die ausgeglichenen, mittleren Menschen. Maßlosigkeit, selbst im Guten, wäre mir fast zuwider ...« und »Die Gewalt ist stark; stärker ist die Güte.«

Worin besteht nun Montaignes Lebenskunst? Wie kommt es, daß sie bis heute ihren Zauber ausübt? Sie besteht in der Bereitschaft, sich vom Leben schenken zu lassen, was es zu schenken hat. Denn es ist reich. Allerdings kommt es dabei darauf an, sich nichts vorzumachen. Denn nur der eigene, nicht der geborgte Reichtum ist damit gemeint. Wir können diesen Reichtum heben, wenn wir uns darauf einstellen, möglichst gut, möglichst leicht und möglichst ehrlich zu leben und zu sterben, so, wie es der richtig verstandenen Natur entspricht. Aber wir müssen hierbei bescheiden sein. Wir müssen horchen, was die Natur uns sagt. Sie sagt uns, daß wir von ihr abhängig, widerspruchsvoll, alltäglich und gewöhnlich sind. Wenn wir dies ohne Groll und Jammer zugeben, können wir auch wieder fröhlich werden. Unser »Aufenthalt im gemeinsamen Reiche aller Geschöpfe der Natur« ist erträglich. Wir können lernen, uns mit den Gegebenheiten unseres Wesens abzufinden, auch wenn sie schlecht sind. Denn wir haben nur diese eine Natur, und deshalb hat sie recht.

Der *Begriff der Natur*, von dem Montaigne hier ausgeht, ist nicht eindeutig, und er ist natürlich durch die Naturanschauung seiner Zeit bedingt. Die Unterwerfung unter die Natur, die er hier zu fordern scheint, hat den Sinn eines religiösen Gefühls der Abhängigkeit, das ihm über die menschlichen Unvollkommenheiten, von denen er sich umgeben sah, hinweghelfen sollte. Die Lehre, die Natur blind walten zu lassen, würden wir heute als kulturelle Reaktion bezeichnen. Aber wenn man genau hinsieht, und wenn es gestattet ist, bei der dialektischen Zerspaltung seiner Ansichten auf eine Generalmeinung zu schließen, verhält sich Montaigne der Natur gegenüber ebensowenig nur passiv und pessimistisch, wie wir das bei seinem politischen Beiseitestehen gezeigt haben. Er bejaht ja den Reichtum des

Lebens. Er will das Schlechte, das er darin findet, gleichsam unwirksam machen. Er bemüht sich, im Rahmen seiner Zeit, um kulturelle Errungenschaften auch auf dem Gebiete der Naturwissenschaften, auch wenn er manche Fortschritte, die sich später als wesentlich gezeigt haben, noch ablehnt. Er glaubt auch auf diesem Gebiet an die Macht der Vernunft, der Raison, so vorsichtig er sich auch diesem menschlichen Arbeitsgerät gegenüber verhält. Er sagt oft genug, daß Fortschritte in der inneren Erkenntnis und in äußeren Verbesserungen nur durch fortgesetzte geistige Bemühungen gewonnen werden; durch Mißerfolge dürfe man sich nicht abschrecken lassen, weil der Nachfolger vielleicht erreicht, was dem Vorgänger unerreichbar war.

Es hilft uns nichts, sagt er außerdem, sondern es verarmt uns nur, wenn wir unser wirkliches Menschtum durch Idealisierung oder Typisierung verdecken. Ja, noch mehr. Die Heiterkeit und Weisheit, die aus den »Essais« spricht, entspringt dem Vertrauen, daß wir ohne die Unvollkommenheiten, unter denen wir leiden, eben keine Menschen sein würden, und daß wir ohne sie in der Wirklichkeit nicht leben könnten.

Montaignes Lebensweisheit läßt sich nicht in Regeln fassen, sondern sie beruht auf einem seelischen Verhalten. Die Hauptcharakteristika dieser Haltung sind: Unabsichtlichkeit, Ungespanntheit und lockere Heiterkeit. Diese Haltung gedanklich zu unterbauen ist Aufgabe der Philosophie. »Die Seele fühlt sich wohl, wenn die Philosophie in ihr wohnt. Diese seelische Gesundheit wird auch auf die körperliche Gesundheit übergreifen. Ihre Ruhe und ihr Glück werden auch nach außen ausstrahlen. Die ganze äußere Erscheinung wird sich nach dem Seelenbilde formen; die ganze Haltung wird von liebenswürdigem Stolz, von einem tätigen und lebendigen Geist und von zufriedener und behaglicher Stimmung Zeugnis ablegen. Das deutlichste Anzeichen der Weisheit ist eine immer gleichbleibende Heiterkeit.«

Diese Lebenskunst ist auch das, worauf die bekannte *Erziehungslehre* Montaignes hinauswill. Das Leben des jungen Aristokraten soll organisch in eine als Wunschbild geschaute freie Gemeinschaft von einander ebenbürtigen Menschen hineinwachsen, wie sie dem Zeitgeschmack entsprach. Dies ist im Grunde ein künstlerisches Erziehungsziel. Ihm ist die praktische und philosophische Schulung des Zöglings untergeordnet. Jede pedantische Einseitigkeit und jede Überspannung und Verkrampfung ist ihm entgegengesetzt.

Montaignes Denkstil entspricht seinem Lebensstil. Wie er seiner Lebenskunst zuliebe alle Tätigkeiten und alle Bindungen vermeidet, die ihn zu sehr belasten, und alle mächtigen, »unmenschlichen« Leidenschaften und Gefühle ablehnt, die ihn überwältigen könnten, weil dadurch in sein individuelles Reservat eingegriffen und die Freiheit, sich nach seiner Überlegung zu entscheiden, beeinträchtigt werden könnte, so hält er es auch mit seinem Denken. Er will seiner Vernunft die Möglichkeit verschaffen, mit feiner Waage abzuwägen. Dazu muß er sozusagen erst das ebene Fundament schaffen, auf dem diese Waage stehen und in Tätigkeit treten kann. Deshalb neutralisiert er zunächst die Kräfte, die sie umwerfen könnten. Er geht ihnen äußerst realistisch zuleibe. Sein Blick für die tatsächlichen, auch für die gemeinen und niedrigen Beweggründe dessen, was menschlich groß scheint, ist scharf.

Montaignes bekanntes Motto lautet: »Was weiß ich?« Damit glaubt man gewöhnlich seinen philosophischen Skeptizismus und seinen Relativismus charakterisieren zu können. Man vergißt aber dabei, daß diese Worte als eine Inschrift auf einer Waage gedacht sind.

Diese Waage ist ein Symbol. Sie deutet das Strukturprinzip an, das Montaignes Denken, speziell das über seine Lebenskunst, bestimmt. Im Denken wie im Handeln will er sich die Freiheit bewahren, wägen und wählen zu können. Nur unter dieser Bedingung kann sein scharfer Verstand richtig funktionieren. Daher stammt seine Abneigung gegen alle grobe, gegen alle einseitige Belastung, denn dadurch würde das feine Spiel seiner Gedankenwaage unmöglich gemacht. Äußerlich kann diese einseitige Belastung in jeder Art von

Zwang, innerlich in jeder Art von Voreingenommenheit (also auch in Typisierung, Schematisierung, Idealisierung usw.) bestehen. Ich habe sehr häufig das Bild der Waage in meinem Handexemplar der »Essais« an den Rand gezeichnet. Auch dann, wenn dieses rationale Abwägen zwischen zwei vergleichbaren Gliedern nicht naheliegt, schafft sein analytischer Verstand immer von neuem die Möglichkeit, daß die Waage spielen kann. Die untersuchten Situationen und Gedanken werden fortgesetzt in Gegensätze aufgespalten. In meinem Exemplar steht dann, oft mehrmals auf einer Seite, am Rand: 1. und 2. Für die Entscheidung zwischen den zwei Möglichkeiten ist dies rationale Gedankenspiel nicht immer erforderlich; der Geist ist sich an sich interessant; denn bei der Wahl selbst gibt dann mehr das menschliche Feingefühl als die Logik den Ausschlag.

Montaignes Lebenskunst setzt eine gewisse Muße voraus; ohne Muße kann sie sich nicht entwickeln und nicht betätigen. Montaigne hat sie sich mit voller Absicht verschafft und seinen Mitmenschen nachdrücklich empfohlen. Zur Selbsterkenntnis und Selbstgestaltung gehört Besinnung, und zur Besinnung gehört Zeit. Es scheint so, als ob nicht viele Menschen über solche freie Zeit verfügten. Aber es ist nicht so schlimm, wie es scheint. Denn wir verschwenden sehr häufig die Zeit, die wir zur Besinnung verwenden könnten, so meint Montaigne; wir verschwenden sie, wenn wir, wie es üblich ist, uns von dem Streben nach Ehre, nach Gewinn und auch nach Macht nicht frei machen können.

Montaigne bestätigt diese Überzeugung in seinem Leben. Denn dies Leben gliedert sich in zwei Perioden: in der ersten Periode lebt er es, wie die meisten Menschen; in der zweiten Periode, von 1571 bis 1592, betrachtet er es und formt es nachträglich zum Kunstwerk dadurch, daß er darüber reflektiert und meditiert, seine Beobachtungen und Erfahrungen klärt und seine Gedanken darüber in den »Essais« niederlegt. Die Arbeit an der Gestaltung seines Buches gestaltet ihn selbst um.

Die *Besinnung* hat er als seine wichtigste Aufgabe erkannt.

Um sich ihr ganz widmen zu können, wählt Montaigne ein ungewöhnliches Mittel, das seine wirtschaftliche Unabhängigkeit ihm gestattet: nachdem er als angesehener Jurist und erfolgreicher Politiker sich betätigt und auf vielen Reisen eine ungewöhnliche Lebenserfahrung gesammelt hat, faßt er den Entschluß, zur Auswertung seiner Erkenntnisse eine andere Lebensform zu wählen, nämlich die des Humanisten; die dafür nötige Ruhe und Einsamkeit glaubt er, neben der Bewirtschaftung seines Gutes, auf seinem Schlößchen Montaigne zu finden, wohin er sich zurückzieht. Freilich kann er nicht dauernd bei seinem Beschluß verharren. Mächtige Freunde, die das Ansehen kennen, das er sich durch seine menschliche Liebenswürdigkeit und seine fachliche Tüchtigkeit erworben hatte, veranlassen ihn, seinen praktischen Sinn bei wichtigen innerpolitischen Aufgaben später wieder zu betätigen. Schließlich treibt ihn auch eine gewisse innere Unruhe immer von neuem wieder zum Reisen und zum Handeln.

Der Ort, an den er sich zurückzieht, um mit sich allein sein zu können, ist das Bibliothekszimmer im Turm seines Schlößchens. Dort bringt er eine lateinische Inschrift an, in der er, gleichsam als Wegweiser für sich selbst, seine Absichten so formuliert: »Er sei«, so heißt es darin, »schon lange des juristischen Dienstes und der öffentlichen Ämter überdrüssig. Im Besitze seiner vollen Kraft wolle er sich in den Schoß der Musen betten und dort, in Ruhe und Sicherheit, die Zeit verbringen, die ihm noch zu leben bleibe. Hier werde er sich frei und ungestört seinen Lieblingsbeschäftigungen widmen können.«

In diesem Entschluß liegt ein Verzicht auf Gewinn und auf alle ehrgeizigen Pläne. Zugleich liegt darin ein Bruch mit den Traditionen seiner Vorfahren und seiner Standesgenossen zugunsten einer Lebensform, die sich in Italien in der Zeit der Renaissance herausgebildet hatte. Er benutzt die gewonnene Muße zum Studieren und zum Nachdenken über sich. Das gesamte menschenkundliche Wissen seiner Zeit, soweit es sich aus den Schriften des wiedererwachten Altertums und der damals modernen Humanisten und Übersetzer gewinnen ließ, amalgamiert er mit den Ergebnissen seiner Menschen- und Selbstbeobachtung. Dies letztere gilt besonders für die Zeit nach dem Jahre 1577, in dem plötzlich das schon erwähnte ererbte Steinleiden auftrat, das ihn quälte. Wie das bei dieser Krankheit so geht, beobachtete er sich nun erst recht. In diesen zwei Jahrzehnten, zwischen seinem 40. und 60. Lebensjahre, fühlt er sich als alter Mann, der über sein eigentliches Leben schon hinaus ist. Dadurch liegt etwas wie Herbststimmung über dem ganzen Buch. Das Alter ist für Montaigne eins von den Leiden, die nun einmal zum Ablauf des menschlichen Lebens gehören. Allerdings übertreibt er das Altersleiden und kokettiert ein wenig damit. Er tut das mit dem freundlichen Humor, der zu einem schönen Herbst paßt. Die Frucht dieser zwanzig Jahre sind seine »Essais«. Krankheit, Alter und der nahe Tod, auf den er besonders oft zu sprechen kommt, sind die Prüfsteine der Lebenskunst, die in ihnen enthalten ist.

Montaignes Hauptwerk ist gewaltig und schwer ausschöpfbar. Aber der Titel ist bescheiden. Er lautet einfach »Essais«, das heißt: Versuche, vorsichtige, tastende Versuche. Montaigne ist der Vater aller Essais. Aber später hat dies Wort seinen Sinn etwas geändert. Es ist zur Bezeichnung für eine literarische Gattung geworden. In diesem Sinne schreiben wir das Wort, nach englischem Vorbild, gewöhnlich mit einem y. Damit wird eine unpedantische, stark subjektive, fein gepflegte, ansprechende und überschaubare Darstellungsart bezeichnet. Bei Montaigne deutet der Titel nicht nur seine Bescheidenheit, sondern auch seine Methode an. Um seine eigene Beschaffenheit zu erfahren, tastet er sich in immer neuen Versuchen an seinen Gegenstand und an sein Ziel heran, jedesmal die eigene Kraft und die eigene Ohnmacht gegeneinander abwägend. Dies ist, wie wir gesehen haben, eine künstlerische Methode, eine Methode des Gleichgewichts. Sie betrifft sowohl den Inhalt wie die Struktur, wie die Mitteilbarkeit seiner Erkenntnisse, also sowohl seine Lebenskunst wie seine Denkkunst und seine Darstellungskunst. Diese drei lassen sich bei Montaigne nicht scheiden. Er gestattet dem Verstand keine Autonomie gegenüber dem Leben. Allein ist der Verstand unmenschlich und lebensgefährlich. Ebenso verwirft er jede Formalistik; die schöne Form hat beim Schriftsteller keinen Eigenwert. »Was ich bin«, sagt er, »das will ich nicht nur literarisch, nicht nur auf dem Papier sein. All mein Denken und all meinen Fleiß habe ich meiner menschlichen Vervollkommnung dienstbar gemacht; ich wollte richtiges Handeln, nicht richtiges Schreiben erzielen.« So hat die Lebenskunst bei ihm unbedingt den Vorrang vor der Kunst des Denkens und des Darstellens.

Arthur Franz

LITERATURHINWEISE

Ausgaben

Michel de Montaigne, *Les Essais*, publiés d'après l'exemplaire de Bordeaux par F. Strowski, F. Gebelin et P. Villey, 5 Bde, Bordeaux 1906–33. [Die sog. »Edition Municipale«.]

Michel de Montaigne, *Essais*, texte établi et annoté par A. Thibaudet, Paris 1933, ^{2}1950 (Bibliothèque de la Pléiade [Neuausg.: Montaigne, *Œuvres complètes*, textes établis par A. Thibaudet et M. Rat, introd. et notes par M. Rat, 1962]).

Michel de Montaigne, *Essais*, avec une introd., des notes et un index par M. Rat, 2 Bde, Paris 1971 (Classiques Garnier).

Michel de Montaignes Gesammelte Schriften, hist.-krit. Ausg. mit Einl. und Anm. unter Zugrundelegung der Übers. von J. Chr. Bode, hrsg. von O. Flake und W. Weigand, 8 Bde, München/Leipzig 1908–11, ^{2}1915.

Sekundärliteratur

Auerbach, E., »L'humaine condition«, in: E. A., *Mimesis. Dargestellte Wirklichkeit in der abendländischen Literatur*, München ^{6}1977, S. 271–296.

Bonnefon, P., *Montaigne et ses amis*, 2 Bde, Paris ^{2}1928.

Boon, J.-P., *Montaigne, gentilhomme et essayiste*, Paris 1971.

Bouiller, V., *La renommée de Montaigne en Allemagne*, Paris 1921.

Butor, M., *Essais sur les Essais*, Paris 1968.

Cresson, A., *Montaigne. Sa vie, son œuvre. Avec un exposé de sa philosophie*, Paris ^{3}1961.

Flasche, H., »Das Montaigne-Bild der Gegenwart«, in: *Neuphilologische Zeitschrift* 3 (1951) S. 390–402.

Friedrich, H., *Montaigne*, Bern/München ^{2}1967.

Gide, A., *Essai sur Montaigne*, Paris 1929.

Gray, F., *Le style de Montaigne*, Paris 1958.

Gutwirth, M., *Montaigne ou Le pari d'exemplarité*, Montréal 1977.

Herrmann, W., *Die Schichten in den Essais von Montaigne*, Diss. Jena 1955 [Masch.].

Kritzman, L. D., *Destruction/Découverte. Le fonctionnement de la rhétorique dans les »Essais« de Montaigne*, Lexington (Ky.) 1980.
Lanson, G., *Les Essais de Montaigne. Etude et analyse*, Paris 1930.
Leake, R. E. / Leake, D. B. / Leake, A. E., *Concordance des »Essais« de Montaigne*, Genf 1981 (Travaux d'humanisme et renaissance 187).
Metschies, M., *Zitat und Zitierkunst in Montaignes Essais*, Genf/Paris 1966 (Kölner Romanistische Arbeiten N. F. 37).
Moreau, P., *Montaigne, l'homme et l'œuvre*, Paris ^{2}1958.
Plattard, J., *Montaigne et son temps*, Paris 1933, Repr. Genf 1972.
Pouilloux, J.-Y., *Lire les »Essais« de Montaigne*, Paris 1969.
Rech, B., *Grundbegriffe und Wertbegriffe bei Michel de Montaigne*, Berlin 1934 (Romanische Studien 37), Repr. Nendeln 1967.
Schon, P. M., *Vorformen des Essays in Antike und Humanismus. Ein Beitrag zur Entstehungsgeschichte der Essais von Montaigne*, Wiesbaden 1954 (Mainzer Romanistische Arbeiten 1).
Stackelberg, J. v., »Montaigne als Moralist«, in: J. v. St., *Französische Moralistik im europäischen Kontext*, Darmstadt 1982 (Erträge der Forschung 172), S. 56–78.
Starobinski, J., *Montaigne en mouvement*, Paris 1982.
Strowski, F., *Montaigne*, Paris ^{2}1931, Repr. New York 1971.
Thibaudet, A., *Montaigne*, textes établis, prés. et annotés par F. Gray, Paris 1963.
Traeger, W. E., *Aufbau und Gedankenführung in Montaignes Essais*, Heidelberg 1961 (Studia Romanica 1).
Villey, P., *Les sources et l'évolution des Essais de Montaigne*, 2 Bde, Paris ^{2}1933, Repr. Osnabrück 1976.
Winklehner, B., *Die Tugenden der antiken Philosophenschulen bei Michel de Montaigne*, München 1980 (Salzburger Romanistische Schriften 4).
Wittkower, E., *Die Form der Essais von Montaigne*, Berlin 1935.

ZUR TEXTGESTALT

Da in einem Bande unserer Sammlung nur für etwa ein Fünftel des Gesamtumfangs der »Essais« Platz ist, mußte eine *Auswahl* getroffen werden. Es galt, die Teile der »Essais« darzubieten, durch die ein verkleinertes Gesamtbild von Montaignes Werk vermittelt wird. Für diesen Zweck konnte die gegebene Anordnung, in der die einzelnen Essais als Kapitel der drei Bücher zwanglos aneinandergereiht sind, beibehalten werden. Eine Anzahl wurde vollständig oder fast vollständig wiedergegeben; aus anderen wurden kleine oder große Teile weggelassen, und viele Kapitel wurden ganz gestrichen. Im einzelnen wurde die Auswahl so vorgenommen, daß möglichst viele der zahlreichen Lichter, die von Montaignes Werk ausstrahlen, hier gesammelt sind, daß aber besonders diejenigen Ideen Montaignes hervortreten, die über das nur Zeitbedingte herausragen und die deshalb den Eindruck hervorrufen, als gingen sie uns noch heute unmittelbar an, so daß wir bereit sind, von der geistigen Situation unserer Zeit aus zu ihnen Stellung zu nehmen. Vor diesen Teilen mußte alles nur historisch oder literargeschichtlich Interessierende zurücktreten. Dies war durch den Charakter unserer Sammlung bedingt und durch die Rücksicht auf die Leser, an die sie sich wendet. Den Nichtfachleuten erscheint der ganze Montaigne heute zu lang. Aber auch bei dieser Zielsetzung war die Auswahl schwer genug zu treffen und forderte von dem, der Montaigne liebt, manchen Verzicht. Die Komprimierung dürfte häufig, namentlich bei den langen Essais des Dritten Buches, dem modernen Leser das Verständnis des Zusammenhanges erleichtern, etwa so, wie ein überhöhtes Bergrelief die Berglinien deutlicher hervortreten läßt. Allerdings ist bei dieser Art Kürzung ein Eingriff in die Struktur der betreffenden Essais unvermeidlich, was stets einen Mangel gegenüber einer vollständigen Textwiedergabe bedeutet. Dieser Eingriff wird leichter erträglich, wenn dadurch lange und lässige Abschweifungen wegfallen und die oft erdrückende Massenhaftigkeit der Beispiele und Belege verringert oder beseitigt wird. Freilich gehört auch dies zum Stil unseres Autors.

Die *Auslassungen* sind stets durch ... angedeutet. Sind sie lang, so pflegt die Fortsetzung auf einer neuen Zeile zu beginnen. Wieviel dazwischen liegt, kann in einer Liste (»Stellenverzeichnis«) nachgesehen werden, die am Schluß der Übersetzung abgedruckt ist. Diese Liste enthält drei Spalten. In der ersten steht, auf welcher Seite unserer Ausgabe (Reclams Universal-Bibliothek, abgekürzt als *R*) die Fortsetzung beginnt. In der zweiten Spalte ist die Seite verzeichnet, auf der die entsprechende Stelle im französischen Original steht, und zwar in der jetzt verbreitetsten einbändigen »Brevier«-Ausgabe von Thibaudet, abgekürzt als *T* (Bibliothèque de la Pléiade, texte établi et annoté par Albert Thibaudet, Paris, Gallimard, 1950, Dünndruck, 1273 Seiten). In der dritten Spalte schließlich findet man die entsprechende Seite der einst meisterhaften, aber heute stark veralteten deutschen Übersetzung von Joachim Christoph Bode (abgekürzt als *B*), auf welche die meisten der seitherigen Verdeutschungen Montaignes zurückgehen. Sie trägt den Titel: »Michael Montaignes Gedanken und Meinungen über allerley Gegenstände. Ins Deutsche übersetzt«. 7 Bände (1–6 enthalten die »Essais«), Berlin, bey F. T. Lagarde 1793–95, Bd. 7 (Register) 1799. Aus den Seitenzahlen von *T* und *B* kann jedesmal leicht auf die Länge der Auslassung zurückgeschlossen werden.

Gelegentlich sind kurze Überleitungs-Sätze vom Übersetzer eingeschoben, um eine durch eine Auslassung entstandene Gedankenlücke zu schließen. Sie sind durch eckige Klammern [ ] kenntlich gemacht, während der Inhalt der runden Klammern zum Text Montaignes gehört. Die fremdsprachlichen Zitate, die Montaigne reichlich in seinen französischen Text einstreut, erscheinen in dieser Ausgabe in deutscher Übersetzung. Die Originalfassung mit kurzer Angabe der Herkunft ist in die Fußnoten verwiesen. Gewisse Teile des Textes sind durch kleine hochgestellte Buchstaben unauffällig herausgehoben [b]......[ↄ] oder [c]......[ↄ]. Dadurch wird angedeutet, daß diese Stücke von Montaigne später hinzugefügt worden sind. Die erste Ausgabe der »Essais« von 1580 enthielt nur Buch I und II. In der Ausgabe von 1588 wurde der ursprüngliche Text durch viele Zusätze erweitert [b]......[ↄ] und durch das neu hinzugefügte Buch III vervollständigt. In den folgenden Jahren bis zu seinem Tode trug Montaigne sehr zahlreiche Erweiterungen in den Text der drei Bücher ein [c]......[ↄ]. Der Grundtext des I. und II. Buches ist also durch Zusätze zweier Schichten erweitert [b]......[ↄ] und [c]......[ↄ], während Buch III nur Eintragungen der letzten Schicht [c]......[ↄ] aufweist. Das Endzeichen der Einschübe[ↄ] ist weggelassen, wenn die Eintragungen zweier Einschubschichten zusammenstoßen [b]..... [c]......[ↄ] oder [c]...... [b]......[ↄ]. Auf noch feinere Unterschiede konnte nicht eingegangen werden. Die Angabe der Einschübe oder Schichten ermöglicht auch dem ungeübten Leser interessante Beobachtungen über das Wachsen von Montaignes Gedanken und über die Art, wie ursprüngliche Ideen später weiterkeimen. Man spricht in solchen Fällen von der Genese und der Sekundärinspiration. Bisher sind diese Schichten in keiner Übersetzung berücksichtigt worden. Sie machen aber die Arbeitsweise Montaignes so lebendig, daß diese kleinen philologischen Hinweise den Lesern nicht vorenthalten werden konnten, auch wenn die Auswahlübersetzung nicht für Spezialisten bestimmt ist.

Eine deutsche *Übersetzung* Montaignes kann ebensowenig das Original ersetzen wie eine Auswahl. Sie verlangt Entscheidungen und Verzichte. Viele Begriffe des französischen 16. Jahrhunderts bekommen durch die Übersetzung eine andere Färbung, ebenso wie es unmöglich ist, den zeitlichen und persönlichen Reiz von Montaignes Stil durch heutige deutsche Worte und Sätze genau wiederzugeben. Künstliche Altertümelei und pedantische Wörtlichkeit schienen im Sinne einer höheren Gewissenhaftigkeit unangebracht. Auch bei der Verdeutschung war eine gewisse Überzeitlichkeit das Ziel. Es galt für den Übersetzer, die Montaigneschen Gedanken sich so zu eigen zu machen, daß sie aus ihm wieder herausströmten wie sein eigener Atem. Dann klingt es so, als wenn Montaigne heute selbst zu uns spräche. Die bisherigen Übersetzungen, die sich fast alle auf Bodes Verdeutschung von 1797 stützen, konnten nicht benutzt werden. Sie beheben die Schwierigkeiten, die der französische Urtext aufweist, für den heutigen Leser nur zum Teil. Es bestand die Gefahr, daß Montaigne, dessen »Essais« zur Weltliteratur im besten Sinne gehören, uns ganz entglitt, weil er im Original wie in der Übersetzung zu schwer zugänglich wurde. Wenn sich die Leser in die folgende Auswahlübersetzung vertiefen, werden sie hoffentlich finden, daß das bedauerlich gewesen wäre.

Die Essais

AN DEN LESER

Lieber Leser! In dem Buche, das ich vorlege, will ich aufrichtig sein. Ich sage dir gleich, daß die Absichten, die ich darin verfolge, nur privater und persönlicher Natur sind. Ich habe gar nicht daran gedacht, ob du es brauchen kannst und ob es mir Ruhm einbringt; dazu reichen meine Kräfte doch nicht. Ich wünschte, es könnte meinen Verwandten und meinen Freunden nützlich sein: Wenn ich nicht mehr bei ihnen bin (das ist ja bald zu erwarten), können sie in diesem Buche vielleicht einige Züge meines Wesens und meiner Gemütsart wiederfinden und dadurch das Bild, das sie von mir gewonnen haben, vervollständigen und beleben. Wenn ich äußere Erfolge erstrebt hätte, hätte ich versucht, mich mit fremden Federn zu schmücken: man soll mich aber in meiner einfachen, gewöhnlichen, unstudierten und ungekünstelten Gestalt sehen. Denn ich stelle eben mich dar. Der Leser sieht hier meine Fehler ungeschminkt aufgezeigt, die mir angeborene Art mit ihren Unvollkommenheiten wiedergegeben, soweit die Rücksicht auf die Öffentlichkeit das zuließ. Denn hätte ich in einem von den Ländern gelebt, in denen, wie es heißt, noch die süße Freiheit der ursprünglichen Naturgesetze herrscht, da hätte ich mich sehr gern, das kann ich dir versichern, ganz vollständig und ganz nackt dargestellt. So also, lieber Leser, bin ich selber der Gegenstand meines Buches: es lohnt sich nicht, daß du deine Zeit auf einen so gleichgültigen und unbedeutenden Stoff verwendest; also: leb wohl!

Schloß Montaigne, am 12. Juni 1580.

ERSTES BUCH

Das gleiche Ziel wird auf verschiedenen Wegen erreicht

Die üblichste Art, einen Gegner zur Milde zu stimmen, wenn wir in seine Gewalt geraten sind und er dabei ist, seine Rache zu kühlen, ist, daß wir versuchen, ihn durch Unterwürfigkeit zu Mitleid und Erbarmen zu bewegen: manchmal jedoch ist die gleiche Wirkung durch Trotz und entschlossenen Widerstand, also gerade durch die entgegengesetzten Mittel, erreicht worden ...

Der Fürst von Epirus, Scanderberch, lief einmal einem Soldaten seines Heeres nach, um ihn niederzustechen. Erst hatte dieser Soldat immer wieder versucht, ihn durch demütiges Flehen zu besänftigen; schließlich, in der äußersten Not, entschied er sich dazu, ihm mit der Waffe entgegenzutreten: infolge dieser entschlossenen Haltung legte sich plötzlich die Wut des Herrn; dieser verzieh ihm, weil sein Entschluß ihm Achtung abnötigte. Von jemandem, dem die ungeheure Kraft und der Heldenmut dieses Fürsten nicht bekannt ist, könnte dies Beispiel auch anders ausgelegt werden.

Der Kaiser Konrad III. hatte den Bayernherzog Welf in Weinsberg belagert. Bei der Übergabe ließ er sich, trotz aller Angebote erniedrigender Kapitulationsbedingungen, nur zu einer Milderung herbei: die Edelfrauen, die sich mit dem Herzog in der belagerten Stadt befanden, sollten ungekränkt abziehen dürfen, zu Fuß; sie könnten mitnehmen, was sie selber tragen könnten. Sie kamen auf den stolzen Gedanken, ihre Gatten, ihre Kinder und sogar den Herzog auf ihre Schultern zu laden. Der Kaiser hatte solche Freude an dieser eleganten und mutigen Handlungsweise, daß er Tränen der Rührung vergoß; die ganze bittere Todfeindschaft gegen den Herzog erlosch; von da an verfuhr er mit ihm und seinen Anhängern human.

[b]Mich würden beide Mittel, Unterwürfigkeit und Trotz, leicht zum Nachgeben bringen; denn ich bin erstaunlich widerstandslos gegen Regungen des Mitleids und der Nachgiebigkeit. Allerdings würde ich mich meiner Natur nach leichter durch das Mitgefühl mit einem Leid als durch die Achtung vor einer persönlichen Haltung erweichen lassen; für die Stoiker ist aber doch das Mitleid ein Hang, der zu verwerfen ist; nach ihnen soll man den Trauernden behilflich sein, aber nicht weich werden und sich von ihrem Kummer nicht anstecken lassen.ↄ . . .

Man kann sagen, daß, wenn man dem Mitleid sein Herz öffnet, dies gewöhnlich auf Bequemlichkeit, Gutmütigkeit und Weichheit schließen läßt; so kommt es, daß schwächere Naturen, Frauen, Kinder, Leute aus dem Volk, mehr hierzu neigen; dagegen erkennt man einen starken unbeugsamen Charakter daran, daß er sich durch Tränen nicht rühren läßt und sich nur vor dem heiligen Bilde der Tugend neigt; ein solcher wird allerdings einen kräftigen männlichen Widerstand gelten lassen und ehren. Bei weniger hochsinnigen Menschen kann jedoch Staunen und Wundern eine ähnliche Wirkung hervorbringen; dafür zeugt ein Beispiel aus der Geschichte von Theben. Gegen die Heerführer hatte man beim Volksgericht die Todesstrafe beantragt, weil sie das Kommando über die Zeit hinaus behalten hatten, die vorgesehen und bestimmt war. Der eine, Pelopidas, wurde mit knapper Not freigesprochen; er brach unter der Last solcher Vorwürfe fast zusammen; um davonzukommen, legte er sich nur aufs Bitten und Flehen. Epaminondas wählte den entgegengesetzten Weg; er trat vor und berichtete in glänzender Rede über seine Taten; und weil er sie dem Volke in so stolzer [c]und selbstbewußterↄ Haltung vorhielt, wagte dies überhaupt nicht mehr, die Abstimmung vorzunehmen; die Versammlung löste sich auf, und alle priesen beim Heimgehen den hohen Mut dieser Persönlichkeit. . . .

Der Mensch ist wirklich ein wunderbar ungreifbares, verschiedenartiges und schwankendes Wesen: es ist schwierig, etwas dauernd und allgemein Gültiges über ihn auszusagen. Da steht auf der einen Seite Pompeius, der die ganze Stadt der Mamertiner begnadigte, obwohl er ihr sehr grollte; er ließ sich dazu durch die großartige Opferbereitschaft des Bürgers Zenon bewegen, der die ganze Verantwortung für das Vergehen der Stadt auf sich nahm und sich nur die eine Gnade erbat, daß er allein die Strafe dafür erdulden dürfe. Und dagegen steht der Gast des Sulla; dieser versuchte es in der Stadt Perusia mit einem ähnlichen tugendhaften Vorschlag; aber er erreichte damit nichts; weder für sich, noch für seine Mitbürger. [b]So gibt es auch direkte Gegenbeispiele gegen die Gesichtspunkte, die ich im Anfang dieses Kapitels behandelt habe. ...[9]

Unsere Affekte fliegen aus dem Bereich der menschlichen Wirklichkeit hinaus

[b]Anstatt immer hinter dem herzulaufen, was kommen soll, gibt man uns den Rat, lieber das Gute, das die Gegenwart uns bietet, zu ergreifen und uns damit zufrieden zu geben; die Zukunft können wir doch nicht packen, sogar noch weniger als die Vergangenheit. Wer so lehrt, rührt an einen der verbreitetsten menschlichen Irrtümer – wenn man das Irrtum nennen darf, wohin die Natur selbst uns den Weg zeigt, um uns für die Weiterführung ihres Werkes einzuspannen. [c]Sie spiegelt uns dieses Trugbild, wie viele andere solcher Trugbilder, vor, weil ihr mehr an unserem Handeln als an unserem richtigen Erkennen liegt.

[b]Wir sind nie recht zu Haus; wir schweben immer irgendwie über der Wirklichkeit. Befürchtungen, Hoffnungen, Wünsche tragen uns immer in die Zukunft; sie bringen uns um die Möglichkeit, das, was jetzt ist, zu fühlen und zu beachten; statt dessen gaukeln sie uns Dinge vor, die einmal kommen sollen, vielleicht erst dann, wenn wir gar nicht

mehr existieren. c»Unglücklich ist, wer sich um die Zukunft sorgt[1].«
Die folgende wichtige Lebensregel wird von Plato oft zitiert: »Tu das Deine und erkenne dich selbst.« Jedes von den zwei Gliedern dieses Satzes umschreibt unsere Aufgabe ganz; der eine Teil schließt auch den anderen mit ein. Käme jemand in die Lage, »das Seine« zu tun, so würde er merken, daß er zunächst sich klar darüber werden müßte, was er ist und was ihm eigentümlich ist. Wer diese Selbsterkenntnis besitzt, nimmt nicht mehr »das Fremde« für »das Seine«; mehr als alles andere zieht ihn dann die Beschäftigung mit seinem Ich und die Kultivierung seines Ich an; was überflüssig ist, will er dann nicht mehr tun, und was unnütz ist, nicht mehr denken und planen. ... Bei Epikur soll der Weise nicht in die Zukunft sehen und sich nicht um sie sorgen.
bVon den Gesetzen, die es mit den Toten zu tun haben, scheint mir eins recht beherzigenswert: es verlangt, daß die Taten der Fürsten nach ihrem Tode einer Prüfung unterzogen werden. Solange sie leben, stehen sie den Gesetzen gleich, vielleicht sogar über ihnen. Wenn sich die Gerechtigkeit auf ihre Person nicht hat anwenden lassen, so ist es durchaus berechtigt, daß sie sich gegenüber ihrem Ruf und dem Besitz ihrer Nachfolger durchsetzt: diese zwei erscheinen uns oft wichtiger als das Leben. Dies ist ein Herkommen, das sich für die Nationen, bei denen es gilt, sehr vorteilhaft auswirkt; es muß auch allen guten Fürsten wünschenswert erscheinen; cdenn es kann ihnen doch eigentlich nicht recht sein, wenn kein Unterschied gemacht wird zwischen der Erinnerung an die schlimmen Fürsten und ihrem eigenen Nachruhm. Unterwerfung und Gehorsam sind wir allen Königen schuldig; dies gilt ihrem Amt; aber zu Achtung, und erst recht zu Liebe, sind wir ihnen gegenüber nur wegen ihres inneren Wertes verpflichtet. Wir können der politischen Ordnung das Zugeständnis machen, daß wir sie alle geduldig ertragen, auch wenn manche von ihnen eigentlich nicht

1. Calamitosus est animus futuri anxius. Seneca, Epist. 98.

wert sind, daß man zu ihren Fehlern schweigt; wir können für ihre Politik, soweit sie nicht zu beanstanden ist, eintreten, solange sie als Repräsentanten ihres Amtes unsere Unterstützung notwendig haben. Aber wenn diese Interessengemeinschaft aufgehört hat, ist nicht einzusehen, warum wir dann unsre wahren Gefühle nicht zum Ausdruck bringen sollten, und zwar so, wie es der Gerechtigkeit und unserer Freiheit entspricht; gute Untertanen haben vielleicht respektvoll und treu einem Herrn gedient, obwohl sie sehr wohl wußten, wie unvollkommen er war; damit haben sie Ruhm verdient; warum sollten wir das nicht anerkennen und damit der Nachwelt ein so nützliches Beispiel vorenthalten? Wer gegen sein besseres Wissen für das Gedächtnis eines Fürsten, der kein Lob verdient, eintritt, weil er persönlich ihm zu Dank verpflichtet war, der urteilt parteiisch und nicht wirklich gerecht. Titus Livius hat recht, wenn er sagt, die Sprache von Menschen, die unter dem Königtum groß geworden sind, strotze üblicherweise von unberechtigten Übertreibungen und falschen Angaben: jeder will seinen König, unabhängig von dessen wirklichem Wesen, als ungewöhnlich tüchtig und unerreicht groß hinstellen.
Zwei Soldaten sagten dem Nero ihre Meinung über ihn ins Gesicht. Man kann an der rücksichtslosen Art, wie sie das taten, etwas aussetzen. Den einen fragte Nero, warum er böse auf ihn sei. Der antwortete: Ich liebte dich, solange du es verdientest, aber seitdem du ein Mörder, ein Brandstifter, ein Gaukler, ein gemeiner Schuft geworden bist, hasse ich dich, wie du es verdienst. Den anderen fragte Nero, warum er ihn totschlagen wollte: Weil ich kein anderes Mittel gegen deine fortgesetzte Bosheit finde. Aber welcher vernünftige Mensch könnte etwas einzuwenden haben gegen die Verurteilung, die seine tyrannischen Scheußlichkeiten nach seinem Tode durch die gesamte Öffentlichkeit gefunden haben, eine Verurteilung, die in alle Ewigkeit Geltung behalten wird?
In Sparta war die Staatsauffassung im allgemeinen vorbildlich. Um so unangenehmer berührt mich eine heuchlerische Zeremonie, die dort üblich war. Das ganze Volk ließ sich,

wenn ein König starb, zum Zeichen der Trauer die Stirnhaare abschneiden, alle ohne Unterschied, Verbündete und Nachbarn, Heloten, Männer und Frauen; unter Schreien und Jammern versicherten sie, daß gerade dieser Tote, ganz gleich, wie er regiert hatte, der beste von allen ihren Königen gewesen sei: damit erntete der Rang das Lob, das eigentlich dem Verdienst zukam, und die Anerkennung, die nur dem höchsten Verdienst zugestanden hätte, fiel dem zu, der vielleicht auf die allerunterste Stufe dieser Ordnung gehörte.

Aristoteles, der alles umdenkt, prüft Solons Ausspruch »Niemand darf vor seinem Tode glücklich genannt werden«. Er fragt sich, ob ein Mensch auch dann glücklich genannt werden kann, wenn zwar gegen sein Leben und seinen Tod nichts einzuwenden ist, wenn aber sein Name später leidet, wenn sein Leben nach dem Tode elend ist. Solange wir uns regen, können wir gehen, wohin wir wollen, je nachdem wir es uns in den Kopf setzen: wenn wir aber nicht mehr existieren, gibt es für uns keine Verbindung mit der Wirklichkeit mehr. Deshalb sollte der Ausspruch Solons lieber lauten: »Es ist also niemand glücklich, da der Mensch nur glücklich werden kann, wenn er nicht mehr existiert.«[9] ...

Das Nichtstun

Auf Brachland wuchert, wenn der Boden fett und gehaltreich ist, vielerlei nutzloses Unkraut; ... so ist es auch beim menschlichen Geist; wenn dieser sich nicht auf ein bestimmtes Thema konzentriert, durch das er in Zucht gehalten wird, schweift er ordnungslos nach allen Richtungen in dem unbegrenzten Reich der Phantasie umher; ... bei diesem unruhigen Schweifen bringt er lauter Torheiten und Grillen hervor; »Wahngebilde werden geschaffen wie Fieberträume[2]«. Das

2. Velut aegri somnia, vanae finguntur species. Horaz, Ars poetica, 7.

menschliche Denken wird sinnlos, wenn es kein bestimmtes Ziel hat; denn, so heißt es im Sprichwort, wer überall ist, ist nirgends: b»Wenn einer viele Heimaten hat, hat er keine Heimat[3].«c

Vor kurzem habe ich den Entschluß gefaßt, mich in Schloß Montaigne zur Ruhe zu setzen, in der Absicht, mich, soweit möglich, nur noch darum zu kümmern, wie ich ruhig und ungestört den kurzen Rest meines Lebens verbringen könne; da dachte ich, ich könnte meinem Geist keinen größeren Gefallen tun, als wenn ich ihm ermöglichte, fern von jeder anderen Betätigung sich selbst zu hegen und zu pflegen und in sich zu stiller Ruhe zu kommen; ich hoffte, daß ihm das jetzt leichter werden würde als früher, weil doch anzunehmen war, er sei mit der Zeit vorsichtiger und reifer geworden: ich finde aber, gerade das Gegenteil ist eingetreten, da »das Nichtstun immer eine Zersplitterung des Denkens erzeugt[4]«; der Geist benimmt sich wie ein durchgegangenes Pferd; er arbeitet sich hundertmal mehr für sich selbst ab, als er sich früher in fremdem Dienst mühte; und er fördert ununterbrochen phantastische Hirngespinste und Mißgeburten zutage, alle ohne Sinn und Zusammenhang; damit ich diese kindischen und merkwürdigen Erzeugnisse meines Geistes mir in Ruhe ansehen kann, habe ich mich daran gemacht, sie aufzuzeichnen in der Hoffnung, daß sich mein Geist mit der Zeit selber schämt, wenn er sieht, was er da angestellt hat.

Die Lügner

Niemand ist so wenig wie ich dazu berechtigt, vom Gedächtnis zu sprechen; denn ich kann kaum eine Spur davon in mir entdecken; ein so erstaunlicher Gedächtnismangel existiert sicher nicht ein zweites Mal in der Welt. In allem

3 Quisquis ubique habitat, Maxime, nusquam habitat. Martial, VII, Epigr. 73.

4. Variam semper dant otia mentem. Lukan, IV, 704.

übrigen bin ich durchschnittlich und gewöhnlich; aber auf diesem Gebiet bin ich, glaube ich, etwas Besonderes und ganz Seltenes; es wäre nur recht und billig, wenn ich dadurch bekannt und berühmt würde. [b]Das ist natürlich störend, und ich leide darunter [c](denn, wenn man bedenkt, wie wichtig das Gedächtnis ist, hat Plato bestimmt recht, es als einen mächtigen Gott anzusehen); [b]aber außerdem ist es mißverständlich. Wenn in meiner Heimat jemand sagen will, daß ein Mensch keinen Verstand hat, so sagt er: er hat keinen Merks; und wenn ich nun darüber klage, daß ich mir nichts merken kann, so glaubt man, mir widersprechen zu müssen, als wenn ich gesagt hätte, ich hätte keinen Verstand: diese Leute machen also keinen Unterschied zwischen Gedächtnis und Verstand. Dabei komme ich natürlich schlecht weg. Aber das ist nicht richtig; denn die Erfahrung lehrt, im Gegensatz hierzu eher, daß ein ausgezeichnetes Gedächtnis oft mit einer schwachen Urteilskraft zusammengeht. Und es kommt noch ein zweites Mißverständnis hinzu, bei dem ich schlecht abschneide, obwohl man mir doch die Fähigkeit zur Freundschaft gewiß nicht absprechen kann: derselbe Ausdruck »er hat ihn vergessen« bezeichnet nicht nur das schlechte Gedächtnis, an dem ich leide, sondern auch die Undankbarkeit. Man gibt meinem Gefühl die Schuld anstatt meinem schlechten Gedächtnis; ein körperliches Gebrechen deutet man als Gewissenlosigkeit. »Er hat vergessen«, sagt man, »worum der andere ihn gebeten hat oder was er zugesagt hat; er denkt nicht mehr an seine Freunde; er hat nicht daran gedacht, daß er mir zuliebe dies oder das sagen wollte, tun wollte oder verschweigen wollte.« Gewiß, es passiert mir leicht, daß ich etwas vergesse; aber sorglos über eine Zusage, die ich einem Freunde gegeben habe, mich hinwegzusetzen, das tue ich bestimmt nicht. Meine traurige Schwäche ist schon schlimm genug; man sollte mir nicht noch außerdem böse Absichten unterschieben, besonders nicht solche, die meiner Gemütsart so vollständig widersprechen. Aber das schlechte Gedächtnis hat auch sein Gutes. Erstens: [c]Diese Schwäche hat mir geholfen, eine andere, schlimmere

Schwäche in mir zu überwinden, die sonst wahrscheinlich Macht über mich gewonnen hätte, nämlich den Ehrgeiz; denn wer im öffentlichen Leben steht, der muß sich auf sein Gedächtnis verlassen können; außerdem – so etwas kommt in der Natur immer wieder vor – sind wahrscheinlich andere Kräfte in mir gewachsen als Ersatz für das schwächer werdende Gedächtnis; wahrscheinlich würde ich meinen Geist und meine Urteilskraft nicht so anzustrengen brauchen und mich vielmehr mit dem, was andere gedacht haben, zufriedengeben und mich dabei beruhigen, wenn diese von anderen gefundenen Ansichten mir einfielen und mir durch das hilfreiche Gedächtnis dargereicht würden. [b]So kommt es, daß ich mich kurz fasse; denn gewöhnlich ist in dem Lager des Gemerkten mehr Ware vorrätig als in dem des Selbst-Gedachten. [c]Hätte ich ein gutes Gedächtnis, so hätte ich meine Freunde längst totgeredet; denn jeder Stoff weckt in mir eine eigentümliche Fähigkeit, irgend etwas daraus zu machen; jeder regt mein Denken an und setzt es in Bewegung. ... Es ist, wenn man ein gutes Gedächtnis hat, immer schwierig, das Ende einer Erzählung zu finden und sie abzuschließen, solange man in Fahrt ist; genau wie man beim Pferd die Qualität am deutlichsten daran erkennt, wie plötzlich es steht. ... Gefährlich ist das besonders bei alten Leuten, die sich besinnen können, was früher war, aber nicht merken, daß sie immer wieder dasselbe erzählen. ...

[b]Zweitens: Ich trage nicht so schwer daran, wenn andere mir etwas angetan haben; ... und andrerseits sind meine Eindrücke jedesmal wieder erfreulich neu und frisch, wenn ich ein Buch in die Hand nehme, das ich schon gelesen habe, und an einen Ort komme, wo ich schon gewesen bin.[ɔ]

Eine ganz richtige Beobachtung liegt dem bekannten Wort zugrunde: Wer sich auf sein Gedächtnis nicht verlassen kann, soll sich nicht mit Lügen abgeben. ... Nun, wer lügt, erfindet entweder eine Sache vollständig neu, oder er färbt und fälscht einen an sich richtigen Tatbestand. ...

Bei der ganz freien Erfindung scheint es zunächst, daß der Lügner weniger als im anderen Falle fürchten müsse, sich zu verrechnen, da keine Tatsachen vorliegen, mit denen er in Widerstreit geraten kann. Aber auch das, was man so erfunden hat, wird, gerade weil es so unwirklich und ungreifbar ist, leicht vergessen oder verwechselt, wenn man sich auf sein Gedächtnis nicht ganz fest verlassen kann.

[b]Davon habe ich viele spaßige Beispiele erlebt. Die Hereingefallenen waren Leute, die ihren Stolz darin sehen, ihre Aussagen immer so zu drehen, wie es für die Verhandlungen, die sie gerade führen, vorteilhaft ist, und wie es den Fürsten, mit denen sie sprechen, gut eingeht; denn da die Umstände, denen sie ihre Ehrlichkeit und ihr Gewissen unterordnen, sich immer wieder ändern, müssen auch ihre Aussagen fortgesetzt umgestaltet werden: so kommt es, daß sie denselben Gegenstand einmal als grau und einmal als gelb darstellen müssen, vor dem einen so, vor dem andern so; und wenn nun der Zufall will, daß die Hörer die verschiedenartigen Auskünfte weitererzählen, was nützt dann diese schöne Kunst? Außerdem verwickeln sie sich leicht in Widersprüche, wenn sie einmal nicht genau achtgeben; denn wer kann die vielen verschiedenen Abwandlungen, die sie demselben Tatbestand gegeben haben, alle im Gedächtnis behalten? Manche meiner Zeitgenossen fanden es erstrebenswert, in den Ruf zu kommen, daß sie sich so schön vorsichtig ausdrücken können; sie merken nicht, daß, wenn einer in dem Rufe steht, seine Aussagen zu färben, der Betrug nicht *wirken* kann.

[c]Das Lügen ist tatsächlich ein verfluchtes Laster: nur durch das Wort werden wir zum Menschen, nur durch das Wort stehen wir miteinander in Verbindung. Wenn wir uns bewußt würden, was für eine scheußliche und ernste Sache das Lügen ist, würden wir mit Feuer und Schwert dagegen vorgehen, mit mehr Recht als gegen andere Untaten. Ich finde es recht unangebracht, daß man Kinder gewöhnlich wegen harmloser Kleinigkeiten bestraft und ihnen Leichtfertigkeiten schwer anrechnet, die keine Spuren hinterlassen und keine Folgen haben. Der Hang zum Lügen und, etwas weniger bedenklich, die Dickköpfigkeit, halte ich für die

beiden einzigen Anlagen, die man energisch bekämpfen muß, schon wenn sie sich zuerst zeigen und dann, wenn sie überhandnehmen: sie wachsen nämlich ganz von selbst; und wenn man sich erst an den falschen Zungenschlag gewöhnt hat, ist es geradezu wunderbar zu beobachten, wie unmöglich es ist, davon wieder loszukommen. So kommt es, daß wir bei sonst ganz ehrenwerten Menschen beobachten können, daß der Hang zum Lügen sie unterjocht und beherrscht. Ich kenne einen guten Schneidergesellen, der niemals ein wahres Wort spricht, selbst dann nicht, wenn die Wahrheit vorteilhaft für ihn wäre.

Wenn die Lüge nur ein Gesicht hätte wie die Wahrheit, da wäre es nicht so schlimm; denn wir könnten das Gegenteil von dem, was der Lügner sagt, als richtig annehmen; aber die Gegenseite der Wahrheit hat hunderttausend Gesichter und einen unendlich weiten Spielraum. Die Pythagoreer nennen das Gute bestimmt und begrenzt, das Böse unbegrenzt und unbestimmt. Vom Ziel weg führen tausend Wege, zum Ziel hin nur einer. Ich bin nicht sicher, ob ich es über mich gewinnen könnte, durch eine freche, in feierlicher Form vorgetragene Lüge eine Gefahr zu parieren, auch wenn es dabei offenbar um Kopf und Kragen geht.

Ein alter Kirchenvater sagt, es sei besser für uns, mit einem Hund zusammenzuleben, den wir kennen, als mit einem Menschen, dessen Sprache wir nicht verstehen. »Ein Fremder ist ja eigentlich für den Menschen kein Mensch[5].« Und wieviel mehr wird die menschliche Gemeinschaft durch unwahre Rede als durch Schweigen zerstört.[9] . . .

5. Ut externus alieno non sit hominis vice. Plinius, Hist. nat., VII. 1.

Vom raschen und zögernden Sprechen

»Die Gaben der Anmut sind nicht an alle gleichmäßig verteilt[6].« So gibt es auch verschiedene Arten der Redegabe: den einen steht das Wort leicht und schnell zur Verfügung; sie haben, wie man sagt, ein so gewandtes Mundwerk, daß sie bei jeder Gelegenheit gleich losreden können; die anderen sind langsamer; sie können nur sprechen, wenn sie sorgfältig präpariert sind.

Wie man die Damen dazu anhält, diejenigen Spiele und Sportarten zu bevorzugen, bei denen ihre Reize besonders zur Geltung kommen, so würde ich vorschlagen, es auch bei den verschiedenen Begabungen für die Redekunst zu halten. Heutzutage ist diese Kunst für die Berufe des Predigers und des Advokaten am unentbehrlichsten. Nun meine ich, der langsam Überlegende würde sich besser zum Prediger, der andere besser zum Advokaten eignen. Denn das Amt läßt dem Prediger beliebig viel freie Zeit zur Vorbereitung, und seine Tätigkeit verläuft gleichmäßig und störungslos, während der Advokat immer einsatzbereit sein muß; unerwartete Einwände der Gegenpartei bringen ihn immer wieder aus dem Konzept, und da muß er sofort umdisponieren. …

[b]Der Advokat hat es schwerer als der Prediger; und doch gibt es, glaube ich, mehr leidliche Advokaten als Prediger, wenigstens in Frankreich.[c] Wahrscheinlich ist es eben mehr Sache der *Geistesgegenwart*, schnell richtig zu reagieren, und Sache der *Geistestiefe*, langsam und vorsichtig vorzugehen. Freilich, wenn der eine kein Wort herausbringt, wenn er keine Zeit zum Präparieren gehabt hat, und wenn dem anderen, auch bei genügend Zeit zum Nachdenken, nichts Vernünftiges einfällt, so sind sie beide gleich ungeeignet. …

Ich weiß aus Erfahrung, wie es den Leuten geht, bei denen eine hartnäckige, mühevolle Vorbereitung zu nichts führt. Bei ihnen kommt nur dann etwas Ordentliches heraus, wenn sie sich locker und frei gehenlassen. Manche Arbeiten riechen

6. Onc ne furent à tous toutes graces données. Aus einem Sonett von La Boétie.

nach der Lampe, so sagt man; man meint damit eine gewisse Ungelenkigkeit und Härte im Ausdruck, die man herausfühlt, wenn das Ergebnis hauptsächlich durch angestrengte Arbeit erreicht worden ist. Aber außerdem wird der seelische Schwung gehemmt und vernichtet durch die Absicht, es recht schön zu machen, und durch die übertriebene geistige Anspannung, die sich ausschließlich auf ein bestimmtes Ziel richtet. Es geht wie beim Wasser; große Wassermengen erzeugen einen solchen Strömungsdruck, daß sie aus einer engen Öffnung nicht ablaufen. Bei solchen Naturen, wie ich sie im Auge habe, ist auch zu beachten, daß ihre Produktion oft nicht auf starke Leidenschaftsimpulse, wie den Zorn, reagiert – dadurch wäre die seelische Erschütterung zu stark –, sie bedürfen nicht absichtlicher Aufrüttelung, sondern freundlicher Hinführung; sie müssen durch äußere, zufällige Anstöße, die sich gerade bieten, inspiriert und angeregt werden; allein, ohne solche Anregungen quälen sie sich ab und schleppen sich mühsam dahin; von derartigen äußeren Impulsen ist Leben und Anmut ihrer Produktion abhängig.

[b]Wenn ich denke, habe ich mich, genau genommen, nicht ganz in der Gewalt, ich verfüge nicht selbst über meine Kräfte: der Zufall tut dabei mehr als ich; infolge der Anregung durch eine bestimmte Situation, durch die Gesellschaft, ja, durch den Klang meiner Stimme kann ich mehr aus meinem Geist herausholen, als ich drin finde, wenn ich ihn in der Einsamkeit sondiere und betätige.[c] Deshalb bin ich beim Sprechen geistreicher als beim Schreiben, wenn man von zwei Betätigungen, die beide nichts wert sind, eine als wertvoller bezeichnen darf.

[c]Auch das, was ich eigentlich sagen will, fällt mir gelegentlich gerade dann nicht ein, wenn ich danach suche; ich finde es eher durch zufälliges Daraufstoßen als durch angestrengtes Grübeln. Da habe ich vielleicht einmal einen recht scharfsinnigen Gedanken eilig hingeschrieben ... dann habe ich den Faden so vollständig verloren, daß ich nicht mehr weiß, was ich sagen wollte; und manchmal hat das ein Außenste-

hender eher herausbekommen als ich. Wollte ich alle Stellen, bei denen mir das passiert, wegradieren, so würde nicht viel übrigbleiben; durch reinen Zufall wird mir ein andermal der gemeinte Sinn plötzlich klar wie der helle Tag: und dann wundere ich mich über meine früheren Hemmungen.[c]

Über die Standhaftigkeit

Entschlossen und standhaft sein bedeutet nicht, daß wir nicht versuchen sollen, soweit es in unserer Macht steht, uns gegen das Böse, das uns bedroht, zu decken, damit es uns nicht unvorbereitet findet: vielmehr ist es nicht nur erlaubt, sondern geradezu geboten, alle anständigen Mittel einzusetzen, um es abzuwenden. Standhaftigkeit beweist man vor allem dann, wenn es gilt, in unangenehmen Situationen, aus denen man keinen Ausweg sieht, sich nicht werfen zu lassen. Deshalb scheint mir jedes gewandte Ausweichen und jede Parade zulässig, wenn dadurch der Schlag, der uns treffen soll, wirkungslos wird.

[c]Bei manchen sehr kriegerischen Völkern wurde die Flucht als wichtigstes Kampfmittel ausgenutzt; es war gefährlicher für den Feind, wenn sie ihm den Rücken zeigten, als wenn sie ihm das Gesicht zukehrten: die Türken haben von diesem Herkommen etwas erhalten. Bei Plato definiert Laches die Tapferkeit so: »Gegenüber den Feinden fest in seiner Reihe bleiben.« Darauf antwortet Sokrates spöttisch: »Was? ist es Feigheit, wenn man durch Rückwärtsgehen siegt?« Dabei zitiert er Homer, der an Aeneas das geschickte Fliehen hervorhebt. Laches läßt sich belehren und gibt zu, daß die Skythen und überhaupt alle Reitervölker so vorgehen. Doch da führt Sokrates auch ein Beispiel für die Infanterie an, und zwar die Spartaner, die bekanntlich besonders darauf gedrillt waren, im Kampfe unerschütterlich festzustehen. Als sie in der Schlacht bei Plataeae die persische Phalanx nicht durchbrechen konnten, kamen sie auf den glänzenden

Gedanken, zu weichen und rückwärts zu gehen; sie wollten durch ihre Scheinflucht die einheitliche Linie der Feinde lokkern, da anzunehmen war, daß diese nachdrängen würden; auf diese Weise ermöglichten sie sich den Sieg. . . .ᑐ

Wenn Könige sich treffen

ᑕNicht nur jedes Land, sondern jede Stadt und jeder Beruf prägt seine besonderen Höflichkeitsformen. Als ich Kind war, gab man sich viel Mühe, mich zur Formbeherrschung anzuhalten, und später habe ich mich genug in guter Gesellschaft bewegt, so daß ich über die Grundauffassungen unserer, der französischen, Höflichkeit Bescheid weiß; ich könnte eine Vorlesung darüber halten. Ich füge mich diesen Vorschriften gern, aber nicht so sklavisch, daß ich mich, bei allem, was ich tue, dadurch beengt fühlte. Manches, was dabei verlangt wird, ist bedrückend; und wenn man gelegentlich die eine oder die andere von diesen einengenden Vorschriften nicht beachtet, so vergibt man sich dadurch nichts; man muß es nur aus dem richtigen Gefühl heraus tun, und nicht deshalb, weil man nicht weiß, wie man sich zu benehmen hat. Oft wirkt, wie ich aus Erfahrung weiß, betonte Höflichkeit unhöflich und betontes Entgegenkommen lästig. Die Wissenschaft vom Umgang mit den Menschen ist übrigens eine sehr nützliche Wissenschaft. Sie erleichtert, wie Anmut und Schönheit, die erste Fühlungnahme, aus der sich geselliger und freundschaftlicher Verkehr entwickeln kann; es ist, als ob sie uns ein Tor aufschlösse: wir können dann von den Mitmenschen lernen und zugleich ihnen zeigen und vor ihnen zur Geltung bringen, was in uns steckt, vorausgesetzt, daß etwas da ist, was die Mitteilung und die Beachtung lohnt.ᑐ

Das menschliche Glück kann man nur nach dem Tode beurteilen[8]

»Die Menschen müssen natürlich immer ihre letzte Stunde erwarten; und niemand kann vor dem Tode und der Leichenfeier glücklich genannt werden[9].«

Jedes Kind kennt die Geschichte vom König Krösus. Dieser war von Cyrus gefangen und zum Tode verurteilt. Als die Stunde der Hinrichtung nahte, rief er: »O Solon, Solon!« Das wurde dem Cyrus gemeldet; dieser fragte, was er damit meinte; Krösus deutete ihm an, er erlebe jetzt an sich die Richtigkeit der Warnung, die Solon einst an ihn gerichtet hatte: »Die Menschen könnten, so sehr das Glück ihnen auch lächle, nicht glücklich genannt werden, ehe ihr letzter Tag vorüber sei«, weil eben alles Menschliche so unsicher und wechselnd ist; eine leichte Wendung genügt, und das Schicksal ändert sich völlig. ...

Unsere Väter z. B. haben erlebt, daß Ludwig Sforza, der zehnte Herzog von Mailand, unter dem ganz Italien gezittert hatte, als Gefangener in Loches starb, aber erst, nachdem er dort noch zehn Jahre gelebt hatte; diese Zeit war die schlimmste für ihn.

ᶜHat nicht vor kurzem die schönste Königin, die Witwe des größten Königs der christlichen Welt, Maria Stuart, unter dem Henkerbeil den Tod gefunden? Eine unverdiente, eine barbarische Grausamkeit!ᵓ Es gibt tausend solcher Beispiele. Es macht den Eindruck, als wenn es in einer höheren Welt Mächte gäbe, die von Neid gegen irdische Größe erfüllt sind, wie Stürme und Gewitter die höchsten und stolzesten Bauten am schrecklichsten umtoben. ... Es scheint fast, als ob das Schicksal es manchmal gerade auf den letzten Tag

7. In Thibaudets Ausgabe ist die Nummer der Kapitel 15–39 jedesmal um eine Zahl höher, weil bei ihm, wie in den Ausgaben vor 1595, Kapitel 40 als Kapitel 14 gezählt wird.

8. Vgl. dazu oben S. 40.

9. Scilicet ultima semper / Exspectanda dies homini est; dicique beatus / Ante obitum nemo supremaque funera debet. Ovid, Metamorph., III, 135.

unseres Lebens abgesehen habe, um zu zeigen, daß es in seiner Macht liegt, in einem Augenblick zu stürzen, was in langen Jahren gebaut worden war.

... In diesem Sinne kann man dem weisen Ausspruch Solons zustimmen: aber da er ein Philosoph war, ... ist es wahrscheinlich, daß er ihn tiefer gemeint hat und daß er damit folgendes hat sagen wollen: Das eigentliche Lebensglück, das in geistiger Ruhe und Zufriedenheit und in seelischer Geradheit und Sicherheit besteht, darf man nie einem Menschen zusprechen, ehe man nicht gesehen hat, wie er den letzten und zweifellos den schwierigsten Akt im Schauspiel seines Lebens gespielt hat. Überall sonst ist Verstellung möglich: entweder wir beherzigen die schönen Lehren der Philosophie nur äußerlich, oder was uns trifft, trifft uns nicht bis ins Mark, so daß wir immer ein gefaßtes Gesicht behalten können; aber bei der letzten Szene zwischen uns und dem Tod, da gilt keine Verstellung mehr, da muß man seine wirkliche Meinung sagen, da muß man zeigen, was an Gutem und Sauberem im tiefsten Grunde unseres Herzens liegt.

»Denn erst dann entquillt der wahre Ton unserer innersten Brust; die Maske wird abgerissen, die Wirklichkeit bleibt[10].«

Deshalb muß alles andre Tun unsres Lebens sich in diesem letzten Punkte sammeln und bewähren; es ist der wichtigste Tag; es ist der Gerichtstag. Es ist der Tag, sagt Seneca, vor dem alle vergangenen Jahre bestehen müssen. Dem Tod überlasse ich es, zu entscheiden, ob mein Lernen Frucht getragen hat: dann werden wir sehen, ob mir das, was ich schreibe, aus dem Munde oder aus dem Herzen kommt. ...

[b]Wenn es sich darum handelt, das Leben eines anderen Menschen zu beurteilen, so richte ich immer meinen Blick darauf, wie es ausgeklungen ist, und meine wichtigste Bemühung ist, zu erreichen, daß mein Leben gut ausklingt, das heißt ruhig und still.[c]

10. Nam verae voces tum demum pectore ab imo / Eliciuntur; et eripitur persona, manet res. Lukrez, III, 57.

Philosophieren heißt sterben lernen

Der Tod ist unvermeidlich. b»Alle steuern wir dem gleichen Ziele zu; für jeden wird sein Los in der Urne geschüttelt, bis es früher oder später herausspringt und wir mit dem Kahn in die ewige Verbannung fahren müssen[11].«ͻ
Infolgedessen ist der Tod, wenn wir ihn fürchten, eine dauernde Beunruhigung für uns; diese Last kann uns nicht abgenommen werden. cVon allen Seiten kann er uns überfallen; es nützt nichts, wenn wir, wie in verdächtigem Gelände, den Kopf unaufhörlich hierhin und dorthin drehen: er hängt immer über uns, wie der Felsblock über dem Haupte des Tantalus.ͻ ...
Das Ziel unseres Lebenslaufes ist der Tod; zwangsweise richten wir unseren Blick auf ihn: wenn er uns erschreckt, wie können wir da einen Schritt ohne Schaudern gehen? Was tut der gemeine Mann dagegen? er denkt nicht daran; aber welch tierischer Stumpfsinn gehört dazu, einer so groben Verblendung zu erliegen! ...
[12]Es ist gerade erst 14 Tage her, daß ich 39 Jahre alt geworden bin: ich müßte eigentlich wenigstens noch einmal so alt werden. Ist es nicht Torheit, sich um etwas so Fernes Sorgen zu machen? Aber wie steht es in Wirklichkeit? Junge und Alte müssen in gleicher Weise ihr Leben lassen; außerdem denkt jeder Mensch, und wenn er noch so altersschwach ist, weil er sich mit Methusalem vergleicht, er habe noch mindestens 20 Jahre im Leibe. Und dann, du armer Narr, wer hat dir denn die wahrscheinliche Lebensdauer vorgerechnet? Du stützt dich auf die Märchen der Ärzte: sieh lieber hin, wie es wirklich aussieht und was die Erfahrung lehrt. Im Vergleich mit dem Durchschnitt ist dir schon seit einiger Zeit eine ungewöhnliche Gunst zuteil geworden, daß du noch lebst: du hast die normale Lebensfrist schon überschrit-

11. Omnes eodem cogimur, omnium / Versatur urna serius ocius / Sors exitura, et nos in eternum / Exilium impositura cymbae. Horaz, Oden, II, 3. 25.
12. Vgl. zum Folgenden Kapitel 57.

ten. Wenn du dich überzeugen willst, daß das wirklich so ist, zähle einmal unter deinen Bekannten nach, wieviel zahlreicher die sind, die vor deinem Alter gestorben sind als die, die es erreicht haben. Selbst wenn du die Männer nimmst, auf deren Leben der Glanz des Ruhmes liegt, lege einmal eine Liste von ihnen an: ich wette, mehr von ihnen sind vor als nach dem 35. Jahr gestorben. Es ist vernünftig und fromm zugleich, das Erdenleben Jesu Christi als Beispiel zu nehmen: sein Leben endete bekanntlich mit 33 Jahren. Der größte Mensch, der einfach Mensch war, Alexander, starb auch in diesem Alter.

In wieviel überraschenden Gestalten tritt der Tod auf! Ich denke jetzt nicht an Fieberkrankheiten und Lungenentzündungen: wer hätte es für möglich gehalten, daß ein Herzog der Bretagne im Volksgewühl erdrückt werden könnte, wie Johann II. beim Einzug des Papstes Clemens V., meines Nachbarn, in Lyon? Hat man nicht erlebt, daß ein französischer König beim Turnierspiel den Tod fand? Und starb nicht einer seiner Vorfahren gespießt von einem Eber? Aischylos wäre zuerst beinahe von einem einstürzenden Haus verschüttet worden; er entkommt und ist auf seiner Hut; da fällt auf ihn eine Schildkröte, die ein Adler hoch in der Luft aus seinen Fängen verloren hatte, und erschlägt ihn. ...

Wenn wir uns solche Beispiele vergegenwärtigen, die häufig ja ganz gewöhnlich sind, wie ist es da möglich, daß man vom Gedanken an den Tod *loskommen* könnte? Müssen wir doch immer wieder neu den Eindruck gewinnen, daß er uns am Kragen packt.

Vielleicht kann man sagen: Das ist ja möglich, aber was schadet das, wenn man sich davon nicht anfechten läßt? Einverstanden; wenn es gelingt, sich gegen die Schläge zu decken, ganz gleich wie, und müßte ich unter ein Kalbsfell kriechen, ich würde kein Mittel scheuen; ich will weiter nichts als mit heiler Haut davonkommen, und jede Chance, die sich mir bietet, ergreife ich, auch wenn das, was ich da tun muß, durchaus nicht rühmlich oder vorbildlich ist. »Ich möchte lieber für übergeschnappt oder dämlich gelten, wenn das, was ich anstelle, mir Spaß macht, oder wenn ich nicht merke, daß es verkehrt ist, als vernünftig sein und dabei mich unglücklich fühlen[13].«

Aber es wäre Torheit, zu denken, man könne auf diesem Wege das Ziel erreichen. Solche Menschen laufen hin und her, sie rennen, sie tanzen; vom Tod ist nicht die Rede. Soweit ist es ganz schön; aber dann, wenn der Tod kommt, zu ihnen oder zu ihren Frauen, Kindern und Freunden, und sie plötzlich überfällt, ohne daß es eine Deckung gibt, da krümmen sie sich und schreien vor Wut, weil die Verzweiflung sie packt. Sie sind vollständig niedergebrochen, verstört, wie umgewandelt. Dagegen muß man rechtzeitig etwas tun. Die Beruhigung durch die viehische Gleichgültigkeit ist zu teuer erkauft; ich finde es ja auch ganz unmöglich, daß ein vernünftiger Mensch sich ihr überläßt. Wenn der Tod wäre wie ein Feind, dem man ausweichen kann, würde ich geradezu empfehlen, die Feigheit als Waffe zu benutzen: aber da das nun eben nicht angeht, [b]und er dich ebenso trifft, wenn du ihm feige zu entfliehen suchst wie wenn du ihm männlich entgegentrittst, »Er holt den Fliehenden ein und schont auch die nicht, die zum Kriegsdienst noch zu jung sind oder die der Gefahr den Rücken kehren[14]«, und da auch die stärkste Sicherung uns nicht vor ihm schützen kann, ..., wollen wir lieber lernen, wie wir ihm entgegentreten und mit ihm fertigwerden können: zunächst, wenn wir ihn um den Hauptvorteil, den er uns gegenüber hat, bringen wollen, müssen wir gerade den umgekehrten Weg einschlagen, als es gewöhnlich geschieht; wir müssen versuchen, ihm seine furchtbare Fremdartigkeit zu nehmen, mit Geschick an ihn heranzukommen, uns an ihn zu gewöhnen, nichts anderes so oft wie den Tod im Kopf zu haben, ihn

13. Praetulerim ... delirus inersque videri, / Dum mea delectent mala me, vel denique fallant, / Quam sapere, et ringi. Horaz, Epist., II, 2. 126.

14. Nempe et fugacem persequitur virum, / Nec parcit imbellis iuventae / Poplitibus timidoque tergo. Horaz, Oden, III, 2. 14.

uns in unserer Phantasie immer wieder in den verschiedensten Erscheinungsformen auszumalen; wenn ein Pferd stolpert, wenn ein Ziegel vom Dach fällt, wenn ich mich irgendwie steche, immer wieder sage ich mir dann: »So, und wenn das nun der Tod selber wäre!« Darauf können wir mit trotziger, mit männlicher Haltung reagieren. Im lauten Jubel und in der stillen Freude, immer können wir einen Ton hören, der uns mahnt, was der Mensch ist; wenn wir noch so sehr genießen, immer einmal sollten wir dann doch daran denken, wie diese Fröhlichkeit rings vom Tod bedroht ist, wie leicht er da hineingreifen kann. So dachten die alten Ägypter: beim Fest, wenn es am höchsten herging, ließen sie ein Menschengerippe in den Saal tragen, als Mahnung für die Gäste.

»Denke, daß jeder Tag der letzte sein kann, der dir leuchtet; die Stunden, mit denen du nicht fest gerechnet hast, werden dir dann besonders lieb sein[15].«

Wo der Tod auf uns wartet, ist unbestimmt; wir wollen überall auf ihn gefaßt sein. Sich in Gedanken auf den Tod einrichten, heißt sich auf die Freiheit einrichten; wer zu sterben gelernt hat, den drückt *kein* Dienst mehr: ᶜnichts mehr ist schlimm im Leben für denjenigen, dem die Erkenntnis aufgegangen ist, daß es kein Unglück ist, nicht mehr zu leben.ᵓ Sterbenkönnen befreit uns von aller Knechtschaft, von allem Zwang. Der König von Mazedonien war in römische Gefangenschaft geraten; er sandte an Aemilius Paulus einen Boten mit der untertänigen Bitte, ihm die Schmach des Triumphzuges zu ersparen. Dieser antwortete: »Dies Gesuch soll er an sich selbst richten.«

Freilich bringt uns alle Feinheit und alle Bemühung nicht recht vorwärts, wenn unsere Naturanlage nicht in demselben Sinne wirkt. Ich bin nicht melancholisch veranlagt, sondern grüblerisch: nichts ist mir, schon seit immer, so im Kopf herumgegangen wie Todesgedanken, auch in der liederlichsten Jugendzeit. ... Einmal, in lustiger Damengesellschaft,

15. Omnem crede diem tibi diluxisse supremum: Grata superveniet quae non sperabitur, hora. Horaz, Epist., I, 4. 13.

glaubten meine Gefährten, ich wäre deshalb etwas benommen, weil ich im geheimen eifersüchtigen oder hoffnungsvollen Gedanken nachhinge, während ich in Wirklichkeit daran dachte, wie ein Bekannter vor kurzem an einem Fieberanfall gestorben war, nach einem ganz ähnlichen Fest, noch ganz erfüllt von Liebesgedanken und sorgloser Fröhlichkeit. Mir klang der Vers im Ohr: [b]»Auch das geht vorüber, und nie können wir die schöne Gegenwart später zurückrufen[16].«ↄ Aber dieser Gedanke bekümmerte mich im Grunde nicht mehr als irgendein anderer. Zunächst müssen uns solche Vorstellungen natürlich weh tun; aber allmählich, wenn man sie immer wieder vornimmt, verlieren sie bestimmt ihre Schrecken; sonst hätte ich ja dauernd in wahnsinniger Angst leben müssen, denn die selbstverständliche Lebenssicherheit anderer Menschen besaß ich durchaus nicht; nie rechnete ich damit, daß ich lange leben würde. Diese Hoffnung wird nicht größer, wenn ich gesund bin – und bis jetzt habe ich mich einer sehr kräftigen und selten unterbrochnen Gesundheit erfreut –, und sie wird nicht kleiner, wenn ich krank bin; jeden Augenblick halte ich es für möglich, daß ich plötzlich nicht mehr da bin. [c]Deshalb wiederhole ich mir immer das Wort: »Was einmal geschehen kann, kann auch heute geschehen.«ↄ Eigentlich muß man sich doch sagen: Zufall und Gefahr bringen uns wenig oder gar nicht näher an unser Lebensende heran; und wenn wir in einer besonders bedrohlich scheinenden Lage daran denken, wieviel Millionen Gefahren außerdem noch über unserem Haupte schweben, da müssen wir doch finden, daß der Tod uns immer gleich nahe ist, ob wir kerngesund oder fieberkrank sind, auf der See oder in unserer Wohnung, in der Schlacht oder in ruhiger Sicherheit uns befinden: [c]»Alle sind gleich gebrechlich; keiner ist sicherer als die anderen, daß er den nächsten Tag erleben wird[17].«ↄ Werde ich wohl genügend Zeit haben, das zu erledigen, was noch vor mei-

16. Iam fuerit, nec post unquam revocare licebit. Lukrez, III, 928.

17. Nemo altero fragilior est; nemo in crastinum sui certior. Seneca, Epist. 91.

nem Tode fertig werden muß, auch wenn es nur eine Stunde dauert?

Vor kurzem blätterte ein Bekannter in meinen Notizen; da fand er etwas aufgeschrieben, was nach meinem Tode geschehen sollte: diese Anordnung hatte ich, so erzählte ich ihm wahrheitsgemäß, eilig auf dieses Blatt geschrieben, weil ich nicht ganz überzeugt war, ob ich lebend heimkehren würde; und doch war ich damals vollständig gesund und wohl und nur eine Stunde weit von meinem Haus entfernt. ...

Wir sollten, soweit das von uns abhängt, immer fertig und marschbereit sein; vor allem sollten wir es so einrichten, daß wir es dann nur mit uns zu tun haben; der Schritt, der uns bevorsteht, ist schwer genug, wir sollten uns nicht zusätzlich belasten. Da klagt zum Beispiel einer, mehr als über das Sterben selbst, darüber, daß er um einen schönen Sieg gebracht würde, ein anderer, daß er Abschied nehmen muß, ehe er seine Tochter verheiratet oder die Erziehung seiner Kinder abgeschlossen hat; der eine trauert, daß er mit seiner Frau, der andere, daß er mit seinem Sohn nicht mehr zusammen sein kann, was für ihn den wesentlichen Lebensinhalt gebildet hatte. [c]Ich sehe, Gott sei Dank, meiner Todesstunde so gefaßt entgegen, daß ich gehen kann, wenn es ihm gefällt, ohne daß mir der Abschied von irgend etwas schwer würde. Ich löse allmählich alle Bindungen. Von allen kann ich leicht Abschied nehmen außer von mir. Niemals hat sich wohl jemand so absolut und so vollständig darauf eingestellt, daß er der Welt Lebewohl sagen muß, wie ich und sich so allseitig von ihr gelöst. Der Tod ist am selbstverständlichsten, wenn man schon vorher möglichst tot ist. ...[ↄ]

Wir sind zum Schaffen geboren: »Der Tod soll mich mitten in der Arbeit holen[18].« Ich bejahe jede Tätigkeit, [c]man soll die Lebensarbeit so lange fortsetzen wie man kann[ↄ]; ich habe nichts dagegen, daß der Tod mich bei der Gartenarbeit überrascht, aber er soll mich nicht schrecken; und noch weni-

18. Quum moriar, medium solvar et inter opus. Ovid, Amores, II, 10. 36.

ger soll es mich traurig machen, daß ich mit dem Garten nicht fertig geworden bin. Einer meiner Bekannten klagte im Todeskampf immer von neuem, daß das Schicksal ihm die Fertigstellung einer geschichtlichen Untersuchung über den 15. oder 16. unserer Könige verwehrte. ... Solche Launen sind unedel und schädlich. Wie die Friedhöfe neben den Kirchen und gewöhnlich in den verkehrsreichsten Teilen der Stadt angelegt sind, um das Volk, wie Lykurg sagt, die Frauen und Kinder daran zu gewöhnen, daß sie sich vor einem Toten nicht gruseln, und damit wir durch den ständigen Anblick von Gerippen, Gräbern und Leichenzügen an unsere Sterblichkeit gemahnt werden; [c]und wie bei den Ägyptern, am Ende der Feste, ein Ausrufer den Versammelten ein großes Gerippe hinhielt mit dem Ruf: »Trink und sei fröhlich, denn wenn du tot bist, siehst du so aus«:[ↄ] so habe ich mich daran gewöhnt, den Tod vor mir zu haben; ich denke nicht nur an ihn, sondern ich rede auch fortgesetzt von ihm. ...

Wenn man so vorher an den Tod denkt, ist man gegen ihn zweifellos besser gewappnet; und dann ist es doch auch schon ein Gewinn, wenn wir den Weg bis zu ihm hin ohne Aufregung und ohne Angst gehen können. Die Natur hilft uns bei dieser Aufgabe und gibt uns Mut. Wenn uns ein plötzlicher gewaltsamer Tod bevorsteht, bleibt uns keine Zeit zur Todesfurcht. Wenn uns aber ein langsamer Tod erwartet, so zeigt mir die Erfahrung, daß die Lebenslust ganz natürlich in dem Maße abnimmt, wie ich der Krankheit allmählich verfalle. Es fällt mir sicher schwerer, mich zur Todesbereitschaft zu entschließen, wenn ich gesund bin, als wenn ich mit Fieber im Bett liege; denn dann lockt mich das, was das Leben Schönes bietet, nicht mehr so, da ich es doch nicht mehr recht zur Verfügung habe und mich nicht mehr recht daran freuen kann; deshalb erscheint mir dann das Bild des Todes viel weniger fürchterlich. ...

[b]Eine dauernde Veränderung und ein allmähliches Absinken unserer Lebenskraft bleibt niemandem erspart; die Natur hat es aber so eingerichtet, daß wir nicht sehen, was wir ver-

loren haben und wie es mit uns abwärts geht. Das wollen wir uns einmal vor Augen führen. Was bleibt einem Greis von der Kraft seiner Jugend, seines Lebens?
»Ach, wie klein ist der Rest des Lebens, der den Alten geblieben ist[19]!« ... Wenn wir auf einmal so tief herunterstürzten, so würden wir, glaube ich, nicht imstande sein, einen solchen Wechsel zu ertragen. Aber die Natur rollt uns auf einer Bahn, die sich langsam und kaum merklich senkt, allmählich, stufenweise hinab in das Elend des Alters, so daß wir es hinnehmen und keinen Stoß fühlen, wenn die Jugend in uns stirbt; und doch ist dies eigentlich und in Wahrheit ein härterer Tod als das endgültige Erlöschen eines matten Lebens und als das Sterben aus Altersschwäche. Ist doch der Sprung vom Elend ins Nichtsein nicht so hart wie der von der blühenden Jugendkraft in ein schmerzensreiches, kümmerliches Altern.ᵓ Bekanntlich hat man in krummer, gebückter Haltung weniger Kraft zum Lastentragen. So geht es auch der Seele; wir müssen sie aufrichten und straffen gegen den Druck dieses Widersachers. ...
ᶜEs ist ja auch Torheit, wenn wir unter diesem Druck leiden aus Angst vor dem Augenblick, der uns von jedem Druck befreien wird. Wie alle Dinge für uns aufwachten, als wir geboren wurden, so wird alles für uns sterben, wenn wir sterben. Deshalb ist es gleich sinnlos, zu weinen, weil wir in hundert Jahren nicht mehr leben werden, wie darüber zu weinen, daß wir vor hundert Jahren noch nicht am Leben waren. Mit dem Tod beginnt eine ganz andere Existenz; auch in das Erdenleben sind wir mit Tränen und Schmerzen eingegangen; auch bei diesem Neubeginn mußten wir den Schleier des Geheimnisses ablegen, der uns vorher unsere Zukunft verhüllte.
Alles Einmalige ist nicht schwer zu ertragen. Ist es vernünftig, so lange sich vor etwas zu fürchten, was so kurz dauert? Lange Zeit leben und kurze Zeit leben, durch den Tod wird das alles gleich gemacht. Denn die Begriffe lang

19. Heu! senibus vitae portio quanta manet. Seneca, Epist. 22.

und kurz haben keinen Sinn, bezogen auf Dinge, die nicht mehr sind. Aristoteles spricht von kleinen Tieren, die am Fluß Hypanis leben und die nur einen Tag alt werden; wenn ein solches Tier früh um 8 Uhr stirbt, so stirbt es jung; stirbt es nachmittags 5 Uhr, so ist es vor dem Sterben schon altersschwach. Jeder von uns findet es komisch, wenn man auf diese Momentdauer unsere Vorstellungen von Glück und Unglück anwenden wollte. Ebenso lächerlich ist der Gegensatz von mehr oder weniger in der Spanne unseres Lebens, wenn wir seine Dauer mit der Ewigkeit vergleichen, oder auch nur mit der der Berge, der Flüsse, der Sterne, der Bäume, ja selbst mancher Tiere.[c]

Die Natur zwingt uns zu dieser Haltung. Sie spricht zu uns: »Wie du in die Welt gekommen bist, so mußt du wieder aus ihr fort. Der Übergang vom Tode zum Leben, der dir kein Leiden und keine Schrecken gebracht hat, den brauchst du nur zu wiederholen, als Übergang vom Leben zum Tod. Dein Tod gliedert sich in die Weltordnung ein; es ist ein Stück Leben dieser Welt. ... Dies euer Leben, dessen ihr euch erfreut, ist in gleiche Teile geteilt, es gehört ebenso dem Tode wie dem Leben. Schon am ersten Tag nach eurer Geburt beginnt die Wanderung auf das Sterben wie auf das Leben zu.« »Schon bei der Geburt beginnt der Tod: und das Ende ist mit dem Anfang unlösbar verbunden[20].« [c]Jeder gelebte Moment wird dem Gesamtleben gestohlen; von ihm wird er abgezogen. Euer ganzes Leben lang baut ihr am Tode. Ihr seid schon im Tode, wenn ihr lebt; denn wenn ihr nicht mehr lebt, seid ihr jenseits des Todes, oder, wenn das besser klingt, seid ihr tot jenseits des Lebens; aber während der ganzen Lebenszeit seid ihr schon beim Sterben; und der Tod trifft den Sterbenden viel härter als den Toten; für ihn ist er fühlbarer und wirklicher.

[b]Wenn ihr das Leben genutzt habt, könnt ihr gesättigt und befriedigt scheiden. Und wenn ihr nichts damit habt anfangen können, wenn ihr es nutzlos vertan habt, da kann es

20. Nascentes morimur: finisque ab origine pendet. Manilius, Astronomica, IV, 16.

euch doch erst recht gleichgültig sein, wenn es weg ist; was wollt ihr denn noch damit?
[c]An sich ist das Leben nichts Gutes und nichts Böses; es ist der Hintergrund, auf dem ihr selbst Gutes und Böses anbringen könnt.[ↄ] Und wenn ihr einen Tag gelebt habt, habt ihr alles gesehen, was zu sehen ist: ein Tag ist wie alle anderen Tage. Das Licht und die Nacht sind immer die gleichen, es gibt keine anderen: unsere Sonne, unser Mond, unsere Sterne, unser Weltgebäude, es ist alles das gleiche, an dem sich eure Vorfahren erfreut haben und das auch eure Urenkel wieder erfreuen wird. Höchstens in einem Jahre läuft alles ab, was die Akte meiner Komödie an Abwechslungen und Verschiedenheiten aufweisen; wenn ihr aufmerksam zugesehen habt, wie meine vier Jahreszeiten vorüberziehn, so habt ihr erkennen können, daß darin Kindesalter, Jünglingsalter, Mannesalter und Greisenalter der Welt dargestellt sind. Das Spiel der Welt ist damit aus; es fällt ihr keine andre Idee ein, als es noch einmal ablaufen zu lassen; es bleibt immer das gleiche. ...
Beim Tode, wann er auch eintritt, ist euer ganzes Leben zu Ende. [c]Man kann den Wert eines Lebens nicht nach der Länge messen; er ist vom Inhalt abhängig. Manches lange Leben ist inhaltlos. Nutzt es, solange ihr es in den Händen habt: von eurem Entschluß, nicht von der Lebensdauer hängt es ab, ob ihr euch mit dem Gedanken abfindet: wir haben genug gelebt.[ↄ] Ihr konntet doch nicht erwarten, daß ihr das Ziel, auf das ihr immer zugingt, nie erreichen würdet? ...
[c]Wozu willst du zurückweichen, wo du doch nicht endgültig ausweichen kannst? Viele waren glücklich, daß sie sterben durften, wenn dadurch großes Elend von ihnen genommen wurde: habt ihr aber jemals jemanden gesehen, dem das Sterben schlecht bekommen wäre? und doch ist es eigentlich recht einfältig, etwas abzulehnen, worüber keine Erfahrungen vorliegen, weder eure eigenen Erfahrungen, noch die von anderen. Warum beklagst du dich über mich [die Natur] und über das Schicksal? Betrügen wir dich? Sollen wir uns nach dir richten oder du dich nach uns? ...

Chiron lehnte die Unsterblichkeit ab; sein Vater Saturn, der Gott der Zeit und der Dauer selbst, hatte ihn darüber aufgeklärt, wie es um sie stehe. In der Tat, du brauchst dir nur zu überlegen, wieviel härter und unerträglicher ein Leben, das nie ein Ende nähme, für die Menschen sein müßte, als das Leben ist, das ich ihnen gegeben habe. Hättet ihr den Tod nicht, so würdet ihr mich dauernd verfluchen, daß ich ihn euch vorenthalten hätte: ich habe dem Tod absichtlich einen etwas bitteren Geschmack gegeben, damit ihr nicht zu gierig und unbesonnen nach ihm greift, wenn ihr seht, wie einfach durch ihn alles erledigt wird. ... Warum fürchtest du deinen letzten Tag? Er ist kein größerer Schritt zu deinem Tode als alle anderen Tage: die Müdigkeit wird nicht durch den letzten Schritt verursacht; sie wird nur sichtbar bei ihm. Alle Tage wandern wir zum Tode; am letzten Tag kommen wir am Ziel an.[9] So lauten die guten Lehren unserer Mutter Natur. ...

Über die Gewohnheit, und daß man ein Herkommen nur vorsichtig abändern soll

[c]Die Gewöhnung stumpft unsere Sinne ab; ... Schmiede und Müller z. B. könnten den Lärm um sie herum nicht aushalten, wenn er ihnen ebenso laut klänge wie uns. ... Merkwürdiger ist noch, daß trotz langer Pausen die abschwächende Wirkung der Gewohnheit auf unsere Sinneswahrnehmungen erhalten bleibt; diese Erfahrungen machen alle, die in der Nähe von Glockentürmen wohnen. So wohne ich bei mir zu Haus in einem Turm, wo eine große Glocke hängt, die alltäglich früh und abends das Ave Maria läutet. Dies Getöse läßt den ganzen Turm wackeln; jedesmal erscheint es mir in den ersten Tagen unerträglich, aber ich gewöhne mich dann sehr bald so daran, daß es mir nichts mehr ausmacht und mich oft nicht einmal im Schlafe stört. ...

Ich finde, daß alle bösen Charakterzüge auf Gewohnheiten zurückgehen, die wir in der frühesten Jugend angenommen haben und daß deshalb die Ammen vielleicht die wichtigste Erziehungsaufgabe zu erfüllen haben. Manche Mütter sehen befriedigt zu, wenn ein Kind einem Huhn den Hals umdreht oder wenn es einen Hund und eine Katze quält und dabei vergnügt herumspringt. Und mancher Vater ist so dumm, daß er es als gutes Vorzeichen eines kriegerischen Geistes auffaßt, wenn der Sohn in beleidigender Weise auf einen Bauer oder einen Bedienten, der sich nicht verteidigen kann, losschlägt, oder als netten Streich, wenn der Junge seinen Spielgefährten durch einen listigen Betrug hereinlegt. Hier zeigen sich jedoch die wahren Keime, die wahren Wurzeln, aus denen Grausamkeit, Tyrannei und Verrat hervorwachsen: dort haben sie ihren Ursprung; und dann entwikkeln sie sich munter weiter und nehmen durch die Gewohnheit mächtig zu. Es ist recht gefährlich, wenn man, wie es oft geschieht, diese schlimmen Neigungen damit zu entschuldigen versucht, daß der Junge ja noch ein Kind und die Sache unwichtig sei. Was die erste Entschuldigung betrifft, so muß man daran denken, daß hier die Natur spricht, deren Stimme in der Kindheit zwar noch schwach und ungeübt, aber um so reiner und unmittelbarer zu vernehmen ist. Zweitens ist Betrug an sich etwas Scheußliches, ganz gleich, ob es sich um Goldstücke oder Stecknadeln handelt. Ich finde es richtiger, so zu argumentieren: »Da er mit Stecknadeln betrügt, warum sollte er da später nicht mit Geld betrügen?«, als ihn zu entschuldigen, wie es üblich ist: »Er betrügt nur mit Stecknadeln; mit Geld würde er es natürlich nicht tun.« Man muß sich alle Mühe geben, den Kindern den Abscheu gegen die Fehler, zu denen sie neigen, beizubringen; sie müssen deren innere Häßlichkeit fühlen lernen, damit sie sich nicht nur im äußeren Handeln, sondern vor allem in ihrer Gesinnung vor ihnen hüten; schon der Gedanke an einen Betrug muß ihnen zuwider sein, ganz gleich, welche Maske er trägt.

Ich habe mich als Kind daran gewöhnt, immer gerade und offen meinen Weg zu gehen, und habe es schon beim Spielen als Kind verabscheut, kleine Bosheiten und Mogeleien anzubringen (man muß ja daran denken, daß das Spielen für die Kinder kein Spielen ist und daß man es als ihr ernstestes Tun ansehen und danach beurteilen muß), und so ist es geblieben: auch beim harmlosesten Zeitvertreib ist mir jede Unwahrhaftigkeit vollständig zuwider; und zwar entspringt diese Abneigung einem natürlichen inneren Gefühl, ich brauche nicht darüber nachzudenken. Wenn ich um Pfennige Karten spiele, rechne ich so genau, als wenn es um Goldstücke ginge, und zwar ebenso, wenn es mir vollständig gleichgültig ist, ob ich gewinne oder verliere (etwa gegen meine Frau und meine Tochter), wie wenn es ernst wird. In allem und überall genügen mir meine eigenen Augen, um mich zu beaufsichtigen; fremde Augen könnten mich nie so genau beobachten, ich würde mich vor ihnen nie so in acht nehmen.ᵓ ...

[b]Ich glaube, es gibt keine noch so absonderlichen Einfälle der menschlichen Phantasie, für die sich nicht irgendwo Beispiele in einem Herkommen finden lassen und die infolgedessen nicht auch durch Vernunftgründe gestützt und begründet werden. Zum Beispiel wendet man bei gewissen Völkern denen den Rücken zu, die man begrüßt, und sieht jemanden, den man ehren will, nicht an. ... Bei anderen dürfen die Jungfrauen ihre Geschlechtsteile offen zeigen, verheiratete Frauen aber decken sie sorgfältig zu. Eine andere Sitte, die wieder woanders verbreitet ist, ist dieser verwandt: dort wird die Keuschheit nur als Schutz der Ehe wichtig genommen; denn die Mädchen dürfen sich hingeben, wie es ihnen gefällt, und die Folgen einer Empfängnis beseitigen lassen, ohne daß sie daraus ein Geheimnis zu machen brauchen. ... Es gibt Länder, wo der Tod von Kindern betrauert, der von Alten aber festlich gefeiert wird; ... wo man das Los der Frauen für so traurig ansieht, daß die Mädchen bei der Geburt umgebracht werden und dann Frauen von den Nachbarstämmen gekauft werden, wenn man welche braucht, ... wo jeder irgendein beliebiges Wesen zu seinem Gott erheben kann: der Jäger einen Löwen

oder einen Fuchs, der Fischer einen bestimmten Fisch; menschliche Handlungen und Leidenschaften werden dort in Sinnbildern dargestellt: die Hauptgötter sind dann Sonne, Mond und Erde; ... wo die gesellschaftsfeindliche, im ganzen seltene, Auffassung verbreitet ist, daß die Seele sterblich sei; wo die Frauen ohne Angst und ohne Klagelaute gebären; ... wo die Männer die Lasten auf dem Kopf, die Frauen auf den Schultern tragen; wo die Frauen stehend und die Männer in Kauerstellung ihr Wasser lassen; ... wo die Väter die Jungen verprügeln müssen, die Mütter, getrennt davon, die Mädchen; wo es als übliche Strafe für die Kinder gilt, sie im Rauchfang an den Beinen aufzuhängen; ... wo die Flöhe totgebissen werden, wie es die Affen machen, und man es entsetzlich findet, wenn man zusehen muß, wie ein Floh mit den Nägeln geknackt wird; wo man sich das ganze Leben lang weder die Haare noch die Nägel schneidet; ... wo die Väter ihre Töchter, die Gatten ihre Frauen den Gästen gegen Bezahlung zum Beischlaf überlassen usw.[9]

Und was die ganze Philosophie bei den klügsten Menschen nicht fertigbringt, erzielt das nicht die Macht der Gewohnheit bei den ungebildetsten Menschen des schlichten Volkes? Wissen wir doch von ganzen Völkern, bei denen der Tod nicht nur als unwesentlich angesehen, sondern freudig begrüßt wurde; wo siebenjährige Kinder es aushielten, zu Tode gepeitscht zu werden, ohne eine Miene zu verziehen? ...

Zusammenfassend kann ich sagen: ich denke mir, die Gewohnheit tut alles, sie vermag alles; Pindar nennt sie mit Recht, wie ich mir habe sagen lassen, »Königin und Herrscherin der Welt«. ...

[c]Auch was wir Gewissen nennen, und was wir doch gewöhnlich als naturgegeben auffassen, hat seinen Ursprung in der Gewohnheit; denn da jeder Mensch eine geheime Achtung vor den Meinungen und Sitten, die in seiner Umgebung für richtig gehalten werden und Geltung haben, in sich trägt, kann er nicht ohne innere Hemmung von ihnen

abweichen, er wird stets ein Gefühl der Befriedigung empfinden, wenn er sich ihnen unterwirft.› ...
Am deutlichsten zeigt sich die Macht der Gewohnheit darin, daß sie es versteht, uns so geschickt zu packen und sich dienstbar zu machen, daß wir kaum in der Lage sind, uns ihrem Zugriff zu entziehen und den Abstand zu gewinnen, der nötig ist, um über ihre Befehle diskutieren und vernünftige Einwendungen dagegen erheben zu können. Wir schlürfen die Gewohnheiten sozusagen mit der Muttermilch ein; sie gehören selbstverständlich zum ersten Bild der Welt, das sich uns darbietet; dieses Verhalten scheint uns wirklich angeboren; die üblichen Vorstellungen, die in unserer Umgebung Geltung haben und die als ein Erbteil unserer Vorfahren tief in unserer Seele liegen, erscheinen uns als allgemeingültig und naturbedingt.
‹So kommt es, daß alles Ungewöhnliche zunächst als unvernünftig angesehen wird – Gott weiß, wie wenig vernünftig dieser Schluß in der Regel ist.› ...
Früher gehörte es zu meinem Amte, daß ich gewisse Bestimmungen praktisch anzuwenden hatte, die auf einem Gewohnheitsrecht beruhten und in weitem Umfange absolute Geltung besaßen. Dieses Vorgehen wollte ich nun nicht nur auf Gesetzeskraft und Präzedenzfälle gründen, sondern ich suchte immer festzustellen, wo der Brauch schließlich herkam. Dieses historische Fundament stellte sich dann gewöhnlich als so schwach heraus, daß meine Aufgabe mich beinahe anwiderte – und ich sollte doch gerade anderen Menschen gegenüber die Bestimmungen durchsetzen. ...
Wer sich von der schädlichen Macht des Herkommens freimachen will, wird vielerlei entdecken können, was als unbezweifelbar hingestellt wird und was doch weiter keine Begründung hat als den weißen Bart und die Altersrunzeln, die damit verbunden sind. Man kann diese Maske abreißen, wenn man das Maß der Wahrheit und der Vernunft an die Dinge anlegt; aber wer das unternimmt, wird zunächst ein Gefühl haben, als wenn seine bisherige Art zu urteilen vollständig über den Haufen geworfen würde; später wird er

jedoch merken, daß sein Urteil nun auf viel sicherer Basis ruht. Dann kann ich ihm z. B. die Frage vorlegen: Was kann ich mir Merkwürdigeres denken, als daß ein Volk Gesetze befolgen muß, die es nie hat verstehen können? In allen Punkten des Privatrechts: Heirat, Testament, Schenkung, Kauf und Verkauf, ist es an Vorschriften gebunden, die es nicht kennen kann, da sie in seiner Sprache nie schriftlich niedergelegt und nie publiziert worden sind; wer wissen will, was sie bedeuten und wie sie anzuwenden sind, ist gezwungen, dafür zu bezahlen. ᶜEr muß zahlen, nicht etwa im Sinne des geistreichen Vorschlags von Isokrates (dieser rät seinem König, darauf hinzuarbeiten, daß Handel und Verkehr bei seinen Untertanen sich ohne Hindernisse, frei von Abgaben und gewinnbringend entwickeln können; er solle dagegen Streitfälle und Prozesse zu einer kostspieligen Angelegenheit machen und sie zu diesem Zweck mit drückenden Steuern belegen), sondern auf Grund der ungeheuerlichen Auffassung, daß mit dem Recht Schacher getrieben werden könne und daß Gesetze wie eine Ware behandelt werden dürften.ᵓ
Ein gaskognischer Edelmann aus meiner engeren Heimat war es – so berichten unsere Historiker, und ich bin dafür dem Schicksal dankbar –, der als erster gegen Karl den Großen auftrat, als dieser das lateinisch abgefaßte Reichsrecht bei uns einführen wollte.
Was gibt es Barbarischeres als das Bild eines Staates, in dem ein festes Herkommen besteht, nach dem das Richteramt käuflich ist; wo die Urteile bar bezahlt werden, und wo es ganz in der Ordnung gefunden wird, daß der keinen Anspruch auf Gerechtigkeit hat, der die Kosten dafür nicht aufbringen kann; wo diese Handelsware solches Ansehen genießt, daß sich aus den Leuten, die Prozesse zu bearbeiten haben, im politischen Gefüge ein vierter Stand herausbildet, der neben die drei alten Stände: Geistlichkeit, Adel und Volk, tritt. Dieser Stand, der sich mit der Gesetzgebung und der obersten Entscheidung über Besitz und Leben zu befassen hat, bildet dann eine besondere Kaste gegenüber dem

Adel: so kommt es, daß es zweierlei Gesetze gibt, die sich öfters stark widersprechen: die Gesetze der Ehre und die des Rechts; nach dem einen wird der, der es sich gefallen läßt, wenn er als Lügner bezeichnet wird, ebenso streng verurteilt, wie nach dem anderen der, der sich Genugtuung dafür verschafft. Nach dem Waffenkodex wird dem Ehre und Adel entzogen, der eine Beleidigung hinnimmt; nach dem Zivilkodex verwirkt der sein Leben, der sie rächt; wer sich wegen einer Ehrenkränkung an die Gerichte wendet, wird als entehrt angesehen, wer es nicht tut, macht sich vor dem Gesetz strafbar. Ist diese Zweiteilung nicht höchst sonderbar? Beziehen sich doch beide Auffassungen auf dasselbe Gemeinwesen. Und da sollen nun die einen nur die friedlichen Funktionen, die anderen nur die kriegerischen übernehmen; die einen es nur mit dem Gewinn, die anderen es nur mit der Ehre zu tun haben; bei den einen soll das Wissen, bei den anderen die Gesinnung den Ausschlag geben, bei den einen soll es nur auf das Reden, bei den andern nur auf das Handeln ankommen; bei den einen soll die Gerechtigkeit, bei den anderen der Mut, bei den einen die Vernunft, bei den anderen die Kraft den Ausschlag geben, wie die einen die lange Robe, die anderen den kurzen Rock für sich in Anspruch nehmen!

Bei gleichgültigen Dingen, wie z. B. bei der Bekleidung, treibt das Herkommen ebenso wunderliche Blüten: wenigstens wenn man den eigentlichen Zweck der Kleidung danebenhält, der darin besteht, den Körper zu schützen und sein Wohlbefinden zu erhöhen – denn davon hängt es doch ursprünglich ab, ob sie als anmutig und als anständig zu bezeichnen ist – . . .

Ein einsichtiger Mann wird, trotz dieser Überlegungen, sich in der Regel den allgemein gebräuchlichen Sitten anschließen. Ja, es macht mir vielmehr den Eindruck, daß jedes Gebaren, durch das man sich von den anderen abzusondern und seine Eigenheit zu betonen sucht, eher ein Zeichen von Torheit und Dünkel als von wirklichem Verstand ist; und daß der Weise zwar innerlich seine Seele aus dem Gewühl heraushalten und ihr die Möglichkeit lassen muß, zu einer unabhängigen Beurteilung der Außenwelt zu gelangen, daß er aber äußerlich, in Haltung und Benehmen, ganz dem Herkommen sich anschließen soll. Die Gesellschaft hat kein Recht auf unsere Gedanken; aber das übrige, unser Tun, unsere Arbeit, unseren Besitz und unser Leben, das alles müssen wir in ihrem Dienst einsetzen und dabei unsere eigenen Ansichten zurückstellen. ...

Nun noch ein Beispiel aus einem anderen Gebiet. Wenn es gilt, ein Gesetz, das lange in Kraft war – auf den Inhalt kommt es dabei nicht an –, abzuändern, so ist es jedesmal sehr fraglich, ob der Vorteil, der dadurch erreicht wird, so offenbar ist, daß er den Schaden aufwiegt, der entsteht, wenn man daran rüttelt. Denn eine Staatsordnung ist mit einem Bau zu vergleichen. Die verschiedenen Teile sind so eng ineinandergefügt, daß es unmöglich ist, einen wegzureißen, ohne daß das ganze Gebäude in Mitleidenschaft gezogen wird. ... [b]Zu Neuerungen, wie sie auch aussehen, habe ich kein Zutrauen mehr; das ist begreiflich; habe ich doch erlebt, daß dadurch schweres Unheil angerichtet worden ist. Die eine Neuerung, die uns seit langen Jahren bedrückt [die Reformation], hat die Schäden, die sich aus ihr ergeben haben, nicht alle selbst auf dem Gewissen; aber man kann, mit einer gewissen Wahrscheinlichkeit, die Behauptung aufstellen, daß sie alle, wenigstens indirekt, auf diese Umwälzung zurückgehen und durch sie ausgelöst worden sind, auch das Elend und der Verfall, die sich später gezeigt haben, unabhängig von ihr und bei ihren Gegnern; das muß sie alles auf ihr Schuldkonto schreiben; »Ach, die Wunden, die mich schmerzen, habe ich mir selbst beigebracht[21]!«

Gewöhnlich werden diejenigen, die bei Umwälzungen den Anstoß geben, zuerst unter den Trümmern des stürzenden Gebäudes begraben; [c]wer den Aufruhr angestiftet hat, hat später gewöhnlich nichts davon, er rührt nur das Wasser auf für andere, die dann im Trüben fischen können. ...

21. Heu! patior telis vulnera facta meis. Ovid, Epist. Phyllidis, V, 48.

bWir erleben wieder, was Thukydides aus den Bürgerkriegen seiner Zeit berichtet: die öffentliche Verderbnis wurde beschönigt, und die Verbrechen wurden, wie zur Entschuldigung, mit neuen, unverfänglicheren Bezeichnungen benannt; man war nicht ehrlich und nicht hart genug, die Dinge beim richtigen Namen zu nennen: und doch soll es, sagt man, darum gehen, unser Gewissen und unseren Glauben zu reformieren! »Es klingt besser so[22]!« Aber jeder solcher Umsturz ist gefährlich, auch wenn er unter der ehrbarsten Flagge segelt. Um meine Ansicht geradeheraus zu sagen: es gehört rechter Egoismus und ein starker Dünkel dazu, seine persönlichen Meinungen so wichtig zu nehmen, daß man, um ihnen Geltung zu verschaffen, eine friedliche Ordnung umstürzen und die eigene Heimat so schwerwiegenden Eingriffen aussetzen muß; man weiß doch, daß unendlich viel Unglück unlösbar damit verbunden ist und eine fürchterliche Sittenverderbnis, die nun einmal zum Wesen des Bürgerkriegs gehört. cHeißt es nicht schlecht wirtschaften, wenn man Laster fördert, deren Ausbreitung bestimmt vorauszusehen ist, um Einrichtungen zu bekämpfen, deren Unrichtigkeit bestritten wird oder jedenfalls bestreitbar ist? Gibt es eine schlimmere Art der Verkommenheit als die, welche das Gewissen und die natürliche Erkenntnis vergiftet? ...

bEs besteht ein tiefer Unterschied zwischen der Verantwortung dessen, der sich nach den Formen und den Gesetzen seines Landes richtet, und dessen, der es unternimmt, sie zu verbessern und abzuändern; der eine kann sich darauf berufen, daß er nicht gemerkt habe, worum es ging, daß er ja nur den Gesetzen gehorcht und nur getan habe, was auch alle anderen taten; es kann ihm bei allem, was er tut, keine Arglist vorgeworfen werden; höchstens kann man sagen, er habe Pech gehabt. ... Der Entschluß des anderen ist viel riskanter; denn wer es unternimmt, eine Wahl zu treffen und hiernach verändernd einzugreifen, der muß sich zu-

22. Honesta oratio est. Terenz, Andr. I, 1 Vers 114.

trauen, zu entscheiden, ob das, was er beseitigen will, wirklich schlecht, und das, was er dafür einführen will, wirklich gut ist.[ɔ] ...

Über die Schulmeisterei

Als Kind habe ich mich oft darüber geärgert, daß die Bezeichnung »Magister« bei uns durchaus nicht immer als Ehrentitel gilt; ... besonders unbegreiflich fand ich es, daß gerade die feinsten Geister am meisten auf die Pedanten herabsahen; ich zitiere nur unseren guten Dubellay: »Schulmeisterliches Wissen ist mir vor allem anderen zuwider.« [b]Diese Auffassung gab es schon im Altertum; denn Plutarch berichtet, daß bei den Römern die Bezeichnungen »Grieche« und »Schulmann« Tadel oder Verachtung ausdrückten.[ɔ] Später, als ich älter wurde, habe ich gesehen, daß diese Auffassung durchaus berechtigt ist und daß »die Gelehrteren nicht immer die Gescheiteren sind[23]«. Aber noch heute bin ich mir unklar darüber, wie es möglich ist, daß eine Seele, die so vielerlei Dinge in sich aufgenommen hat, dadurch nicht lebensvoller und aufgeweckter wird; und daß ein roher und gewöhnlicher Geist sich nicht verfeinert, wenn er es dauernd zu tun hat mit den Überlegungen und Urteilen der ausgezeichnetsten Geister, die auf der Welt gelebt haben. [b]Wenn ein Mensch so viele, so starke und so große fremde Gehirne bei sich aufnehmen will, ist es nötig (so formulierte es einmal eine junge Prinzessin), daß sein eigenes Gehirn sich in die Ecke schieben, sich zusammendrücken und sich klein machen läßt, damit die anderen daneben Platz haben.[ɔ]
Dasselbe kann man vielleicht so ausdrücken: wie die Pflanzen bei zu viel Nässe eingehen und die Lampen bei zu reichlicher Ölzufuhr ausgehen, so wird der Geist durch Überanstrengung und Überfütterung aktionsunfähig: dieser, so könnte man denken, verliert die Möglichkeit, sich zurecht-

23. Magis magnos clericos non sunt magis magnos sapientes. [Spöttische Formulierung nach Rabelais, Gargantua, I, 39.]

zufinden, wenn zu vielerlei auf ihn einstürmt; er fühlt sich durch diese Belastung niedergedrückt. Aber diese Auffassung ist doch nicht ganz richtig; denn unsere Seele weitet sich in dem Maße, wie ihr neuer Inhalt zugeführt wird. Beispiele aus vergangenen Zeiten illustrieren gerade den umgekehrten Fall: es hat viele im öffentlichen Leben stehende vorzügliche Praktiker gegeben, bedeutende Feldherren, weitblickende Diplomaten, die zugleich eine tiefe Gelehrsamkeit besaßen. ...

Große Denker, wie zum Beispiel Archimedes aus Syrakus, haben denn auch, wenn sie sich praktischen Aufgaben gegenübergestellt sahen, diese oft mit einem so idealen Schwung angepackt, daß man die Überzeugung gewinnen mußte, Herz und Seele habe sich bei ihnen durch die geistige Bewältigung der Umwelt wunderbar geweitet und bereichert. ...

Vom Philosophen Thales wird folgendes berichtet: er tadelte immer wieder, daß die Menschen zu viel Wert auf wirtschaftliche Dinge und auf das Reichwerden legten; die Gegner machten ihm darauf den Vorwurf, er rede nur so, wie der Fuchs in der Fabel, weil er diese schönen Dinge nicht erreichen könne. Da bekam er Lust, zum Spaß einmal ihnen ein Experiment auf diesem Gebiete vorzuführen; er stieg von seiner philosophischen Höhe herab, stellte seine Fähigkeiten in den Dienst des geschäftlichen Profits und zog einen Großhandel auf, der ihm in einem Jahre so viel Geld einbrachte, wie die erfahrensten Fachleute in dieser Branche in ihrem ganzen Leben kaum verdienen konnten. ...

Nun will ich diesen ersten Gesichtspunkt verlassen. Ich glaube, man sollte lieber sagen, die Geringschätzung des Wissens kommt daher, daß man es falsch anpackt; bei unserem Unterrichtsherkommen ist es kein Wunder, wenn weder Lernende noch Lehrende dadurch brauchbarer für das Leben werden, trotz der Gelehrsamkeit, die sie aufnehmen. Es ist doch so: nur darauf sehen die Eltern bei uns und nur dafür zahlen sie, daß uns die Köpfe mit Wissen vollgestopft werden; ob dadurch Urteilsfähigkeit und sittliche Kraft erreicht wird, danach fragt man kaum. ... Wir wollen gewöhnlich wissen, wenn wir über den Erfolg der Ausbildung urteilen, ob er Griechisch oder Lateinisch kann, ob er in Prosa oder in Versen geschickt zu schreiben versteht usw., aber ob er im ganzen besser und lebenstüchtiger geworden ist, das bleibt unerörtert; und das war doch das eigentliche Ziel. Man sollte fragen: wer eine wertvollere, nicht, wer eine größere Gelehrsamkeit aufweisen kann.

Gewöhnlich arbeiten wir nur zu dem Zweck, unser Gedächtnis zu füllen; Verständnis und Gewissen bleiben leer. Genauso wie Vögel manchmal Körner suchen, sie aber nicht fressen, sondern sie im Schnabel forttragen, um damit ihre Jungen zu atzen: so stibitzen unsere Pedanten sich Wissen aus Büchern zusammen, nehmen es aber nur in den Mund, um es unverändert wieder von sich zu geben und es nutzlos zu vertun. [c]Es ist wunderbar, wie genau ich als Beispiel für diese Torheit passe.

Mache ich es nicht bei dem, was ich hier schreibe, meistens genauso? Ich schnappe in meinen Büchern hier und da Sentenzen auf, die mir gefallen, nicht, um sie im Gedächtnis zu behalten – denn da kann ich gar nichts aufbewahren –, sondern um sie in diesem Buch hier anzubringen; genau genommen sind sie hier ebensowenig mein Eigentum wie an der Stelle, wo sie erst standen; wirklich wissend sind wir, das glaube ich, nur in dem, was wir selbst gerade denken, nicht in dem, was früher gedacht worden ist, ebensowenig wie in dem, was später gedacht werden wird.[ↄ] . . .

Oft dürften wir eigentlich nur sagen: »So steht es bei Cicero; so verhielt sich Plato; das ist ein Zitat aus Aristoteles«: aber wie ist denn unsere Ansicht, wie ist unsere Stellung zu diesen Punkten? Ein Papagei könnte auch so nachsagen, wie wir es tun. . . .

Meist leisten wir weiter nichts, als daß wir die Meinungen und das Wissen anderer in Verwahrung nehmen: das Wesentliche aber wäre, daß wir uns diese Dinge aneignen. Wir machen es dabei genau, wie wenn jemand Feuer brauchte und zu seinem Nachbar ginge, um sich welches zu holen; und wenn er nun beim Nachbar ist, bei dem ein schönes großes

Feuer brennt, da setzt er sich hin und wärmt sich und vergißt ganz, daß er eigentlich Feuer für sich zu Haus holen wollte. Was nützt es uns, einen vollgefressenen Bauch zu haben, wenn die Nahrung nicht verdaut und assimiliert wird, so daß sie unsere Kräfte mehrt und stärkt? ...
[b]Wir verlassen uns so vollständig auf die Hilfe von außen, daß unsere eigenen Geisteskräfte verkümmern. Brauche ich stärkende Gesichtspunkte gegen die Todesfurcht, so leihe ich sie mir bei Seneca; habe ich Trostgedanken für mich oder für andere nötig, so liefert sie mir Cicero. Ich hätte sie aus mir selbst geschöpft, wenn meine Erziehung sich dieses Ziel gesetzt hätte. Solche Fähigkeiten zweiter Hand, solche erbettelten Kräfte mag ich nicht leiden[ɔ]: gelehrt können wir vielleicht werden durch von außen bezogenes Wissen, verständig aber nur durch unsere eigene Verständigkeit. ... [c]»Wir haben nicht die Aufgabe, Weisheit in uns anzuhäufen, sondern etwas mit ihr anzufangen[24].«[ɔ] ...

Über die Erziehung der Kinder

Ein Vater spricht nicht gern von den Gebrechen seines Kindes, auch wenn man den Buckel oder den Kopfgrind bei diesem deutlich sieht; nicht deshalb allerdings, weil er den Fehler nicht bemerkt – wenigstens wenn seine Vaterliebe ihn nicht vollständig blind macht –, aber es ist eben sein Sohn. So geht es mir auch. Ich sehe so gut wie jeder andere, daß das, was ich hier aufschreibe, nur Phantasien eines Mannes sind, der in seiner Kindheit nur die äußerste Kruste vom Wissen vorgesetzt bekommen hat und bei dem sich davon nur ein undeutliches allgemeines Bild erhalten hat; von jedem ein wenig, vom Ganzen nichts, nach französischer Manier. Ich weiß ja schließlich, daß es eine Wissenschaft von der Medizin, eine Jurisprudenz, vier Unterabteilungen in

24. Non enim paranda nobis solum, sed fruenda sapientia est. Cicero, De offic., III, 15.

der Mathematik gibt, und im großen und ganzen, worauf es diese abgesehen haben; [c]und dann kenne ich vielleicht noch im allgemeinen die Punkte, in denen die Wissenschaften den Anspruch erheben, einen Nutzen für unser Leben zu haben:ↄ aber tiefer eingedrungen bin ich nie; ich habe mich nie in eine Einzelforschung eingearbeitet, [c]von keiner Kunst beherrsche ich auch nur die Anfangsgründe; jeder höhere Schüler kann sagen, daß er gelehrter ist als ich, denn ich kann ihn nicht einmal über die einfachsten Gegenstände seines Schulwissens examinieren; und wenn ich es doch einmal tun muß, da bleibt mir nichts übrig, als mehr oder weniger ungeschickt einen Punkt von allgemeinerem Interesse herauszunehmen und an diesem seine Urteilsfähigkeit zu prüfen; aber gerade in dieser Auswertung sind sie gewöhnlich ebenso ungeübt, wie ich in ihrer Lernerei.

Wirklich vertraut bin ich mit keinem ernst zu nehmenden Buch, außer mit Plutarch und Seneca; aus ihnen schöpfe ich wie die Danaiden; ununterbrochen wird das Gefäß vollgefüllt und wieder ausgeschüttet. In diesem Papier hier bleibt einiges davon hängen; in mir selbst so gut wie nichts.ↄ Worauf ich in den Büchern aus bin, das finde ich in den Geschichtsdarstellungen oder in der Poesie, zu der ich eine besondere Zuneigung empfinde. Denn wie – nach Cleanthes – die Stimme, wenn sie durch den engen Gang eines Sprachrohrs hindurch muß, dann schärfer und lauter klingt: so springt ein sinnreicher Ausspruch viel mehr in die Augen, wenn er seinen Schwung von den gleichmäßigen Versfüßen erhält, und macht mir beim Hören mehr Eindruck. Was an Eigenem in mir liegt – was ich hier zu bieten habe, ist der »Versuch« dies darzustellen –, mit dem komme ich schwer zurecht: meine Auffassung und mein Urteil bilden sich nur mühsam; ich taste, ich schwanke, ich stoße mich und ich strauchle fortgesetzt; und wenn ich so weit gekommen bin, wie es mir möglich ist, dann bin ich mit mir keineswegs zufrieden; ich sehe dahinter noch Land, das es zu entdecken gälte, aber undeutlich und in einem Nebel, den ich nicht durchdringen kann. Gewöhnlich nehme ich mir weiter nichts vor, als alles aufzuschreiben, was mir gerade einfällt, ganz gleich, was es ist, dabei aber nur die Gedanken zu benutzen, die wirklich auf meinem Acker gewachsen sind. Nun passiert es mir oft, daß ich in guten Schriftstellern dieselben Gesichtspunkte behandelt finde, über die zu sprechen ich mir selber vorgenommen hatte – wie ich vor kurzem bei Plutarch auf seine Abhandlung über die Kraft der Phantasie gestoßen bin –, und dann sehe ich, wie schwach und ärmlich, ungeschickt und langweilig ich bin im Vergleich mit diesen Männern, so daß ich auf mich heruntersehe und mir selber leid tue; und dann befriedigt es mich aber auch wieder, daß meine Gedanken sich mit den ihrigen begegnen [c]und daß ich wenigstens, weit hinter ihnen, die gleichen Wahrheiten aufleuchten sehe;[ↄ] und außerdem befriedigt es mich, daß ich, was nicht jeder von sich sagen kann, erkenne, welch gewaltiger Unterschied zwischen ihnen und mir besteht; trotzdem lasse ich dem, was ich mir da ausdenke, freien Lauf, und ich lasse es so, wie es aus mir herausgequollen ist, und ich verkleistere und flicke die Unvollkommenheiten nicht, die mir bei diesem Vergleich deutlich geworden sind.

[c]Man muß sehr kräftige Beine haben, wenn man sich vornimmt, diesen Männern gegenüberzutreten und mit ihnen Schritt zu halten.[ↄ] Die unbescheidenen Schriftsteller unserer Zeit, die zwischen ihre eigenen nichtigen Gedanken ganze Abschnitte aus antiken Schriftstellern einfügen, machen es gerade umgekehrt; denn der so ganz andere Glanz, den sie da aufsetzen, läßt ihr eigenes Gesicht dann so bleich, so fahl und so häßlich erscheinen, daß sie von den Einschüben viel mehr Nachteile als Vorteile haben. ...

[c]Ich benutze fremde Formulierungen nur insoweit, als dadurch meine eigenen Gedanken besser herauskommen.[ↄ] ...

Wie dem auch sei: ich habe durchaus nicht die Absicht, mein eigenes Gedankengut, und wenn es noch so albern ist, zu verdecken. Es soll sein wie bei einem Porträt; da stellt mich der Maler auch grau und kahlköpfig dar, nicht mit einem idealen Gesicht, sondern mit *meinem* Gesicht. Auch hier gebe ich meine Ansichten und meine Stimmungen wieder;

ich gebe sie so, wie ich sie für wahr, nicht wie ich sie für vorbildlich halte: ich habe hier kein anderes Ziel, als mein Inneres aufzudecken; vielleicht bin ich morgen schon wieder anders, wenn eine neue Lebenserfahrung auf mich eingewirkt hat. Ich erhebe durchaus nicht den Anspruch, daß alles, was ich sage, als Evangelium aufgenommen wird; das wünsche ich auch gar nicht; fühle ich doch die Unvollkommenheit meiner Erkenntnis zu deutlich, als daß ich andere belehren könnte. ...

Das größte und folgenschwerste Problem des menschlichen Wissens liegt wohl dort, wo es um seine Anwendung auf die Erziehung der Kinder geht. [c]Es ist gerade wie bei der Landwirtschaft. Das Pflanzen ist verhältnismäßig leicht; es gibt bestimmte einfache Vorschriften, wie das vorbereitet und ausgeführt werden muß; wenn die Pflänzchen aber angewachsen sind, so verlangen alle Arten eine verschiedene und oft sehr mühevolle Behandlung, um sie hochzubringen; bei den Menschen gehört auch kein besonderes Geschick dazu, sie in die Welt zu setzen; wenn sie aber erst einmal geboren sind, sieht die Aufgabe, die man da auf sich nehmen muß, ganz anders aus; sie ist voll von Mühen und Ängsten; es gilt nun, sie aufzuziehen und richtig zu lenken.[ↄ] In der ersten Kindheit zeigen sich ihre Anlagen so schwach und so undeutlich; was werden will, äußert sich so unbestimmt und oft irreführend, daß es kaum möglich ist, daraus irgend welche wirklich gültigen Schlüsse zu ziehen. ... [b]Junge Bären und Hunde zeigen ihre natürlichen Anlagen; aber die menschlichen Anlagen werden sofort von Gewohnheiten, von bestimmten Meinungen, von Gesetzen beeinflußt, und es gelingt leicht, sie umzubiegen und zu verdecken.[ↄ] – Gegen die natürliche Anlage läßt sich schwer etwas erreichen. So kommt es, daß die Erzieher oft unnütze Arbeit leisten, weil sie von Anfang an den richtigen Weg verfehlt haben, und daß sie jahrelang die Kinder auf Gebieten üben, in denen sie dann doch nicht Fuß fassen können. ...
Von der Wahl des Hauslehrers hängt der Erfolg der Erzie-

hung zum großen Teile ab. ... Nehmen wir an, es handelt sich um einen Sohn aus gutem Hause, dem die Bildung vermittelt werden soll, nicht zum Gelderwerb (denn für einen gemeinen Zweck darf man die Gnade und die Huld der Musen nicht bemühen; und dann wäre man dabei ja auch von anderen abhängig), und auch nicht wegen äußeren Ansehens, sondern für seinen eigentlichen Gewinn, der darin besteht, daß er innerlich bereichert und gerüstet ist; aus unserem Zögling soll ja schließlich ein Vollmensch und nicht ein Gelehrter werden. Will man das, so würde ich raten, bei der Wahl des Erziehers mehr darauf zu sehen, daß er einen klugen als daß er einen vollgepfropften Kopf hat; und wenn man doch von ihm beides verlangt, sollte man mehr Wert darauf legen, wie er das, was er weiß, in Handlung und Urteil umsetzt, als darauf, wieviel er weiß; er soll sein Amt modern auffassen.

Gewöhnlich schreit man uns beim Unterricht fortgesetzt in die Ohren, wie wenn man etwas in einen Trichter gießt; die Lernenden haben dann nur zu wiederholen, was ihnen gesagt worden ist: gerade diese Methode sollte er verbessern. Von Anfang an sollte er den Kinderseelen, die ihm anvertraut sind, die Dinge hinzeigen, so wie sie sie verstehen können, so daß sie ihre Freude daran haben, daß sie sie unterscheiden und ihre Wahl treffen lernen; manchmal sollte er sie dabei führen, manchmal sie selbst den Weg finden lassen: oft muß er den Schüler reden und gleichsam vor sich herlaufen lassen, um zu sehen, wie er sich anstellt und danach beurteilen zu können, wie weit er selbst von seiner Höhe herabsteigen muß, um ihm verständlich zu bleiben. Wenn wir dies richtige Verhältnis zum Lernenden außer acht lassen, verderben wir alles; es ist aber außerordentlich schwierig, dabei den rechten Ton zu treffen und alle Übertreibung zu vermeiden. Nur wer sich seelisch ganz in der Gewalt hat, kann sich ohne Gefahr dem kindlichen Denken anpassen und dabei doch die Führung nicht verlieren. Beim Aufwärtssteigen ist mein Schritt fester und sicherer als beim Abwärtssteigen.[9] ...

Der Schüler soll nicht nur über die Worte, sondern vor allem über den Sinn und den Inhalt dessen, was er gelernt hat, Auskunft geben können; der Nutzen, den er davon gehabt hat, soll sich nicht im Gedächtnis, sondern bei der Anwendung im Leben zeigen; der Inhalt der neuen Unterweisung muß sich auf hundertfache Weise ausdrücken lassen, er muß sich auf ganz verschiedene Objekte anwenden lassen; dann erst kann der Lehrer sehen, ob der Schüler das Wesentliche wirklich erfaßt und sich zu eigen gemacht hat: [c]er kann zur Prüfung dieser Fortschritte die pädagogische Methode verwenden, die Sokrates in den Platonischen Dialogen gebraucht.ↄ Es ist ein Zeichen von ungenügender oder krankhafter Verdauung, wenn man die Speisen unverändert wieder von sich gibt, so wie man sie geschluckt hat; der Magen hat nicht funktioniert, wenn er das, was er zu verarbeiten hatte, nicht ganz und gar verändert und umgestaltet hat. [b]Unsere Seele schwingt meist nur mit erborgter Bewegung; sie ist abhängig von Anregungen, die von außen kommen, sie ist sklavisch gefesselt an die Lehre des Vorbilds: wir haben uns an diese Knechtung so gewöhnt, daß wir nicht mehr selbständig gehen können; dadurch ist unsere eigene geistige Kraft und Freiheit erloschen.ↄ ... Unser Lehrer soll seinen ganzen Unterrichtsstoff gleichsam erst durchseihen und dem Schüler nichts darbieten, was er einfach glauben muß, weil es im Buch steht. ... Er soll ihm verschiedene Problemstellungen vortragen, zwischen denen der Zögling, wenn er dazu fähig ist, selbst die Entscheidung trifft; wenn er es nicht kann, ist das Problem eben für ihn nicht gelöst. Nur die Dummen haben sofort eine Überzeugung fertig. »Auch Zweifeln hat sein Gutes nicht weniger als Wissen[25]«; denn wenn er auf Grund eigenen Nachdenkens sich den Ansichten eines Xenophon oder eines Plato anschließt, so sind das dann nicht mehr ihre, sondern seine Gedanken: [c]wer bloß hinter einem anderen hergeht, der tut nichts folgerichtig, er findet nichts, er sucht auch eigentlich gar nichts. ...ↄ

25. Che non men che saper, dubbiar m'aggrata. Dante, Inferno, XI, 93.

Wahrheit und Denkrichtigkeit sind für jeden die gleichen; sie sind nicht mehr ein Besitz dessen, der sie zuerst ausgesprochen hat, als dessen, der sie noch einmal ausspricht: cein richtiger Gedanke ist auch nicht mehr Platonisch als Montaignisch, da wir beide ihn auf dieselbe Weise ansehen und verstehen.ɔ Die Bienen saugen hier und dort an vielen Blüten; aber dann machen sie Honig daraus, der ganz den Bienen eigentümlich ist; es ist kein Thymian und kein Majoran mehr: so soll unser Zögling die Gedanken, die er entleiht, so umgestalten und einschmelzen, daß daraus ein Erzeugnis entsteht, das ganz sein Eigentum ist: ich meine, sein eigenes Urteil. Dies zu bilden, das ist der einzige Zweck seines Lernens, seines Arbeitens, seines Studierens. . . .

cDer Gewinn aus unseren Bemühungen besteht darin, daß wir besser und weiser geworden sind.ɔ Wir sehen und hören, so heißt es, kraft unserer Auffassungsgabe; diese innere Kraft ist es, die alle Erfahrungen nutzt und ordnet, sie zur Wirkung bringt, sie beherrscht und regiert; ohne sie ist alles blind, taub und seelenlos. Und gerade sie gewöhnen wir an Knechtsgesinnung und Feigheit, weil wir ihr nicht die Freiheit lassen, selbständig zu wirken. . . . cAuswendig wissen ist kein wirkliches Wissen; man verfügt da nur über das, was man dem Gedächtnis zur Aufbewahrung übergeben hat. Was man richtig kann, das kann man anwenden, ohne auf sein Muster oder in sein Buch sehen zu müssen. Reines Bücherwissen ist ein trauriges Wissen; man kann darin einen Schmuck, aber nicht die Grundlage unserer Erkenntnis sehen, nach dem Satz Platos: »Festigkeit, Glaube und Ehrlichkeit sind der wahre Inhalt der Lebensweisheit; die übrigen Wissenschaften, die andere Ziele haben, sind nur Schminke.«ɔ

Ich möchte wissen, ob die schönen Tänzer, die ich kenne, le Paluel und Pompée, uns ihre Luftsprünge beibringen könnten, wenn wir nur zusähen, wie sie tanzen und dabei sitzen blieben; genauso wäre das, wenn unsere Schulmeister uns das Denken beibringen wollen, ohne es aktiv zu betätigen: coder wenn wir reiten, fechten, Laute spielen oder singen lernen wollten, ohne es selbst zu üben; so will man uns lehren, richtig zu urteilen und richtig zu sprechen, ohne uns Gelegenheit zu geben, unsere Sprechfähigkeit und unsere Urteilsfähigkeit zu üben.[ɔ] Bei der Anleitung hierzu aber braucht man keine Bücher; jedes Erlebnis der Umwelt bietet ausreichenden Stoff dafür. . . .

Der Umgang mit vielen Menschen und der Besuch fremder Länder ist wunderbar für diesen Zweck geeignet; und zwar nicht wegen der Einzelbeobachtungen, sondern hauptsächlich, um einen Einblick zu gewinnen in die andere Art zu fühlen und sich zu geben, und um unser Gehirn an fremden Gehirnen zu reiben und dadurch abzuschleifen. Ich hätte nichts dagegen, daß man unseren Zögling schon sehr früh mit auf Reisen nimmt. . . .

So hat sich ja auch die Ansicht fast überall durchgesetzt, daß es nicht richtig ist, ein Kind immer bei den Eltern zu erziehen; durch ihre natürliche Liebe werden die Eltern den Kindern gegenüber zu weich und zu nachsichtig, auch die vernünftigsten; sie bringen es nicht übers Herz, sie zu strafen, wenn sie Dummheiten machen, und mit anzusehen, wenn bei der Erziehung mit der notwendigen Grobheit vorgegangen und etwas Wagemut verlangt wird; sie können nicht sehen, wie ihr lieber Junge schwitzend und staubig vom Training kommt, [c]wie er zu heiß und zu kalt trinkt,[ɔ] wie er auf einem bockigen Pferde reitet, wie er mit dem Florett es mit einem harten Fechter zu tun hat, oder wie er schießen muß. Es hilft nun einmal nichts: wer aus dem Jungen einen richtigen Mann machen will, der darf ihn bestimmt in den jungen Jahren nicht schonen; und es ist unvermeidlich, daß man dabei oft gegen die Vorschriften der Medizin verstößt.

[c]Es genügt nicht, ihm die Seele zu stählen; man muß ihm auch die Muskeln stählen: es wird zu viel von der Seele verlangt, wenn sie keine Unterstützung erhält; allein ist sie der doppelten Belastung nicht gewachsen. Ich weiß, wie sehr meine Seele keuchen muß, weil sie zu einem so zarten und so empfindlichen Körper gehört, der so stark auf sie einwirkt; und bei meiner Lektüre stoße ich oft auf Stellen, wo meine Vorbilder als Beispiele seelischer Größe und Widerstands-

kraft Haltungen anführen, die eigentlich mehr für eine unempfindliche Haut und für robuste Knochen sprechen. Ich habe Männer, Frauen und Kinder gesehen, denen eine Tracht Prügel weniger ausmacht als mir ein Nasenstüber; die keinen Laut von sich geben und keine Miene verziehen, wenn die Schläge sie treffen: wenn Athleten sich ebenso unempfindlich zeigen wie Philosophen, so kommt das mehr von ihren starken Nerven als von ihrem tapferen Herzen. Nun ist aber die Gewohnheit, Anstrengungen auszuhalten, dasselbe wie die Gewohnheit, Schmerzen auszuhalten: »Arbeit schafft uns eine harte Haut gegen den Schmerz[26].« So muß man denn den Zögling an schwierige und anstrengende Körperübungen gewöhnen, um ihn zu befähigen, schmerzhafte Leiden zu ertragen wie Verrenkungen, Kolik, brennende Wunden, Kerker und Folter. . . .ↄ Was die Schulung durch den gesellschaftlichen Umgang betrifft, so ist mir dabei folgender sehr häufiger Fehler aufgefallen: anstatt andere zu beobachten, sind wir nur darauf aus, uns zu produzieren; wir strengen uns mehr an, unsere Ware an den Mann zu bringen als neue Ware einzuheimsen: bescheidenes Auftreten und die Kunst, den Mund zu halten, sind Eigenschaften, durch welche die Unterhaltung außerordentlich gefördert wird. Wenn der Junge etwas gelernt hat, muß er dazu erzogen werden, sehr sparsam und vorsichtig mit seinen Kenntnissen herauszurücken; nicht gleich aufzutrumpfen, wenn in seiner Gegenwart etwas Dummes oder etwas Unbegründetes geäußert wird; denn es wirkt unhöflich und aufdringlich, wenn wir an allem, was nicht nach unserem Geschmack ist, gleich Anstoß nehmen. [c]Es ist gescheiter, er zieht für sich selber eine Lehre daraus; dann fällt er den anderen nicht dadurch auf die Nerven, daß er bei ihnen alles tadelt, was er selbst nicht tun würde, und verstößt nicht gegen das Herkommen. Es ist ein kindlicher Ehrgeiz, dadurch besonders fein wirken zu wollen, daß man es anders macht als die anderen. Wie es nur den großen Dichtern an-

26. Labor callum obducit dolori. Cicero, Tusc., II, 15.

steht, sich poetische Lizenzen zu erlauben, so ist es nur bei wirklich großen, berühmten Persönlichkeiten erträglich, wenn sie sich über das Herkommen hinwegsetzen.ɔ ...
So wird unser Zögling auch lernen müssen, daß er das Wort zu einer Entgegnung nur dann ergreift, wenn er einem Kämpfer begegnet, mit dem sich die Auseinandersetzung lohnt, und daß er auch dann nicht alle Gesichtspunkte, die seine These stützen können, vorbringt, sondern nur die, welche sie am besten stützen. Er muß ein Gefühl für den Wertunterschied verschiedener Begründungen bekommen; er muß sich freuen, wenn sie treffen, und wird sich infolgedessen kurz zu fassen suchen. Vor allem aber muß er lernen, sich vor der Wahrheit zu beugen und den Streit sofort abzubrechen, wenn sie aufleuchtet, ganz gleich, ob sein Gegner sie findet, oder ob er sich selbst eines Besseren besinnt. ...
Man muß aus seinen Worten seine ehrliche Überzeugung heraushören; cvon anderen als von Vernunftgründen darf er sich nicht leiten lassen.ɔ Er muß Verständnis dafür gewinnen, was es bedeutet, einen Fehler in der eigenen Beweisführung zuzugeben, auch wenn niemand sonst ihn bemerkt hat: dies beweist sowohl Urteilsfähigkeit wie Ehrlichkeit, und diese beiden Eigenschaften sind doch die wichtigsten Ziele, denen er nachstrebt; cHartnäckigkeit und Besserwissen sind etwas Gewöhnliches, sie passen am besten zu den niedrigsten Charakteren; dagegen ist es schwer, seine Meinung zu revidieren und sich der besseren Erkenntnis anzuschließen, auf eine als unrichtig erkannte Stellungnahme zu verzichten, wenn man sie eben noch lebhaft verteidigt hat: das sind seltene Eigenschaften; sie verlangen Kraft und philosophische Haltung.ɔ
Wenn er mit Menschen zusammen ist, soll er seine Augen überall haben. ... Er muß versuchen, herauszubekommen, was in jedem einzelnen steckt: in einem Hirten, einem Maurer, einem Vorübergehenden; alles muß er ausnutzen, von jedem muß er sich nehmen, was er zu bieten hat, denn alles kann er brauchen; sogar die Dummheit und die Schwächen, die er bei anderen sieht, können ihm zur Lehre dienen; wenn er

beobachtet, was an jedem Nettes und Eigentümliches ist, wird etwas haften bleiben: das Gute als anspornendes, das Böse als abschreckendes Beispiel. ... Die ganze weite Welt ist der Spiegel, in dem wir uns betrachten müssen, um den richtigen Blick für die Selbstbeobachtung zu bekommen. Das soll überhaupt das eigentliche Lehrbuch meines Schülers sein. Es gibt so viele Arten Neigungen, Sekten, Meinungen, Gesetze und Sitten; ihre Verschiedenheit lehrt uns, den Wert dessen, was bei uns gilt, richtig einzuschätzen; sie lehrt uns, uns bewußt zu werden, wie beschränkt und schwach unser Urteilsvermögen seiner Natur nach ist; und das ist keine unwichtige Erkenntnis: die großen Umwälzungen der bestehenden Ordnungen und das dauernde Auf und Ab ganzer Staatsschicksale dienen uns als Lehre, unser eigenes Schicksal nicht zu wichtig zu nehmen. ... Die Unzahl der Menschen, die vor uns begraben sind, machen uns Mut, furchtlos unserem Ziele zuzuschreiten, wo wir, in der anderen Welt, uns in so guter Gesellschaft befinden werden; und so geht es mit allem. ...

Neben der Belehrung durch die praktische Erfahrung wird man unseren Zögling mit den nützlichsten philosophischen Theorien vertraut machen; alles menschliche Handeln muß zum philosophischen Denken in Beziehung gesetzt werden, nach dem es sich ausrichtet. ... Da wird man ihm sagen, was Wissen und Nichtwissen ist – in der Erfassung dieses Unterschiedes liegt das eigentliche Ziel des Studiums –, was die Begriffe Mut, Mäßigkeit und Gerechtigkeit bedeuten; worin der Unterschied zwischen Ehrgeiz und Habsucht, zwischen Knechtschaft und Einordnung, zwischen Zügellosigkeit und Freiheit besteht; woran man die wahre Befriedigung, die Bestand hat, erkennt; wieweit Tod, Schmerz und Schande zu fürchten sind; »wie man Kummer vermeidet und wie man ihn trägt[27]«; welches die Triebfedern unseres Handelns sind und wieviel verschiedene innere Anstöße auf uns einwirken können; denn die ersten Unter-

27. Et quo quemque modo fugiatque feratque laborem. Vergil, Aen., III, 459.

richtsgegenstände, mit denen er vertraut gemacht werden muß, sind doch wohl die, die sich auf sein Benehmen und sein Denken anwenden lassen; die ihm helfen, sich selbst zu erkennen, recht zu leben und recht zu sterben. cWomit wir erziehen, das nennen wir »freie Künste«; so wollen wir zunächst mit den Dingen beginnen, die uns frei machen, natürlich tragen alle »freien Künste« irgendwie dazu bei, uns in das Leben und seine Nutzung einzuführen, wie auch alles andere irgendwie dafür nutzbar gemacht werden kann, aber ich schlage vor, die Stoffe zu bevorzugen, die direkt und absichtlich zu diesem Ziel hinführen.

Wenn wir uns überlegen wollten, was eigentlich und natürlich für unser Leben notwendig ist, so würden wir finden, daß das meiste, was man gewöhnlich lernt, für unseren Zweck unbrauchbar ist; und daß, selbst in den praktisch verwendbaren Gebieten, es von unnötigen Breiten und Spezialitäten wimmelt, die wir besser weglassen würden; und wir würden, mit Sokrates, unser Studieren darauf beschränken, was wirklich notwendig ist.ɔ »Wage es nur, vernünftig zu sein; fang nur an damit; wer die Stunde hinausschiebt, in der er mit dem vernünftigen Leben anfängt, der gleicht dem Toren, der wartet, bis der Fluß abgeflossen ist; aber er strömt weiter und wird in alle Ewigkeit weiterströmen[28].« ...

Nachdem unser Schüler zunächst gelernt hat, wie er vernünftiger und besser werden kann, so wird man ihn auch damit bekannt machen, was Logik, Physik, Geometrie und Rhetorik bedeutet; jedes Studium, das er sich dann wählt, wird er leicht bewältigen, da seine Urteilskraft schon geschult ist. Als Unterrichtsform wird man einmal das Lehrgespräch, ein andermal die Lektüre wählen: das eine Mal wird der Lehrer direkt nach einer für seinen Zweck geeigneten Originalabhandlung unterrichten; dann wieder wird er ihm das Mark der Sache, den wesentlichen Inhalt, gut vorgekaut, darbieten. ...

28. Sapere aude, / Incipe: vivendi recte qui prorogat horam, / Rusticus exspectat, dum defluat amnis; at ille / Labitur, et labetur in omne volubilis aevum. Horaz, Epist., II, 40.

Bei dieser Methode ist der Schüler innerlich beteiligt; die Seele findet Nahrung. Sie ist unvergleichlich fruchtbarer als die Lernmethode, und die Früchte reifen schneller.

Aber heute ist man bei uns noch durchaus nicht so weit; die Philosophie ist, und zwar auch bei gescheiten Leuten, nur ein leeres Wort, das keine Beziehung zur Wirklichkeit hat; so kommt es, daß sie keine praktische Bedeutung besitzt und kein Ansehen genießt; [c]sie gilt nichts, und sie nützt nichts.[ɔ] Ich glaube, die krause Ausdrucksweise ist daran schuld, durch die der Zugang zu ihr erschwert wird. Man tut unrecht daran, sie den Kindern als unzugänglich hinzustellen, zu sagen, daß sie etwas Sauertöpfisches, Dünkelhaftes, Schreckliches sei: wer mag ihr nur diese fälschende Maske vorgehängt haben, die sie bleich und scheußlich erscheinen läßt? Es gibt doch nichts Fröhlicheres, Gesünderes, Kurzweiligeres, beinahe möchte ich sagen: Spaßigeres, als sie; ihre Lehren stimmen festlich und glücklich; ein trauriges, ein starres Aussehen deutet an: bei dem ist sie nicht zu Haus. ... Die Seele fühlt sich wohl, wenn die Philosophie in ihr wohnt; diese seelische Gesundheit wird auch auf die körperliche Gesundheit übergreifen; ihre Ruhe und ihr Glück wird auch nach außen strahlen, die ganze äußere Erscheinung wird sich nach dem Seelenbilde formen; schon die ganze Haltung wird von liebenswürdigem Stolz, von einem tätigen und lebendigen Geist und von zufriedener und behaglicher Stimmung Zeugnis ablegen. [c]Das deutlichste Anzeichen der Weisheit ist eine immer gleichbleibende Heiterkeit. ... Ihr Ziel ist die menschliche Vollkommenheit, und diese thront nicht, wie es gelehrt wird, oben auf einer schroffen, kahlen, unersteigbaren Höhe: diejenigen, die ihr nahe gekommen sind, wissen es besser: sie verlegen ihre Stätte mitten in die Blütenwelt einer schönen fruchtbaren Ebene, wo alles, was die Welt bietet, überschaubar ist; und wenn man den Ort weiß, kann man auf schattigen, grünbewachsenen, süß duftenden Wegen wandelnd hingelangen; denn der Weg führt sanft und glatt hinan, wie zu Himmelshöhen. Die Pedanten wissen nicht, wie diese höchste Tugend beschaffen ist: sieghaft schön, liebereich und wonnevoll, zugleich aber auch voll mutiger Sicherheit; die geschworene, die unversöhnliche Feindin aller Launen, allen Kummers, aller Furcht und allen Zwangs; ihre Führerin ist die Natur; ihre Gefährtinnen sind Glück und Wonne. Und weil sie das nicht wissen, haben sie sich ein törichtes Bild von ihr zurechtgemacht, das ihrer geistigen Armut entspricht: sie stellen sie hin als traurig, streitsüchtig, verdrießlich, bedrohlich, intrigant, und sie versetzen sie auf einen einsamen Felsen, wo die Dornen wuchern: ein wahres Gespenst, vor dem die Menschen erschrecken. ...

Die neue Lehre, die der Erzieher seinem Zögling beibringen soll, sieht also so aus: der Wert und die Höhe der wahren Tugend zeigt sich darin, daß ihre Anwendung leicht, nützlich und erfreulich ist; sie ist gar nicht schwierig, Kinder können sie ebenso betätigen wie Männer, die einfachen ebenso wie die feingebildeten Menschen. Sie herrscht durch die Lebensreglung, nicht durch Gewalt. Sie ist die Nährmutter der menschlichen Freuden; sie bestimmt ihnen das richtige Ziel und macht sie dadurch gefahrlos und rein; sie bestimmt ihnen das richtige Maß und erhält ihnen dadurch ihren Schwung und ihren Reiz; manche Freuden versagt sie uns, aber dadurch werden die übrigen nur um so lockender; alle die Freuden, die die Natur uns bietet, läßt sie uns in vollem Maße genießen, bis zur vollen Befriedigung, wenn auch nicht bis zur Erschöpfung, wie eine Mutter. Denn wir werden doch nicht etwa behaupten wollen, daß sie uns unsere Freuden nicht gönnt, weil sie den Trinker zum Aufhören mahnt, ehe er betrunken ist, den Esser, ehe ihm übel wird, den Freund der Liebe, ehe ihm die Haare ausfallen. Wenn der wahre Tugendheld kein Glück im gewöhnlichen Sinne hat, so ist er darüber erhaben; er braucht es nicht; er schmiedet sich ein anderes Glück, das seinem Wesen ganz entspricht und nicht schwankt und schwindet. Die richtig verstandene Tugend kann auch mit dem Reichtum, mit der Macht, mit der Gelehrsamkeit etwas anfangen; sie bleibt dieselbe, auch wenn das Bett weich ist und lieblich duftet;

sie freut sich am Leben, an allem Schönen, auch am Glanz und auch an der Gesundheit; aber was das Eigentliche und das Besondere ihrer Wirkung ausmacht, ist, daß sie die Fähigkeit verleiht, alle diese schönen Dinge mit Maß zu genießen und auch die Fassung nicht zu verlieren, wenn man auf sie verzichten muß.[ɔ] . . .

Erst wenn das Leben vorbei ist, lehrt man uns gewöhnlich, wie wir leben sollten. . . . [c]Unser Zögling hat es da eiliger. Dem stehen für die Pädagogik nur die ersten fünfzehn oder sechzehn Jahre seines Lebens zur Verfügung; der Rest ist für die eigentliche Tätigkeit bestimmt. Eine so kurze Zeit gestattet nur die Unterweisung in dem, was nötig ist.[ɔ] Schwierige formale Unterweisungen sind wegzulassen, wenn sie keine Anwendung auf das Leben gestatten; wichtiger sind einfache Sätze der Lebensweisheit, wenn sie vernünftig ausgewählt und dargeboten werden. Sie sind leichter zu begreifen als eine Erzählung von Boccaccio; schon ein ganz kleines Kind kann sie erfassen; viel leichter als Lesen und Schreiben zu lernen. Die Philosophie hat den Menschen immer etwas zu bieten: wenn sie kaum geboren sind und auch noch, wenn sie im Alter wieder kindisch werden. . . .

Früher hieß es im Sprichwort, daß die Franzosen schnell vernünftig würden, es wäre aber nicht von Dauer. In der Tat ist das auch heute noch so: nichts ist so nett wie die kleinen Kinder in Frankreich; aber gewöhnlich erfüllen sie die Hoffnungen nicht, die man auf sie gesetzt hat; als Erwachsene sind sie nichts Besonderes mehr. Leute, die es verstehen müssen, haben mir gesagt, das läge an den höheren Schulen, auf die sie geschickt werden; denn es gibt ja so viele. Dort würden sie so stumpf.

Unser Zögling kann immer und überall lernen: im Zimmer, im Garten, bei Tisch und im Bett, wenn er allein ist und wenn er in Gesellschaft ist, frühzeitig und abends spät; denn sein hauptsächlichster Unterrichtsgegenstand ist die Philosophie, als Formerin der Urteilsfähigkeit und des Benehmens; und als solche hat sie das Vorrecht, überall am Platze zu sein. . . .

Der äußere Anstand, die Gewandtheit im Umgang, das geschickte Gesamtbenehmen sollten, meiner Ansicht nach, mit der seelischen Schulung Hand in Hand gehen; es wird ja doch nicht einmal bloß eine Seele und ein andermal bloß ein Körper erzogen, sondern ein Mensch; den darf man nicht aufspalten; und, wie Plato sagt, man darf die beiden Teile nicht getrennt voneinander führen und leiten, sondern zusammen, wie ein Paar Pferde, die an dieselbe Deichsel gespannt sind; ᶜwenn man ihn hört, macht es da nicht den Eindruck, als wenn er mehr Zeit und mehr Hingebung auf die Körperschulung verwendet sehen möchte, weil er der Ansicht ist, daß dadurch auch der Geist sich mit bilde und nicht im Gegensatz zum Körper sich gestalte?ᵓ . . .
Bei dieser Art Erziehung darf man nichts mit Gewalt oder mit Zwang zu erreichen versuchen; ein gut angelegter Junge wird dadurch nur verschüchtert und entnervt. Soll er später empfindlich gegen Schande und Züchtigungen werden, gewöhnt ihn nicht daran: gewöhnt ihn an die Abhärtung durch Schwitzen und Frieren, durch Wind und Sonne, durch das Risiko, das er verachten lernen muß. Er soll sich alle Verzärtelung, alle Empfindlichkeit gegen Kleidung und Schlafstätte, gegen ungewohntes Essen und Trinken abgewöhnen; er muß alles aushalten können; er soll kein Zierbengel werden, sondern ein kräftiger, munterer Junge. ᶜDiese Meinung habe ich schon als Kind vertreten, und ich habe sie auch als Mann und Greis beibehalten. Die übertriebene Disziplin, die in unseren Schulen üblich ist, hat mir immer mißfallen; wenn man sie übertreibt, so richtet man wahrscheinlich mehr Schaden an, als wenn man nach der Seite der Nachsicht zu viel tut. Unsere Jugend führt in den Internaten ein wahres Kerkerleben; man verführt sie zur Liederlichkeit, wenn man die Übertretungen bestraft, ehe sie begangen worden sind. . . . Was gut für sie ist, soll ihnen Freude machen; die Speisen, die für ein Kind gesund sind, muß man ihm versüßen, und die, welche ihm schädlich sind, vergällen. Plato nimmt in seinen »Gesetzen« die Sorge für die Fröhlichkeit und die Spiele seiner Staatsjugend wunderbar wichtig; wie ein-

gehend beschäftigt er sich doch mit ihren Wettläufen, ihren Spielen, ihrem Singen, ihrem Springen und Tanzen; er sagt ausdrücklich, daß in der Vorzeit die Götter selbst als Vorbilder und Schirmherren dieser Tätigkeiten angesehen wurden.ɔ …

Man kann sich an alles gewöhnen. Auch ich habe das gelernt – allerdings hat es mir manchmal etwas Mühe gekostet –, und nun schmeckt mir alles, was irgendwo zur Nahrung gehört, außer Bier.

In der Jugend ist der Körper noch geschmeidig; deshalb muß man ihn in dieser Zeit an die verschiedensten Manieren und Gebräuche gewöhnen; wenn er nur die Gewalt über seine Triebe und seinen Willen behält, schadet es dem jungen Manne nichts, wenn man ihn mitzumachen lehrt, was bei den verschiedenen Völkern und Gesellschaftsformen Brauch ist, wenn nötig, auch bei den dort üblichen Exzessen und Übertreibungen. cBei dem, was er übt, muß er sich eben danach richten, was üblich ist.ɔ Er soll zu allem fähig sein, aber nur zum Guten sich hingezogen fühlen. … Auch bei Exzessen soll er mehr leisten können als seine Kumpane; er muß die Kraft haben, etwas auszuhalten; er soll die Sünde nicht deshalb meiden, weil er ihr körperlich oder geistig nicht gewachsen ist, sondern weil er sie nicht will. c»Es ist ein großer Unterschied, ob einer nicht sündigen will oder nicht sündigen kann[29].«ɔ …

Die Welt besteht aus lauter Geschwätz; jeder Mensch redet eher zu viel als zu wenig. Und doch geht die Hälfte unseres Lebens auf die Vorbereitung zum Reden. …

Unser Schüler soll von den Sachen etwas verstehen; die Worte kommen dann von selbst; eher zu viele Worte; und wenn es einmal nicht recht gehen will, dann muß er eben langsam sprechen. Manche sagen zur Entschuldigung, sie könnten sich nicht richtig ausdrücken; sie geben sich den Anschein, als hätten sie den Kopf voll guter Gedanken, könnten sie aber nicht recht zur Geltung bringen, weil ihnen

29. Multum interest, utrum peccare aliquis nolit an nesciat. Seneca, Epist. 90.

die Worte fehlten. Das ist nur Getue. Wollt ihr wissen, woher das kommt? Das sind Schattenideen; diese gehen aus Vorstellungen hervor, in die sie innerlich keine Ordnung und Klarheit bringen und die sie infolgedessen auch nicht nach außen projizieren können; sie verstehen sich selber noch nicht. ...

Auf die Anordnung im Ausdruck kommt es weniger an. Eine praktische Sentenz, ein geistreicher Ausspruch paßt immer, ob er vorn oder hinten steht; [c]wenn er mit dem, was vorausgeht und was hinterher kommt, nicht ganz zusammengehört, so ist eine solche Stelle doch in sich wertvoll.[ɔ] Ich gehöre nicht zu denen, die die Ansicht vertreten, der schöne Rhythmus mache das schöne Gedicht aus: laßt den Poeten meinetwegen eine kurze Silbe lang messen, deshalb braucht ihr ihn nicht gleich einzusperren; wenn die Erfindung schön ist und die Gedanken geistreich und richtig sind, so werde ich sagen: Das ist ein guter Dichter, aber ein schlechter Versemacher. ...

Dem Wort kommt keine selbständige Bedeutung zu; es hat zu dienen und den Gedanken auszudrücken; und wenn es auf französisch nicht geht, so kann man es ja mit dem Dialekt versuchen. Die Inhalte sollen die Hauptsache bleiben; sie sollen den Hörer so in ihren Bann ziehen, daß er an die Worte überhaupt nicht mehr denkt. Ich habe es gern, wenn man sich einfach und natürlich ausdrückt, schriftlich wie mündlich; kernig und nervig, kurz und straff; [c]weniger fein und glatt, als feurig und schroff; »dein Sprechen gefällt erst, wenn es trifft[30]«;[ɔ] lieber nicht ganz leicht verständlich als langweilig; nicht gesucht; nicht zu ordentlich, nicht zu glatt, und lieber etwas gewagt; in jedem einzelnen Satz soll etwas darin sein; nicht pedantisch, nicht theologisch, nicht juristisch, sondern eher soldatisch. ...

[c]Die Kunst des Ausdrucks schadet der Sache, wenn sie die Aufmerksamkeit auf sich zieht. Wie es beim Anzug einen kleinen Geist verrät, wenn sich jemand durch etwas Beson-

30. Haec demum sapiet dictio, quae feriet. Lukan.

deres und Ungewöhnliches hervortun will, so ist es auch beim sprachlichen Ausdruck. Da entspringt das Suchen nach ungewöhnlicher Satzbildung und nach ungebräuchlichen Worten einem kindlichen, schülerhaften Ehrgeiz. Ich wünschte, ich benutzte nur solche Worte, die auch in den Markthallen zu Paris gebräuchlich sind! ... Nachmachen, wie geredet wird, ist so leicht, daß ein ganzes Volk es gleich weg hat; nachmachen, wie man richtig urteilt und wie einem etwas einfällt, das geht nicht so geschwind. Die meisten Leser denken – sehr mit Unrecht –, wenn sie ein ähnliches Kleid für ihre Gedanken gefunden haben, da müsse auch ein ähnlicher Gedankenkörper drinstecken; aber Kraft und Nervigkeit lassen sich nicht entlehnen; entlehnen kann man nur das Äußerliche, den Mantel. Die meisten meiner Leser drücken sich ganz ähnlich aus wie ich in meinen Essais; aber ich weiß nicht, ob sie auch ganz ähnlich denken.[ɔ] ...

Ich will nicht sagen, daß richtige Sprachbeherrschung nicht etwas ganz Schönes und Gutes ist; aber sie ist nicht so wichtig, wie man sie hinstellt; und es ärgert mich, wenn wir uns das ganze Leben lang damit abmühen sollen. In erster Linie möchte ich meine eigene Sprache beherrschen, und die Nachbarsprachen, die ich am häufigsten brauche.

Latein und Griechisch sind zweifellos ein sehr schöner und wirkungsvoller Luxus; aber man bezahlt ihn zu teuer. Hier will ich einmal eine Methode angeben, wie man ihn billiger als gewöhnlich erwerben kann, eine Methode, die an mir selbst ausprobiert worden ist. Wer Lust hat, kann sie anwenden.

Mein Vater hatte sich bei Gelehrten und erfahrenen Männern auf das gründlichste nach einer möglichst vollkommenen Erziehungsform erkundigt und war dabei auf die Nachteile des bei uns üblichen Unterrichts hingewiesen worden. Die lange Zeit, so sagte man ihm, die wir auf die Erlernung von Sprachen verwenden, die im Altertum Muttersprachen waren, ist allein schuld daran, daß die Erhabenheit und die Fülle der Gedanken, zu der es die alten Griechen und Römer gebracht haben, bei uns nicht erreicht wird. Ich glaube nicht, daß dies der einzige Grund ist. Jedenfalls fand mein Vater einen Ausweg, und zwar folgenden: ehe ich zu sprechen anfing, übergab er mich der Obhut eines Deutschen, der später als berühmter Arzt in Frankreich gestorben ist. Dieser konnte kein Wort Französisch, sprach aber sehr gut Latein. Mein Vater hatte ihn extra kommen lassen und gegen ein recht ansehnliches Gehalt verpflichtet. Dieser Mann war nun immer um mich. Er hatte noch zwei weniger gelehrte Assistenten, die ihn unterstützten, damit immer jemand für mich zur Verfügung stünde. Auch diese hatten die Verpflichtung, mit mir nur Lateinisch zu sprechen. Auch für das ganze übrige Haus galt die gleiche Vorschrift: er selbst, meine Mutter, Diener und Stubenmädchen sollten in meiner Gegenwart sich nur lateinischer Worte bedienen; alle hatten zu diesem Zweck eine Anzahl von Ausdrücken lernen müssen, die genügten, um sich mit mir zu verständigen. Das kam allen zugute. Mein Vater und meine Mutter lernten dadurch so viel Latein, daß sie es gut verstehen und sich zur Not auch in dieser Sprache ausdrücken konnten; und so ging es auch der Bedienung, die am meisten mit mir zu tun hatte. Schließlich gewöhnten wir uns so an das Latein, daß sogar die umliegenden Dörfer angesteckt wurden; dort sind noch heute lateinische Bezeichnungen für Handwerker und Geräte im Gebrauch, die üblich geworden waren. So wurde ich mehr als sechs Jahre alt, und das Französische und der heimische Dialekt des Périgord blieben mir so unbekannt wie das Arabische; Latein hatte ich in dieser Zeit so gut gelernt, wie mein Lehrer es selber konnte, ohne Anleitung, ohne Buch, ohne grammatische Regeln, ohne Schläge und ohne Tränen; und zwar reines Latein; denn übersetztes und dadurch verdorbenes Latein bekam ich nicht zu hören. ...

Griechisch kann ich fast gar nicht. Mein Vater hatte die Idee, es mir durch Unterricht beibringen zu lassen, aber mit einer neuen Methode: in der Form des Lehrspiels. Wir spielten Ball und sagten dabei die Deklinationen auf; etwa so, wie man manchmal die Schüler mit Hilfe des Spielbretts in Arithmetik und Geometrie einzuführen sucht. Denn es war ihm unter anderem geraten worden, er solle versuchen, in mir die Lust zum Lernen und zu meinen Pflichten durch das Prinzip der Freiwilligkeit wachzurufen; ich sollte selber den Wunsch danach empfinden. Mein seelischer Aufschwung sollte ganz auf dem Wege der Freundlichkeit und Freiheit sich entfalten, ohne Strenge und ohne Zwang: er hielt abergläubisch an solchen Gedanken fest. Zum Beispiel teilte er die übliche Ansicht, daß es für das zarte Gehirn der Kinder schädlich ist, wenn man sie früh plötzlich weckt und gewaltsam aus dem Schlafe reißt (in den sie tiefer eintauchen als wir Erwachsenen); deshalb ließ er mich immer durch zarte Instrumententöne wecken; täglich mußte jemand diesen Dienst versehen.

Nach diesem Beispiel kann man sich denken, wie mein guter Vater überhaupt war, wie fürsorglich und liebevoll. Er kann nichts dafür, daß er trotz seiner vorzüglichen Bodenbearbeitung nicht die Früchte ernten konnte, die ihr entsprachen. Zwei Dinge sind daran schuld. Erstens: der Boden war dürr und schlecht zu beackern. Denn ich war, obwohl kerngesund und dazu von Natur gutmütig und lenksam, so schwerfällig, gleichgültig und verschlafen, daß man mir zu keiner Tätigkeit Lust machen konnte, nicht einmal zum Spielen. Allerdings, was ich sah, das sah ich gut; und unter dieser äußerlichen Langsamkeit verbargen sich kühne Phantasien und Ansichten, die weit über mein Alter hinausgingen. Geistig war ich unbeholfen und brauchte Anleitung; ich faßte langsam auf, und erfinderisch war ich auch nicht; aber vor allem hatte ich ein unglaublich schlechtes Gedächtnis. Es ist kein Wunder, daß mein Vater bei diesen Voraussetzungen nichts Ordentliches erreichen konnte.

Zweitens ging es dem guten Mann wie den Kranken, die unter allen Umständen wieder gesund werden wollen und deshalb auf jeden guten Rat hereinfallen. In seiner Angst, bei der Erziehung, an der ihm so viel lag, etwas zu verpassen, gab er der üblichen Ansicht nach (diese geht, wie die Kraniche, immer hinter den Leittieren her) und fügte sich dem Herkommen, weil er seine ersten Ratgeber in der Methode, die aus Italien stammte, nicht mehr um sich hatte; und so schickte er mich, als ich ungefähr sechs Jahre alt war, auf das Collège de Guyenne, das damals sehr angesehen war und für das beste Gymnasium in Frankreich galt; und dort bemühte er sich auf jede Weise zu erreichen, daß es bei meiner Erziehung und Ernährung an nichts fehle; zum Beispiel suchte er selbst die geeigneten Aufsichtslehrer aus und erwirkte mir eine Anzahl besonderer Vergünstigungen, die sonst in den Collèges nicht üblich waren. Aber es blieb eben doch ein Collège. Mein Latein wurde sofort schlechter, und später habe ich, aus Mangel an Übung, ganz verlernt, es zu sprechen; meine ungewöhnliche Vorbereitung brachte mir weiter nichts ein, als daß ich mehrere Klassen übersprang; denn als ich mit dreizehn Jahren das Collège verließ, hatte ich den ganzen Kurs (so nennt man das dort) fertig, und zwar ohne irgendeinen Gewinn, von dem ich jetzt noch etwas hätte.

Lust zum Lesen bekam ich zum erstenmal durch die Freude an den Fabeln aus den Ovidischen Metamorphosen; denn, als ich sieben oder acht Jahre war, vergaß ich über dieser Lektüre alles, was mir sonst Freude machte; war doch die Sprache dieses Buches meine Muttersprache, es war auch leichter als die anderen und paßte wegen des Stoffs zu meiner kindlichen Auffassungskraft. Denn die anderen schwülstigen Kinderbücher, wie Lancelot, ‚Amadis', Huon von Bordeaux, kannte ich nicht einmal dem Titel nach; und auch heute kenne ich ihren Inhalt noch nicht. So streng war die Schulzucht.

Bei den eigentlichen Schularbeiten war ich viel weniger eifrig. Hierbei kam es mir sehr zustatten, daß ich einen recht einsichtsvollen Studienlehrer hatte, der es verstand, wegen dieser und ähnlicher unvorschriftsmäßiger Lektüre von mir, ein Auge zuzudrücken. So las ich in einem Zug die Aeneis von Vergil durch, dann Terenz, dann Plautus, und viele italienische Komödien, alles aus rein stofflichem Interesse. Wenn er so unverständig gewesen wäre, diesen Drang zu unterbinden, so hätte ich von meiner Schulzeit wahrscheinlich weiter nichts mitgenommen als die Abneigung gegen alle Bücher, wie es fast unserem ganzen Adel geht. Er ging hierbei geschickt so vor, daß er tat, als ob er nichts davon bemerkte; er steigerte meine Leselust dadurch, daß ich mir diesen Genuß nur heimlich gönnen durfte; er hielt mich freundlich dazu an, auch die vorgeschriebenen Schulaufgaben nicht zu vernachlässigen. Denn mein Vater hatte die Persönlichkeiten, die für mich zu sorgen hatten, hauptsächlich unter dem Gesichtspunkt ausgesucht, daß sie eine freundliche Art und Einfühlungsfähigkeit in die Kinderseele besaßen. Nun hatte ich eigentlich keine anderen Fehler, als daß ich gleichgültig und faul war. Die Gefahr lag bei mir nicht darin, daß ich Dummheiten machen würde, sondern darin, daß ich nichts tun würde. Wenn sich jemand Gedanken darüber machte, was aus mir werden sollte, so dachte niemand, daß ich mich zu einem bösen Menschen entwickeln würde; sondern höchstens, daß nichts Rechtes aus mir werden würde; nicht Arglist war bei mir vorauszusehen, sondern Nichtstun. [c]Ich fühle, daß es dann ja auch so geworden ist. ... Im allgemeinen wird es mir weniger übelgenommen, daß ich nicht genug leiste, als daß ich viel weniger leiste, als ich könnte.[ɔ]

Innerlich war ich jedoch oft tief beeindruckt [c]und hatte einen offenen Blick und ein sicheres Urteil den Dingen meiner Erfahrung gegenüber;[ɔ] ich machte alles mit mir selber ab, ohne fremde Beeinflussung; ich wäre übrigens auch, glaube ich, für gewaltsamen geistigen Druck durchaus unzugänglich gewesen.

[b]Soll ich noch eine jugendliche Begabung von mir nennen? Ich konnte mit dem richtigen Ausdruck, dem richtigen Ton und den richtigen Bewegungen schauspielern; denn sehr früh, kaum zwölf Jahre alt, habe ich die Hauptrollen in den lateinischen Tragödien eines Buchanan, eines Guerente, eines Muret gespielt, die in unserem Collège de Guyenne recht anständig aufgeführt wurden; hierin war unser Rektor, Andreas Goveanus, ein Meister, wie er überhaupt der weit-

aus bedeutendste Schulleiter in Frankreich war; ich galt beim Schultheater für seine rechte Hand. Für junge Leute aus gutem Hause ist das eine empfehlenswerte Übung; wie diese Tätigkeit im Altertum ja auch als Beruf durchaus angesehen war. . . .ᵓ

Ich fasse das Hauptergebnis dieses Kapitels nochmals zusammen: das Wichtigste ist, Lust und Liebe zur Sache zu wecken; sonst erzieht man nur gelehrte Esel, und man erreicht nur, daß sie einen Sack voll totes Wissen, das ihnen eingeprügelt ist, mit sich herumtragen; aber man darf das Wissen, wenn es richtig wirken soll, nicht nur in sich anhäufen, es muß ganz unser Eigen werden.

Es ist Torheit, von unserem Geist die Fähigkeit zu erwarten, daß er beurteilen kann, was wahr und was falsch ist

ᶜ»Wie die eine Schale der Waage, wenn sie belastet wird, sich senken muß, so muß der Geist der Evidenz nachgeben[31].«

Die Seele gibt dem Druck der ersten Überzeugung um so leichter nach, je weniger sie über einen eigenen Inhalt und ein inneres Gegengewicht verfügt.ᵓ Deshalb können Kinder, Leute aus dem Volk, Frauen und Kranke besonders leicht an der Nase herumgeführt werden. Aber andrerseits liegt auch eine törichte Anmaßung darin, wenn wir ohne weiteres alles mißachten und als falsch verurteilen, was uns nicht wahrscheinlich scheint. Diesem Fehler unterliegen in der Regel diejenigen, welche sich selber ungewöhnliche Fähigkeiten zuschreiben. So machte ich es früher auch. Ich bedauerte das arme Volk, das an Geistererscheinungen, an Zukunftsahnungen, Zauberei und andere Geschichten, die mir nicht einleuchteten, glaubte, weil ich darin nur sinn-

31. Ut necesse est, lancem in libra, ponderibus impositis, deprimi; sic animum perspicuis cedere. Cicero, Academ., II, 12.

losen Betrug sah. Jetzt finde ich, daß ich damals mindestens ebenso zu bedauern war. Freilich habe ich, trotz aller meiner Bemühungen, seitdem keine Tatsachen erfahren, die meine frühere Auffassung widerlegt hätten; aber meine Überlegungen haben mich zu der Überzeugung gebracht, daß, wenn man etwas so entschieden als falsch und unmöglich ablehnt, man als selbstverständlich annimmt, daß wir die Grenzen und Schranken von Gottes Willen und von der Macht unserer Mutter Natur kennen; und zu der weiteren Überzeugung, daß es offenbar auf der Welt keine größere Torheit gibt, als diese Grenzen nach der Weite und der Kraft des menschlichen Verstandes bestimmen zu wollen. Wenn wir alles, wozu unser Verstand nicht reicht, als widernatürlich oder wunderbar bezeichnen wollen, wieviel solcher Widernatürlichkeiten und Wunder haben wir dann dauernd vor Augen! Bedenken wir, wie nebelhaft und unsicher bei den meisten Dingen der täglichen Erfahrung das wirkliche Verstehen ist, bis zu dem wir vordringen können: dann müssen wir zugeben, daß wir sie nur deshalb nicht erstaunlich finden, weil wir daran gewöhnt sind, nicht weil wir sie verstehen. Wenn diese Dinge, z. B. die Himmelskörper, uns ganz neu vor Augen treten würden, würden wir sie ebenso unglaubhaft finden, wie uns jetzt manche anderen Dinge erscheinen, vielleicht noch mehr. ...

Wir sollten mit mehr Ehrfurcht vor der unendlichen Macht der Natur vorgehen, wenn es gilt, ihre Grenzen zu bestimmen, und mit mehr Verständnis für die Beschränkung und die Schwäche unseres Urteils. Wieviel Dinge gibt es, die wenig wahrscheinlich und doch von glaubwürdigen Menschen bezeugt sind! Wenn dieses Zeugnis uns auch vielleicht noch nicht überzeugt, so müssen wir die Sache doch zum wenigsten unentschieden lassen. Denn wenn wir sie als unmöglich ablehnen wollten, würden wir uns zutrauen, zu bestimmen, wie weit das Mögliche geht; das wäre eine unberechtigte Anmaßung. [c]Wenn man den Unterschied beachten wollte, der zwischen dem Unmöglichen und dem Ungewohnten besteht und zwischen dem, was der Naturordnung, und dem, was der üblichen Meinung der Menschen zuwiderläuft, so würde man der von Chilon empfohlenen Lebensregel folgen: »Nichts zuviel!«; denn dann würde man nicht unbesonnen glauben, aber auch nicht leichtsinnig behaupten, daß es nicht so sei.[9] ...

Wenn wir alles, was wir nicht begreifen, für bedeutungslos erklären, so liegt darin eine gefährliche und folgenschwere Dreistigkeit, abgesehen von der törichten Anmaßung, die damit verbunden ist: wenn einer zunächst, auf Grund des gesunden Menschenverstandes, die Grenze zwischen Wahrheit und Lüge festgelegt hat, und er dann gezwungen ist, die Realität von Vorgängen zuzugeben, die noch sonderbarer sind als die, deren Wirklichkeit er zunächst geleugnet hat, so sieht er sich schon genötigt, einen Pflock zurückzustecken. ...

[Dies gilt auch für die katholischen Glaubenssätze.] Entweder muß man sich der Autorität unserer Kirchenlehre vollständig unterwerfen oder sich vollständig über sie hinwegsetzen: uns kommt es nicht zu, zu bestimmen, wieweit wir zu ihrer Anerkennung verpflichtet sind. Hierzu tritt noch ein anderer Gesichtspunkt; diesen darf ich auf Grund meiner eigenen Erfahrung geltend machen; habe ich doch früher auch von dieser Freiheit Gebrauch gemacht, selbst zu wählen und persönlich zu entscheiden, wieviel von den Dogmen unsrer Kirche ich für richtig halten wollte, wobei ich gewisse Punkte, die mir entweder unwesentlich oder gar zu sonderbar erschienen, ausschalten zu dürfen glaubte. Diese Punkte habe ich dann gelehrten Theologen vorgelegt und von ihnen gelernt, daß sich auch für diese Punkte durchschlagende und durchaus ernst zu nehmende Begründungen anführen lassen, und daß wir ihnen nur aus Beschränktheit und Unwissenheit einen geringeren Glaubenswert zuschreiben als anderen. Wir müssen doch daran denken, wie widerspruchsvoll die Entscheidungen unseres Urteils selbst sind! Wie viele Dinge gestern noch die Evidenz von Glaubenssätzen hatten, die uns heute als Hirngespinste gelten! Ruhmsucht und Neugier bedrohen unsere Seele: die zweite bringt uns dazu, daß wir die Nase in alles stecken wollen, und die erste will es nicht leiden, daß wir irgendein Problem ungelöst und unentschieden lassen.

Über die Freundschaft

Ich werde im Anschluß an meine Essais eine Abhandlung von Étienne de la Boétie veröffentlichen, die meiner übrigen Arbeit Glanz verleihen wird. Er betitelte sie: »Die freiwillige Unterordnung[32]«; spätere Leser, die diesen Titel nicht kannten, haben ihr die recht gut passende neue Überschrift gegeben: »Gegen einen[33]«; er schrieb sie als eine Art Versuch in sehr jugendlichem Alter, um für die Freiheit gegen die Tyrannen Stellung zu nehmen. ... Das ist das einzige, was ich von seinem Nachlaß habe beibringen können, ᶜobwohl er mich, als Zeichen seiner Freundschaft, kurz vor seinem Tode in seinem Testament zum Erben seiner Bibliothek und seiner Papiere einsetzte.ᵓ An diesem Schriftstück hänge ich deshalb ganz besonders, weil sich von ihm unsere erste Bekanntschaft herleitete; denn ich erhielt Kenntnis davon, lange ehe ich ihn persönlich kennenlernte; dadurch hörte ich zum ersten Male seinen Namen; und so vermittelte es diese Freundschaft, die uns, solange es Gott gefiel, verbunden hat; es war eine so vollständige und vollkommene Freundschaft, daß im Schrifttum schwerlich eine ähnliche vorkommt; unter den Menschen von heute ist so etwas erst recht nicht üblich. Um eine solche Freundschaft aufzubauen, dazu bedarf es so vieler günstiger Umstände, daß das Schicksal sie höchstens aller drei Jahrhunderte einmal zustande bringt.

Die Natur hat uns Menschen bestimmt für das Zusammenleben geschaffen. ᶜAristoteles sagt deshalb, daß den guten

32. La servitude volontaire. Montaigne hat seine Absicht dann doch nicht ausgeführt; erst seit der Ausgabe der »Essais« von 1727 pflegt dieser Aufsatz im Anhang abgedruckt zu werden.

33. Le Contre Un.

Gesetzgebern die Freundschaft mehr am Herzen gelegen hat als die Gerechtigkeit.[ↄ] Nun ist die Freundschaft die eigentliche Erfüllung des Ideals der Gesellschaft: [c]alle anderen Beweggründe für menschliche Bindungen, sexuelle Anziehung, Vorteil, Notwendigkeit für die Gruppe oder für den einzelnen, sind weniger schön und uneigennützig; sie sind deshalb nicht eigentlich als Freundschaften zu bezeichnen, weil sich bei ihnen andere Gesichtspunkte als Motive, als Ziel und als Gewinn einmischen, die mit der Freundschaft selbst nichts zu tun haben. Auch die vier Gattungen menschlicher Bindung, die alt überliefert sind: die durch Natur, durch soziale Stellung, durch Hausgemeinschaft, durch geschlechtliche Anziehung, lassen sich auf die Freundschaft nicht recht anwenden, weder einzeln noch im ganzen.[ↄ]

Was die Kinder an die Eltern bindet, ist eher der Respekt. Die Freundschaft lebt vom ungehinderten Gedankenaustausch; dieser ist zwischen Eltern und Kindern nicht möglich, wegen des zu großen Abstandes, der sie trennt; er würde wahrscheinlich natürliche Pflichten verletzen. Denn die Eltern können den Kindern nicht alles sagen, was sie innerlich denken, weil diese sonst zu einer ungehörigen Vertraulichkeit verführt würden. Aber umgekehrt steht es den Kindern auch nicht zu, ihre Eltern zu mahnen und zurechtzuweisen, was doch vielleicht die vornehmste Verpflichtung unter Freunden darstellt. ...

[Auch bei dem Verhältnis zu den Geschwistern können ähnliche Hemmungen der unmittelbaren Zuneigung Platz greifen.] [c]Warum muß denn unter Verwandten die geistige Gleichgestimmtheit herrschen, aus der die wahre, die vollkommene Freundschaft hervorwächst? Vater und Sohn können sich charakterlich ganz fernstehen; und ebenso zwei Brüder: mein Sohn oder mein Bruder ist es auch dann, wenn er ein Starrkopf, ein Bösewicht oder ein Trottel ist. Und dann sind das eben Bindungen, die uns durch das Gesetz oder durch die Natur aufgezwungen sind, und dadurch fehlt bei ihnen etwas von der Freiwilligkeit unserer Wahl und unserer Entscheidung. Unsere freie Entscheidung kann sich aber kein Ziel setzen, das ihr so wohl ansteht als Zuneigung und Freundschaft. Ich selber verfüge freilich auf diesem Gebiet nur über die günstigsten Erfahrungen, die möglich sind: habe ich doch den besten und bis in sein hohes Alter verständnisvollsten Vater gehabt, den man sich denken kann, und stamme ich doch aus einer Familie, in der die Einigkeit unter Geschwistern vorbildlich war und die seit Generationen dafür bekannt gewesen ist.[9]

Die Zuneigung zu den Frauen kann man mit der Freundschaft nicht gleichsetzen, obwohl wir auch zu ihr uns selbst entscheiden; sie spielt eine andere Rolle. Das Liebesfeuer ist, wie ich zugeben muß, eingreifender, brennender und peinigender; aber zugleich ist es mutwillig und unbeständig, flatternd und sich wandelnd, eine Art Fieberglut, die auf- und abschwillt; ein Feuer, das nur Teile von uns versengt. In der Freundschaft dagegen herrscht eine allgemeine Wärme, die den ganzen Menschen erfüllt und die außerdem immer gleich wohlig bleibt; eine dauernde stille, ganz süße und ganz feine Wärme, die nicht sengt und nicht verletzt. Außerdem ist das Wesentliche bei der Liebe ein unstillbares Sehnen nach einem Ziel, das immer entweicht, sobald die Liebe in das Gebiet der Freundschaft hinübergreift, das heißt, wenn die Herzen sich finden, verliert sie an Feuer und Kraft; ihre Erfüllung ist ihr Ende; denn das Ziel, das nun erreicht ist, ist ein körperliches, und damit zieht die Gefahr der Übersättigung herauf. Bei der Freundschaft jedoch sind Sehnsucht und Genuß identisch; sie steigt, sie gedeiht, sie wächst durch ihren Genuß gerade erst recht, denn sie bleibt etwas Geistiges, und die Seele veredelt sich in ihr. . . .

Die Ehe ist ein Vertrag; nur der erste Anfang ist frei, der Fortbestand wird durch Zwang und Gewalt durchgesetzt, hängt also nicht von unserem Willen ab; der Zweck des Vertrags ist gewöhnlich nicht die Erfüllung der Liebe; außerdem bringt die Ehe viele unerwartete Probleme mit sich, die es zu lösen gilt und die oft schon genügen, eine lebendige Zuneigung zu trüben oder in die Brüche gehen zu lassen: bei der Freundschaft ist das anders; bei ihr spielen wesensfremde Gesichtspunkte geschäftlicher oder familiärer Art keine Rolle. Hierzu kommt freilich, daß Frauen in der Regel die Ansprüche an das Niveau nicht erfüllen, die man an eine Geistesgemeinschaft stellen muß, wenn daraus dieses heilige Band der Freundschaft sich entwickeln soll; es scheint so, als fehle es ihnen an seelischer Widerstandskraft, um den Druck einer so anspruchsvollen und so dauernden Bindung auszuhalten. Allerdings, wenn das nicht so wäre, wenn sich ein ganz freiwilliges und zwangloses Band so knüpfen ließe, daß nicht nur die völlige seelische Gemeinschaft genossen würde, sondern die körperliche Gemeinschaft noch dazu käme, der Mann sich also allseitig einsetzen könnte, dann würde die Freundschaft etwas noch Vollständigeres und Vollkommeneres werden: aber leider gibt es noch kein Beispiel, daß eine Frau dieses Ideal erreicht hätte; ᶜes scheint nach einhelliger Ansicht der antiken Philosophie diesem Geschlecht versagt zu sein.ᵓ ... Was wir gewöhnlich Freunde und Freundschaften nennen, ist weiter nichts als eine durch Zufall zustandegekommene nähere Bekanntschaft, an die man sich gewöhnt hat und durch die ein gewisser geistiger Austausch erleichtert wird. Aber in einer Freundschaft, wie ich sie meine, geht eine so vollständige Verschmelzung der zwei Seelen miteinander vor sich, daß an dem Punkte, wo sie sich treffen, keine Naht mehr zu entdecken ist. Die Zweiheit ist verschwunden. Wenn ich sagen soll, warum ich ihn so lieb hatte, ᶜkann ich mein Gefühl nur in die Worte kleiden: »Weil er es war; weil ich es war.«ᵓ Über alle Erklärung und über alle Analyse hinaus, die ich versuchen könnte, muß eine Art unerklärlicher Schicksalskraft am Werke gewesen sein, um diese Einheit zustandezubringen. ᶜWir suchten uns, ehe wir uns kannten; was wir voneinander hörten, regte unsere Zuneigung stärker an, als es durch den Inhalt unserer Beziehungen begreiflich erscheint; ich glaube an einen himmlischen Machtspruch, der uns vereinte. Unsere Namen schon grüßten sich aus der Ferne: bei unserer ersten zufälligen Begegnung, aus Anlaß einer großen festlichen Gesellschaft, fühlten wir uns sofort so zueinandergezogen, so miteinander bekannt und verbunden, daß wir von da an nur noch ein Herz und eine Seele waren.

Er schrieb auf Lateinisch eine ausgezeichnete Satire, in der er die Plötzlichkeit erklärt und entschuldigt, mit der sich unsere Seelengemeinschaft bis zur vollkommenen Verschmelzung entwickelt hat. Es war unserer Freundschaft nur eine kurze Frist vergönnt, und sie hatte spät begonnen (denn wir waren damals schon fertige Männer, er sogar noch etwas älter als ich); und deshalb war es, als wenn sie gefühlt hätte, daß keine Zeit zu verlieren war; daß sie nicht nach Art gewöhnlicher, matter Freundschaften vorgehen dürfe, die viel Vorsicht brauchen und sich durch einen langen Umgang vorher sichern wollen. Unsere Freundschaft hat nur an sich selbst gedacht und sich nur auf sich selbst berufen;[ɔ] sie hat nicht einen speziellen Gesichtspunkt für sich geltend gemacht, nicht zwei, nicht drei, nicht vier, nicht tausend; ein unbestimmbarer Kern dieser Vielheiten hat meine ganze Willenskraft bestimmt; er hat mich gezwungen, in sein Wesen einzutauchen und sich darin zu verlieren; [c]ganz entsprechend und mit der gleichen Wucht ist auch sein ganzer Wille gepackt und dahin gelenkt worden, daß er in mein Wesen eintauchen und sich darin verlieren mußte:[ɔ] ich sage ausdrücklich: sich verlieren; denn es blieb uns nichts Eigenes, nichts, was nur sein oder was nur mein gewesen wäre. ...

Unsere Seelen sind ihren Weg so einig zusammen gegangen, sie haben sich so liebevoll ineinander versenkt und waren bis auf den Grund so ohne Geheimnisse voreinander, daß ich ihn nicht nur innerlich so genau kannte wie mich, sondern daß ich, wenn es um mich ging, lieber auf ihn als auf mich baute.

Diese Freundschaft war, wie gesagt, etwas ganz anderes als die üblichen Freundschaften; ich habe auch in solchen meine Erfahrungen, so gut wie ein anderer; sie gehörten sogar zu den vollkommensten ihrer Art; [b]aber man darf an sie nicht das gleiche Maß anlegen; der Vergleich wäre falsch. Bei diesen anderen Freundschaften muß man vorsichtig, klug und bedacht vorgehen; die Bindung ist nicht derart, daß es unnötig wäre, in gewissem Grade auf seiner Hut zu sein. Chilon sagt: »Man soll ihn lieben, wie wenn man mit der Möglichkeit rechnete, ihn später einmal hassen zu müssen; man soll ihn hassen, als wenn man ihn doch einmal lieben könnte.« Dieses Rezept ist bei der höchsten und vollkommensten Form der Freundschaft unerträglich, aber es ist heilsam bei Freundschaften, wie sie üblich [c]und herkömmlich sind; bei diesen muß man das Wort vor Augen haben, das Aristoteles gern im Munde führte: »Liebe Freunde, ach, es gibt keinen Freund!«[ɔ] Hilfen und Wohltaten stärken die üblichen Freundschaften; bei der edlen Seelengemeinschaft kommen sie überhaupt nicht in Betracht: und zwar, weil unsere Wesen vollständig ineinander aufgehen. Denn wie die Liebe zu mir selbst nicht größer wird dadurch, daß ich mir in der Not zu helfen weiß, und wie ich mir nicht selbst dankbar bin für einen Dienst, den ich mir leiste, so schwindet bei wirklich vollkommener Einheit von solchen Freunden das Gefühl für derartige Verpflichtungen; sie wollen nichts wissen von den Begriffen, durch welche die Zweiheit und der Unterschied betont wird, wie: Wohltat, Verpflichtung, Dankbarkeit, Bitte, Dank und ähnlichen Vorstellungen. Da alles ihnen gemeinsam gehört: Wille, Gedanken, Beurteilungen, Frauen, Kinder, Ehre und Leben, [c]und ihre Harmonie durch das von Aristoteles so treffend geprägte Bild von einer Seele in zwei Körpern sich darstellen läßt,[ɔ] so können sie sich gegenseitig nichts leihen und nichts schenken. ...

[Gewöhnlich kommt es mir bei den Menschen nur auf bestimmte Eigenschaften an, die ich gerade brauche.] [c]Ich will damit nicht sagen, wie man sich auf der Welt verhalten soll – damit geben sich genug andere Leute ab –, sondern wie ich mich verhalte. Zur Unterhaltung bei Tisch will ich einen unterhaltsamen, nicht einen vorsichtigen Gast; im Bett lieber eine schöne als eine gute Frau; für die wissenschaftliche Diskussion kommt es mir auf die geistigen Fähigkeiten an; im Notfall kann ich dabei auf charakterlichen Anstand ver-

zichten: ähnlich ist es auch sonst.[9] Was aber unsere besondere Freundschaft betrifft, so wünsche ich mir Leser, die etwas von dem erfahren haben, wovon ich hier berichte. Genau so ging es dem Mann, der dabei überrascht wurde, wie er beim Spiel mit seinen Kindern auf einem Stock im Zimmer herumritt; er bat den Besucher, darüber nicht zu sprechen, bis er selbst Vater geworden wäre; denn er nahm an, daß dieser einen solchen Vorgang erst richtig würde beurteilen können, wenn die gleiche Leidenschaft in ihm emporgekeimt wäre. Jedoch: in meinem Falle weiß ich, wie selten eine solche Freundschaft ist und wie fern sie von der Alltagserfahrung abliegt; deshalb vermute ich, daß ich kaum jemanden finden werde, der mein Erlebnis richtig beurteilen kann; denn selbst was im Altertum über diesen Punkt gedacht worden ist, erscheint mir matt gegenüber meinem Erlebnis. Hier ist die Wirklichkeit tiefer als selbst der philosophische Gedanke. ...
Wenn ich mein ganzes übriges Leben, obwohl es durch Gottes Gnade freundlich, glatt und, abgesehen von dem Verlust eines solchen Freundes, ohne schweren Kummer verlaufen ist und ich mir immer die innere Ruhe bewahren konnte, weil ich mich von vornherein mit den Freuden zufriedengab, die meiner Natur und meinem Wesen entsprachen, und auf andere verzichtete; wenn ich dieses ganze Leben, sage ich, vergleiche mit den vier Jahren, in denen es mir vergönnt war, das beglückende Zusammensein, die süße Gemeinschaft mit dieser seltenen Persönlichkeit auszukosten, so erscheint es mir wie ein bloßer Rauch, wie eine müde, finstere Nacht. Seit dem Tag, an dem ich ihn verlor, »Er wird für mich immer eine bittere, eine heilige Erinnerung bleiben (es war ja Euer Wille, Ihr Götter!)[34]«, ist mein Leben nur noch ein Dahinsiechen; selbst die Freuden, die sich mir noch bieten, können mich nicht trösten, sondern vermehren nur den Schmerz, daß ich ihn verloren habe: wir teilten alles; es ist mir, als ob ich ihn um seinen Anteil brächte. ...

34. Quem semper acerbum, / Semper honoratum (sic di voluistis) habebo. Vergil, Aen., V, 19.

Über die Mäßigung

Es ist, als wenn alles, was Menschen berühren, infiziert würde: Dinge, die an sich gut und schön sind, verderben, wenn sie in die Hände von uns Menschen geraten. Sogar die Tugend kann zum Laster werden, wenn wir zu gierig und heftig nach ihr greifen. Wenn man sagt, Tugend könne niemals übertrieben werden, weil eine überspannte Tugend keine Tugend mehr ist, so spielt man mit Worten. Das ist eine philosophische Haarspalterei. Man kann sehr wohl eine Tugend übertreiben, wie man bei einer an sich richtigen Handlungsweise das Maß überschreiten kann. Zu dieser Auffassung paßt das Bibelwort: »Seid nicht zu klug, sondern seid mit Maßen klug[35].« ...

cDer Schütze verfehlt ebenso sein Ziel, wenn er zu weit schießt, wie wenn er zu kurz schießt; die Augen verlieren die Sehkraft, wenn ich plötzlich in grelles Licht blicke, genauso, wie wenn ich ganz ins Finstere schaue. In Platons »Gorgias« stellt Kalikles die These auf, Philosophie im Übermaß sei schädlich; er rät, nicht über die Grenzen des tatsächlich Verwendbaren hinaus sich in sie zu versenken; wenn man sich ihr mit Maßen widme, sei sie erfreuend und brauchbar; aber sich selbst überlassen, mache sie den Menschen schließlich wild und böse, verleite ihn zur Verachtung von Religion und Gesetz, mache ihn ungeeignet zu einem rücksichtsvollen Gedankenaustausch und zum Feind menschlicher Freuden, lasse ihn unfähig werden zu jeder Tätigkeit für die Allgemeinheit, unfähig anderen zu nützen und sich selbst zu helfen; bringe ihn so weit, daß man ihn ungestraft ohrfeigen darf. Die These ist richtig. Denn in seiner Ungehemmtheit versklavt das philosophische Denken unsere naturgegebene Freiheit; es zieht uns, durch geschickte Kniffe, deren wir uns nicht erwehren können, von dem schönen, ebenen Weg ab, den die Natur uns weist.ↄ ... Die Ehe ist eine fromme Bindung, die auf Ehrerbietung beruht; die

35. Paulus, Brief an die Römer, 12. 3.

Freuden, die sie gewähren kann, sollten deshalb einen Schleier von Zartheit, Zurückhaltung und Ernst bewahren; der Geschlechtsgenuß sollte etwas von der Verantwortung gedämpft bleiben. Ist doch das Hauptziel der Ehe die Fortpflanzung; deshalb gibt es eine Theorie, bei der bezweifelt wird, ob die eheliche Umarmung zulässig sei, wenn keine Nachkommenschaft erhofft werden kann, wie wenn die Frau zu alt oder schwanger ist: cnach Platos Auffassung ist das ein Mord.ↄ ...

Die Perserkönige ließen ihre Frauen an den festlichen Gelagen teilnehmen; aber wenn der Wein die Männer ordentlich erhitzt hatte und sie ihre Sinnlichkeit nicht mehr bändigen konnten, schickten sie die Frauen in ihre Gemächer zurück, damit diese nicht Zeugen ihrer maßlosen Geschlechtslust würden; statt ihrer ließen sie sich Weiber kommen, denen gegenüber sie sich nicht zu solchem Respekt verpflichtet fühlten. ...

Der Kaiser Aelius Verus antwortete seiner Frau, als sie ihm Vorwürfe machte, weil er Liebesverhältnisse zu anderen Frauen unterhielte, er täte das aus Gewissenhaftigkeit; bezeichne doch das Wort Ehe etwas Ehrenvolles und Würdiges; es sei kein Ausdruck für das Spiel geiler Gier. cUnd die Kirchengeschichte erzählt mit Hochachtung von jener Frau, die sich von ihrem Mann trennte, weil sie seine allzu sinnlichen und stürmischen Berührungen nicht dulden und ihnen jedenfalls nicht Vorschub leisten wollte.ↄ Im ganzen kann man sagen: bei keinem Genuß, und wenn er an sich noch so berechtigt ist, bleiben wir makellos, wenn wir uns ihm im Übermaß und hemmungslos hingeben.

Ist der Mensch, wenn man es sich genau überlegt, nicht ein bedauernswertes Tier? ...

Über die Kannibalen[36]

Ich habe lange mit einem Mann verkehrt, der zehn oder zwölf Jahre in dieser anderen Welt gelebt hat, die in unserem Jahrhundert entdeckt worden ist, in Brasilien, an der Küste, wo Villegaignon landete. Er nannte das Land antarktisches Frankreich. ...

Es war ein einfacher, ungebildeter Mann; gerade dieser Umstand macht sein Zeugnis glaubwürdig. Denn kultivierte Leute sind zwar wißbegieriger und sehen mehr, aber sie wollen alles erklären; und um ihre Deutung wahrscheinlich und für andere einleuchtend zu machen, laufen sie Gefahr, die Tatsachen etwas zu fälschen. ... Für unseren Zweck aber muß der Berichterstatter absolut zuverlässig sein, oder so einfach, daß er nicht in der Lage ist, sich etwas auszudenken und seinen Erfindungen den Anschein der Wahrheit zu geben; er darf sich nicht in seine Vorstellungen verliebt haben. Das traf bei meinem Gewährsmann zu; außerdem hat er mir mehrmals Matrosen und Kaufleute gezeigt, die er auf dieser Reise kennengelernt hatte. So stütze ich mich denn auf diesen Gewährsmann und berücksichtige die Darstellungen der Kosmographen nicht. ...

Um nun zu meinem ursprünglichen Thema zurückzukommen: nach diesem Bericht sind die Völker dort durchaus nicht barbarisch oder wild; gewöhnlich freilich wird alles als Barbarei bezeichnet, was ungewohnt ist. Eigentlich lassen wir ja als richtig und vernünftig nur das gelten, was in dem Lande, wo wir sind, vorkommt und was zu den hier üblichen Anschauungen und Gebräuchen paßt. Wo wir leben, da ist immer die einzig richtige Religion, die einzig richtige Politik; alles, was man dort tut, ist musterhaft und vollkommen. Die Einwohner dieses fernen Landes sind Wilde in dem Sinne, wie man als Wildobst solche Früchte bezeichnet, welche die Natur auf dem gewöhnlichen Wege von sich aus hervorgebracht hat. Durch unsere Eingriffe haben wir diese

36. In diesem Kapitel legt Montaigne seine Auffassung über die Frage vor: Was versteht man unter Barbarei?

ja eigentlich verfälscht und der Normalentwicklung entfremdet; unser verfälschtes Obst sollten wir lieber Wildobst nennen; in den natürlich gewachsenen Früchten leben und wirken die eigentlichen, die nützlichsten, die natürlichen Kräfte und Eigenschaften; durch die Umzüchtung in der Richtung unseres verdorbenen Geschmackes haben wir gerade diese Naturkräfte in ihnen verkümmern lassen; [c]und doch weisen manche Früchte in diesen Ländern, ohne jede Pflege durch den Menschen, auch für unseren Gaumen, einen ausgezeichneten, würzigen und feinen Geschmack auf, der es mit dem unserer Früchte durchaus aufnehmen kann.[ↄ] Die Kunst zeigt sich eben doch unserer großen und mächtigen Mutter Natur nicht überlegen. Wir haben den Reichtum und die Schönheit ihrer Werke durch unsere Erfindungen so überdeckt, daß wir sie vollständig erstickt haben: und doch beschämt sie, wo sie in ihrer Reinheit hervorleuchtet, alles menschliche Tun; es erscheint daneben nichtig und unwesentlich. ... Es gelingt uns mit aller Anstrengung nicht, etwas zu schaffen wie das Nest des unscheinbarsten Vögleins, mit seinem sinnvollen, schönen und zweckmäßigen Bau, oder wie das Netz der winzigen Spinne. ...

Also: diese fremden Völker kommen uns so barbarisch vor, weil sie vom menschlichen Geist wenig umgestaltet und ihrem Originalzustand noch sehr nahe sind. Bei ihnen sind die Naturgesetze noch in Geltung; sie sind durch menschliche Gesetze noch wenig verdorben. Ich bedaure oft, daß wir von diesem Urzustand nicht früher in Europa etwas erfahren haben, zu einer Zeit, als es Menschen gab, die sich so etwas besser vorstellen konnten als wir. Es ist schade, daß Lykurg und Plato nichts davon gewußt haben. Denn was wir bei diesen Völkern in der Wirklichkeit erleben, ist mehr als alle Bilder, die die Dichter sich ausgemalt haben, um damit die Vorstellung vom goldenen Zeitalter auszuschmücken, und als alle Utopien von Menschenglück, ja mehr, als in den Konstruktionen und sogar in den Wunschbildern der Philosophie enthalten ist: kein Dichter und kein Philosoph hat eine so reine und einfache Natürlichkeit ausdenken können, wie wir sie hier verwirklicht sehen; keiner hat es für möglich gehalten, daß die menschliche Gesellschaft mit so wenig künstlichen Zwangsmitteln bestehen könne.

Wenn Plato noch lebte, würde ich ihm sagen: Hier lebt ein Volk, wo es gar keinen Handel gibt, keine Schrift, kein Rechnen, keine Vorgesetzten in Stadt und Staat, keine Dienenden, keine Reichen und keine Armen, keine Verträge, kein Erbrecht und keine Erbteilung, keinen Beruf, der zur Arbeit zwingt, keine Rangordnung in der Familie, keine Kleidung, keinen Ackerbau, keine Wein- oder Getreidekultur; selbst die Begriffe: Lüge, Verrat, Heuchelei, Geiz, Neid, Verleumdung, Verzeihung, bedeuten dort nichts. Plato müßte zugeben, daß der Idealstaat, den er sich ausgedacht hat, bei weitem nicht so vollkommen ist wie dieser. c»Dort sind die Menschen, wie sie aus Gottes Hand hervorgehen[37].« ...

[Die Utopie dieses südamerikanischen Ideallandes wird breit ausgeführt. Es folgen einige Proben.]

Als Nahrung haben sie viel Fische und allerlei Fleischsorten, die von den uns bekannten ganz verschieden sind; diese kochen sie nur; andere künstliche Zubereitung kennen sie nicht. ...

Als Betten benutzen sie gewebte Matten, die, ähnlich wie unsere Schiffshängematten, am Dach aufgehängt sind, jeder hat seine eigene, denn die Frauen schlafen mit ihren Männern nicht zusammen. Sie stehen mit Sonnenaufgang auf und essen dann sofort für den ganzen Tag; sie halten keine weitere Mahlzeit. Dabei trinken sie nichts; aber sie trinken dann mehrmals am Tage, und zwar ordentlich. Ihr Getränk wird aus Wurzeln hergestellt; es hat die Farbe unseres Blaßrotweins; es wird immer lau getrunken. Es hält sich nur drei Tage; es schmeckt etwas scharf, ist gar nicht berauschend, gut für den Magen, etwas abführend für die, welche nicht daran gewöhnt sind; denen, die es kennen, schmeckt es sehr gut. ... Die jungen Männer jagen Wild mit Pfeil

37. Viri a diis recentes. Seneca, Epist. 90.

und Bogen. Ein Teil der Frauen kocht inzwischen ihren Trunk; das ist ihre Hauptbeschäftigung. ... Sie rasieren sich überall, und zwar viel glatter als wir, haben aber nur Rasiermesser aus Holz oder Stein. Sie glauben an die Unsterblichkeit der Seele; die Seligen wohnen, wo die Sonne aufgeht; die Verdammten nach Sonnenuntergang zu. ...
Sie haben Propheten, die ihnen die Zukunft voraussagen, speziell die Erfolge, die sie bei ihren kriegerischen Unternehmungen zu erwarten haben; danach raten sie zum Krieg oder sprechen dagegen; deshalb werden sie aber auch, wenn sie falsch prophezeit haben, und wenn die Sache anders läuft, als sie vorausgesetzt haben, als falsche Propheten verurteilt und, wenn sie erwischt werden, in tausend Stücke zerhackt. Deshalb bekommt man die, die sich einmal verrechnet haben, nie wieder zu sehen. ...
In den Krieg ziehen sie nackt; als einzige Waffe haben sie Bogen und vorn zugespitzte Holzschwerter. Ihre Standhaftigkeit im Kampf ist erstaunlich; sie hören nie auf, ehe der Gegner tot ist oder ehe der Blutverlust sie dazu zwingt; denn Flucht und Angst ist ihnen unbekannt. Jeder Sieger bringt als Trophäe den Kopf des Feindes, den er getötet hat, mit und befestigt ihn an der Tür seiner Wohnung. Die Gefangenen werden zunächst sehr gut behandelt; dann lädt der Sieger seine Genossen zu einer großen Versammlung. Er fesselt einen Arm des Gefangenen mit einem Strick ⌜und hält ihn daran, einige Schritte von sich entfernt, damit dieser ihm nichts tun kann;⌝ seinen besten Freund läßt er den anderen Arm in gleicher Weise festhalten; und dann stechen sie ihn vor der ganzen Versammlung tot. Hierauf braten sie ihn, essen alle gemeinsam Stücke von ihm und schicken auch ihren Freunden etwas, die nicht haben kommen können. Das geschieht nicht, wie man denken könnte, um ihren Hunger zu stillen; sondern diese Handlung ist eine symbolische Darstellung der äußersten Rache. ...
Ich habe durchaus nichts dagegen einzuwenden, daß man in einem solchen Vorgehen eine furchtbare Barbarei sieht; wohl aber dagegen, daß wir zwar ihre Fehler verdammen, aber

so blind gegen unsere eigenen Fehler sind. Es ist doch viel barbarischer, einen lebenden Menschen zu martern, als ihn nach dem Tode aufzuessen; einen Körper, der noch alles fühlt, zu foltern, ihn langsam zu verbrennen, ihn von Hunden und Schweinen totbeißen und totquetschen zu lassen (wie wir das nicht nur in alten Berichten lesen können, sondern wie wir es eben noch erlebt haben, und zwar nicht alten Feinden gegenüber, sondern unter Nachbarn und Bürgern derselben Gemeinde, und, was die Sache noch schlimmer macht, unter dem Vorwand von Glauben und Frömmigkeit), als ihn zu braten und zu verspeisen, nachdem er gestorben ist. ...

Wir können die Wilden also Barbaren nennen, wenn wir ihr Vorgehen von der Vernunft aus beurteilen, aber nicht, wenn wir sie mit uns vergleichen; denn wir sind in vieler Beziehung barbarischer. Was sie zum Kampf treibt, ist eine hohe und edle Gesinnung; wenn am Kriege, dieser Pest der Menschheit, irgend etwas schön und entschuldbar ist, so findet sich das bei ihnen. Bei ihnen bedeutet der Kampf nur eine Kraftprobe. Sie streiten nicht, um neue Gebiete zu erobern; denn die Natur ist bei ihnen noch so reich, daß sie ihnen, ohne Mühe und Arbeit, alles liefert, was sie brauchen, und zwar so reichlich, daß es für sie zwecklos wäre, ihr Gebiet zu erweitern. Sind sie doch noch in der glücklichen Verfassung, daß sie keine weitergehenden Wünsche haben als solche, die auf die Befriedigung ihrer natürlichen Bedürfnisse hinausgehen. ...

Die Sieger tragen keinen anderen Gewinn davon als das ruhmreiche Bewußtsein, sich an Kraft und Mut überlegen gezeigt zu haben; auf die Habe des Unterlegenen legt man keinen Wert. Dann kehren sie in ihr Land zurück, wo ihnen ja nichts abgeht, was zum Leben nötig ist, wo aber vor allem der andere wichtige Teil der Lebenskunst zu Hause ist, daß sie sich an dem freuen, was sie haben, und daß sie sich damit zufrieden geben. Von den Gefangenen verlangt man kein Lösegeld, sie müssen nur öffentlich bekennen und zugeben, daß sie besiegt sind. Aber alle wollen lieber sterben als durch ihre Haltung oder durch ihr Wort sich von dem Ruhm ihrer Unbesiegbarkeit etwas zu vergeben; alle ziehen es vor, sich totschlagen und aufessen zu lassen, ehe sie nur die Bitte aussprechen, davon abzusehen. Die Gefangenen werden sehr gut behandelt, damit das Leben für sie an Wert gewinnt. Nur droht man ihnen fortgesetzt damit, daß der Tod sie erwartet, malt ihnen aus, was für Qualen sie da auszustehen haben, wie alles schon dafür vorbereitet wird, wie dann ihre Glieder zerstückelt werden, und wie man das Festmahl feierlich zu begehen gedenkt. Damit bezweckt man nur, ihnen ein Wort des demütigen Nachgebens zu entreißen oder sie zur Flucht zu reizen; man erhofft dadurch den Triumph, sie zu erschrecken oder ihre moralische Widerstandskraft zu brechen. Genau genommen besteht ja jeder wahre Sieg nur hierin.

»Ein Sieg verdient nur dann seinen Namen, wenn der Feind auch innerlich unterjocht ist und seine Niederlage zugeben muß[38].« ...

Die Achtung, die ein Mensch verdient, und sein Wert hängen ab von seinem Mut und seinem Willen: hierin liegt seine wahre Ehre. Tapfer sein ist dasselbe wie fest sein, fest nicht mit den Beinen und Armen, sondern fest im Mut und in der Seele. Tapferkeit läßt sich nicht am Wert unseres Rosses und unserer Waffen messen, sondern nur an unserem Eigenwert. ...

Gottes Eingreifen sollte man vorsichtig beurteilen

Es genügt für einen Christen, wenn er glaubt, daß alles von Gott kommt, und wenn er in alledem einen Ausfluß seiner göttlichen, unerforschlichen Weisheit erblickt. Dann wird er alles als ein Geschenk aufnehmen, welche Gestalt auch das Schicksal annimmt, das ihn trifft. Aber nicht richtig finde ich – und muß doch oft beobachten, daß es geschieht –, wenn

38. Victoria nulla est, / quam quae confessos animo quoque subjugat hostes. Claudian, De sexto consulatu Honorii, 248.

man versucht, unseren Glauben zu stärken und zu stützen durch die Behauptung, er habe unsere irdischen Unternehmungen gedeihen lassen. Unser Glaube ruht auf einem anderen Fundament, er bedarf nicht der Rechtfertigung durch äußere Erfolge. Denn wenn sich das Volk an solche billigen Argumente, die ihm leicht eingehen, gewöhnt hat, besteht die Gefahr, daß sein Glaube erschüttert wird, sobald sich das Schicksal wendet und Mißerfolge eintreten. So ging es während der Religionskriege, in die wir jetzt verstrickt sind. Die Sieger im Gefecht von Rochelabeille rühmten sich laut ihres Zufallserfolges und werteten diese Wendung als sicheres Anzeichen dafür aus, daß ihre Partei im Recht sei; nun wollen sie aber ihre Schlappen von Montcontour und Jarnac als väterliche Strafe und Züchtigung aufgefaßt wissen; wenn sie nun nicht ein Volk vor sich haben, das sich ihrer Willkür blind unterwirft, muß doch jeder merken, daß sie dasselbe Argument in zweifachem Sinne ausschlachten wollen und daß sie ihre Fahne nach dem Wind hängen. Es wäre besser, wenn sie das Volk darüber aufklären wollten, wo die Wahrheit wirklich zu finden ist. –

Der jüngere Cato

Ich verfalle nicht in den üblichen Irrtum, zu glauben, daß die anderen so sein müßten, wie ich bin; es wird mir leicht, Dinge für richtig zu halten, die mir fremd sind. [c]Deshalb, weil etwas für mich Gültigkeit hat, verlange ich doch nicht, wie es oft geschieht, daß die ganze Welt sich danach richten müsse; es leuchtet mir ein, daß es tausend verschiedene Arten der Lebensgestaltung gibt; im Gegensatz zur üblichen Ansicht scheint es mir naheliegender, daß wir Menschen alle verschieden sind, als daß wir alle gleich sind. Meinetwegen mag ein anderer von anderen Voraussetzungen ausgehen und andere Prinzipien haben als ich; ich versuche einfach, zu verstehen, wie er an sich ist, ohne ihn mit anderen zu verglei-

chen und ohne ein fremdes Maß an ihn anzulegen. Deshalb weil ich nicht enthaltsam bin, erkenne ich doch die Enthaltsamkeit von Bernhardinern und Kapuzinern aufrichtig an und bewundere die Art ihrer Lebensführung; ich kann mich in der Phantasie sehr gut an ihre Stelle versetzen; gerade weil sie anders sind als ich, ehre und liebe ich sie erst recht. Mein besonderer Wunsch wäre, daß jeder Mensch für sich beurteilt würde und daß man übliche Vorbilder nicht auf mich anwenden möge.[ɔ]
Meine Schwächen hindern mich nicht, Kraft und Stärke bei denen, die es verdienen, anzuerkennen. ...
Die Welt, in der wir jetzt leben, ist, wenigstens in Europa, so düster, daß uns die Tugend abhanden gekommen ist, und zwar nicht nur in unserem Tun, sondern auch als Begriff. Tugend ist zum Schulwort herabgesunken; [c]sie ist ein Zierstück für das Museum geworden, ein bloßes Wort, ein leerer Schall.[ɔ] Heldentaten gibt es nicht mehr; was so aussieht, hat einen anderen Kern; was uns dazu treibt, sind Motive, die nichts damit zu tun haben, wie der Nutzen, der Ruhm, die Angst, die Gewohnheit. Was dabei tapfer, mutig und anständig aussieht, kann zwar so aufgefaßt werden, weil es auf andere diesen Eindruck macht und weil es äußerlich so aussieht; aber innerlich wertvoll ist das Handeln nicht; schwebt doch ein anderes Ziel vor; [c]ist doch das treibende Motiv andrer Art.[ɔ] Nun kann aber nichts als wirklich tugendhafte Handlung anerkannt werden, als was einem tugendhaften Herzen entspringt und wobei die Tugend selbst das einzige Ziel ist. ...
[Montaigne will die poetischen Aussprüche von fünf lateinischen Dichtern über Cato miteinander vergleichen.]
Dabei kann man eine erstaunliche Beobachtung machen: wir haben viel mehr Dichter als kongeniale Beurteiler und Erklärer von Dichtung; die Praxis ist bei ihr einfacher als die Kennerschaft.
In den Äußerlichkeiten kann man Dichtung nach Kunstregeln bewerten; aber das Gute, das Höchste, das Gottbegnadete an ihr ist erhaben über Gesetz und Vernunft.

Wer glaubt, ihre Schönheiten kalt und ruhig analysieren zu können, der sieht das Wesentliche nicht; es ist wie beim leuchtenden Blitz; der Dichtung ist mit unserem Verstand nicht beizukommen; sie reißt ihn mit sich fort und wirft ihn um. ...

Weinen und Lachen

Als Caesar das Haupt des Pompeius gezeigt bekam, soll er seinen Blick abgewendet haben, als wenn er entsetzt und traurig sei über das Schauspiel, das sich ihm bot. Die beiden Gegner hatten sich in ihrer politischen Tätigkeit so lange gekannt und verstanden, ihr Schicksal wies so viele Gemeinsamkeiten auf, sie waren so lange aufeinander angewiesen und miteinander verbunden gewesen, daß man nicht glauben kann, Caesars Haltung sei ganz unehrlich und ganz gespielt gewesen, wie Lukan annimmt in den Versen: »Jetzt konnte er ungestraft den guten Schwiegervater mimen; die Tränen, die er vergoß, kamen nicht aus seinem Herzen, und seine Seufzer entrangen sich einer fröhlichen Brust[39].«
Unser Tun ist zwar meist Maske und Schminke, und es trifft auch oft zu, was der Dichter sagt: »Der weinende Erbe lacht unter der Maske[40]«; aber man muß doch in allen solchen Fällen bedenken, daß in der Regel mehrere Stimmungen gleichzeitig auf die Seele einwirken. Und wenn sie auch in verschiedener Richtung erregt wird, muß eine Stimmung sich schließlich durchsetzen; aber doch nicht ausschließlich; unsere Seele ist so beweglich und geschmeidig, daß auch die zurückgedrängten Regungen sich daneben gelegentlich bemerkbar machen und vorübergehend sogar die Oberhand gewinnen können. Kinder weinen und lachen deshalb oft zugleich, geben sie doch den Naturregungen naiv nach: aber auch den Erwachsenen geht es ähnlich; jeder von uns hat

39. Tutumque putavit / Iam bonus esse socer; lacrimas non sponte cadentes / Effudit, gemitusque expressit pectore laeto. Lukan, IX, 1037.
40. Heredis fletus sub persona risus est. A. Gellius, XVII, 14.

schon erfahren, daß es ihm beim Abschied von seiner Familie und seinen Freunden weich ums Herz wurde, auch wenn er sich die Reise noch so sehr gewünscht hatte; und wenn dabei auch nicht gerade Tränen fließen, so macht man doch jedenfalls in dem Augenblick, wo es wirklich fortgeht, ein ernstes, ja ein trauriges Gesicht. Und wenn auch eine edle Jungfrau ihrem Bräutigam sehr zugetan ist, so hängt sie doch fest am Hals der Mutter, wenn man sie ihrem Gatten zuführen will. Freilich glaubt der gute Meister Catull nicht an die Ehrlichkeit solchen Abschiedsschmerzes. So ist es nicht sonderbar, daß Caesar den Tod seines Gegners schmerzlich empfindet und ihn doch auf keinen Fall wieder lebendig sehen möchte. [b]Wenn ich meinen Diener auszanke, bin ich wirklich böse auf ihn; meine Verwünschungen sind ernst gemeint, ich tu nicht bloß so. Aber sobald mein Ärger verflogen ist, bin ich gleich bereit, mich für ihn einzusetzen, wenn er meine Unterstützung braucht. Gleich hat sich das Blatt gewendet. [c]Wenn ich zu ihm sage: »Du Quatschkopf, du Ochse«, so beabsichtige ich damit nicht, ihm diesen Ehrentitel für dauernd anzuhängen; und wenn ich ihn gleich darauf einen anständigen Kerl heiße, so habe ich nicht den Eindruck, daß ich mir widerspreche. Eine einzelne Eigenschaft bezeichnet uns nie ganz richtig und ganz vollständig. Täglich und stündlich hätte ich Lust, innerlich – denn wirklich mit sich selbst zu reden, macht doch einen zu verrückten Eindruck – gegen mich loszuwettern: »Du alberner Affe.« Und doch meine ich nicht, daß ich mich damit vollkommen definiere. [b]Meiner Frau zeige ich manchmal ein gleichgültiges, manchmal ein liebevolles Gesicht; es wäre Torheit, hieraus zu schließen, eines von beiden wäre Verstellung.[ↄ] . . .

Wenn Timoleon weint, nachdem er den reiflich überlegten und nur auf edle Motive zurückgehenden Mord an seinem Bruder, dem Tyrannen, begangen hat, beweint er nicht die Freiheit, die für sein Vaterland zurückgewonnen ist, und nicht den Tyrannen; sondern er beweint seinen Bruder. Die eine Rolle, zu der er sich verpflichtet fühlte, ist ausgespielt; nun darf er die andere spielen.

Über die Einsamkeit

Zunächst wollen wir einmal die übliche langweilige Gegenüberstellung vom zurückgezogenen und vom tätigen Leben ganz beiseite lassen. »Wir sind nicht für unsere Einzelinteressen, sondern für die Allgemeinheit da«; dieser Spruch klingt sehr schön; Ehrgeiz und Habsucht decken damit ihre Blöße; aber wir wollen uns zunächst einmal die genau ansehen, die ihn in die Praxis umsetzen. Diese mögen sich auf Herz und Nieren prüfen, ob nicht, im Gegensatz zu dem Sinn des schönen Spruchs, Stellung, Amt und berufliche Plackerei hauptsächlich erstrebt wird, um aus dem Dienst an der Allgemeinheit einen privaten Nutzen zu ziehen. Die üblen Mittel, die heutzutage angewendet werden, um Karriere zu machen, beweisen geradezu, daß keine ehrlichen Absichten dahinterstehen.

Treibt uns der Ehrgeiz zur Einsamkeit? Die Antwort muß lauten: Ja! Denn was ist ihm mehr zuwider als Gemeinsamkeit? Was ist ihm wichtiger als Bewegungsfreiheit? Überall kann man recht und unrecht handeln; doch ist Anstekkung jedenfalls bei Menschenansammlungen sehr gut möglich, wenn der Ausspruch des Bias richtig ist: »Das Böse ist auf der Seite der Mehrheit«, oder wie es im Ecclesiasticus heißt: »Von tausend ist nicht einer gut.« – Den Bösen muß man sich entweder angleichen oder sich grollend von ihnen abwenden; beides ist gefährlich; sowohl sich den anderen anzugleichen, weil es Vertreter der Masse sind, als auch die Abwendung zu verallgemeinern, weil doch nicht alle gleich schlecht sind. [c]Kaufleute, die auf See gehen, sehen darauf, daß Lumpen, Gotteslästerer und Schufte nicht mit ihnen auf dem gleichen Schiff fahren; sie meinen, solche Gesellschaft bringt Unglück. Hierzu paßt ein Scherzwort des Bias. Während eines gewaltigen Seesturms rief die Menge, die mit ihm auf dem gleichen Schiffe war, die Hilfe der Götter an. »Seid still«, sagte er da, »damit die Götter nicht merken, daß ihr hier bei mir seid.«[ↄ] ...

Der Weise kann sich überall wohlfühlen, auch allein, und

auch unter der Menge in einem Schloß. Aber wenn er die Wahl hat, weicht er ihr lieber aus; wenn es sein muß, erträgt er sie, aber wenn er kann, wählt er die Einsamkeit. Der Kampf mit dem inneren Bösen ist noch nicht gewonnen, so fühlt er, wenn er noch mit dem Bösen von außen kämpfen muß. [b]Charondas ließ die als Bösewichte bestrafen, denen Umgang mit Verbrechern nachgewiesen wurde. [c]Nichts ist so zwiespältig wie der Mensch; er ist asozial und sozial zugleich; asozial wird er durch seine Laster, sozial durch seine Natur.[a] ...

Das Ziel, das mit der Absonderung verfolgt wird, ist doch offenbar, mit mehr Muße und mehr Behagen zu leben. Aber der Weg dahin ist nicht immer der richtige. Oft bildet man sich ein, man hätte sich von der Plackerei freigemacht und hat sich doch nur eine andere aufgeladen. Die Leitung eines Haushaltes bringt kaum weniger Ärger als die eines ganzen Staates; von jeder Sache wird man gleich ganz in Anspruch genommen; Geschäfte, die weniger wichtig sind, brauchen deshalb noch nicht weniger lästig zu sein. Außerdem: die Hauptquälgeister unseres Lebens sind wir deshalb noch nicht los, weil wir unsere Tätigkeit bei Hofe oder im Geschäft aufgegeben haben. Sie bleiben bei uns, auch wenn wir fortgehen: Ehrsucht, Geiz, Unentschlossenheit, Angst und Begehrlichkeit.

»Und hinter dem Reiter sitzt die schwarze Sorge[41].« Ein Athener hatte vergeblich auf einer Reise Erholung gesucht. Als man dies dem Sokrates erzählte, sagte er: »Das glaube ich wohl; er hatte sich mit auf die Reise genommen.« ...

Deshalb genügt es nicht, sich der Berührung mit dem Volk entzogen zu haben; es genügt nicht, wegzugehen; man muß sich von dem Gemeinen in uns losmachen; von sich selber muß man sich absperren und dadurch zu sich selber kommen.

[b]»Vielleicht sagst du: ich habe meine Fesseln zerrissen. Nun ja, der Hund hat sich mit großer Mühe losgemacht; aber wie er nun fortläuft, schleppt er ein ganzes Stück von seiner

41. Et post equitem sedet atra cura. Horaz, Oden, III, 1, 10.

Kette hinter sich her[42].« Gewöhnlich nehmen wir unsere Fesseln mit. Ganz frei sind wir dann nicht; wir sehen noch auf das zurück, was wir aufgegeben haben; wir denken immer wieder daran. ...ɔ

Unser Leid sitzt in der Seele; diese kann aber nicht von sich selber los; – so muß man sie auf ihr Wesentliches zurückführen und darin zur Ruhe kommen lassen: das ist die wahre Einsamkeit; sie kann auch mitten in der Stadt und im Gedränge eines Königshofes genossen werden, aber abseits hat man mehr davon.

Wenn wir nun die Absicht haben, allein zu leben und auf Umgang zu verzichten, müssen wir es so einrichten, daß wir in uns selbst Genüge finden; wir müssen uns auch wirklich von allen den Bindungen freimachen, die uns an andere Menschen fesseln; da müssen wir auch die Kraft aufbringen, mit dem Alleinleben Ernst zu machen und uns dabei wohl zu fühlen. ...

Es ist ja sehr schön, wenn man Frau und Kinder, Besitz und vor allem Gesundheit sein eigen nennt; aber so wichtig darf man das alles nicht nehmen, daß unser Glück ganz davon abhängt: wir sollten uns irgendwo ein Kämmerlein reservieren, wo wir ganz zu Haus und ganz echt sein dürfen und worin wir dann die Stätte unserer wahren Freiheit, unserer eigentlichen Zurückgezogenheit und Einsamkeit aufbauen. Hier heißt es dann, täglich Zwiesprache mit uns selbst zu halten, mit uns ganz allein; alle Beziehung zu außen, alle Verbindung mit außen bleibt fern; und da setzen wir uns ernst oder lachend mit uns selbst auseinander, als ob wir keine Frau, keine Kinder, keinen Besitz und keine Bedienten hätten; wenn wir dann einmal eine von diesen Annehmlichkeiten verlieren sollten, so wollen wir schon damit vertraut sein, ohne sie auszukommen.

Wir haben eine vielgestaltige Seele; sie genügt sich selbst als Umgang; sie ist so reich, daß die Gegensätze in ihr Angriff

42. Rupi iam vincula, dicas: / Nam luctata canis nodum arripit; attamen illi, / Quum fugit, a collo trahitur pars longa catenae. Persius, Sat. V, 158.

und Verteidigung spielen, Geschenke empfangen und Geschenke austeilen können. Wenn wir so allein sind, brauchen wir nicht zu fürchten, daß wir bei diesem Alleinsein in die Langeweile des Nichtstuns versinken: [b]»In der Einsamkeit kannst du dir selber eine große Gesellschaft ersetzen[43].« [c]Das Moralische hat seinen Lohn in sich, es kann auf Leitung, auf Worte, auf Wirkung verzichten.ɔ Das meiste, was wir gewöhnlich tun, geht uns, genau genommen, gar nichts an. ... Jedermann ist zum Beispiel bereit, seine Gesundheit, seine Ruhe und sein Leben für Ansehen und Ruhm hinzugeben; und was er da als Zahlung erhält, ist doch die unnützeste, die wertloseste, die falscheste Münze, die es gibt. Offenbar haben wir noch nicht genug Kummer mit unserem eigenen Tod, da wollen wir uns doch auch noch den Kummer um das Sterben von Frau und Kind und Bedienten aufladen! Wir hatten nicht genug Sorgen mit unseren Geschäften, wir müssen uns unbedingt noch mit denen unserer Nachbarn und Freunde abquälen und uns darüber aufregen! –

[c]Der Wunsch nach Einsamkeit scheint mir für diejenigen Menschen besonders lockend und angebracht, die in der Zeit ihrer Blüte und Kraft sich nach außen betätigt haben. Thales ist hier ein Vorbild.ɔ Wir haben dann genug für andere gelebt; wenigstens dieses letzte Stück Leben wollen wir nun für uns leben; unsere Gedanken und unsere Wünsche wollen wir nun endlich auf uns selbst und auf unser Wohlbefinden richten. Es ist keine leichte Rolle, die wir beim Abschied von der Welt zu spielen haben; sie enthält Schwierigkeiten genug, wir brauchen die Sache nicht noch zu komplizieren. Da uns Gott die Muße gewährt, uns auf das endgültige Scheiden einzurichten, wollen wir die Zeit zu dieser Vorbereitung nutzen; jetzt gilt es, das Bündel zu schnüren und rechtzeitig von dem, was uns lieb ist, Abschied zu nehmen und die starken Fesseln allmählich abzuwerfen, die uns mit anderen verknüpfen und uns nicht zu uns selbst kommen lassen. ...

43. In solis sis tibi turba locis. Tibull, 13. 12.

Die Kunst, sich selbst zu gehören, ist freilich sehr schwer. ᶜJetzt können wir der Gesellschaft nichts mehr bieten, deshalb ist es Zeit, uns von ihr zu lösen. Denn wer nichts zu geben hat, der soll zu stolz sein, um etwas zu borgen. Jetzt versagen uns unsere Kräfte den Dienst nach außen hin; da ist es Zeit, sie zurückzunehmen und sie für unser Inneres zu sammeln. . . .
Sokrates lehrt: Die Jungen sollen lernen, die Männer wirken, die Alten sich zur Ruhe setzen, keine Pflichten mehr übernehmen und über ihre Lebensführung selbst entscheiden.ᵇ Diese Auffassung des Ruhestands paßt für die einen besser als für die anderen, je nach ihrer Veranlagung. Den einen wird es leicht, diesen Rat zu befolgen, denjenigen nämlich, die gleichgültig und vergeßlich sind, die sich schwer zu etwas entschließen und die sich nicht gern anstellen und kommandieren lassen – zu diesen gehöre ich, schon nach meiner Naturveranlagung, aber auch nach meiner Überzeugung –; schwerer wird es den tätigen und eifrigen Leuten, die sich für alles interessieren, die überall dabei sein wollen, die für alles gleich schwärmen, die bei jeder Gelegenheit bereit sind, sich anzubieten, sich in Szene zu setzen und ihre Dienste zu verschenken. . . .
Die Tätigkeit, die zu einem solchen behaglichen Lebensabend paßt, darf nicht mühsam und langweilig sein; sonst brauchten wir wenigstens nicht stolz darauf zu sein, daß wir sie uns selbst ausgesucht haben. Sie wird sich nach dem Geschmack jedes einzelnen richten müssen. Mir macht das Wirtschaften zu Haus gar keine Freude; die, die es gern tun, sollten wenigstens nicht ganz darin versinken.
»Sie sollten versuchen, sich den Dingen nicht unterzuordnen, sondern ihr Herr zu bleiben[44]«, sonst ist das Wirtschaften ein Frondienst. Bei manchen Zweigen der Wirtschaft ist der Eifer entschuldbarer, z. B. bei der Gartenpflege. Auch da gibt es einen Mittelweg zwischen der unedlen, verkrampften, versorgten Anstrengung, die man bei Leuten findet, die

44. Conentur sibi res, non se submittere rebus. Horaz, Epist., I, 1. 19

nichts anderes als ihren Garten im Kopfe haben, und der vollkommenen Gleichgültigkeit der anderen, die alles verwildern lassen. . . .
[Nun muß ich aber noch einen anderen Gesichtspunkt zur Sprache bringen, nämlich die literarische Betätigung im Alter.] Hören wir, was der junge Plinius seinem Freunde Cornelius Rufus in bezug auf die Nutzung der Einsamkeit rät: »Ich rate dir, während der behaglichen Altersruhe, die du dir gönnen kannst, die Besorgung der Wirtschaft ganz deinen Leuten zu überlassen; denn das ist etwas Niedriges und Gemeines, und dich lieber Literaturstudien zu widmen, um daraus einen Gewinn zu ziehen, der ganz dir gehört[45].« Er meint damit das Ansehen, etwa in dem Sinne wie Cicero sagt, er wolle seine Einsamkeit und sein Freisein von Staatsgeschäften dazu verwenden, durch seine Schriften sich Unsterblichkeit zu erwerben.
cDas klingt sehr richtig, da davon gesprochen wird, sich von der Welt zurückzuziehen und seine Aufmerksamkeit auf etwas anderes zu richten. Aber die beiden, die ich angeführt habe, tun das nur halb. Sie richten sich wohl darauf ein, ohne die Umwelt auszukommen; aber der Gewinn, den sie dabei anstreben, der soll ihnen dann wieder aus der Umwelt zufließen, wenn sie nicht mehr am Leben sind. Das ist ein lächerlicher Widerspruch. . . .
Nur das Ziel der christlichen Unsterblichkeit rechtfertigt es im Ernst, daß wir auf die Schönheiten und Freuden unseres Lebens verzichten; und wessen Seele tatsächlich und für immer von dieser lebendigen Glut von Glaube und Hoffnung ergriffen ist, der baut sich in der Einsamkeit ein Leben auf von Wonne und Glück, das höher ist als jedes andere Leben.ↄ
Der Rat des Plinius befriedigt mich also nicht, weder im Ziel noch im Weg, den er vorschlägt: wir kommen dabei aus dem Regen in die Traufe. Die Arbeit an Büchern ist ebenso mühevoll wie jede andere Arbeit, und ebenso gesundheitsschädlich, was doch besonders in Betracht gezogen werden

45. Plinius, Epist., I, 3, und Cicero, Orator., 43.

muß. Man darf das nicht übersehen, weil man Freude daran hat. Es ist dieselbe Freude an der Sache, die auch den Wirtschaftsfanatiker, den Geizhals, den Wollüstling, den Ehrgeizigen zu seinen Übertreibungen reizt. Die Weisen lehren uns doch, gegenüber den täuschenden Wünschen auf unserer Hut zu sein und die wahren und ganzen Freuden von den gemischten Freuden, die eigentlich nur Mühe und Arbeit machen, zu unterscheiden. ... Wenn wir schon vor dem Rausch Kopfschmerzen bekämen, würden wir uns hüten, zuviel zu trinken. Aber erst kommt die Lust, die uns täuscht und nicht daran denken läßt, was dann kommt. Bücher sind etwas Schönes; aber wenn wir durch vieles Lesen uns schließlich um alle Fröhlichkeit und um unsere Gesundheit bringen, sollten wir es lieber ganz lassen; ich neige zu der Ansicht, daß der Gewinn aus ihnen diesen Schaden nicht aufwiegt. ...
Wer sich vom üblichen Leben zurückzieht, weil es ihn nicht befriedigt, der muß sein Sonderleben vernünftig einrichten, und die Ordnung und die Richtung, die er ihm geben will, vorher reiflich überlegen. Er muß Abschied genommen haben von jedem Arbeitszwang, gleichgültig, in welcher Gestalt er auftritt; er muß überhaupt die Leidenschaften niederhalten, die seine körperliche und geistige Ruhe stören, [b]und »den Weg wählen, der ihm am meisten liegt[46]«ↄ. ...
Es mag ja weisere Leute geben, die sich so etwas wie eine ganz geistige Ruhe ausdenken und sich darin wohl fühlen; aber da müssen sie eine kraftvolle, unerschütterliche Seele haben. Ich habe nur eine gewöhnliche Seele; deshalb muß ich mein seelisches Wohlbefinden durch körperliche Annehmlichkeiten stützen. Da ich in dem Alter bin, wo die Genüsse, die mir besonders lagen, allmählich aufhören, muß ich nun meine Wünsche auf die Genüsse einstellen, die mir geblieben und dem Lebensherbst angemessener sind. Mit Zähnen und Krallen müssen wir die Freuden des Lebens festzuhalten suchen, welche unser Alter ja doch eine nach der anderen uns entreißt. ... Nun, wir haben gesehen, daß Plinius und

46. Unusquisque sua noverit ire via. Properz, II, 25. 38

Cicero uns den Ruhm als Ziel hinstellen; ich rechne ganz anders. Die geistige Einstellung, die sich mit der Altersruhe am schlechtesten verträgt, ist der Ehrgeiz; Ruhm und Ruhe können nicht zusammenwohnen. Die ehrgeizigen Alten haben zwar Arme und Beine dem Gewimmel entzogen; aber ihr Inneres, ihre Neigung, ist mehr als je in der Welt verstrickt. ...

Seneca sagt etwas Ähnliches in einem Brief an Lucilius: »Bis jetzt habt ihr gelebt wie ein Schwimmer oder ein Seefahrer; kommt nun zum Sterben in den Hafen. Bis jetzt verlief euer Leben im Licht; kommt nun zum Abend in den Schatten. Ihr könnt unmöglich von den Mühen loskommen, wenn ihr euch nicht von dem Ziel dieser Mühen freimacht. Laßt deshalb alle Sorgen um Ruhm und Namen. ... Die Lüste reizen euch nicht mehr; entsagt nun auch der letzten Lust, der Lust am Beifall anderer. Was ihr wißt und könnt, dem braucht ihr nicht nachzutrauern; es ist nicht verloren, wenn ihr selbst daran gewachsen seid. ... Nicht darauf soll es euch ankommen, daß von euch gesprochen wird, sondern darauf, wie ihr selbst mit euch fertig werdet. Zieht euch auf euer Inneres zurück; aber vorher bereitet dies euer Inneres darauf vor, daß es euch dort einen würdigen Empfang bereitet.« ...

Betrachtungen über Cicero

[c]Wenn ich höre, jemand untersucht eingehend die Sprache meiner Essais, so sähe ich es bestimmt lieber, wenn er das bleiben ließe; denn was dabei herauskommt, dient weniger dazu, den Wortlaut deutlich zu machen, als den Sinn zu verdunkeln; und zwar wird das Ergebnis um so schiefer, je scharfsinniger er vorgeht. Kaum ein anderer Schriftsteller – darin dürfte ich mich nicht täuschen – bietet soviel sachliche Probleme; und, zunächst einmal davon abgesehen, ob das, was ich vorbringe, richtig oder falsch ist, bei keinem steht das Geistesgut so wirklichkeitsnah oder wenigstens so dicht-

gesät auf dem Papier. Um mehr solcher Probleme unterzubringen, reihe ich hier nur die Hauptpunkte aneinander; wollte ich sie ausführen, würde dieses Buch noch ein paarmal so dick werden. Eine ganze Menge Geschichten führe ich ohne weitere Erklärung an; wer sie etwas eingehender ausklauben wollte, der könnte unendlich viele Essais daraus machen; und diese Geschichten und die vielen Zitate dienen nicht immer einfach als Beispiele, die meine Darstellung bekräftigen oder ausschmücken; ich sehe in ihnen nicht nur den Gesichtspunkt, unter dem ich sie einordne; sie enthalten oft, über mein Thema hinaus, Anregungen zu weiteren und kühneren Gedanken; und oft daneben noch eine feine Nuance, die ich in meiner Darstellung gerade dort nicht weiter ausführen will, die aber Kenner meiner Art verstehen werden.[a] . . .
Die Briefe von Philosophen wie Epikur und Seneca sind nicht leer und inhaltlos, sie haben ihren Wert nicht nur in der feinen Wortwahl, in der richtig angeordneten und rhythmisierten Ausdrucksfülle, sondern sie stecken voll von schönen weisen Reden, durch die man nicht zungenfertiger, sondern klüger wird, und die uns nicht lehren, richtig zu reden, sondern richtig zu handeln. Pfui über eine Beredtsamkeit, die den Blick auf die Ausdrucksform und nicht auf den Inhalt lenkt. Bei Cicero könnte man vielleicht sogar sagen, daß bei ihm die Vollkommenheit der Form zum Inhalt selbst wird.
[b]Zu dem Thema des Briefschreibens möchte ich noch ein Wort sagen. Meine Freunde behaupten, daß ich davon etwas verstehe. [c]Ich hätte meine Einfälle gern in Briefform veröffentlicht, wenn ich einen Partner für dieses geistige Gespräch gehabt hätte. Da hätte ich aber, wie ich das früher einmal besaß, die Sicherheit eines inneren Mitschwingens haben müssen; das hätte mich gelockt, gestützt und beflügelt. Denn mit Phantasiewesen Verbindung aufnehmen, wie andre es fertigbringen, das kann ich nur im Traum; für ernste Mitteilungen kann ich einen Empfänger nicht erfinden: ich bin nun einmal ein geschworener Feind alles Unwah-

ren. Für einen bestimmten Empfänger, einen Freund, hätte ich schärfer und sicherer denken können als vor den verschiedenartigen Gesichtern einer Volksmasse; da wäre es mir bestimmt besser geglückt. [b]Ich habe von Natur einen eigenen, unfeierlichen Stil, aber er ist ganz gewachsen, er eignet sich nicht für amtlichen Verkehr, wie meine Sprache überhaupt nicht; dazu ist er zu knapp, ungeordnet, holprig, eigenwillig. Auf Galabriefe, die keinen anderen Inhalt haben als eine schöne Aufreihung von höflichen Worten, verstehe ich mich nicht. ...

Einschmeichelnd zu schreiben, kann ich auf den Tod nicht leiden: so kommt es, daß ich mich zu einer trockenen, geraden, derben Ausdrucksweise gedrungen fühle, die auf solche, die mich sonst nicht kennen, einen etwas hochmütigen Eindruck macht. [c]Am höflichsten bin ich gegen die, welche ich innerlich am wenigsten achte; wo meine Seele hineilt, vergißt sie das gemessene Schreiten; [b]denen, welchen ich besonders zugetan bin, komme ich zurückhaltend und stolz entgegen; es ist, als wenn sie in meinem Herzen lesen sollten und als wenn ich meinen Gefühlen Abbruch täte dadurch, daß ich sie ausdrücke. [c]Beim Bewillkommnen, Abschiednehmen, Danken, Grüßen, mich Empfehlen und bei anderen derartigen äußerlichen Höflichkeitsbezeigungen, wie sie die gesellschaftliche Erziehung jetzt verlangt, bin ich hilflos: niemandem von meinen Bekannten fällt so wenig ein, was er dabei zu sagen hätte. ... [b]Meine Briefe schreibe ich immer unterwegs und habe es damit so eilig, daß ich, trotz meiner fürchterlichen Handschrift, sie lieber selbst schreibe, als sie zu diktieren; denn niemand kann so schnell schreiben, wie ich formuliere; ins Reine schreibe ich sie nie nochmals ab. ... Die Briefe, die mir am meisten Mühe machen, taugen am wenigsten: sobald es nicht recht vorangeht, ist das ein Zeichen, daß ich das Richtige noch nicht habe.[ↄ] ...

Ob wir etwas als angenehm oder als unangenehm empfinden, das hängt größtenteils davon ab, wie wir uns dazu stellen

Die Menschen leiden, so heißt es in einer griechischen Sentenz, unter den Vorstellungen, die sie von den Dingen haben, nicht unter den Dingen selbst. ... Wenn das, was wir schlimm und quälend nennen, an sich weder schlimm noch quälend ist, sondern nur in unserer Vorstellung dazu wird, steht es in unserer Macht, diese Vorstellung zu ändern. Da wir die Wahl haben, ist es doch unbegreiflich töricht von uns, uns ohne Not auf die Auffassung zu versteifen, die uns Kummer bringt, das Kranksein, das Armsein, das Verachtetwerden ohne Not in trübem Lichte zu sehen, wenn wir es auch in rosigem Lichte sehen können, und wenn das Schicksal uns sozusagen nur den Stoff unserer Erlebnisse darbietet, wir aber ihnen die Form geben sollen. ...

Den Tod zum Beispiel fühlt man nur in den Gedanken, die man sich über ihn macht, da er ja nur einen Moment dauert; ... tausend Tiere, tausend Menschen sind schon tot, ehe sie etwas von der Todesdrohung spüren. So fürchten wir denn auch beim Tod, wie gesagt, hauptsächlich den Schmerz, seinen gewohnten Vorläufer. [c]Jedoch, wenn man die Ansicht eines Kirchenvaters für richtig hält, könnte man auch denken: »Der Tod wird erst schlimm durch das, was nachher kommt[48]«. und ich würde das mit noch mehr Wahrscheinlichkeit so formulieren: weder das, was vorhergeht, noch das, was hinterher kommt, macht den Tod selbst aus. ...

Nehmen wir einmal an, wir betrachteten den Schmerz als das Wesentliche beim Tode.[a] Wie auch bei der Armut eigentlich weiter nichts zu fürchten ist, als daß sie uns Schmerzen bringt durch Hunger und Durst, Kälte und Hitze, Ruhelosigkeit usw., die damit verbunden sind: so wollen wir uns also zunächst nur mit dem Schmerz beschäftigen. Schmerzen

47. Vgl. Anmerkung zu Kapitel 18.
48. Malam mortem non facit, nisi quod sequitur mortem. Augustinus, De civitate Dei, I, 11.

sind das Schlimmste, was uns zustoßen kann; und zwar gebe ich das gern zu; denn ich hasse die Schmerzen und weiche ihnen aus, um so mehr, als sie mich bis jetzt, Gott sei Dank, wenig behelligt haben; aber in uns liegt die Möglichkeit, wenn auch nicht sie zu beseitigen, so doch wenigstens durch Geduld ihnen ihren Stachel zu nehmen, und selbst bei körperlichen Qualen die seelische Gelassenheit zu bewahren. Wäre das nicht so, wie kämen wir dazu, soviel von Männlichkeit, Tapferkeit, Selbstbeherrschung, Edelmut und Entschlossenheit zu halten? Wo könnten diese Tugenden wirken, wenn es keinen Schmerz mehr gäbe, demgegenüber sie sich bewähren könnten? »Mut ruft nach Gefahr[49].« Wenn wir nicht auf der bloßen Erde schlafen, vollbepackt in der Mittagshitze schwitzen, mit einem Pferd oder einem Esel fertig werden, uns schneiden und ein Geschoß herausoperieren lassen und aushalten können, wie die Wunde genäht, ausgebrannt und in ihr herumgestochert wird, wodurch wollen wir uns dann den gemeinen Seelen überlegen zeigen? ... »Eine gute Tat ist um so erfreulicher, je schwerer sie uns wird[50].« Dazu kommt noch ein tröstlicher Gesichtspunkt: es liegt in der Natur des Schmerzes: [c]»wenn er heftig ist, ist er kurz, wenn er lang ist, ist er nicht tief[51].«[ɔ] Sobald er unerträglich wird, wirst du ihn nicht lange auszuhalten haben; er wird erliegen, oder du: das kommt beides auf dasselbe hinaus. [c]Trägst du ihn nicht, so trägt er dich davon.[ɔ] ... Wie kommt es, daß uns Schmerzen so unerträglich vorkommen? Weil wir nicht gelernt haben, unsere eigentlichen Freuden im Seelischen zu suchen, [c]weil wir nicht genug auf das Seelische bauen, wovon doch allein und entscheidend unser Wesen bestimmt wird, und weil wir die seelischen Kräfte nicht genug gegen die Schwachheit des Fleisches mobilisieren. Der Körper reagiert, vielleicht etwas mehr oder weniger, aber immer in einer Richtung; die Seele wirkt in jeder Beziehung gestaltend; nach ihr, nach ihren verschiedenen

49. Avida est periculi virtus. Seneca, Providentia, 4.
50. Laetius est, quotiens magno sibi constat honestum. Lukan, IX, 404.
51. Si gravis, brevis; si longus, levis. Cicero, De finibus, II, 10.

Dispositionen, richten sich die körperlichen Gefühle; ihr gegenüber ist alles andere unwesentlich; deshalb gilt es, sie zu studieren und auszuhorchen und die allmächtigen Kräfte zu wecken, die in ihr schlummern. ... Sie nutzt alle Hilfen, die sich ihr bieten; sie wertet auch Irrtümer und Trugbilder in einen echten Schutz für unser Glück um. ... Plato sieht die Gefahr des übertriebenen Schmerzes und der maßlosen Wonne darin, daß dadurch die Seele zu sehr an den Körper gebunden und ihm verpflichtet wird: ich sehe, im Gegensatz dazu, die Gefahr vielmehr darin, daß die Seele vom Körper dadurch getrennt wird und die Herrschaft über ihn verliert.[ↄ] Wie der Feind durch unsere Flucht gereizt wird, nun erst recht energisch vorzugehen, so bekommt der Schmerz in uns neue Kräfte, wenn wir vor ihm zittern; wer ihm trotzt, dem zeigt er ein viel freundlicheres Gesicht: wir müssen uns wehren und stemmen gegen ihn. Wenn wir nachgeben und zurückweichen, rufen wir das Unheil geradezu herbei. [c]Der Körper kann eine größere Last tragen, wenn man ihn strafft; mit der Seele ist es genauso.[ↄ] ...

[b]In meinem Verhältnis zum Besitz und zur Sparsamkeit habe ich drei Perioden durchgemacht, seitdem ich erwachsen bin. Die erste Periode hat etwa 20 Jahre gedauert. Da hatte ich nur Zufallseinnahmen; war ich doch von den Zuwendungen anderer abhängig; einen bestimmten Haushaltsplan und bestimmte Verpflichtungen, wie ich mein Geld verwenden sollte, hatte ich nicht. Ich gab mein Geld lustig und ohne Kummer aus; denn ich verließ mich darauf, Fortuna würde mir schon wieder neues verschaffen. Nie habe ich mich so wohl gefühlt wie damals. Meine Freunde halfen mir immer gern aus; hatte ich mir doch fest vorgenommen, vor allen anderen Verpflichtungen, meine Schulden immer rechtzeitig zu bezahlen; den Termin haben sie mir oft verlängert, weil sie sahen, wie ernst ich die Sache nahm. So war meine Ehrlichkeit ein ganz gutes Geschäft; sie hob meinen Kredit. Wenn ich zahle, so ist das eine Art Genuß für mich; es ist, als wenn ich dadurch eine Last, ein inneres Abhängigkeitsgefühl, los würde; genauso wie ich ein angenehmes Gefühl

der Befriedigung empfinde, sobald ich recht anständig handle oder jemandem einen großen Gefallen tun kann. Allerdings mit Ausnahme solcher Zahlungen, wo ich vorsichtig feilschen und handeln müßte; denn wenn ich dies Geschäft nicht einem anderen übertragen kann, so drücke ich mich ängstlich und schimpflich darum, solang ich kann, nur aus Angst vor einer solchen Auseinandersetzung, zu der ich schlechterdings keine Lust habe und für die mir auch die richtigen Worte nie zur Verfügung stehen.

Nichts hasse ich so wie das Feilschen; es ist weiter nichts als der Versuch, den anderen durch Unverschämtheit hereinzulegen. Nach stundenlanger Debatte hin und her vergessen beide Partner, wofür sie sich verbürgt und was sie beschworen haben, für fünf Sous Gewinn. Wenn ich Geld brauchte, erhielt ich es deshalb gewöhnlich unter sehr ungünstigen Bedingungen; denn da ich mich nicht traute, persönlich mich darum zu bemühen, ließ ich es auf ein schriftliches Gesuch ankommen; da kann man nicht drücken, und man macht es dem anderen leicht, nein zu sagen. Was ich brauchte, das erhoffte ich damals mit einem fröhlicheren und freieren Herzen von den Sternen, als später von meiner vorausschauenden, wohlüberlegten Berechnung. Ordentliche Leute denken meist, es müßte fürchterlich sein, in solcher Unsicherheit zu leben. Aber dabei bedenken sie verschiedenes nicht. Erstens: die meisten Menschen leben so. Wieviel redliche Leute haben auf ihre regelmäßigen Einnahmen verzichtet in der Hoffnung auf mögliche Erfolge bei Hofe oder in Geschäften. ... Zweitens machen sie sich nicht klar, daß die Sicherheit, auf die sie bauen, auch nicht viel mehr gegen Schwankungen und Zufälle gefeit ist als der Zufall selbst. Hinter zweitausend Talern Rente bedroht mich das Elend ebenso, als wenn es direkt vor mir stünde. ... Ich finde außerdem, daß die Sorge, aus verschiedenen Gründen, ebenso häufig bei denen wohnt, die Besitz haben, wie bei denen, die keinen haben. ... Ein mürrischer, unzufriedener, zerfahrener Reicher erscheint mir unglücklicher als ein Armer, der weiter nichts als arm ist. ...

In der zweiten Periode besaß ich Geld. Das nahm ich wichtig und machte deshalb, meiner Stellung entsprechend, erhebliche Rücklagen. Denn als Vermögen glaubte ich nur das ansehen zu dürfen, was man über die normalen Ausgaben hinaus besitzt; ich meinte, man dürfe nicht mit einem Besitz rechnen, den man vielleicht später zu erwarten hat, auch wenn die Sache ganz sicher scheint. Denn, sagte ich mir, es könnte mir doch etwas zustoßen. Und infolge dieser überflüssigen und irreführenden Überlegungen fing ich an, immer von neuem darüber nachzudenken, wie ich mich durch diese an sich überflüssigen Rücklagen gegen jedes Mißgeschick decken könnte. Das ging natürlich nicht ohne schmerzliche Sorgen ab; [c]und diese verheimlichte ich. Sonst scheue ich mich doch nicht, recht offen über mich zu sprechen; aber über mein Geld redete ich unehrlich, wie es die Menschen gewöhnlich machen: wenn sie reich sind, stellen sie sich arm, und wenn sie arm sind, reich; sie fühlen sich nie verpflichtet, ehrlich darüber Auskunft zu geben, was sie besitzen. Das ist eine lächerliche Vorsicht, deren man sich schämen sollte![ɔ] Auf der Reise fürchtete ich immer, nicht genug Geld mit zu haben; und je mehr ich mitgenommen hatte, um so mehr drückte mich die Besorgnis, einmal, ob die Wege sicher wären, ein andermal, ob ich mich auf die Leute, die mein Gepäck besorgten, verlassen könnte; hierüber war ich nur beruhigt, wie das auch meinen Bekannten so geht, wenn ich mein Gepäck selbst überwachte. Hatte ich meine Geldkasse zu Haus gelassen, kam ich vom Argwohn und von quälenden Gedanken daran nicht los, und über diese konnte ich mich nicht einmal mit anderen aussprechen. Ich war immer ganz benommen davon. [c]Im ganzen ist es mühevoller, Geld zu hüten als zu verdienen. [b]Wenn ich es auch nicht ganz so schlimm trieb, wie ich es hier darstelle, so kostete es mich doch Überwindung, es nicht zu tun. Wirklichen Genuß hatte ich von dem Geld wenig oder gar nicht; [c]weil ich mehr Geld auszugeben hatte, wurde es mir deshalb doch nicht leichter, es auszugeben; [b]. . . Sobald man eine gewisse Fülle als selbstverständlich ansieht, steht sie einem nicht mehr zur Verfügung; [c]man wagt nicht, etwas davon zu nehmen. [b]Es ist wie ein Gebäude, von dem man den Eindruck hat, es wird ganz einstürzen, sobald man daran rührt; nur in der höchsten Not wird man es angreifen. Früher machte es mir weniger aus, etwas zu versetzen oder ein Pferd zu verkaufen, als jetzt diese Lieblingskasse meiner Reserven anzugreifen. Das Gefährliche dieser Einstellung lag darin, daß es kaum möglich ist, dieser Neigung bestimmte Grenzen zu setzen [c](bei etwas, was man für gut hält, sind sie schwer zu finden) [b]und einen Punkt anzugeben, wo das Sparen aufhören soll; man bemüht sich immer, die Summe noch etwas abzurunden und sie allmählich zu vergrößern; und so bringt man sich aus lauter Geiz schließlich um die ganze Freude an seinem eigenen Besitz, fängt nichts damit an und verlegt sich ganz auf das Bewahren.[ɔ] . . .

[b]So trieb ich es einige Jahre: glücklicherweise warf mich irgendein guter Dämon aus dieser Bahn und vernichtete meine ganze Reserve. Weil mich eine kostspielige Reise lockte, verzichtete ich auf die törichte Einbildung, eine Reserve biete Sicherheit; und dadurch bin ich auf eine dritte Art der Lebensführung verfallen (ich sage, wie ich es denke), die sicher viel erfreulicher und normaler ist: ich versuche nämlich, genau so viel auszugeben, wie ich einnehme; manchmal haben die Ausgaben, manchmal die Einnahmen den Vortritt, aber der Unterschied ist meist minimal. Ich lebe von der Hand in den Mund und bin es zufrieden, wenn ich die augenblicklichen, die normalen Bedürfnisse befriedigen kann. Gegen unerwartete Ausgaben ist man auch durch das größte Sparen nicht gesichert. [c]Es ist Torheit, zu erwarten, daß Fortuna selbst uns ausreichend gegen sich wappnet: wir müssen sie mit unseren Waffen bekämpfen. . . . [b]Jetzt fürchte ich eigentlich nie mehr, daß mein Geld nicht reicht, habe aber auch keine Sehnsucht, daß es mehr wird: [c]»Der Gewinn des Reichtums liegt darin, daß man genug hat; man hat genug, wenn man nicht mehr haben will[52].« [b]Es befrie-

52. Divitiarum fructus est in copia; copiam declarat satietas. Cicero, Paradoxa, 6. 2.

digt mich außerordentlich, daß ich zu dieser vernünftigeren Auffassung in einem Alter gelangt bin, in dem man normalerweise zum Geiz neigt, und daß ich jetzt mich von dieser Narrheit frei fühlen kann, von der die Alten so oft gepackt werden und die doch die lächerlichste von allen menschlichen Narrheiten ist.[c]

[Xenophon[53] berichtet folgende Geschichte von einem gewissen Feraulez, einem Günstling des Cyrus.] [c]Er hatte Armut und Reichtum nacheinander erlebt und gefunden, daß bei zunehmendem Besitz die Lust zu trinken, zu essen, zu schlafen und sein Weib zu küssen nicht zunimmt; andrerseits fühlte er sich durch die unerfreulichen Geschäfte der Vermögensverwaltung bedrückt – wie es mir geht –; deshalb beschloß er, einen armen jungen Mann, seinen treuen Freund, der nach Reichtum fieberte, glücklich zu machen; und er schenkte ihm sein ganzes riesiges Vermögen und auch die Fonds, die ihm infolge der Freigiebigkeit seines guten Herrn Cyrus und infolge des Krieges täglich noch zuströmten; der Beschenkte sollte nur die Verpflichtung übernehmen, ihn als Gast und Freund bei sich aufzunehmen und für eine anständige Versorgung aufzukommen. So lebten sie dann sehr glücklich und beide gleich befriedigt von dem Tausch. . . .

[b]Das Gefühl der Wohlhabenheit und der Bedürftigkeit ist also von der Einstellung abhängig. Reichtum ist an sich ebenso wertlos wie Ruhm und Gesundheit; die ganze Schönheit, die sie haben, und das ganze Glück, das von ihnen ausgeht, ist ausgeliehen von dem, der sie besitzt. [c]Ein jeder fühlt sich so wohl oder so unwohl dabei, wie er sich damit abfindet. Nicht der, den andere für zufrieden halten, ist es, sondern der, der sich selbst so fühlt. Nur hier wird Wesen und Wahrheit vom Glauben bestimmt. [b]Die Gaben Fortunas sind weder gut noch schlecht; sie bietet uns nur den Rohstoff und den Samen; unsere Seele, die mächtiger ist als das Schicksal, gestaltet es und nutzt es wie sie will; sie allein bestimmt, als Urgrund und als Herrscherin, ob es sich zum

53. Cyropaedie, VIII, 3.

Glück oder zum Unglück wandelt.[ɔ] ... Für einen Faulpelz ist Studieren eine Qual; für einen Trinker der Verzicht auf den Wein; für einen Schlemmer die schmale Kost, und die körperliche Anstrengung ist die Hölle für einen zarten Menschen, der die Ruhe liebt. So ist es überall. Die Sache an sich ist in der Regel nicht so schlimm und so schwer, sondern wird erst dadurch so, daß wir ihr schwächlich und feig gegenübertreten. Um zu großen und hohen Dingen Stellung nehmen zu können, braucht man eine entsprechende seelische Verfassung; sonst suchen wir in ihnen den Fehler, der in uns liegt: ein gerades Ruder sieht im Wasser gebogen aus; es kommt nicht nur darauf an, daß man die Sache sieht, sondern darauf, wie man sie sieht[54]. ...

Gibt man seinen Ruhm an andere ab?

Die Jagd nach Ruhm und Ehre ist die verbreitetste von allen Torheiten dieser Welt; ihnen zuliebe verzichten wir auf Wohlstand und Ruhe, auf Leben und Gesundheit – das alles sind gute Dinge, mit denen man etwas anfangen kann und die einen realen Kern haben –, um diesen Trugbildern, diesen bloßen Namen nachzulaufen, die man nicht fassen und packen kann. ... Die Menschen haben viele Launen, die man schwer begreifen kann; aber von dieser zu lassen, das gelingt, wie es scheint, selbst den Philosophen erst zu allerletzt und wird ihnen besonders sauer: [b]es ist die widerspenstigste und die hartnäckigste von allen Launen, [c]»weil sie auch die noch in Versuchung führt, die es in der Weisheit schon weit gebracht haben[55]«. [b]Bei kaum einer anderen zeigt die vernünftige Überlegung so klar, daß nichts daran ist; aber die Ruhmsucht ist so tief in unserem Wesen verwur-

54. Der letzte Abschnitt ist von Montaigne fast wörtlich aus Seneca, Epist. 81, übersetzt.
55. Quia etiam bene proficientes animos tentare non cessat. Augustinus, De civitate Dei, V, 14.

zelt, daß vielleicht überhaupt niemand sich ganz von ihr hat freimachen können. Auch wenn wir alle Gesichtspunkte zusammengestellt haben, die gegen sie sprechen, und auch, wenn diese uns überzeugen, gelingt es ihr, dieser Überlegung zum Trotz, uns im geheimen immer wieder so zu locken, daß man ihr gegenüber doch machtlos bleibt:ᵓ denn, wie Cicero sagt, es haben auch diejenigen, welche sie bekämpfen, noch den Wunsch, daß auf dem Titel der Bücher, die sie dagegen schreiben, ihr Name steht; sie wollen den Ruhm genießen, daß sie den Ruhm verachten. Alle anderen Dinge kann man an andere abgeben: wenn unsere Freunde in Not sind, stellen wir ihnen unser Geld und selbst unser Leben zur Verfügung; aber es dürfte kaum vorkommen, daß jemand seine Ehre und seinen Ruhm an andere verschenkt. ...

Über die Ungleichheit unter uns Menschen

Zwischen einem Idealmenschen und einem gewöhnlichen Menschen ist der Unterschied größer als der zwischen manchen Menschen und manchem Tier. ᶜ... Und es gibt so unendlich viele Geistesstufen, wie die Entfernung von hier zum Himmel Klafter umfaßt.ᵓ Aber mit welchem Maß mißt man diese Stufen? Bei allen anderen Dingen geben die eigenen Eigenschaften dieser Dinge das Maß ab; nur bei den Menschen ist das wunderbarerweise nicht so. Bei einem Pferd heben wir lobend hervor, daß es stark und flink ist ... und beurteilen es nicht nach seinem Zaumzeug; bei einem Windhund kommt es auf die Schnelligkeit, nicht auf das Halsband an; bei einem Falken auf seine Flugkraft, nicht auf seinen Riemen und sein Glöckchen: warum werten wir einen Menschen nicht ebenso nach dem, was an ihm selber ist? Er hat viel Bedienung, ein schönes Schloß, soviel Kredit, soviel Einkommen: alles das ist Zubehör, nicht Eigenschaft. [Bei jedem Tier, das man kauft, läßt man sich das zeigen, worauf es ankommt.] Warum läßt man einen Menschen ein-

gewickelt und eingepackt, wenn es darum geht, seinen Wert zu beurteilen? ... Beim Degen prüft ihr die Güte der Klinge, nicht die der Scheide; ist die Scheide ab, gebt ihr vielleicht nicht einen Heller für die Klinge. ... Meßt einen Menschen ohne seine Stelzen: laßt ihn seinen Reichtum und seine Stellung ablegen. Seht ihn euch im Hemd an. Wie steht es körperlich mit ihm? Funktioniert da alles richtig? Ist er munter und gesund? Wie steht es seelisch mit ihm? Ist er charakterlich wertvoll, befähigt und ganz normal? Ist er innerlich selbständig oder betet er nach? Hängt er seine Fahne nach dem Wind? Ob er mit offenen Augen einer Gefahr gegenübertritt, ob er sich den Teufel darum schert, wo er getroffen wird; ob er innerlich sicher, ausgeglichen und zufrieden ist: das alles muß man in Betracht ziehen; von allen diesen Gesichtspunkten aus muß man die ungeheuren Unterschiede zwischen uns Menschen zu verstehen suchen. ... Der wahre Weise ist hoch erhaben über Königswürde und Herzogstitel; er hat sein Herrschaftsbereich in seinem Inneren. [c]»Der Weise, bei Gott, schafft sich sein Glück selbst[56].«[ɔ] Was bleibt ihm zu wünschen übrig? ...
Wenn man neben ihn den heutigen Durchschnittsmenschen stellt: dumm, niedrig, knechtisch, uneinheitlich, unaufhörlich vom Sturm wechselnder Leidenschaften hin und her gehetzt, ganz unselbständig – so besteht ein himmelweiter Unterschied: und doch macht uns die Gewohnheit so blind, daß wir auf solche Unterschiede wenig oder gar nicht achten; während uns die gewaltige Kluft zwischen einem Bauern und einem König, [c]einem Gutsherrn und einem Leibeigenen, einem hohen Beamten und einem Privatmann, einem Reichen und einem Armen[ɔ] sofort auffällt; und doch unterscheiden diese Paare sich jedesmal, sozusagen, nur durch ihre Hosen. [c]... Diese Unterschiede beruhen bloß auf dem äußeren Anstrich, sie haben doch mit dem Wesen nichts zu tun.[ɔ] Das ist gerade wie bei den Schauspielern. Erst sehen sie auf der Bühne wie Herzöge und Kaiser aus, gleich drauf

56. Sapiens ... pol! ipse fingit fortunam sibi. Plautus, Trinummus, II, Sc. 2, 84.

sind sie wieder Bediente und arme Schlucker, was sie eben nach Geburt und Anlage wirklich sind: beim Kaiser ist es im Grunde auch nicht anders; wenn er sich öffentlich zeigt, imponiert er durch äußeres Gepränge. ... Aber wie sieht es hinter dem Vorhang aus? Da ist er auch weiter nichts als ein gewöhnlicher Mensch, vielleicht steht er niedriger als der Geringste seiner Untertanen; ... Feigheit, Unentschlossenheit, Herrschsucht, Ärger und Neid nehmen ihm die Ruhe, wie anderen Menschen; ... er wird von Sorge und Furcht gepeinigt, trotz seiner großen Heere.[9] ... Fieber, Migräne und Gicht bleiben ihm ebensowenig erspart wie uns. Wenn das Alter ihn drückt, können die Posten seiner Leibwache es ihm tragen helfen? Wenn er eifersüchtig oder verliebt ist, nützt es ihm da etwas, wenn wir ihn ehrerbietig grüßen? Der gold- und perlenbesetzte Betthimmel hat nicht die Kraft, das Bauchgrimmen bei einem Kolikanfall zu lindern. ... Er ist eben ein Mensch. Und wenn er einen Geburtsfehler hat, kann dieser auch durch die Weltherrschaft nicht wieder gutgemacht werden. ...

Dagegen, wenn er ein gut veranlagter, edler Mensch ist, wird sein Glück durch die Königswürde kaum gesteigert; ... denn dann sieht er, daß das alles nur Schein und Schwindel ist. Ja, vielleicht wird er sogar denken wie der König Seleucus: »Wenn einer weiß, wie schwer ein Zepter ist, würde er keine Lust haben, es aufzuheben, auch wenn er eins auf der Straße fände.« Er sagte das wegen der großen, mühevollen Aufgaben, die ein guter König zu erfüllen hat. Es ist in der Tat keine Kleinigkeit, wenn man sich vor die Aufgabe gestellt sieht, andere zu beherrschen, da es schon so außerordentlich schwierig ist, sich selbst zu beherrschen. Befehlen dürfen scheint so schön! Wenn man aber in Betracht zieht, wie unzulänglich die menschliche Urteilsfähigkeit überhaupt ist, und wie schwierig es ist, sich zu entscheiden, sobald die Situation unerwartet oder kritisch wird, muß ich eigentlich zu der Ansicht kommen, daß es viel leichter und auch viel angenehmer ist, Gefolgsmann als Führer zu sein; und daß es sehr beruhigend ist, wenn der Weg, dem

ich zu folgen habe, mir vorgeschrieben wird, und wenn ich nur für mich selbst verantwortlich bin. [b]Hierzu kommt noch ein anderer Gesichtspunkt, den Cyrus so formuliert hat: Keinem Menschen komme es zu, zu befehlen, wenn er denen nicht überlegen ist, denen er befiehlt.[ɔ] Aber das, was der König Hieron bei Xenophon sagt, geht noch weiter: Selbst im Genuß der Freuden sind Herrscher übler dran als Privatleute; alles können sie leicht und bequem haben; dadurch kommen sie um den sauersüßen Reiz der überwundenen Schwierigkeit, der uns gewöhnlichen Sterblichen die Genüsse erst schmackhaft macht. ...
Feste, Tänze, Maskeraden und Turniere beglücken solche Zuschauer, die so etwas selten geboten bekommen und die sich lange darauf gefreut haben; wem es aber zur Alltagskost wird, für den wird das alles allmählich fad und widerlich; die Weiber reizen den nicht mehr, der ihre Liebe beliebig genießen kann: wer nicht wartet, bis er Durst hat, der hat keine rechte Freude an einem guten Trunk. ... So kommt es, daß es für Prinzen eine Wonne, ein Fest ist, wenn sie einmal ihre Würde ablegen und in Verkleidung sich in die Lebensart des niederen Volkes versetzen können. [c]Nichts verhindert überhaupt den rechten Genuß so wie der Überfluß.[ɔ] ...
[Hieron[57], von dem vorhin gesprochen wurde, nennt noch einige Nachteile des Herrscherberufs.] Was ihm aber besonders betrüblich erscheint, ist, daß der Herrscher auf jede wirkliche Freundschaft, auf jede geistige Gemeinschaft mit Gleichberechtigten verzichten muß, worin doch die edelste, die süßeste Frucht des Menschenlebens zu erblicken sei. Denn wie kann ich dem Freund seine Zuneigung und Hilfsbereitschaft glauben, der sowieso verpflichtet ist, ob er will oder nicht, mir alle seine Kräfte zur Verfügung zu stellen? Kann ich auf seine bescheidenen Worte, auf seine Ehrerbietung etwas geben, da er ja gar nicht in der Lage ist, sie mir zu versagen? Eine Ehre, die mir von einem Menschen erwiesen wird, der mich fürchtet, ist keine Ehre. Es ist der Ausdruck

57. Das alles nach Xenophon, Hieron, Über die Stellung der Könige.

des Respekts vor der Königswürde, nicht vor meiner Persönlichkeit. ...
Wenn meine Untertanen nichts Böses gegen mich unternehmen, so bezeugt das noch keineswegs ihre freundliche Gesinnung. Warum sollte ich es so auffassen, da sie mir nichts antun dürfen, selbst wenn sie es wollten? Keiner ist mir deshalb gehorsam, weil uns eine gegenseitige Freundschaft verbindet; denn Freundschaft kann nicht geknüpft werden, wo die Gleichheit in den Voraussetzungen für den geistigen Austausch fehlt. Durch meine hohe Stellung bin ich vom üblichen Umgang mit den Menschen ausgeschlossen; die Kluft ist zu tief, das Mißverhältnis zu groß. Sie gehen mit mir, weil es sich so gehört und weil es so hergebracht ist, oder eigentlich weniger mit mir, als mit meiner Macht, um etwas dabei zu gewinnen. Alles, was sie mir gegenüber sprechen und tun, ist nichts als Maske, da ihre Freiheit durch die Gewalt, die ich über sie habe, ausgeschaltet ist. Ich kann nicht klar sehen, was um mich ist: alles ist für mich verdeckt und verkleidet. ...
Was Fürsten an wirklich Schönem erleben können, ist dasselbe, was auch Menschen des Mittelstandes genießen (nur Götter reiten auf Flügelrossen und nähren sich von Ambrosia): Fürsten haben keinen anderen Schlaf und keinen anderen Appetit als wir; ihre Krone schützt sie nicht vor Sonnenbrand und Regen. ...

Über die Unsicherheit unseres Urteils

Der Vers Homers hat recht: »Man kann bei allem leicht dafür und dagegen sprechen[58].« Zum Beispiel meint Petrarca: »Hannibal siegte, aber dann konnte er seinen Sieg nicht richtig ausnutzen[59].« Wer diesen Standpunkt vertritt, und

58. Ilias, XX, 249.
59. Vinse Hannibal, e non seppe usar poi. / Ben la vittoriosa sua ventura. Petrarca, Sopra vari arg. Son. XI.

etwa dem König Philipp von Spanien einen Vorwurf daraus machen will, daß er seinen Sieg über die Franzosen bei St. Quentin [1556] nicht auszuwerten verstanden hat, der kann das so drehen: diese Schwäche kam daher, daß er von seinem Glück berauscht war und daß sein Mut nachließ, weil dieser Anfangserfolg ihn völlig befriedigte und er deshalb keine Lust mehr verspürte, ihn weiter auszunutzen, da er schon diesen ersten Bissen nicht recht verdauen konnte; er war es nicht wert, daß Fortuna ihm einen solchen Vorteil in die Hände gespielt hatte; ...
Im Krieg ist es nicht wie beim Fechten, wo die Zahl der Treffer über den Erfolg entscheidet: solange der Feind noch steht, geht es immer wieder von neuem los; erst dann kann man von einem Sieg sprechen, wenn durch ihn der Krieg beendet ist. ...
Aber warum kann man nicht, umgekehrt, die Sache auch so ansehen? Es ist ein Zeichen von Übereilung und von Unersättlichkeit, wenn man seine Begehrlichkeit nicht zügeln kann; man treibt Mißbrauch mit der Gabe Gottes, wenn man das Maß nicht einhält, das ihr eigen ist; man setzt sich einer neuen Entscheidung des Schicksals aus, wenn man nach dem Sieg sich wieder in Gefahr begibt; die größte Weisheit in der Kriegskunst besteht darin, den Feind nicht bis zur Verzweiflung zu treiben. ... Denn es ist immer gefährlich, einen Gegner anzugreifen, wenn man ihm jede Möglichkeit genommen hat, auszuweichen und ihn dadurch zum verzweifelten Gegenangriff zwingt: c»gefährlich sind die Bisse der gereizten Not[60].« ...ↄ
Ähnliche Doppelentscheidung erlaubt auch die folgende Frage: soll man die Soldaten reich bewaffnen und glänzend ausstatten, oder soll man ihnen nur die notwendigste Ausrüstung mitgeben? Der ersten Ansicht neigten Sertorius, Philopoemen, Brutus, Caesar und andere zu. Für diese würde sprechen, daß eine schöne Uniform das Ehrgefühl des Soldaten steigert, daß sie ihn zu ruhmbringenden Taten an-

60. Gravissimi sunt morsus irritatae necessitatis. Portius Latro, nach Justus Lipsius, Politica, V, 13.

spornt, und daß er besonders erbittert kämpfen wird, wenn es gilt, Besitz und Erbe zugleich mit seinen Waffen zu schützen. [c]Das war der Grund, sagt Xenophon, warum die Orientalen auf ihren Kriegszügen ihre Frauen, ihre Konkubinen und zugleich ihr Geschmeide und ihren liebsten Besitz mit sich führten.[ↄ]

Aber ebensogut könnte man auch die entgegengesetzte Ansicht begründen, daß man den Selbsterhaltungstrieb des Soldaten lieber einschläfern als ihn wecken sollte, daß er, wenn er so verwöhnt wird, vor einem Risiko doppelt auf der Hut sein wird; abgesehen davon, daß dann beim Feind durch die Hoffnung auf reiche Beute das Verlangen nach einem Sieg nur noch steigt. …

[Ist Angriff oder Verteidigung vorzuziehen? Soll man den Krieg lieber ins Feindesland tragen oder die Heimat verteidigen?] Scipio entschloß sich, nach Afrika zu fahren und den Feind dort in seinem Land anzugreifen; er fand das vorteilhafter, als die Heimat zu schützen und gegen Hannibal in Italien vorzugehen, wo dieser schon eingedrungen war. Und dann war es, in dem gleichen Kriege, der Ruin für Hannibal, daß er aus dem schon fast eroberten fremden Land wieder abzog und den Verteidigungskrieg in seiner Heimat aufnahm. Bei den Athenern, die nach Sizilien segelten, obwohl der Feind noch in ihrem eigenen Lande war, entschied das Schicksal umgekehrt; aber Agathokles, der König von Syrakus, hatte wieder Glück damit, daß er, trotz des Krieges in der Heimat, nach Afrika übersetzte.

So haben wir uns denn, nicht ohne Berechtigung, daran gewöhnt, davon zu sprechen, daß es, besonders im Kriege, doch das Glück ist, von dem es immer abhängt, wie alles läuft und ausgeht. Und das Glück richtet sich nun einmal nicht nach unseren Überlegungen und Berechnungen. … Aber im Grunde hängt auch das, was bei unseren Beratungen und Erwägungen schließlich herauskommt, ebenso vom Glück ab; derselbe Zufall, dieselbe Unsicherheit wie beim Glück, herrscht auch bei unserem Denken. [c]Unser Denken ist ein kühnes, riskantes Spiel, sagt Timaeus bei Plato, weil auch unser Denken, genau wie unser Schicksal, nicht erhaben ist über den unberechenbaren Zufall.[9]

Alte Sitten

Wir Franzosen erkennen als vortrefflich nur an, was bei uns Brauch ist und woran wir gewöhnt sind; andere Muster und andere Regeln zählen nicht. Denn fast alle Menschen, nicht nur im niederen Volke, haben den Fehler, daß sie ihr Augenmerk nur auf die Anschauungen richten, in die sie hineingeboren sind, und sich mit diesen zufriedengeben. Wenn vor ihnen plötzlich ein Fabricius oder ein Laelius aus dem alten Rom stünde, so käme ihnen deren ganze Erscheinung natürlich barbarisch vor, da sie in Kleidung und Aufmachung von unseren Moden abweichen. Das finde ich begreiflich. Aber es erscheint mir als beklagenswerter Unverstand, wenn sie sich dem gerade heute Üblichen so vollkommen beugen, sich so davon locken und blenden lassen, daß sie alle Monate ihre Meinung ändern, wenn die Mode es verlangt, und daß sie beim eigenen Anzug so Verschiedenes gleich nacheinander für schön halten. Als man die Taille direkt unter dem Busen anbrachte, da behaupteten sie und begründeten es schlagend, daß das die einzig richtige Stelle sei: einige Jahre später, da war sie bis zum Schritt hinuntergerutscht; dann spotten sie darüber, wie komisch doch die Mode früher gewesen sei, und finden sie albern und unmöglich. Sobald etwas Neues Mode wird, wird das Alte abgelehnt, und zwar so unbedingt und so allgemein, daß man darin eine Art Wahn sehen muß, der uns so den Kopf verdreht. Weil sich hierin unser Geschmack so schnell und so vollständig ändert, daß alle Schneider auf der ganzen Welt nicht genug neue Modelle herausbringen können, ist es unvermeidlich, daß vergangene Moden wiederkommen und dann ebenfalls gleich wieder verschwinden; wir beurteilen also denselben Tatbestand innerhalb einer Frist von etwa

20 Jahren mehrere Male nicht nur unterschiedlich, sondern direkt entgegengesetzt; es ist eigentlich unglaublich, wie unbeständig und flüchtig sich da unser Urteil zeigt. [c]Alle, auch die Gescheiten, lassen sich von der Mode beschwatzen und sich innerlich und äußerlich blenden. Sie merken gar nicht, wie sie sich widersprechen.ↄ

Ich will nun hier noch einige Gebräuche der alten Römer, die ich mir gemerkt habe, zusammentragen; die einen gleichen den unseren, die anderen weichen davon ab. Wenn wir uns diesen dauernden Wandel alles Menschlichen vor Augen halten, werden wir alle solche Bräuche klarer und sicherer beurteilen. ... Im Altertum badete man alle Tage vor dem Essen, so oft wie wir uns die Hände waschen, und zwar zunächst nur die Arme und die Beine; erst später setzte sich die Sitte durch, die lange angehalten und sich weit verbreitet hat, daß man sich für das Bad vollständig entkleidete und dem Wasser allerlei Ingredienzien und Wohlgerüche zusetzte, so daß es als ein Zeichen großer Einfachheit galt, wenn man bloß Wasser benutzte. ...

Sie lagen gern sehr weich. Wenn einer nur auf einer Matratze als Unterlage schlief, so war das ein Zeichen von Anspruchslosigkeit. Sie lagen beim Essen auf einer Art Bett, etwa so wie die heutigen Türken. Im Anfang des 2. Buches der Aeneis heißt es: »Hierauf begann Vater Aeneas vom hohen Pfühl also zu sprechen[61].« Man erzählt vom jüngeren Cato, daß er nach der Schlacht von Pharsala aus Trauer über die erbärmliche Politik sich kasteite und deshalb immer sitzend aß. Wenn die Römer einen Mächtigen ehren oder ihm schmeicheln wollten, küßten sie ihm die Hand. Freunde küßten sich als Gruß, wie das heute in Venedig Sitte ist: »Ich würde dich mit süßen Worten und Küssen grüßen[62]«; [c]einem Mächtigen umfaßte man zu diesem Zweck die Knie, besonders, wenn man etwas von ihm wollte.ↄ ... Wie wir, aßen sie zum Nachtisch Früchte. Sie wischten sich den Arsch

61. Inde toro pater Aeneas sic orsus ab alto. Vergil, Aen., II, 2.
62. Gratatusque darem cum dulcibus oscula verbis. Ovid, Ex Ponto, IV, 9. 13.

(die abergläubische Angst vor einem kräftigen Wort sollte man den Frauen lassen) mit einem Schwamm. Deshalb ist »spongia« [Schwamm] im Lateinischen ein unanständiges Wort. ... Sie nahmen manchmal zwischen den Hauptmahlzeiten etwas zu sich. Im Sommer gab es Händler, die Schnee zum Weinkühlen feilboten. ... Im Winter wurde das Essen auf tragbaren Öfchen auf den Tisch gebracht. ... Sie verstanden etwas von Fischen. Fischgerichte haben immer, wie noch heute, das Besondere gehabt, daß Vornehme Wert darauf legten, sich auf ihre Zubereitung zu verstehen. Sie schmecken aber auch feiner als Fleisch, wenigstens mir. Wir versuchen ja nun wahrhaftig, es den Alten gleichzutun in allem Luxus, in aller Schlemmerei, aller Raffinesse, aller Verweichlichung und in allem Prunk (denn wir sind sicher ebenso verwöhnt und verdorben wie sie); aber wir bringen es nicht so weit; wir haben nicht die Kräfte, sie zu erreichen, im Bösen ebensowenig wie im Guten. Denn zu beiden gehört eine geistige Energie, die bei ihnen unvergleichlich viel größer war, als sie bei uns ist. ...

Demokrit und Heraklit

Der Verstand ist überall zu brauchen und redet in alles hinein. Deshalb stelle ich meiner Urteilsfähigkeit bei den Versuchen, die ich hier vorlege, die verschiedensten Aufgaben. Wenn es sich um einen Gegenstand handelt, von dem ich nichts verstehe, so versuche ich trotzdem, mir ein Urteil zu bilden, sehe aber sehr vorsichtig zu, wieweit ich mitkann. Wenn das Wasser dann für mich zu tief wird, wage ich mich nicht weiter hinein, sondern bleibe am Strand. Die Erkenntnis nun, daß es nicht weiter geht, ist ein Charakteristikum des Verstandes, sogar eins, auf das er besonders stolz sein kann. ... Ich beurteile meinen Gegenstand zunächst von irgendeiner Seite, wie es gerade kommt; jede ist mir gleich recht; ich will ja doch nie etwas allseitig behandeln. ᶜDenn von nichts gewinne ich eine allseitige Vorstellung: übrigens bringen das auch die nicht fertig, die uns großartige Synthesen versprechen. Jedes Ding hat hundert Glieder und hundert Gesichter; ich nehme jedesmal zunächst nur eins vor, streiche manchmal nur leicht darüber hin, greife aber bisweilen auch bis auf den Knochen zu: und dann drücke ich mit dem Finger kräftig hinein, nicht auf breiter Fläche, aber so tief, wie ich irgend kann; am liebsten ist es mir, wenn ich die Sache in einer etwas ungewöhnlichen Beleuchtung untersuchen kann. Ich würde vielleicht versuchen, irgendeinen Gegenstand gründlich zu behandeln, wenn ich weniger Selbsterkenntnis besäße und mir über meine Unfähigkeit dazu weniger klar wäre. So sage ich nur einzelnes, ein Wort so, ein Wort so, vom Ganzen abgesprengte Stücke, abschweifend, ohne Richtung und ohne Verpflichtung; ich brauche kein Versprechen einzulösen, ich brauche mich auch selbst nicht daran zu halten, sondern kann es, wenn ich Lust habe auch anders machen, in Zweifel und in Unsicherheit verharren, und dabei bleiben – was mir besonders liegt –, daß ich es eben nicht weiß. ...

Es gibt auch niedrige seelische Funktionen; wer diese Seite des Innenlebens nicht beachtet, versteht die Menschen nur halb; in den einfachen Regungen belauscht man die Seele vielleicht am besten. Vom Sturm der Leidenschaften wird besonders in die höheren seelischen Bereiche eingegriffen; sonst haben es alle Bereiche der Seele irgendwie mit jedem Objekt zu tun; alle wirken gemeinsam darauf ein; allerdings wird immer nur ein Objekt auf einmal von dieser Einwirkung betroffen, und jedesmal geschieht das nicht nach den Gesetzen, die in den Dingen liegen, sondern nach denen, die in der Seele liegen. Nimmt man die äußeren Dinge für sich, so kann man vielleicht von ihrem Gewicht, ihren Dimensionen, ihrer sonstigen Beschaffenheit sprechen; aber im Innern, in uns, bestimmt die Seele, wie das alles auszusehen hat. Der Tod ist für Cicero fürchterlich, für Cato wünschenswert, für Sokrates ohne Belang. Gesundheit, Gewissen, Einfluß, Wissen, Reichtum, Schönheit und die Gegenbegriffe dazu, alle müssen sich entkleiden, wenn sie in uns eingehen, und bekommen von unserer Seele ein neues Kleid oder eine andere Färbung, die ihr gefällt: braun, hell, grün, düster, bitter, süß, tief, oberflächlich; jedes Ding wieder anders, wie es zu ihm paßt: denn sie richten sich nun nicht etwa alle nach einem Stil, einer Regel und einer Form; jeder dieser Begriffe ist König in seinem Reich. Deshalb sollten wir es uns nicht dadurch bequem machen, daß wir sagen: die Dinge sind eben so; wir müssen von uns aus zu ihnen Stellung nehmen. Nur von uns hängt unser Wohl und Wehe ab. Nicht das Schicksal sollten wir durch Opfergaben und Wünsche zu beeinflussen suchen, sondern uns selber: das Schicksal hat keinen Einfluß auf unseren Charakter; im Gegenteil: der Charakter bestimmt das Schicksal und modelt es um nach seinem Bild. ...

Nehmen wir z. B. das Spiel; wie sehr regen wir uns bei diesem lächerlichen Zeitvertreib auf, wenn wir uns nicht ganz in der Gewalt haben; da hat jeder reichlich Gelegenheit, sich zu beobachten, wie er wirklich ist, und sich gerecht zu beurteilen. In keiner anderen Situation kann ich mich so von allen Seiten besehen und befühlen; wir stehen da unter dem Druck vieler Leidenschaften, so des Zorns, des Ärgers, des Hasses, der Ungeduld und eines stürmischen Ehrgeizes, weil wir gewinnen wollen; bei dem geringen Einsatz aber, um den es geht, würde der Ehrgeiz, sich besiegen zu lassen, verzeihlicher sein. Denn in einer nichtigen Sache sich ganz besonders auszuzeichnen und es allen zuvortun zu wollen, ist für einen Ehrenmann unschicklich. Was ich bei diesem Beispiel meine, das gilt auch für alle anderen. Von jeder Teilansicht, von jeder Tätigkeit aus kann man einen Menschen gleich gut beurteilen; in jeder drückt sich irgendwie sein Charakter aus.ↄ

Demokrit und Heraklit waren zwei Philosophen. Der eine fand das Menschsein nichtig und lächerlich; deshalb zeigte er, wenn er ausging, auf seinem Gesicht immer ein spöttisches Lächeln. Heraklit reagierte gerade umgekehrt. Die gleiche Situation von uns Menschen erweckte in seinem Her-

zen Mitleid und Teilnahme; sein Gesicht war deshalb immer traurig, seine Augen voll Tränen.
Mir liegt die Auffassung des ersten mehr; nicht weil Lachen erfreulicher ist als Weinen, sondern weil sie stolzer ist, und weil sie, besser als die andere, unsere Verworfenheit andeutet. Man kann uns, glaube ich, nie so viel Verachtung zeigen, wie wir verdienen. Jammer und Mitleid zeigen immer an, daß ich der Sache, über die ich klage, einen gewissen Wert beilege; spotte ich aber über sie, so gebe ich zu erkennen, daß sie mir wertlos vorkommt. Ich denke so: nicht das Leid ist charakteristisch für unser Wesen, sondern die Nichtigkeit, nicht die Bosheit, sondern die Dummheit; wir sind nicht schlimm, sondern leer, nicht tragisch, sondern jämmerlich. So war eigentlich Diogenes in seiner Beurteilung der Menschen schneidender und schärfer, und infolgedessen, nach meinem Gefühl, gerechter als Timon, der den Beinamen »der Menschenfeind« erhielt; denn was man haßt, das nimmt man ernst. Diogenes kümmerte sich den Teufel um seine Mitmenschen und rollte dabei sein Faß und schnitt dem großen Alexander Gesichter: er meinte, wir Menschen seien nicht mehr wert als Fliegen oder Schweinsblasen voll Luft. . . .

Die Wertlosigkeit des Redens

Ein Rhetor aus dem Altertum definierte seinen Beruf einmal so: »Kleine Dinge groß erscheinen zu lassen.« . . .
Die Schönheitskünstler, welche die Frauen herrichten und schminken, richten weniger Schaden an als solche Wortverdreher. Ist doch wenig verloren, wenn man die Frauen nicht so sieht, wie sie wirklich aussehen; während die anderen sich direkt rühmen, daß sie uns täuschen, daß sie nicht bloß unsere Augen, sondern unser Urteil vernebeln und daß sie das Wesen der Dinge verdrehen und entstellen. In den Staaten, deren gute Politik und Verwaltung sich lange hat halten können, wurde auf die Redner wenig gegeben.

⸢Ariston definiert die Rhetorik treffend als »Wissenschaft, wie man das Volk überredet«. Sokrates nennt sie in Platos »Gorgias« »die Kunst zu täuschen und zu schmeicheln«. . . .⸣ Sie ist nur ein Mittel zum Zweck. Zum Beispiel kann man damit eine aufgeregte Volksmenge dahin bringen, wohin man will, oder sie aufhetzen. Man braucht sie nur für kranke Staaten, wie man die Medizin nur für kranke Menschen nötig hat. . . .

Die Redekunst hat in Rom zu der Zeit in der höchsten Blüte gestanden, in der die Politik am unsichersten war und in der sie dauernd vom Bürgerkrieg bedroht wurde: wie das Unkraut am meisten auf solchen Feldern wuchert, die brach liegen und nicht richtig in Kultur gehalten werden. Es scheint deshalb, daß die Staatsformen mit monarchischer Spitze die Redekunst weniger nötig haben als die anderen. Denn ein einzelner kann vor der Wirkung dieses Giftes durch Erziehung und Beratung leichter geschützt werden als eine Volksmenge, die leicht umzustimmen ist. Sie läßt sich, sozusagen an den Ohren, durch die verführerischen Klänge dieser Kunst hierhin und dorthin führen, und es gelingt ihr dabei nicht, ruhig abzuwägen und durch vernünftiges Nachdenken zu ermitteln, was richtig ist.

Mein Thema paßt auch auf einen Italiener, dem ich vor kurzem begegnet bin; er war beim Kardinal Caraffi bis zu dessen Tode als Haushofmeister beschäftigt gewesen. Ich bat ihn, mir etwas über dieses sein Amt zu berichten. Da hat er mir einen langen Vortrag über diese Maulwissenschaft gehalten, so feierlich und dozierend, so als wenn er ein tiefes theologisches Problem zu behandeln gehabt hätte. Zum Beispiel hat er mir aufgezählt, was für verschiedene Appetite es gibt, etwa vor dem Essen und nach dem zweiten oder dritten Gang; dann, wie man diese verschiedene Art Appetit in Rechnung stellt; einmal soll es nur gut schmecken, ein andermal appetitanregend, und dann wieder appetitreizend sein; dann kam die Politik der Soßen; erstens Soßen im allgemeinen; zweitens die Zutaten im besonderen, wie sie einzeln beschaffen sein müssen und wie sie auf das Ganze der

Soße wirken; es folgte das Kapitel über die Salate und ihre Unterarten, eingeteilt nach Jahreszeiten, oder danach, ob sie warm oder kalt serviert werden müssen, schließlich danach, wie sie äußerlich hergerichtet und auch für das Auge lokkend gestaltet werden können. Hiernach verbreitete er sich über die äußere Ordnung der Mahlzeiten: Decken, Reihenfolge der Gänge usw., wieder durchsetzt mit schönen und tiefen Sprüchen; und das alles in einer aufgeblasenen, hohen und großartigen Sprache und mit Benutzung derselben Ausdrücke, die am Platze sind, wenn man über die Regierung eines Reiches spricht. …

Über die Essais[63]

Wenn meine Essais hier eine ernsthafte Kritik verdienten, so würde es sich, glaube ich, ergeben, daß ganz ungebildete und interesselose Menschen keinen rechten Geschmack daran finden würden, ebensowenig aber auch hervorragend und ganz fein gebildete Geister; für die ersten wäre das, was ich meine, zu schwer verständlich, für die zweiten zu selbstverständlich. In der Mittelzone könnte es vielleicht einigermaßen gehen. …

[b]Spricht man über rein Menschliches, so ist eine andere, eine weniger erhabene Ausdrucksweise angebracht, als wenn es sich um Gottes Wort handelt; wir sollten dessen Würde, Majestät und sakrale Kraft nicht mißbrauchen. Die Theologie mag meinetwegen, wie es bei ihr Mode ist, bestimmte Begriffe mit Worten bezeichnen, die eigentlich in ihrem Bereich nicht zulässig sind[64], wie Fortuna, Schicksal, Zufall, Glück, Unglück, die Götter usw. [c]Ich stelle die menschlichen Einfälle und meine persönlichen Einfälle einfach als Gedanken dar, die zum menschlichen Bereich gehören, und trenne

63. Auszug aus den Kapiteln 54 »Unnötige Unterscheidungen« und 56 »Die Gebete«.
64. Verbis indisciplinatis. Augustinus, De civitate Dei, X, 29.

sie scharf von denen des anderen Bereichs. Es sind keine Gedanken, die als durch göttliche Inspiration festgelegt und im voraus geregelt anzusehen sind, und die deshalb jeden Zweifel daran und jeden Streit darüber ausschließen würden. Ich trage keine Glaubenssätze, sondern unverbindliche Meinungen vor, über die man nachdenken soll; ich trage vor, was ich mir mit meinem Verstand so ausdenke, nicht, was ich nach Gottes Weisung zu glauben habe; wie ich es sage, ist ganz unkirchlich, nicht theologisch, aber immer sehr fromm. Wie Kinder ihre »Versuche« hinzeigen: sie wollen daran lernen, nicht andere damit belehren.[9] . . .

Über das Alter

Ich kann mich mit den gewöhnlichen Vorstellungen über die Dauer des Menschenlebens nicht einverstanden erklären. Die Weisen setzen sie, im Gegensatz zur üblichen Anschauung, sehr kurz an. Sagte doch Cato der Jüngere, als man ihn am Freitod hindern wollte: Bin ich jetzt in einem Alter, wo man mir noch den Vorwurf machen kann, ich gäbe das Leben zu früh auf? Und doch war er erst 48 Jahre alt. Dieses Alter sah er schon als sehr reif und sehr vorgerückt an und bedachte dabei, wie wenige Menschen es erreichen. Manchmal spricht man von einem sogenannten natürlichen Verlauf des Lebens, nach welchem noch einige Jahre mehr zu erwarten wären; das wäre berechtigt, wenn es für jemanden von uns das Privileg gäbe, gegen die vielen unglücklichen Zufälle gefeit zu sein, denen wir aber nun einmal von Natur ausgesetzt sind und die den Normalablauf, auf den man sich verläßt, unterbrechen können. Nur ein Phantast kann damit rechnen, daß er einmal an dem Kräfteverfall sterben wird, den das Greisenalter mit sich bringt, und sich vornehmen, solange zu leben. Ist das doch die seltenste von allen Todesformen und die ungebräuchlichste. Nur diesen Tod nennen wir »natürlich«; wie wenn es gegen die Natur wäre, daß sich jemand den Hals bricht, daß er bei einem Schiffbruch ertrinkt, daß er plötzlich von der Pest oder von einer Lungenentzündung dahingerafft wird; und wie wenn es nicht gerade ein Charakteristikum unserer Naturanlage wäre, daß wir allen diesen Schäden ausgesetzt sind. Durch solche schönen Worte sollten wir uns nichts weismachen lassen: da soll man doch wohl lieber natürlich nennen, was üblich, gewöhnlich und allgemein ist.

Aus Altersschwäche sterben, das ist ein seltener, ein eigenartiger, ein ungewöhnlicher Tod und darum weniger natürlich als die anderen Todesarten; es ist die letzte, die äußerste Möglichkeit des Sterbens; je weiter wir von ihr entfernt sind, um so weniger können wir hoffen, sie zu erleben; es ist die äußerste Grenze, die wir erreichen können; ein Naturgesetz hat verboten, sie zu überschreiten. Aber nur selten genießen wir den Vorzug, bis dahin leben zu dürfen; die Natur gewährt höchstens alle hundert Jahre, als Zeichen ihrer besonderen Huld, einem Menschen die Sondergenehmigung, über alle Hindernisse und Schwierigkeiten hinwegzukommen, die sie selbst auf dieser langen Bahn angebracht hat.

Deshalb meine ich, wir sollten uns bewußt werden, daß das Alter, bis zu dem wir es gerade gebracht haben, immer nur von verhältnismäßig wenig Menschen erreicht wird. Weil die Menschen normalerweise nicht so weit kommen, ist das ein Zeichen, daß wir dem Ziel schon recht nah sind. Der Durchschnitt ist doch das richtige Maß für unsere Lebensdauer; da wir diesen Durchschnitt, diese Erfahrungsgrenze, schon überschritten haben, dürfen wir kaum hoffen, noch viel weiter zu kommen. Wir sind unendlich vielen Todesmöglichkeiten, in denen andere umkommen, entgangen; darin sollten wir eine Mahnung sehen: das außerordentliche, das aus der üblichen Erfahrung so herausfallende Glück, das uns bis jetzt geleitet hat, kann uns unmöglich noch lange treu bleiben.

Die irrige Vorstellung von der Durchschnittslebensdauer schädigt unsere Gesetzgebung. Ein Mensch soll erst vom

25. Jahr an über sein Vermögen verfügen können; länger als bis dahin kann er ja kaum über sein Leben verfügen. Augustus setzte das im älteren Rom vorgeschriebene Pflichtalter um fünf Jahre herab und bestimmte, daß das Alter von 30 Jahren zur Übernahme eines Richteramtes ausreichen sollte. Unter Servius Tullius waren die Ritter bis zum 47. Jahre kriegsdienstpflichtig; seit Augustus bis zum 45. Es scheint mir nicht vorteilhaft, die Dienstaltersgrenze niedriger anzusetzen als auf das 55. oder 60. Jahr. Mit Rücksicht auf die Wirtschaftlichkeit wäre ich dafür, unsere Arbeitskraft und Dienstfähigkeit so lange wie möglich auszunutzen. Ich sehe den Fehler auf der anderen Seite, daß wir nämlich nicht früh genug eingesetzt werden. Augustus war mit 19 Jahren Weltenrichter gewesen und verlangt, daß einer 30 Jahre alt sein muß, ehe er entscheiden darf, wo eine Dachrinne angebracht werden soll.
Wenn man mich fragt, so meine ich, daß im allgemeinen unsere innere Entwicklung mit 20 Jahren abgeschlossen ist, und daß man da schon sehen kann, was von jemandem zu erwarten ist: jeder, aus dem später etwas geworden ist, hat bis zu diesem Alter schon deutlich erkennen lassen, was an ihm daran ist. Die natürlichen Anlagen und Kräfte produzieren bis zu diesem Zeitpunkt etwas, worin sich zeigt, was an Zukünftigem und Schönem in ihm liegt, oder es wird nie. b»Der Dorn, der nicht beim Wachsen sticht, der sticht dann wohl auch später nicht[65]«, heißt es in der Dauphiné.ͻ
Wenn ich alle schönen menschlichen Leistungen überschaue, ganz gleich auf welchem Gebiet, die mir bekannt geworden sind, möchte ich meinen, ich hätte eine größere Zahl von solchen aufzuzählen, die, in der Vergangenheit und in der Gegenwart, von Menschen unter dreißig Jahren vollbracht worden sind als von Menschen über dreißig; cja, das gilt oft auch für das Leben der gleichen Menschen. Kann ich das nicht bestimmt von Hannibal und von seinem großen Gegner Scipio behaupten? Die gute Hälfte ihres Lebens zehrten

65. Si l'espine non picque quand nai, / A pene que picque jamai.

sie von dem Ruhm, den sie in ihrer Jugend erworben hatten; dann waren sie, im Vergleich zu anderen, immer noch große Männer, aber nicht mehr im Vergleich zu sich selbst.[c]
Was mich betrifft, halte ich es für sicher, daß mein Geist und mein Körper seit diesem Alter mehr eingebüßt als gewonnen haben, und mehr zurück- als vorwärtsgekommen sind. Man kann ja möglicherweise, wenn man seine Zeit gut ausnutzt, im weiteren Leben sein Wissen und seine Erfahrung erweitern; aber Lebenskraft, Entschlußfähigkeit, Sicherheit und andere Eigenschaften, die für uns charakteristischer, wichtiger und wesentlicher sind, lassen dann nach und erschlaffen. ...
[b]Manchmal ergreift das Altern zuerst den Körper, manchmal aber auch den Geist. Ich habe viele Fälle erlebt, in denen das Gehirn vor dem Magen und den Beinen schwach wurde; dieses Leiden ist um so gefährlicher, weil der, den es trifft, wenig davon merkt und weil es sich äußerlich kaum zeigt.[c] Freilich mache ich unseren Gesetzen nicht zum Vorwurf, daß sie uns zu spät pensionieren, sondern daß sie uns zu spät anstellen. Wenn ich bedenke, wie unsicher unser Leben ist, von wieviel Klippen es üblicherweise und seiner Natur nach bedroht ist, so habe ich den Eindruck, man sollte nicht einen so großen Teil dieses Lebens auf die Standesvorurteile, auf das Nichtstun und auf die Berufsvorbereitung verschwenden.

ZWEITES BUCH

Die Unbeständigkeit unseres Handelns

Wer sich mit der Beobachtung des menschlichen Handelns abgibt, stößt nirgends auf größere Schwierigkeiten, als wenn er es als Einheit zu betrachten und gleichmäßig zu beleuchten versucht; denn in der Regel widersprechen die einzelnen Akte einander so auffällig, daß es unmöglich scheint, sie aus einer gemeinsamen Quelle abzuleiten. Der junge Marius zeigt sich einmal wie ein Sohn des Mars, einmal wie ein Sohn der Venus[1]: der Papst Bonifaz VIII., so heißt es, kam in sein Amt hinein wie ein Fuchs, er führte es wie ein Löwe, und er starb wie ein Hund; und ist es zu glauben, daß ein Nero, dieses Urbild der Grausamkeit, als man ihm ein Todesurteil, wie es üblich ist, zur Unterschrift vorlegte, geantwortet haben soll: »Wollte Gott, ich hätte nie schreiben gelernt[2]«; so sehr bekümmerte es ihn, einen Menschen zum Tode verurteilen zu müssen! Alles ist voll von ähnlichen Beispielen, ja, jeder kann in seinen eigenen Erlebnissen leicht mehr finden; deshalb kommt es mir eigentlich sonderbar vor, daß sonst vernünftige Leute sich immer wieder damit abmühen, diese Einzelerscheinungen einem einheitlichen Gesichtspunkt unterzuordnen; ist doch eben der Mangel an Einheitlichkeit, wie ich glaube, der verbreitetste und der sichtbarste Fehler in unserer Naturanlage: dafür zeugt der bekannte Vers aus einem Mimus des Publius Syrus »Schlecht ist ein Plan, den man nicht ändern kann[3]«.

[b]Es scheint zunächst so, als ob man einen Menschen nach den Hauptzügen seines Lebens beurteilen könnte; da nun

1. Plutarch, Leben des Marius, Schluß.
2. Vellem nescire litteras! Seneca, De clementia, II, 1.
3. Malum consilium est, quod mutari non potest. A. Gellius, XVII, 14.

aber, unserer Natur nach, Sitten und Meinungen unbeständig sind, habe ich immer wieder den Eindruck gewonnen, daß es verkehrt ist, sich darauf zu versteifen – auch gute Schriftsteller tun das –, aus uns ein einheitliches und fest zusammenhaltendes Gewebe herstellen zu wollen. Zuerst wird ein Bild des Gesamtwesens konstruiert; dann werden alle Einzelhandlungen einer Persönlichkeit in dieses Gesamtbild eingeordnet und in seinem Sinne ausgelegt; und wenn sie sich nicht ganz so drehen lassen, muß die Verstellung zur Erklärung herhalten. Beim Kaiser Augustus ist das freilich nicht geglückt; denn bei diesem Mann sind die einzelnen Betätigungen so offenbar voneinander abweichend, sie ändern sich während seines ganzen Lebens immer wieder und oft so unerwartet, daß auch die kühnsten Beurteiler nicht zu einer Entscheidung kamen und es aufgeben mußten, ihn in seiner Ganzheit zu erfassen. An nichts glaube ich so schwer bei den Menschen als an ihre Beständigkeit, an nichts so leicht wie an ihre Unbeständigkeit. Wer sie im einzelnen, [c]und von Fall zu Fall verschieden, [b]beurteilt, der dürfte der Wahrheit meist näherkommen.[ↄ] Wenn man das ganze klassische Altertum durchprüft, ist es schwer, auch nur ein Dutzend Männer zusammenzubringen, die ihr Leben in einem unverrückbar einheitlichen Sinn ausgerichtet haben, was doch das Hauptziel der Weisheit ist: denn wenn man den ganzen Inhalt der Weisheit in einem Wort zusammenfassen wollte, sagt ein alter Schriftsteller, wenn man alle Lebensregeln durch eine einzige ausdrücken wollte, so müßte diese Regel lauten: »Immer das Gleiche wollen und das Gleiche nicht wollen«; es erübrigt sich, sagt er, hinzuzufügen: »vorausgesetzt, daß dies Wollen gerecht ist«; denn wenn es unrecht ist, kann es unmöglich immer einheitlich sein.

Habe ich doch einst gelernt, daß das Laster weiter nichts ist als Regellosigkeit und Maßlosigkeit; infolgedessen ist es unmöglich, Beständigkeit mit dem Laster zu verbinden. Ein Wort, das auf Demosthenes zurückgehen soll, lautet: »Der Anfang jeder Tugend besteht im Nachdenken und in der Überlegung; ihr Ziel und ihre Vollendung aber in der Beständigkeit der Durchführung.« Wenn wir einen bestimmten Weg einschlagen würden, weil wir ihn bedacht haben, so würde das wahrscheinlich der schönste Weg sein; aber niemand hat daran gedacht: »Er verachtet, was er vorher wünschte; was er eben aufgegeben hat, das will er wieder haben; er schwankt dahin und widerspricht sich fortgesetzt in seiner Lebensführung[4].«

Gewöhnlich lassen wir uns von unseren Wünschen bestimmen, in verschiedener Richtung, nach links, nach rechts, nach oben, nach unten, immer dorthin, wohin wir vom Wind der Umstände uns getrieben fühlen. Was wir wollen, daran denken wir erst in dem Augenblick, wo wir es wollen; jedesmal ist es etwas anderes; wir sind wie das Tier, das die Farbe der Umgebung annimmt; was wir uns eben vorgenommen haben, das ändern wir dann gleich wieder; und manchmal kehren wir auch wieder um: alles ist schwankend und unbeständig: »Wir lassen uns treiben wie ein Schiff, das an Tauen geschleppt wird[5].« Wir gehen nicht; wir lassen uns forttragen: dies geschieht, wie bei Gegenständen, die auf dem Wasser schwimmen, manchmal ruhig, manchmal in heftiger Bewegung, je nachdem die Wogen zornig oder freundlich sind; [b]»Sehen wir denn nicht, daß jeder Mensch immer sucht, ohne zu wissen was, und daß er sich immer danach sehnt, anderswo zu sein, als ob er dort seine Last loswerden könnte[6]?«ↄ

Jeder Tag bringt einen neuen Einfall; unsere Stimmungen verändern sich, wie die Zeit sich bewegt: »Der Sinn der Menschen ändert sich je nach dem Licht, das Vater Jupiter selbst der Erde schickt, um sie zu erhellen[7].«

[c]So schwanken wir zwischen verschiedenen Entschließungen; nichts wollen wir frei, nichts absolut, nichts beständig.ↄ

4. Quod pettit, spernit; repetit, quod nuper omisit; / Aestuat, et vitae disconvenit ordine toto. Horaz, Epist., I, 1. 98.

5. Ducimur, ut nervis alienis mobile lignum. Horaz, Sat., II, 7. 82.

6. Nonne videmus / Quid sibi quisque velit, nescire, et quaerere semper, / Commutare locum, quasi onus deponere possit? Lukrez, III, 1070.

7 Tales sunt hominum mentes, quali pater ipse / Iupiter auctifero lustravit lumine terras. Cicero, Übersetzung von Homer, Od. XVIII, 135.

Wenn jemand in seinem Kopfe bestimmte Gesetze und eine bestimmte Kontrolle sich vorgenommen und durchgeführt hätte, so würden wir überall in seinem Leben ein gleichmäßiges Licht leuchten sehen, das sich zeigt in der Ausgeglichenheit der Sitten und in einem bestimmten Ordnungsverhältnis der verschiedenen Lebensäußerungen zueinander.
[c]Empedokles stellte bei den Bewohnern von Agrigent als Uneinheitlichkeit fest, daß sie sich dem Genuß hingaben, so als ob sie am nächsten Tag sterben würden, und daß sie bauten, als ob sie nie sterben müßten.[9] Erkennen würde man die Einheitlichkeit leicht: wie es sich beim jungen Cato zeigt; wer eine Stufe erfühlt hat, weiß über das Ganze Bescheid; es ist wie bei einer sehr wohlklingenden Harmonie, in der kein Mißton möglich ist. Für uns dagegen haben wir ebensoviel Einzelbeurteilungen nötig wie wir Handlungen vor uns haben. Das sicherste wäre, meiner Ansicht nach, jedesmal die begleitenden Umstände zur Erklärung heranzuziehen und dann nicht weiter zu suchen und keine weiteren Folgerungen daraus zu ziehen.
Während der Kriegswirren in unserem armen Staat hat sich folgende Geschichte zugetragen. Ganz in meiner Nähe hatte sich ein Mädchen aus dem Fenster gestürzt, um der Vergewaltigung durch einen rohen Soldaten, der bei ihr einquartiert war, zu entgehen: der Sturz war nicht tödlich gewesen, deshalb hatte sie, um ihren Selbstmordversuch zu wiederholen, sich mit einem Messer in die Brust zu stechen versucht, aber sie war daran gehindert worden; sie hatte sich dabei aber doch ziemlich stark verletzt. Schließlich gestand sie nun aber, daß der Soldat ihr nur mit Bitten, Wünschen und Geschenken zugesetzt hatte, aber dann hatte sie Angst bekommen, daß er Gewalt anwenden könnte: und hierauf legten ihre Worte, ihr Verhalten und ihr Blut deutlich Zeugnis ab von ihrer Tugend, genau wie bei einer zweiten Lukretia. Nun, ich habe dann erfahren, daß sie in Wirklichkeit, vorher und nachher, eine Dirne gewesen war, die durchaus nicht so besondere Bedenken hatte.
So heißt es in der bekannten Geschichte: »Bist du auch ein

schöner und anständiger Mann, so darfst du daraus, daß deine Bewerbung Mißerfolg gehabt hat, nicht etwa sofort auf die unverletzbare Keuschheit deiner Geliebten schließen; es ist durchaus möglich, daß der Maultiertreiber bei ihr Erfolg hat.«

König Antigonus war einem seiner Soldaten besonders zugetan wegen seiner Tüchtigkeit und seiner Tapferkeit; eine innere Krankheit, an der dieser Mann lange gelitten hatte, ließ er durch seine Ärzte behandeln; nach der Heilung war dieser lange nicht mehr so eifrig und mutig in seinem Dienst. Antigonus fragte ihn, wer ihn so anders und so feig gemacht hatte. Der Soldat antwortete: »Sie selber, Majestät; denn Sie haben mir die Leiden abgenommen, die es mit sich brachten, daß ich keinen Wert auf mein Leben legte.« Ein Soldat des Lucullus war von den Feinden ausgeraubt worden; um sich zu rächen, führte er eine schöne Unternehmung gegen sie durch; als er nun dadurch seinen Verlust ausgeglichen hatte, wollte Lucullus, der ihn schätzen gelernt hatte, ihn bei einem gefährlichen Handstreich einsetzen und bemühte sich, ihm dies mit den besten Gründen, die ihm einfielen, schmackhaft zu machen: »Mit Worten, die auch bei einem Furchtsamen den Mut entflammen könnten[8].« Er aber antwortete: Dazu müßt ihr einen armen ausgeplünderten Soldaten nehmen, »dahin, wo du willst, wird immer nur einer gehen, der sein Geld verloren hat[9]«, und lehnte den Auftrag energisch ab.

cWir lesen die Geschichte von Mechmet, wie er mit beleidigenden Worten dem Chasan, dem Befehlshaber der Janitscharen, Vorwürfe machte, daß sein Regiment von den Ungarn eingedrückt wurde und er sich feig benommen habe; statt aller Antwort stürzte sich Chasan allein, so wie er war, mit dem Schwert in der Faust, auf den ersten feindlichen Haufen, dem er begegnete, und wurde natürlich sofort über-

8. Verbis, quae timido quoque possent addere mentem. Horaz, Epist., II, 2. 36.

9. Quantumvis rusticus ibit, / ibit eo, quo vis, qui zonam perdidit, inquit. Ebd. Vers 39.

wältigt. Das ist eigentlich weniger eine Rechtfertigung als eine Sinnesänderung; und nicht so sehr ein Zeichen von natürlicher Tapferkeit als von plötzlichem Trotz.°
Gestern war er so waghalsig; ihr habt es mit angesehen; ihr dürft es nicht erstaunlich finden, wenn ihr am nächsten Tag mit ansehen müßt, daß er nun ebenso feig sich benimmt; entweder der Zorn, oder die Not, oder die Kameraden, oder der Wein, oder das Trompetengeschmetter hatten ihn beherzt gemacht; nicht infolge vernünftiger Überlegung wurde sein Herz von Mut ergriffen, nein, die Umstände allein haben es ihm gestählt; es ist kein Wunder, wenn er heute anders geworden ist; die beeinflussenden Umstände haben sich eben gewandelt. [c]Dieses leichte Wechseln, dieses plötzliche Umspringen zum Gegenteil, das wir in uns beobachten können, hat es mit sich gebracht, daß manche auf den Gedanken gekommen sind, wir hätten zwei Seelen, andere nennen es zwei Mächte, die immer bei uns sind und uns treiben, jede in ihrer Weise, die eine zum Guten, die andere zum Bösen; denn eine so tiefgehende Verschiedenheit läßt sich mit der Annahme eines einzigen Subjekts nicht wohl zusammenreimen.
[b]Nun ist es aber nicht nur der Wind der Ereignisse, der mich schüttelt, wie er will, sondern die Bewegung und die Unsicherheit geht auch von mir selbst aus infolge der Unbeständigkeit meiner Haltung; und wer sich unbefangen beobachtet, findet, daß er fast nie zweimal der gleiche ist. Mein Inneres erscheint einmal so, einmal so; das hängt davon ab, von welcher Seite ich es betrachte. Wenn ich Verschiedenes von mir aussage, kommt das daher, daß ich mich verschieden sehe: alle Gegensätzlichkeiten lassen sich abwechselnd irgendwie in mir entdecken: ich bin schüchtern und auch frech; [c]keusch und geil; [b]geschwätzig und schweigsam; schwerfällig und fein; ideenreich und stumpf; grämlich und freundlich; verlogen und wahrhaftig; [c]gelehrt und unwissend; freigebig und auch geizig und verschwenderisch: [b]alles das sehe ich irgendwie in mir, je nachdem ich mich drehe; und jeder, der sich wirklich aufmerksam studiert, findet in

sich, und gerade auch in der Art seiner Selbstbeurteilung, diese Unbeständigkeit und diese Widersprüche. Ich kann nichts im ganzen von mir aussagen, nichts einfach und eindeutig, nichts ohne Unbestimmtheit und ohne Beimischung. »Je nachdem[10]« ist der Gesichtspunkt, der in meiner Logik am häufigsten vorkommt[ɔ].

Obwohl ich mir immer vornehme, was gut ist, auch gut zu nennen und alle Dinge, soweit das möglich ist, in günstigem Sinne auszulegen, so bringt es unsere merkwürdige Naturanlage doch mit sich, daß es oft ein sittlicher Mangel ist, durch den wir zum Guten getrieben werden, wenn sich nicht eben nur aus den Motiven beurteilen ließe, ob ein Tun als gut anzusprechen ist.

Deshalb darf man aus einer tapferen Tat nicht unbedingt auf einen tapferen Mann schließen; wenn einer durch und durch tapfer wäre, so wäre er es immer und bei jeder Gelegenheit; wenn es sich um Tugend handelte, die fest geworden wäre, und nicht nur um eine einmalige Aufwallung, so würde der Mensch dadurch gleich beherzt werden allen Situationen gegenüber; ebenso allein wie in Gemeinschaft; ebenso im Turnier wie in der Schlacht; denn Mut ist eben, obwohl man es zunächst nicht denken sollte, nichts anderes auf dem Stadtpflaster als im Feldlager; er würde ebenso mutig in seinem Bett eine Krankheit ertragen wie im Feld eine Verwundung; er würde in seinem Hause den Tod nicht mehr fürchten wie bei einem Sturmangriff; es könnte nicht vorkommen, daß der gleiche Mann einmal beherzt in die Mauerbresche springt und nachher wie ein Weib fassungslos wird, wenn er einen Prozeß oder einen Sohn verliert: [c]wenn er der Armut gegenüber sich stark zeigt, und dabei feig ist bei einer Ehrlosigkeit; wenn er hart ist gegen das Schwert der Feinde, aber weich gegen das Rasiermesser der Barbiere: so verdient die Tat das Lob, nicht der Mann.

Manche Griechen, sagt Cicero, können den Anblick der Feinde nicht ertragen, und wenn sie krank werden, sind

10. »distinguo« [eigentlich – ich unterscheide].

sie standhaft; bei den Zimbern und Keltiberern ist es gerade umgekehrt: »Das Handeln kann nicht gleichmäßig sein, wenn es sich nicht auf ein bestimmtes Prinzip gründet[11].«

[b]Es gibt keine Tapferkeit, die in ihrer Art vollkommener wäre, als die des Alexander. Aber auch sie zeigt sich nur in den Einzelhandlungen; sie ist nicht überall gleich vollkommen, nicht allgemeingültig. [c]So unvergleichlich sie auch ist, so hat sie doch noch Flecken. [b]Zum Beispiel verliert Alexander vollständig die Fassung, wenn ihm der leichteste Verdacht gegen seine Nächsten, daß sie ihm nach dem Leben trachten könnten, auftaucht; bei diesen Untersuchungen zeigt er eine leidenschaftliche und ungeheuerliche Ungerechtigkeit und eine Furchtsamkeit, die seinen natürlichen Verstand verdunkelt. Auch sein Aberglaube, dem er so sehr unterworfen ist, deutet auf einen gewissen Kleinmut; [c]ebenso zeugt die übertriebene Reue, als er den Clytus hatte ermorden lassen, von der Uneinheitlichkeit seines Charakters.[ɔ]

Was wir tun, das ist nur Beiwerk; die Ehre, die wir damit erwerben wollen, segelt unter einer falschen Flagge. Die Tugend hat ihr Ziel in sich selbst; wenn wir ihre Maske für einen anderen Zweck borgen, so entlarvt sie uns in der Regel sehr bald. Tugend ist, wenn die Seele damit getränkt ist, als kräftige Gesamtfärbung immer sichtbar; diese geht nicht weg, solange das Ganze besteht. Deshalb muß man, wenn man einen Menschen beurteilen will, ihm lange und sorgsam nachspüren: wenn er nicht ganz einheitlich bleibt, »weil sein Lebensweg vorbedacht und vorausgesehen ist[12]«, wenn er nicht bei seiner Gangart bleibt, obwohl die Umstände wechseln, in die er gerät (ich meine in bezug auf die Richtung, denn das Tempo muß sich ihnen natürlich anpassen), soll man ihn laufen lassen; so ein Mann ist eine Wetterfahne, wie es im Spruch unseres Talbot heißt.

11. Nihil enim potest esse aequabile, quod non a certa ratione proficiscatur. Cicero, Tusc. Quaest., II, 26.

12. Cui vivendi via considerata atque provisa est. Cicero, Paradoxa, 5. 1.

Es ist kein Wunder, sagt ein Alter, daß der Zufall so viel Macht über uns hat, da wir so zufällig dahinleben. Wer sein Leben im Ganzen nicht auf ein bestimmtes Ziel eingerichtet hat, kann in die Einzelhandlungen keine Ordnung bringen: die Teile kann man unmöglich richtig unterbringen, wenn man das Bild im Ganzen nicht im Kopfe hat; was nützen mir die Farben, wenn ich nicht weiß, was ich malen soll. Keiner entwirft einen bestimmten Lebensplan; wir legen ihn uns stückchenweise zurecht. Der Schütze muß zuerst wissen, wohin er schießen will, und darauf muß er dann Hand, Bogen, Sehne, Pfeil und Bewegungen einstellen: unsere Lebensplanung führt in die Irre, weil es ihr an Richtung und Ziel fehlt: was nützt mir der beste Wind, wenn ich nicht weiß, zu welchem Hafen ich segeln will.

Ich bin nicht der Ansicht, daß man im folgenden Falle richtig über Sophokles geurteilt hat: er sei geeignet für privatwirtschaftliche Geschäfte, weil – so lautete die Begründung, mit der die Anklage des Sohnes abgelehnt wurde – die Richter eine seiner Tragödien gesehen hatten. [c]Ebensowenig finde ich die Konsequenzen richtig, welche von den Pariern gezogen wurden. Sie hatten den Auftrag, Ordnung in die Staatsverwaltung von Milet zu bringen. Sie machten eine Kontrollreise durch die Insel und achteten darauf, welche Äcker am besten bestellt und welche Güter am besten gehalten waren. Die Namen von deren Besitzern schrieben sie auf. Wie sie nun die Volksversammlung in der Stadt einberufen hatten, ernannten sie diese Gutsherren zu Stadträten in der neuen Verwaltung; denn sie dachten, daß diese Männer, die ihre eigenen Interessen gut vertreten hatten, sich auch in der öffentlichen Verwaltung bewähren würden[ↄ].

Wir bestehen alle aus Stücken; und diese sind so uneinheitlich zusammengefügt, daß jeder einzelne Bestandteil, zu jeder Zeit wieder anders, seine Rolle für sich spielt; zwischen dem, was wir heute sind, und dem, was wir ein andermal sind, ist der Unterschied ebenso groß, wie der Unterschied zwischen uns und anderen Menschen. [c]»Du kannst mir glauben, es ist eine schwere Aufgabe, sich immer als der gleiche Mensch zu zeigen[13].«ↄ

Ehrgeiz kann die Menschen dazu bringen, tapfer, freigiebig, sogar gerecht zu werden; Habsucht kann einem Kaufmannsjüngling, der in kleinen Verhältnissen tatenlos aufgewachsen ist, die Verwegenheit ins Herz pflanzen, daß er sich, fern von der Heimat, in einem zerbrechlichen Kahn, der Gewalt der Wogen und dem Zorn Neptuns aussetzt; Habsucht lehrt außerdem Zurückhaltung und Umsicht, und sogar Venus reizt Jünglinge, die noch in die Schule gehen, zu kühnen Entschlüssen und stählt das Herz von zarten Jungfrauen, die noch nichts erlebt haben, zu unerwartetem Tun: b»Wenn Venus führt, kommt die Jungfrau im Dunkeln allein zum Jüngling, heimlich, zwischen den schlafenden Wachen hindurch[14].«ↄ

Da das alles so ist, geziemt es sich für einen ruhigen Verstand nicht, uns Menschen einfach nach unseren äußerlich sichtbaren Handlungen zu beurteilen; man muß bis ins Innere hineinleuchten und zu sehen versuchen, von welcher seelischen Feder die Bewegung ausgelöst wird. Aber da das nun eben ein recht gefährliches und schweres Unternehmen ist, wäre es mein Wunsch, daß nicht so viel Leute sich damit abgeben möchten.

Die Trunksucht

Die Trunksucht ist grob und brutal; dadurch unterscheidet sie sich, wie es mir vorkommt, von den anderen Lastern. Die anderen sind sozusagen geistiger; manche haben eine Art großen Schwung, wenn man es so nennen darf; es gibt Laster, die etwas vom Erkenntnisdrang in sich schließen, die eine gewisse Sorgfalt, Tapferkeit, Vorsicht, Geschicklichkeit und Feinheit verlangen; die Trunkenheit aber ist ganz kör-

13. Magnam rem puta unum hominem agere. Seneca, Epist. 120.
14. Hac duce, custodes furtim transgressa iacentes, / Ad iuvenem tenebris sola puella venit. Tibull, II, 1, 75.

perlich und irdisch. Deshalb steht sie nur bei dem Volk, das heute das roheste ist, in Ansehen. Die anderen Laster erregen den Verstand, dies aber schaltet ihn aus [b]und betäubt den Körper. ... [c]Wenn der Mensch die Zurechnungsfähigkeit und die Selbstbeherrschung verliert, so ist das der schlimmste Zustand, in den er geraten kann.[ɔ] Man vergleicht die Trunkenheit mit dem Most: wie dieser, wenn er im Fasse gärt, alles nach oben treibt, was in der Tiefe sitzt, so läßt der Wein in denen, die zuviel getrunken haben, die innersten Geheimnisse zutage treten. ...

Im Altertum freilich erschien dieses Laster nicht so verwerflich; manche Philosophen sprechen sehr nachsichtig darüber; sogar Stoiker geben den Rat, gelegentlich eins über den Durst zu trinken, um die Seele zu lockern. ...

Sylvius war ein ausgezeichneter Pariser Arzt. Dieser tat einmal folgenden Ausspruch: »Um zu verhindern, daß unser Magen träge wird, ist es nützlich, seine Kräfte einmal im Monat durch einen solchen Exzeß zu wecken und zu spornen; sonst wird er stumpf.« ...

[c]Allerdings darf man, um ein guter Trinker zu werden, nicht besondere Ansprüche an den Geschmack stellen. Die Deutschen trinken jeden Wein fast gleich gern; ihr Ziel ist, sich vollaufen zu lassen; das ist ihnen wichtiger, als hinter den Geschmack zu kommen. Sie haben es billiger: ihr Genuß ist massiger und bequemer. Und dann beschränkt man die Gaben des Bacchus doch zu sehr, wenn man, nach französischer Sitte, nur bei den beiden Mahlzeiten und mäßig trinkt; dazu braucht es mehr Zeit und mehr Hingebung; die Alten widmeten dieser Tätigkeit ganze Nächte und tranken dann auch den Tag über weiter; und dann muß man auch ein reichlicheres und kräftigeres Essen vorlegen. ...

Weil wir in diesen Dingen mäßiger geworden sind, soll man darin einen Fortschritt sehen? Sicher nicht: sondern das kommt wahrscheinlich daher, daß wir uns den erotischen Genüssen viel mehr hingeben als unsere Väter. Das sind zwei Betätigungen, die sich gegenseitig Abbruch tun: einmal sind unsere Mägen dadurch schwächer geworden; und and-

rerseits trägt die Nüchternheit dazu bei, daß wir geschickter und galanter für das Liebesspiel werden.
Es ist erstaunlich, was mein Vater alles über die Keuschheit seiner Zeit zu erzählen wußte. Er durfte sich das erlauben, denn er war, durch Anlage und Erziehung, sehr gewandt im Umgang mit Damen. Er sprach wenig und gut, und er schmückte seine Erzählungen immer einmal mit Geschichten aus bekannten, hauptsächlich spanischen Büchern aus; und unter diesen spanischen Büchern war ihm eins besonders vertraut, das den Untertitel »Marc Aurel« trug. Aus seiner Haltung sprach liebenswürdiger Ernst und große Bescheidenheit; er legte den größten Wert auf gepflegtes Aussehen, auch in seiner Kleidung, sowohl beim Gehen wie beim Reiten. Auf sein Wort konnte man sich unbedingt verlassen; überhaupt war er außerordentlich gewissenhaft und religiös, und er neigte dabei eher zum Aberglauben als zum Gegenteil. Und dabei war er klein und stämmig, gerade und gleichmäßig gewachsen; er hatte angenehme Gesichtszüge und ziemlich dunkle Haut; er glänzte durch seine Gewandtheit in allem feinen Sport. Ich habe noch die bleigefüllten Stöcke gesehen, mit denen er sich für das Balkenwerfen und Steinschleudern sowie für das Fechten trainiert haben soll, und Schuhe mit bleibeschwerten Sohlen, mit denen er Leichtigkeit im Lauf und im Sprung zu erzielen suchte. Von seinen verblüffenden Kunststückchen erzählt man sich noch heute Wunderdinge. Als er schon über 60 Jahre alt war, imponierten ihm unsere Kraftleistungen keineswegs; ich habe gesehen, wie er im Pelz auf ein Pferd sprang, wie er, sich nur mit den Daumen auf den Rand des Tisches stützend, diesen umrundete, wie er kaum anders zu seinem Zimmer hinaufstieg, als immer drei bis vier Stufen überspringend. Um auf den Gedanken der Keuschheit zurückzukommen, von dem ich ausgegangen bin: er erzählte, es hätte in einer ganzen Provinz kaum eine adlige Dame gegeben, der man etwas Böses hätte nachsagen können; er berichtete aus seiner eigenen Erfahrung, welche erstaunliche Freiheit im Umgang mit ehrbaren Frauen herrschte, ohne daß dies mißdeutet wurde.

Von sich selbst konnte er eidlich versichern, er sei bis zu seiner Verheiratung unberührt wie ein Mädchen gewesen. Und dabei hatte er lange im Ausland Kriegsdienste getan. Davon hat er uns übrigens ein selbstgeschriebenes Tagebuch hinterlassen, in dem er nacheinander Punkt für Punkt berichtete, was geschah und was er dabei selbst erlebte. Deshalb verheiratete er sich spät, nach seiner Rückkehr aus Italien, im Jahre 1528; er war damals 33 Jahre alt. Jetzt müssen wir zu unserem Thema zurückkommen: zum Trinken.[a] Das Alter ist lästig; es braucht Stütze und Erfrischung; ich hätte deshalb ein gewisses Recht, mir die Gaben des Weins zu wünschen; denn dies sind sozusagen die Freuden, die uns beim Ablauf der Jahre erst zuletzt genommen werden. Die Lebenswärme, so sagen erfahrene Menschen, sitzt zuerst in den Beinen; so ist es bei den Kindern: dann steigt sie zur Körpermitte hinauf, wo sie sich lange festsetzt; dort spendet sie uns – das ist meine Ansicht – die einzigen wahren Freuden, die das körperliche Leben uns verschafft: schließlich kommt sie, wie ein Dunst, der aufsteigt und ausgeatmet wird, zur Kehle, wo sie ihre letzte Stellung bezieht. [b]Ich kann jedoch nicht verstehen, was es für einen Zweck hat, die Freude am Trinken über den Durst hinaus auszudehnen und sich einen künstlichen und unnatürlichen Wunsch bloß durch die Phantasie zu verschaffen: mein Magen würde es auch schlecht vertragen; er hat schon seine Not, mit dem fertig zu werden, was er zur Nahrung schlucken muß.

[c]... Plato verbietet den Kindern, vor dem 18. Jahre überhaupt Wein zu trinken, und sich vor dem 40. Jahre zu betrinken; aber wenn die Leute über 40 sind, so findet er diesen Genuß empfehlenswert; sie dürfen dann beim Fest dem Dionysos einen wesentlichen Platz gewähren, diesem guten Gott, der die Männer fröhlich und die Greise wieder jung macht, der die Leidenschaften der Seele mindert, wie das Eisen durch das Feuer biegbar wird; er findet sogar, in seinem Buch über die Gesetze, daß solche Trinkgesellschaften ganz nützlich sind, vorausgesetzt, daß ein Trinkmeister

Zucht und Ordnung einigermaßen aufrecht erhält; denn die Trunkenheit ist, so sagt er, ein guter und sicherer Prüfstein für den Charakter; gelegentlich gibt sie auch alten Leuten Mut, sich freudig in Tanz und Musik auszutoben, was für sie recht nützlich ist, was sie sich aber bei ruhiger Überlegung nicht getrauen; manchmal fördert der Wein die innere Beherrschung und die körperliche Gesundheit. Allerdings macht er gewisse Einschränkungen, die zum Teil von den Karthagern entlehnt sind: Während kriegerischer Operationen ist das Trinken zu untersagen; jeder höhere Beamte und jeder Richter soll es lassen vor Amtshandlungen und vor Entscheidungen über öffentliche Angelegenheiten; der Tag ist zu anderen Dingen da; da soll man nicht trinken, und auch nicht in einer Nacht, in der ein Kind gezeugt werden könnte.[9] ...

Alles was wir tun, kann als gefährlich angesehen werden, wenn es die gewöhnlichen Grenzen des Menschlichen überschreitet, weil unser Gefühl für das Richtige nicht höher und nicht tiefer reicht. ...

Ein Märtyrer ruft aus der Flamme, in der er brennt, dem Tyrannen zu: »Auf dieser Seite bin ich genug gebraten; hacke sie ab, iß sie, sie ist gar; laß nun die andre Seite drankommen!« Josephus erzählt von einem Kind, das auf des Antiochus Befehl mit Folterzangen und -spießen schrecklich zugerichtet wurde, es habe ihm noch getrotzt und mit fester Stimme gerufen: »Tyrann, du verschwendest deine Zeit, es geht mir noch ganz gut; wo ist der Schmerz, wo sind die Qualen, mit denen du mir gedroht hast? Fällt dir weiter nichts ein? Du leidest mehr unter meiner Standhaftigkeit als ich unter deiner Grausamkeit. Du feiger Lump. Du unterliegst, und ich siege: zwinge mich zur Klage, zwinge mich zum Schwachwerden, zwinge mich zum Nachgeben, wenn du kannst; gib deinen Knechten und Henkern Mut, sie werden ja schwach vor Mitleid, sie können nicht mehr; gib ihnen neue Waffen und neue Wut!« Man muß doch zugeben, daß bei solchen Seelen eine Abnormität, eine Art Wahnsinn vorliegt, wenn der Wahn auch noch so heilig ist. ...

Muß nicht jeder in solchen Übertreibungen Zeichen einer geistigen Haltung sehen, die aus ihrer normalen Lagerung herausgesprungen ist? Von ihrem normalen Sitz aus kann unsere Seele nicht so hoch hinaufreichen; sie muß ihn verlassen und aufschweben; sie muß, wie ein durchgehendes Pferd, den Menschen mitnehmen und ihn so weit fortreißen, daß er selbst staunt, was mit ihm geschieht: wie in der Hitze des Gefechts ein tapferer Soldat oft so gefährliche Situationen meistert, daß er, wenn er wieder zur Besinnung gekommen ist, selbst davor erschrickt. Wie auch oft die Dichter vor ihren eigenen Werken von Bewunderung hingerissen werden und nicht mehr wissen, auf welchem Wege sie zu einem so schönen Ziel gelangt sind. Auch bei ihnen kann man das als Glut oder Wahn bezeichnen. Plato sagt, daß ein gesetzter Mann vergeblich an der Pforte der Poesie klopft; ebenso behauptet Aristoteles, daß es kein Genie ohne Beimischung von etwas Wahnsinn gebe; und er hat recht, daß er den Ausdruck Wahnsinn gebraucht für jeden, auch den gutartigsten geistigen Aufschwung, der über unser eigenes ruhiges Urteil und unsere Überlegung hinausgeht, während Weisheit eine geordnete Handhabung unserer Seelenkräfte voraussetzt; ihre Führung lehrt uns, die richtigen Verhältnisse und das rechte Maß einzuhalten. . . .

Eine Sitte auf der Insel Keos

Wenn jedes Philosophieren vom Zweifel ausgeht, wie man behauptet, so muß erst recht das, was ich tue, vom Zweifel ausgehen, nämlich einfältiges Zeug zusammenzuphantasieren; denn die Lernenden müssen fragen und diskutieren, und der Leiter muß die Entscheidung treffen. Die Entscheidung, der ich mich unterwerfe, ist der Wille Gottes, gegen den es keinen Widerspruch gibt; er ist erhaben über allen kleinen menschlichen Disput.

Philipp war siegreich im Peloponnes eingezogen; da drohte

einer dem Damidas, die Lakedämonier würden viel zu leiden haben, wenn sie sich nicht unterwürfen; doch dieser antwortete: »Ach, du Feigling! was kann denen geschehen, die den Tod nicht fürchten?« Und als man den Agis fragte, wie ein Mensch seine Freiheit wahren könne, sagte er: »Wenn man keine Angst vor dem Sterben hat.« In diesen Sätzen und in tausend ähnlichen Aussprüchen, die man über den gleichen Gegenstand zitieren könnte, klingt offenbar etwas Erhabeneres an, als einfach geduldig den Tod zu erwarten, wenn er einmal kommt; denn im Leben gibt es oft einmal etwas, was schlimmer ist als selbst der Tod. Dafür spricht folgende Geschichte von einem lakedämonischen Knaben: dieser war von Antigonus gefangengenommen und als Sklave verkauft worden; der neue Herr wollte ihn zu einer unwürdigen Dienstleistung zwingen; da sagte er: »Du sollst sehen, wen du gekauft hast; ich habe es nicht nötig, diesen ehrenrührigen Befehl auszuführen, da mir der Weg in die Freiheit offen steht«; und damit stürzte er sich oben aus dem Fenster des Hauses. Einmal wollte Antipater die Lakedämonier durch fürchterliche Drohungen zwingen, einer Forderung von ihm nachzugeben, doch sie antworteten ihm: »Wenn du uns mit etwas drohst, was schlimmer ist als der Tod, wollen wir lieber sterben.« [c]Eine ähnliche Antwort gaben sie Philipp, der ihnen geschrieben hatte, er würde alle ihre Pläne zunichte machen: »Wie, wirst du uns auch hindern können zu sterben?«[ↄ] Das sind Beispiele für die bekannte Lehre, »der Weise lebt, solange wie er muß, und nicht, so lange wie er kann« und »das schönste Geschenk der Natur, das uns allen Grund nimmt, uns über unser Leben zu beklagen, ist, daß wir herauskönnen: nur eine Art, zum Leben zu kommen, ist uns vergönnt, aber hunderttausend Arten, es zu verlassen«. ... Wie kannst du dich über diese Welt beklagen? Sie hält dich doch nicht fest: wenn du in Not bist, so ist nur deine Feigheit daran schuld; du kannst immer sterben, du brauchst es nur zu wollen: »Der Tod ist überall; Gottes Vorsehung hat dafür gesorgt; das Leben kann uns jeder nehmen, den Tod aber niemand; tausend

Wege führen zu ihm[15]«. Der Tod heilt nicht nur eine Krankheit, sondern er heilt alle Leiden; er ist ein sicherer Hafen; er braucht uns nie zu schrecken, und oft ist er erstrebenswert. ...
Der Tod ist um so schöner, je mehr der Mensch ihn selbst will. Unser Leben hängt vom Willen anderer ab, der Tod von unserem eigenen Willen. ...
Die Heilung von Krankheiten geht gewöhnlich auf Kosten des Lebens vor sich: wir müssen Schneiden und Ausbrennen der Wunden, Amputation von Gliedern, Entziehung von Nahrung und Abzapfen von Blut uns gefallen lassen; der Eingriff braucht nur einen Schritt weiter zu gehen, dann sind wir ganz geheilt. ...
Gott legt uns nahe, wie wir uns verhalten sollen, wenn er uns ein Schicksal zumißt, bei dem das Leben schlimmer als das Sterben ist. »Schwäche ist es, wenn wir dem bösen Schicksal keinen Widerstand leisten, aber Torheit, wenn wir ihm auch noch helfen. ... Wie ich, wenn ich meine eigenen Sachen fortschleppe und mir meinen eigenen Beutel abschneide, nicht die Gesetze gegen die Diebe übertrete, und wie ich kein Brandstifter bin, wenn ich Holz, das mir gehört, anstecke; ebensowenig verstoße ich gegen die Mordgesetze, wenn ich mir selbst das Leben nehme. Hegesias äußerte die Ansicht: Ebenso wie wir selbst bestimmen, wie wir unser Leben einrichten, so müßte es auch von unserer Entscheidung abhängen, wie wir sterben wollen. ...«
Freilich kann man auch den entgegengesetzten Standpunkt vertreten. Viele Menschen glauben, daß wir unseren Posten in der Welt nicht verlassen dürfen ohne den ausdrücklichen Befehl des Herren, der ihn uns angewiesen hat; Gott hat uns nicht nur um unseretwillen in die Welt geschickt, sondern um ihn zu preisen und unseren Mitmenschen zu dienen; nur Gott steht es zu, uns Urlaub zu gewähren, wenn er will, und nicht uns, unseren Urlaub zu bestimmen; »nicht für uns

15. Ubique mors est: optime hoc cavit Deus, / Eripere vitam nemo non homini potest, / At nemo mortem: mille ad hanc aditus patent. Seneca, Thebais, I, 1.

allein sind wir geboren, sondern auch für unser Land; wir sind den Gesetzen gegenüber verantwortlich, und diese können uns wegen Mordes an uns selbst belangenᵓ; gehorchen wir nicht, so trifft uns die Strafe in dieser und in der anderen Welt, weil wir unsrer Aufgabe untreu geworden sind. ...

Es gehört viel mehr Standhaftigkeit dazu, die Kette, die uns bindet, allmählich durchzuscheuern als sie zu zerreißen; die Haltung eines Regulus beweist größere Festigkeit als die eines Cato; unsere Voreiligkeit ist ein Zeichen von Unbescheidenheit und Ungeduld. ...

»Im Unglück den Tod zu verachten ist leicht:
Tapferer ist der, der Unglück aushält[16].«

Es heißt, die Rolle des Feigen, nicht des Tapferen spielen, wenn man sich in ein Loch vergräbt, unter einer massiven Grabplatte, um sich vor den Schicksalsschlägen zu schützen. Ein rechter Mann läßt sich auch durch das schlimmste Unwetter nicht daran hindern, seinem Ziele gleichmäßig zuzustreben. »Und wenn die ganze Welt zugrunde geht, zagt der Unerschrockene nicht auch unter den stürzenden Trümmern[17].« Gewöhnlich werden wir zum Selbstmord getrieben, um einem anderen Übel zu entgehen; ja, oft suchen wir den Tod, weil wir ihm entfliehen wollen: ᶜ»Ist das nicht Wahnsinn, so frage ich, zu sterben, um nicht sterben zu müssen[18]?« ...

Plato verweigert dem ein ehrliches Begräbnis, der seinem Nächsten, seinem besten Freund, nämlich sich selbst, das Leben und das weitere Schicksal entzogen hat, und zwar, ohne dazu gezwungen zu sein durch ein staatliches Urteil, durch ein tragisches Unglück, aus dem es keinen Ausweg gibt, oder durch eine untragbare Schande, sondern nur aus feiger Schwäche einer furchtsamen Seele.ᵓ

16. Rebus in adversis facile est contemnere mortem: / Fortius ille facit, qui miser esse potest. Martial, XI, 56, 15.
17. Si fractus illabitur orbis, / Impavidum ferient ruinae. Horaz, Oden, III, 3, 7.
18. Hic, rogo, non furor est, ne moriare, mori? Martial, II, 80, 2.

Lächerlich ist die Ansicht, unser Leben sei wertlos, denn es ist doch unser Wesen, unser Alles. ... Es widerspricht der Natur, daß wir uns selbst verachten und geringschätzen; es ist eine sonderbare Krankheit, die man bei keinem anderen Geschöpf beobachten kann, wenn Menschen sich selbst hassen und verabscheuen. Das ist ebenso sinnlos, wie jeder Wunsch, bei dem wir etwas anderes sein wollen, als wir sind: er widerspricht sich innerlich und macht sich selbst zunichte; denn wenn er in Erfüllung ginge, so hätten wir nichts davon. Wer vom Menschen zum Engel erhoben werden will, der hegt einen unnützen Wunsch; er würde dabei nichts gewinnen: denn, da er dann selber nicht mehr existiert, wer soll an seiner Stelle die Besserung fühlen und sich an ihr freuen? ...

Nichts ist so schlimm, daß es sich lohnt, den Tod zu suchen, um es zu vermeiden; und: es ändert sich doch in jedem Menschenleben so vieles in unerwarteter Weise; deshalb ist es eigentlich nie möglich, genau zu sagen, wann wir wirklich am Ende unserer Hoffnung sind. ... Alles kann ein Mensch noch hoffen, sagt ein altes Wort[19], solange er lebt. ...

[c]In der Schlacht von Serisolles machte der Befehlshaber, Herr von Anguien, zweimal einen Selbstmordversuch, weil er den Kampf, der dort, wo er war, sehr schlimm aussah, für aussichtslos hielt; so hätte er sich beinahe um die Freude über den schönen Sieg gebracht. ...[ↄ]

Plinius sagt, es gebe nur wenige Krankheiten, die zum Freitod berechtigen; die quälendste von diesen ist der Blasenstein, wenn durch ihn das Wasserlassen unmöglich geworden ist: [c]Seneca gesteht diese Berechtigung nur zu, wenn der Geist seinen Dienst versagt[ↄ]. ...

Was die Vergewaltigung von Gewissensbedenken betrifft, so sollte, meiner Ansicht nach, besonders diejenige nie angewendet werden, die es auf die Keuschheit der Frauen abgesehen hat, weil ja für sie damit natürlich eine gewisse körperliche Lustempfindung verbunden ist; und deshalb

19. Seneca, Epist. 58.

kann ihre Abwehr nicht ganz einheitlich sein, und der Gewalt kommt eine gewisse Bereitschaft entgegen. cDie Kirchengeschichte nennt mit besonderer Verehrung mehrere solcher Beispiele von frommen Frauen, die den Tod zu Hilfe riefen als Schutz gegen die Notzucht durch Tyrannen, wodurch ihr religiöses Gewissen beleidigt worden wäre.ↄ
Vielleicht haben wir uns der Zukunft gegenüber ein Verdienst damit erworben, daß ein heutiger Gelehrter, und zwar ein Pariser, sich der Mühe unterzogen hat, die Damen unserer Zeit davon zu überzeugen, daß es besser sei, jeden anderen Ausweg zu suchen als einen so verzweifelten Entschluß zu fassen. Ich bedaure, daß er das treffende Wort einer Frau, die von Soldaten mißbraucht worden war, nicht kannte und es infolgedessen auch nicht anbringen konnte (ich habe es in Toulouse gehört): »Gott sei gelobt, daß ich mich einmal richtig dem Genuß hingeben konnte, ohne zu sündigen!« Die grausigen Entschlüsse passen doch auch wirklich nicht zur französischen Anmut. So hat sich denn auch, Gott sei Dank, unser Benehmen seit dieser beherzigenswerten Warnung außerordentlich geläutert. Es genügt, daß sie »Nein« sagen, wenn sie nachgeben, nach dem Rezept des guten Marot. . . .
Manchmal scheint aber der Tod auch deshalb wünschenswert, weil durch ihn der Gewinn von etwas Größerem erhofft wird. »Ich habe Lust abzuscheiden, um bei Jesus Christus zu sein[20]«, und »Wer wird mich aus diesen Fesseln erlösen[21]?« Als Cleombrotus aus Ambracia den »Phaedon« von Plato gelesen hatte, wurde in ihm die Sehnsucht nach dem zukünftigen Leben so mächtig, daß er sich ohne weiteres ins Meer stürzte. cDadurch wird klar, wie unrichtig die Bezeichnung »Verzweiflung« sein kann für die freiwillige Loslösung vom Leben, zu der wir oft durch eine glühende Sehnsucht uns getrieben fühlen, oft aber auch auf Grund unseres ruhigen, klaren Urteils.ↄ Ein Beispiel dafür bietet Jacques du

20. Philipper, 1. 23.
21. Römer, 7. 24.

Chastel, Bischof von Soissons: Er nahm am Kreuzzug des heiligen Ludwig teil; als er sah, daß der König und das ganze Heer nach Frankreich zurückfahren wollten, ohne daß das religiöse Ziel erreicht war, faßte er den Entschluß, unmittelbarer in das Paradies einzugehen; er nahm Abschied von seinen Freunden und stürzte sich, vor aller Augen, allein in das Meer der Feinde, wo er niedergehauen wurde.

cIn einem Reich der Neuen Welt werden feierliche Prozessionen abgehalten; bei dieser Gelegenheit wird das Bild der Gottheit, die sie dort anbeten, auf einem riesigen Wagen öffentlich herumgefahren; nun kann man an solchen Festtagen sehen, wie eine ganze Reihe Zuschauer sich Stücke ihres lebendigen Fleisches abschneiden, um es dem Gott darzubieten; viele andere werfen sich auf den Platz vor den Wagen, so daß sie von den Rädern zerquetscht und zermahlen werden; sie wollen die Verehrung als Heilige erreichen, die ihnen nach einem solchen Tode dargebracht wird. Das Opfer des Bischofs, der kämpfend fiel, ist erhabener, zeigt aber weniger Gefühl, weil ein Teil davon durch die Kampfeslust wettgemacht wurde.ɔ . . .

Sextus Pompeius besuchte auf seinem Zuge nach Asien die Insel Keos im Ägäischen Meer. Während seines Aufenthaltes dort wurde er, wie uns einer aus seinem Gefolge berichtet, Zeuge des folgenden Ereignisses. Eine sehr angesehene Frau hatte den Entschluß gefaßt, ihrem Leben ein Ende zu machen; die Gründe dafür hatte sie ihren Mitbürgern kundgetan, und sie bat nun den Pompeius, bei ihrem Tode anwesend zu sein, um ihn weihevoller zu gestalten: er sagte zu; er hatte mit allen Mitteln der Überredungskunst, die ihm so wunderbar zu Gebote stand, versucht, sie von ihrem Vorhaben abzubringen, hatte sich aber schließlich damit abfinden müssen, daß sie ihre Absicht ausführte. Sie hatte neunzig Jahre lang ein geistig wie körperlich sehr glückliches Leben geführt; nun lag sie, den Ellbogen aufgestützt, in festlichem Gewand auf ihrem Lager und sprach. »Ich bete zu den Göttern, o Sextus Pompeius, mehr noch zu denen, von denen ich jetzt Abschied nehme, als zu denen, die mich nun erwarten, daß sie dir vergelten, was du voll Güte an mir getan hast, als Berater im Leben und als Beistand im Tode! Mir hat das Schicksal immer ein freundliches Gesicht gezeigt; ich fürchte, daß dies anders werden könnte, wenn ich zu sehr am Leben hinge; deshalb soll nun auch der Abschied von den Resten meiner Seele ein glückliches Ende sein, hinterlasse ich doch zwei Töchter und eine Legion von weiteren Nachkommen.« Hierauf ermahnte sie ihre Angehörigen in eindringlichen Worten, Einigkeit und Frieden zu wahren, verteilte unter sie, was sie besaß, und übergab die Hausgötter der ältesten Tochter; dann faßte sie ruhig nach dem Becher mit dem Gift und betete zu Merkur, er möge sie zu einem glücklichen Ort in der anderen Welt führen; hierauf leerte sie den Todestrank in einem Zug. Dann berichtete sie den Ihren, wie das Gift allmählich wirkte und wie das Kältegefühl die einzelnen Glieder nach und nach ergriff; schließlich konstatierte sie noch, wie die Erstarrung zum Herzen und zum Unterleib vorschritt; da bat sie ihre Töchter, ihr den letzten Dienst zu tun und ihr die Augen zuzudrücken. ...

Das Gewissen

Die Folter ist eine gefährliche Erfindung; es sieht so aus, als ob man damit eher die Geduld als die Wahrheit ermitteln könnte. cWer die Qualen der Folter aushalten kann, sagt die Wahrheit nicht, und wer sie nicht aushalten kann, auch nichtɔ: denn warum sollte ich durch Schmerzen eher dazu gebracht werden, etwas zu gestehen, was wirklich gewesen ist, als daß ich durch sie gezwungen werde, etwas auszusagen, was gar nicht geschehen ist. Und umgekehrt: wenn einer, der die Tat, deren er beschuldigt wird, nicht getan hat, so widerstandsfähig ist, daß er diese Qualen aushält, warum soll dann einer, der sie wirklich getan hat, nicht so standhaft sein, wenn ihm doch ein so schöner Lohn winkt, nämlich das Leben? Ich kann mir denken, daß der Gesichts-

punkt, der zur Erfindung der Folter geführt hat, der gewesen ist, daß man die Wirkung des Gewissens hoch einschätzte: das Gewissen macht, so scheint es, den Schuldigen schwächer; es unterstützt die Folter bei der Aufgabe, das Geständnis zu erzwingen; und andererseits hilft es dem Unschuldigen gegen die Folter. In Wahrheit ist diese aber ein recht unsicheres und gefährliches Mittel: [b]was sagt man, was tut man nicht alles, um so furchtbaren Schmerzen zu entgehen? [c]»Auch Unschuldige zwingt der Schmerz zu lügen[22].« So kommt es vor, daß der Angeklagte, wenn der Richter die Folter zur Urteilsfindung heranzieht, um nicht den Tod eines Unschuldigen zu veranlassen, doch verurteilt wird, und zwar unschuldig und außerdem noch gefoltert. [b]Tausende haben sich so mit falschen Geständnissen selbst belastet. Philotas gehört, glaube ich, zu ihnen; ich muß das annehmen, wenn ich mir den Verlauf des Prozesses überlege, den Alexander gegen ihn anstrengen ließ, und die allmähliche Steigerung bei der Anwendung der Folter.ↄ
Freilich ist das immerhin das geringste Übel, [c]so heißt esↄ, das bei der menschlichen Schwäche gefunden werden konnte; [c]und doch ist dieser Ausweg, meiner Meinung nach, recht unmenschlich und außerdem recht nutzlos. . . .ↄ

Das Üben

Zum Sterben – und das ist das Mühevollste, was uns bevorsteht – kann uns die Vorbereitung durch Gewöhnung nichts helfen. Durch Erfahrung und Übung kann man sich wappnen gegen Schmerzen, Schande, Armut und andere derartige Zustände; aber den Tod können wir nur einmal erleben; ihm gegenüber sind wir alle Neulinge, wenn es soweit ist.
Früher hat es Menschen gegeben, die ihre Zeit so vorzüglich

22. Etiam innocentes cogit mentiri dolor. Publius Syrus.

ausnutzten, daß sie sogar während des Sterbens versuchten, den Tod zu schmecken und zu genießen; sie haben alle ihre Aufmerksamkeit darauf gerichtet zu erfahren, was bei diesem Übergang tatsächlich vor sich geht; sie haben uns leider von ihren Erfahrungen nichts berichten können, da sie nicht zurückgekehrt sind. ...

Und doch, glaube ich, können wir uns irgendwie mit dem Tod vertraut machen und ihn sozusagen probieren. Wir können ihn zwar nicht ganz und vollständig erfahren, aber doch soweit, daß diese Erfahrung nicht nutzlos ist, weil sie uns Kraft und Halt gibt: wenn wir auch nicht wirklich hinkommen können, so können wir doch in die Nähe gelangen; wir können Erkundungsfahrten unternehmen; und wenn wir auch nicht bis zum Geheimnis des Todes vordringen, so ist es uns doch möglich, die Wege, die dahin führen, zu sehen und uns mit ihnen schon vertraut zu machen.

Nicht ohne guten Grund weist man uns auf den Schlaf hin, wegen seiner großen Ähnlichkeit mit dem Tode: [c]wie leicht ist der Übergang vom Wachen zum Schlafen! Wie unmerklich schwindet unser Bewußtsein von Licht und Leben! Eigentlich könnte die Fähigkeit zum Schlafen uns unnütz und unnatürlich scheinen, weil uns dadurch jedes Handeln und jedes Fühlen unmöglich wird; aber dem ist nicht so: auf diesem Wege lehrt uns die Natur, daß sie uns in gleicher Weise zum Sterben wie zum Leben geschaffen hat; sie zeigt uns schon im Leben den Zustand der Ewigkeit, den sie nach der irdischen Zeit für uns bereithält, um uns daran zu gewöhnen und uns die Furcht davor zu nehmen.[ɔ]

Oft aber werden Menschen infolge eines Unfalles plötzlich ohnmächtig und verlieren jedes Gefühl; diese sind, so glaube ich, nahe daran gewesen, das wahre, das natürliche Gesicht des Todes zu schauen: denn was den Augenblick des eigentlichen Hinübergehens betrifft, so braucht man keine Angst zu haben, daß er irgendwie Qual oder Kummer mit sich bringe, weil wir eben kein Gefühl ohne Dauer haben können; jedes menschliche Leid braucht Zeit, und der Tod ist so kurz und plötzlich, daß er notwendigerweise unfühlbar sein muß. Was wir zu fürchten haben, ist das Nahen des Todes; und dies fällt in das Gebiet der Erfahrungen.

In der Phantasie scheint uns vieles größer als in der Wirklichkeit: während eines großen Teils meines Lebens war ich kerngesund; ich meine nicht nur ganz gesund, sondern jubelnd und überschäumend vor Gesundheit; in dieser jugendlichen Hochstimmung war mir der Gedanke an Kranksein so gräßlich, daß ich später, wo ich es nun durchmachen mußte, die Krallen der Krankheiten als stumpf und weich empfand gegenüber der Angst, die ich davor empfunden hatte. [b]Und so geht es mir immer wieder: bin ich warm und geborgen in einem freundlichen Zimmer, während von draußen der Sturm der Gewitternacht zu mir dringt, denke ich mit Schrecken und Bedauern an die Menschen, die jetzt draußen sein müssen; bin ich selbst draußen, dann kommt mir der Wunsch gar nicht, woanders zu sein.[ↄ] Schon der Gedanke, immer in einem geschlossenen Raum sein zu müssen, schien mir unerträglich: dann mußte ich mich auf einmal daran gewöhnen, eine Woche, ja einen Monat im Zimmer zu bleiben und außerdem allerlei Aufregungen, Krankheits- und Schwächezustände durchzumachen. Dabei habe ich gefunden, daß ich, solange ich gesund war, die Kranken viel mehr bedauerte, als ich mich bedauernswert finde, wenn ich selbst dazu gehöre; infolge meiner Angst übertrieb ich mir das wahre Wesen der Sache mindestens um die Hälfte. Ich hoffe, beim Tod werde ich dasselbe erleben; vielleicht lohnt es sich gar nicht, sich mit Vorbereitungen darauf so abzumühen, wie ich es tue, und so viel Hilfen herbeizurufen, um ihn zu ertragen. Aber jedenfalls können wir uns gar nicht vorsichtig genug darauf einrichten.

Ich sitze im Zentrum der Unruhen, die der Bürgerkrieg in Frankreich im Gefolge hat; während der dritten Kampfperiode – oder der zweiten, ich weiß das nicht mehr genau – ritt ich einmal eine Meile weit von meiner Wohnung spazieren; ich hatte ein leichtes, aber nicht sehr kräftiges Pferd genommen; ich glaubte kein besseres Tier nötig zu haben, weil ich mich ganz sicher fühlte, denn ich war ja so nahe von zu Haus. Bei meiner Rückkehr ereignete sich plötzlich etwas, dem dieses Tier nicht gewachsen war: einer meiner Leute, ein großer, kräftiger Mann, kam auf einem mächtigen Roß geritten, das hartmäulig war, aber im übrigen munter und energisch lief; er wollte seinen Gefährten imponieren und sie überholen; dabei jagte er es in vollem Lauf gerade auf den Weg zu, auf dem ich geritten kam; wie ein Koloß stieß er auf den kleinen Mann und das kleine Pferd und krachte stur und schwer mit ihm zusammen; beide stürzten kopfüber; mein Pferd lag bewegungslos hingestreckt; ich selber fiel zehn oder zwölf Schritt weiter auf den Rücken; mein Gesicht war gequetscht und zerschunden; mein Degen, den ich in der Hand gehalten hatte, lag mehr als zehn Schritte weiter weg; mein Gürtel war geplatzt; ich war regungslos und gefühllos wie ein Klotz. Bis dahin hatte ich noch nie eine Ohnmacht erlebt. Meine Begleiter machten zunächst alle möglichen Wiederbelebungsversuche; dann nahmen sie mich, da sie mich für tot hielten, in ihre Arme und schleppten mich mit großer Anstrengung in mein Haus, das von da etwa eine halbe französische Meile entfernt war. Unterwegs – sie hatten mich mehr als zwei Stunden lang für tot gehalten – fing ich an mich zu bewegen und zu atmen; es hatte sich eine solche Menge Blut mir in den Magen ergossen, daß die Natur seine Kräfte neu beleben mußte, damit er es wieder von sich geben konnte. Ich wurde auf die Füße gestellt, und so erbrach ich einen Eimer voll reines schaumiges Blut; und mehrere Male noch mußte ich das unterwegs wiederholen. Dadurch begann ich wieder etwas Leben zu fühlen; aber das geschah so allmählich und so langsam, daß meine ersten Empfindungen eher Todes- als Lebensgefühle waren. [b]»Denn die Seele ist noch zerschmettert, sie zweifelt noch, ob sie zurückkehren soll; sie kann noch nicht Fuß fassen[23].«[b]

Diese Erinnerung, die sich mir tief in die Seele eingeprägt hat, hat mir Gesicht und Idee des Todes so wirklichkeitsnah

23. Perchè, dubbiosa ancor del suo ritorno, non s'assicura attonita la mente. Tasso, Ger. Lib., XII, 74.

gezeigt, daß sie mich einigermaßen mit ihm versöhnt. Als ich zu sehen begann, war der Blick so wirr, schwach und tot, daß ich noch weiter nichts als Helligkeit wahrnehmen konnte, »wie einer, der zwischen Traum und Wachen die Augen auf- und wieder zumacht[24]«. Die seelischen Funktionen erwachten ebenso allmählich wie die körperlichen. Ich sah, daß ich ganz blutig war; denn mein Wams war mit dem Blut bespritzt, das ich ausgebrochen hatte. Der erste Gedanke, der mir kam, war, daß ich einen Kopfschuß hätte; in der Tat waren zugleich mehrere Schüsse in der Nähe zu hören; ich hatte den Eindruck, daß mein Leben nur noch ein Hauch sei; ich schloß die Augen, um, wie ich glaubte, beim Ausatmen dieses Hauches mitzuhelfen; mit Genuß gab ich mich dieser Empfindung des Verfalls und des Vergehens hin. Diese Empfindung war nur ganz oben in meiner Seele, so zart und schwach wie alles übrige; aber sie war wirklich nicht nur frei von Unlustgefühlen, sondern es war etwas von der Wonne dabei, die wir beim Einschlafen empfinden.

Ich glaube, es ist derselbe Zustand, in dem sich beim Nahen des Todes diejenigen befinden, die man vor Schwäche vergehen sieht; ich bin der Überzeugung, daß wir sie grundlos beklagen, weil wir meinen, sie leiden schwere Schmerzen oder ihre Seele werde von qualenden Gedanken gepeinigt. Im Gegensatz zu vielen anderen, sogar zu Étienne de la Boétie, habe ich immer die gleiche Ansicht vertreten: diejenigen, die wir beim Nahen der Todesstunde in so schwerem Schlaf liegen sehen, erschöpft vom langen Siechtum oder niedergeschmettert durch einen Schlagfluß oder einen epileptischen Anfall, oder nach einer Kopfverletzung, wobei wir sie röcheln und manchmal tief seufzen hören – wenn wir auch aus manchen Anzeichen den Eindruck gewinnen könnten, daß sie noch etwas Bewußtsein haben, und wenn wir sie auch noch gewisse körperliche Bewegungen ausführen sehen –, so habe ich doch immer gedacht, sage ich, daß

24. Come quel ch'or apre, or chiude / Gli occhi, mezzo tra 'l sonno è l'esser desto. Tasso, Ger. Lib., VIII, 26.

alle diese Sterbenden nur noch einen Körper und eine Seele haben, die schon gleichsam begraben und entschlafen sind. b»Er lebt und weiß doch nichts von seinem Leben[25].«ↄ Ich konnte nicht annehmen, daß, wenn die Glieder so vollständig gelähmt und die Sinne so vollständig ausgeschaltet sind, die Seele die innere Kraft bewahren könne, sich ihrer bewußt zu werden; deshalb hatten diese Sterbenden wahrscheinlich kein Denken mehr, das sie quälen und ihnen gestatten würde, das Elend ihrer Lage zu beurteilen und zu fühlen; und infolgedessen waren sie wohl nicht sehr zu bedauern ...

Nun, da ich die Todesnähe wirklich erfahren habe, zweifle ich nicht, daß ich diesen Zustand auch schon vorher richtig beurteilt habe: denn zunächst machte ich, obwohl ich doch völlig bewußtlos war, energische Knöpfbewegungen, um mein Wams zu öffnen (die Bewaffnung hatte ich ja verloren); und doch weiß ich genau, daß die Verletzung in meinem Inneren kein Schmerzgefühl auslöste: denn es gibt allerlei Bewegungen, die von unserem Willen unabhängig sind. ...

Mein Magen fühlte sich von dem geronnenen Blut gedrückt: meine Hände langten von selbst dahin, wie sie oft dahin greifen, wo es uns juckt, und zwar ohne daß unser Wille dabei in Tätigkeit tritt. ... Solches Leiden nun, das uns nur peripherisch berührt, kann nicht als eigentlich menschliches Leiden bezeichnet werden; dazu müßte der Mensch als Ganzes in Mitleidenschaft gezogen werden; die Schmerzen, die wir an der Hand oder am Fuß fühlen, während wir schlafen, sind genaugenommen nicht Schmerzen von uns.

Als ich in die Nähe meiner Wohnung kam, war dort mein Sturz schon bekannt geworden, und meine Angehörigen waren mir entgegengelaufen mit dem Geschrei, das in solchen Fällen üblich ist; da antwortete ich nicht nur auf einige der Fragen, die an mich gerichtet wurden, sondern ich soll sogar daran gedacht haben, den Befehl zu geben, daß meine Frau ein Pferd bekommen sollte, weil ich sah, daß sie auf dem

25. Vivit, et est vitae nescius ipse suae. Ovid, Trist., I, 3. 12.

unebenen schlechten Weg nicht recht vorankam. Es macht natürlich den Eindruck, daß die Seele wach sein mußte, um einen solchen Gedanken hervorzubringen; aber ich war durchaus nicht wach; es waren oberflächliche, luftige Gedanken, die von dem Gesichtssinn und von dem Gehör ausgelöst worden waren; sie kamen nicht aus dem Inneren meines Selbst. Wußte ich doch nicht, woher ich kam und wohin ich ging, und ich konnte das, was ich gefragt wurde, nicht richtig abwägen und bedenken; es handelt sich da um Reaktionen, die einfach von den Sinnen, sozusagen gewohnheitsmäßig, ausgehen; die Seele war daran nur wie im Traum beteiligt; sie war nur leise angerührt, nur zart geweckt von dem Sinneseindruck. Während dieser ganzen Zeit war meine Gesamtstimmung durchaus wohlig und friedvoll; fühlbaren Kummer machte ich mir weder um andere noch um mich selbst. Es war ein Hindämmern in äußerster Schwäche ohne jeden Schmerz. Ich sah mein Haus an, ohne es zu erkennen. Als ich dann im Bett lag, empfand ich die Ruhe als außerordentlich wohltuend. Denn meine braven Leute hatten mich bei dem Transport schrecklich gerüttelt und gezerrt; hatten sie mich doch auf ihren Armen mühsam einen weiten, sehr schlechten Weg geschleppt; zwei- oder dreimal waren sie einer nach dem anderen unter der Last zusammengebrochen. Ich bekam eine ganze Menge Arzneien hingestellt, nahm aber keine, da ich bestimmt annahm, daß ich am Kopf tödlich verwundet war. Das wäre zweifellos ein sehr glücklicher Tod gewesen; denn durch die Schwächung meiner Denkkraft war ich davor bewahrt, die Situation irgendwie zu erfassen, und durch die körperliche Schwäche, irgend etwas davon zu fühlen: ich versank so wohlig, so sanft und leicht, daß ich kaum je einen Zustand gekannt habe, der so schwerelos wie dieser gewesen wäre.

Als dann, nach zwei oder drei Stunden, Leben und Kräfte in mir neu aufwachten, b»da endlich wurden meine Sinne lebendig[26]«c, fielen meine Schmerzen plötzlich wieder über

26. Ut tandem sensus convaluere mei. Ovid, Trist., I.

mich her; waren doch meine Glieder durch den Sturz alle gestaucht und zerkratzt; zwei oder drei Nächte nachher fühlte ich mich so elend, daß ich noch einmal zu sterben glaubte; aber diesmal schien der Tod lebendiger; noch heute spüre ich den niederschmetternden Eindruck dieser Qual. Ich will nicht vergessen, hier zu erwähnen, daß die Erinnerung an meinen Unfall erst ganz zuletzt wieder in mir aufstieg; ich mußte mir immer wieder erzählen lassen, wohin ich damals ritt, woher ich kam, und um welche Zeit das Ereignis eingetreten war, ehe ich mir eine Vorstellung davon machen konnte. Wie ich eigentlich gestürzt war, das wurde mir verschwiegen, und zwar aus Rücksicht auf den Schuldigen, und die Sache wurde mir anders dargestellt. Erst lange nachher, am nächsten Tag, als mein Gedächtnis plötzlich wieder erwachte und der Augenblick wieder vor mir stand, wo ich das Pferd auf mich zurennen sah – denn ich hatte es unmittelbar vorher gesehen und gefühlt, daß ich verloren war; aber dieser Gedanke war so plötzlich aufgeschossen, daß ihm keine Frist blieb, sich in Furcht umzusetzen –, da hatte ich den Eindruck, als ob ein Blitz in meine Seele führe; auf einmal war ich aus der jenseitigen Welt wieder auf die Erde zurückgekommen.

Dieser Bericht über ein so nichtiges Ereignis hätte an sich wenig Bedeutung, hätte ich nicht für mich eine bestimmte Erkenntnis daraus gezogen: ich finde nämlich, daß, um mit dem Tod vertraut zu werden, man wirklich weiter nichts nötig hat, als seine Nähe zu erleben. Nun ist, wie Plinius sagt, jeder für sich selbst ein sehr gutes Beobachtungsfeld, wenn er nur die Befähigung besitzt, genau in sich hineinzusehen. Dies ist nicht meine Theorie, sondern meine Erfahrung; das ist nicht eine Erkenntnis, die ich von anderen, sondern die ich von mir selbst gelernt habe. cTrotzdem darf man es mir nicht übelnehmen, wenn ich sie weitergebe; vielleicht kann, was mir hilft, auch anderen helfen. . . .

Es ist schwieriger, als es zunächst scheint, den schweifenden Verlauf der geistigen Erlebnisse zu verfolgen, in die dunklen Tiefen der inneren Seelenfalten einzudringen, die vielen kleinen Nuancen dieser inneren Unruhe zu fassen und festzuhalten; es ist ein ganz besonderer und ein ganz neuer Genuß; er zieht uns ab von den üblichen weltlichen Beschäftigungen, auch von denen, die sonst am höchsten geschätzt werden. Seit mehreren Jahren richte ich alle meine Gedanken nur auf ein Ziel: auf mich selbst; ich registriere und studiere nur, was in mir vorgeht. Wenn ich etwas anderes beobachte, so buche ich es sofort in seinem Verhältnis zu mir oder, besser gesagt, als mein inneres Erlebnis: und es ist, glaube ich, nicht falsch, wenn ich mitteile, was ich auf diesem Gebiet für Erkenntnisse gewonnen habe – wie es bei anderen Wissensgebieten, die unvergleichlich weniger Nutzen bringen, üblich ist –; wenn ich das mitteile, obwohl die Resultate meiner Beobachtungen mich noch nicht recht befriedigen. Mit der Selbstbeschreibung läßt sich keine andere Art der Beschreibung vergleichen, weder an Schwierigkeit noch an Nützlichkeit: immer wieder muß man sich frisieren, immer wieder sich zurechtmachen, um vor die Öffentlichkeit zu treten: nun, auch ich putze mich dauernd heraus, denn ich beschreibe mich dauernd. Von sich zu sprechen, wird durch das Herkommen als Laster gestempelt und hartnäckig verhindert, aus Abneigung gegen das Eigenlob, das immer mit den Selbstzeugnissen verknüpft zu sein scheint: anstatt zu sagen, »ich muß dem Kind den Rotz abwischen«, wird der Ausdruck gewählt: die Nase putzen; »aus Angst vor einem kleineren Übel geraten wir in ein schlimmeres[27]«. Ich finde, diese Arznei bringt mehr Schaden als Nutzen. Aber wenn es auch wirklich so sein sollte, daß notwendigerweise eine Anmaßung darin liegt, vor anderen von sich zu sprechen, darf ich doch, meinem Gesamtplan entsprechend, auf eine Handlung nicht verzichten, durch welche diese meine krankhafte Anlage an den Tag kommt; denn sie liegt nun einmal in mir. Ich darf diesen Fehler nicht verstecken; ich habe ihn nicht nur, sondern ich bekenne mich ausdrücklich dazu. Ich glaube jedoch, wenn ich meine Meinung aussprechen darf,

27. In vitium ducit culpae fuga. Horaz, Ars poetica, 31.

das Herkommen hat unrecht, das Herkommen z. B., den Wein zu verwerfen, weil immer wieder Leute sich betrinken: Mißbrauch treiben kann man nur mit dem, was gut ist; die erwähnte Regel ist, glaube ich, nur in Rücksicht auf die übliche Schwäche der Menschen aufgestellt worden. Es sind Ausflüchte; weder die Heiligen, die doch so laut von sich selber sprechen, noch die Philosophen, noch die Theologen halten sich daran: auch ich tue es nicht, obwohl ich gewiß weder Philosoph noch Theologe bin. Wenn diese nicht davon schreiben, wo es angebracht wäre, so nehmen sie doch keinen Anstand, wenn es in ihren Kram paßt, sich öffentlich bloßzustellen. Wovon spricht Sokrates ausführlicher als von sich? Wohin sonst sucht er meist seine Schüler zu bringen als zu Aussagen über sich selbst? Und zwar nicht darüber, was sie aus Büchern gelernt haben, sondern darüber, wie es in ihrem Inneren aussieht und was darin vorgeht.

Wir beichten vor Gott und vor unserem Seelsorger, wie die Evangelischen vor der Gemeinde. »Aber wir sagen da«, so kann man antworten, »nur unsere Sünden.« Damit sagen wir alles; denn auch unsere Tugend ist noch voll Fehler und Sünden. Leben, das ist mein Handwerk und meine Kunst: wer mir verbieten will, davon zu sprechen, so wie ich es gefühlt, erfahren und gelebt habe, der kann ebensogut verlangen, daß der Architekt so vom Bauen spricht, wie es der Nachbar macht, nicht wie er es selber macht, und auf Grund fremder Erfahrung, nicht auf Grund seines eigenen Wissens. . . .

Soll ich etwa Zeugnis von meinem Ich nur dadurch ablegen, was an Handlungen dabei herausgekommen ist? und nicht direkt durch Worte? Ich schildere hauptsächlich, was in meinem Geiste vorgeht; das ist ein Gegenstand, der noch nicht gestaltet ist und der sich nicht in Arbeitsleistung ausdrücken läßt, höchstens kann ich ihn in der Luftgestalt der Sprache fassen; die weisesten und frömmsten Menschen haben ihr Leben lang alle Betätigung nach außen hin vermieden. Die äußeren Geschehnisse würden eher etwas darüber aussagen, wie mir's ergangen ist, als was ich bin; sie zeigen die Rolle,

die sie gespielt haben, nicht meine Rolle, denn diese kann man nur ganz unsicher daraus erschließen; sie bieten nur einzelne Stücke einer Teilschau. Ich stelle mich als ein Ganzes dar. Es ist ein gezeichnetes Skelett, bei dem Adern, Muskeln, Sehnen, jedes Stück an der richtigen Stelle, zugleich sichtbar sind; der Husten ließ nur einen Teil davon in Erscheinung treten, Blaßwerden oder Herzklopfen einen anderen Teil, und zwar recht undeutlich. Was ich aufschreibe, sind nicht meine Gesten: es ist mein Ich, mein Wesen.
Ich bin der Ansicht, daß bei der Selbstbewertung große Vorsicht am Platze ist; die Gewissenhaftigkeit hierbei muß vollständig sein und unabhängig davon, ob die Aussage günstig oder ungünstig ausfällt. Wenn ich mir vollkommen gut oder weise vorkäme, so würde ich es laut verkünden. Weniger von sich zu sagen, als der Wirklichkeit entspricht, ist Dummheit, nicht Bescheidenheit; wenn sich einer geringer einschätzt, als er wert ist, so ist das, nach Aristoteles, Feigheit oder Kleinmütigkeit; keine Tugend hat Falschheit nötig; mit der Wahrheit erzielt man nichts Falsches. Wenn einer sich höher einschätzt, als was an ihm ist, so ist das nicht immer Anmaßung, sondern das ist ebenfalls oft Dummheit: übermäßiges Gefallen daran finden, was man ist, und deshalb in sich vernarrt sein, das ist, meiner Ansicht nach, der Kern dieser Untugend. Das wirksamste Mittel dagegen ist, gerade das Gegenteil von dem zu tun, was gewöhnlich verordnet wird; denn wenn man verbietet, von sich zu sprechen, ergibt es sich von selbst, daß man damit erst recht verbietet, an sich zu denken. Der Stolz liegt im Denken; die Sprache ist nur recht wenig daran beteiligt.
Solche Leute meinen, ihre Zeit auf sich zu verwenden, sei dasselbe, wie Gefallen an sich selbst zu finden; in sich hineinzuhorchen und den Umgang mit sich zu suchen, sei ein Zeichen von Egoismus. Aber diese Art Grenzüberschreitung tritt nur bei denen ein, die sich bloß oberflächlich abtasten; die sich sehen, wie sie äußerlich handeln; die die Beschäftigung mit sich selbst müßiges Hirngespinst nennen und es als Luftschlösser bezeichnen, wenn einer sein Inneres wohn-

lich einrichtet und ausbaut; meinen sie doch, dies sei etwas für sie Nebensächliches und Fremdes. Wenn jemand sich an seinem Wissen berauscht, in dem er andere überragt, so möge er einmal seine Augen nach aufwärts richten, auf frühere Zeiten; da wird er schnell bescheiden werden, denn dort findet er Tausende erlauchter Geister, die ihn niederschmettern; wenn er etwa dabei ist, sich vom Dünkel seiner besonderen Tapferkeit schmeicheln zu lassen, da möge er an das Leben von Scipio oder Epaminondas denken, an die vielen Heere, an die vielen Völker der Vergangenheit, die ihn so weit hinter sich lassen. Kein Einzelvorzug wird den zu besonderem Stolze veranlassen, der jedesmal die vielen Unvollkommenheiten und Schwächen, die ihm anhaften, und schließlich die Nichtigkeit des Menschentums dagegenrechnet. Weil Sokrates allein die Vorschrift seines Gottes, »Erkenne dich selbst«, wirklich ernst genommen hatte und durch dieses Streben dazu gelangt war, sich selber gering zu achten, wurde ihm allein der Name des »Weisen« zuerkannt. Wer sich so erkennt, der darf kühnlich durch sein Wort sein Inneres zu erkennen geben.ↄ

Die Liebe der Eltern zu ihren Kindern

Wenn es wirkliche Naturgesetze gibt, also Instinkte, von denen ganz allgemein und zu allen Zeiten die Tiere und wir offenbar bestimmt werden (letzteres wird freilich manchmal bestritten), so kann ich, glaube ich, sagen, daß, nach dem Selbsterhaltungstrieb, die Liebe des Erzeugers zu seiner Brut die zweite Stelle darin einnimmt. Und weil die Natur das offenbar gewollt hat, um ihre Weiterentwicklung in Gang zu halten und auszubreiten, so ist es nicht wunderbar, wenn, umgekehrt, die Liebe der Kinder zu den Eltern nicht so groß ist.

cHierzu kommt der andere, von Aristoteles formulierte Gesichtspunkt, daß derjenige, der einem anderen Gutes tut, mehr Liebe zu schenken pflegt, als er zurückerhält; der Gläubiger hat eine reinere Zuneigung als der Schuldner; jeder Schöpfer liebt sein Werk mehr, als das Werk ihn lieben würde, wenn es Empfindung hätte: weil wir eben existieren wollen, und Existieren in Bewegung und Handlung besteht, deshalb lebt jeder irgendwie in seinem Werk. Wer etwas Gutes tut, handelt schön und edel; wer das Gute empfängt, tut nur etwas Nützliches. Nun ist das Nützliche viel weniger liebenswert als das Edle. Das Edle bleibt und bringt dem, der es getan hat, einen dauernden Lohn; das Nützliche schwindet und vergeht leicht; man denkt nicht so oft und nicht so gern daran. Je mehr uns etwas gekostet hat, um so teurer ist es uns; und Geben kostet zunächst mehr als Nehmen.[a] . . .

[b]Ich bin gegen jede Gewaltanwendung bei der Erziehung einer jungen Seele, die an das Gefühl für Ehre und Freiheit gewöhnt werden soll. Es liegt etwas Knechtisches in Zwang und Strenge; und ich bin der Überzeugung, daß, was sich mit Vernunft, mit Behutsamkeit und Geschick nicht erreichen läßt, erst recht nicht durch Kraftmittel erzielt wird. So bin ich erzogen worden; während meiner ganzen Kinderzeit soll ich nur zweimal Schläge bekommen haben, und auch nicht sehr derb. Leider habe ich diese Prinzipien bei meinen Kindern nicht in die Tat umsetzen können: sie starben mir alle ganz jung; aber [c]Leonor, [b]die einzige Tochter, die diesem Verhängnis entgangen ist, ist sechs und mehr Jahre alt geworden, ohne daß als Erziehungsmittel und als Strafe für ihre kindlichen Fehler (die nachsichtige Mutter richtete sich gern nach dem gleichen Grundsatz) etwas anderes als Zureden, und zwar freundliches Zureden, angewandt worden wäre. Und wenn ich auch bei ihr nichts Rechtes erreicht hätte, so hätte ich genug andere Gründe für das Versagen finden können und hätte es nicht auf meine Erziehungsart zu schieben brauchen, von der ich weiß, daß sie richtig und natürlich ist. Bei Söhnen hätte ich noch viel unbedingter auf die Einhaltung dieses Prinzips gedrungen; denn zum Dienen sind Männer noch weniger bestimmt und

ihrer gesellschaftlichen Stellung nach sowieso freier: ihnen hätte ich gern das Herz geweitet für Eigenständigkeit und freie Natürlichkeit. Meine Erfahrung lehrt mich, daß man mit Prügeln nichts weiter erreicht als die Menschen feig, böse und bockig werden zu lassen.[ɔ] ...
Ich würde versuchen, durch freundlichen Umgang mit meinen Kindern in ihnen eine wirkliche, nicht eine zur Schau getragene freundschaftliche Gesinnung mir gegenüber wachsen zu lassen; das können gute Väter leicht erreichen: denn wenn die Väter Bestien sind, [c]wie unsere Zeit sie zu Tausenden erzeugt[ɔ], ist es nur recht, daß sie als solche gehaßt und gemieden werden. ...
Auch wenn die Kinder erwachsen sind, ist es töricht und ungerecht, ihnen den vertraulichen Umgang mit dem Vater zu versagen und ihnen immer nur ein hochmütiges, strenges oder herablassendes Gesicht zu zeigen, weil man hofft, sie dadurch in Furcht und Gehorsam zu halten: das sind unnötige Possen; die Väter machen sich dadurch bei ihren Kindern verhaßt und, was schlimmer ist, lächerlich. Sind es doch die Jungen, die über Jugend und Kraft verfügen und die infolgedessen auf Glück und Erfolg rechnen können; mit Spott reagieren sie auf das stolze, tyrannische Gebaren eines Mannes, der kein warmes Blut mehr in Herz und Adern hat; er ist für sie doch bloß eine rechte Vogelscheuche. Und wenn ich auch wirklich erreichen könnte, daß meine Familie Angst vor mir hat, so möchte ich doch noch lieber ihre Zuneigung erwerben.
[b]Mit den Jahren zeigen sich so viele Nachteile und Schwächen, das Alter fordert so leicht die Mißachtung heraus, daß das Beste, was es gewinnen kann, in der Zuneigung und der Liebe der Angehörigen besteht; Befehlen und Angst machen sind nicht mehr seine Waffen.[ɔ] ...
Der verstorbene Marschall von Monluc hatte seinen Sohn verloren, der auf der Insel Madeira starb und wirklich ein recht tüchtiger und große Hoffnungen erweckender Edelmann gewesen war; er sprach mir oft von seinem Kummer und hob besonders hervor, wie sehr es ihn schmerzte und

wurmte, daß er sich seinem Sohne nie mitgeteilt habe; durch das Bestreben, ihm immer mit betonter väterlicher Würde entgegenzutreten, habe er sich um die Möglichkeit gebracht, sich an seinem Sohne zu freuen und ihn richtig kennenzulernen, außerdem aber auch, ihn erkennen zu lassen, wie herzlich er ihn liebte und wie hoch er seine Tüchtigkeit schätzte. »Der arme Junge«, sagte er, »hat immer mein verdrießliches und abweisendes Gesicht gesehen; er hat natürlich die Überzeugung mitnehmen müssen, ich hätte ihn weder richtig geliebt noch eingeschätzt, wie er es verdiente. Auf wen wartete ich denn? Wem sollte ich die tiefe Liebe sagen, die ich in meiner Seele für ihn hegte? War er es nicht allein, den ich dadurch freudig und dankbar hätte stimmen können? Ich habe mich gezwungen und gefoltert, um diese Maske zu wahren; dabei habe ich mich um die Freude des Gedankenaustauschs mit ihm gebracht und allmählich auch um seine Zuneigung; diese mußte ja erkalten, da er von mir nur rauhe Worte zu hören bekam und ich ihn nur die Autorität fühlen ließ.« Diese Klage, finde ich, war berechtigt und vernünftig; aus meiner Erfahrung weiß ich nur zu gewiß, daß, wenn wir unsere Freunde hergeben müssen, der schönste Trost in dem Bewußtsein liegt, daß wir ihnen alles gesagt haben, was wir auf dem Herzen hatten, und daß eine unbedingte, eine vollkommene Gemeinschaft uns mit ihnen verbunden hatte. ᶜO mein Freund! Das habe ich erlebt. Habe ich durch diese Erfahrung innerlich gewonnen oder verloren? Zweifellos gewonnen. Die Trauer um ihn tröstet und adelt mich; ist es nicht ein schöner, heiliger Dienst, mein Leben zu einer ewigen Totenfeier für ihn zu gestalten? Welche Freude wöge diese Art des Entbehrens auf?ᵓ ...
[Eine große Mitgift ist gewiß nicht immer erstrebenswert.] ᶜAber die, die uns deshalb abraten, eine reiche Frau zu nehmen, weil sie fürchten, daß eine solche weniger fügsam und dankbar sein würde, haben unrecht, wenn sie auf Grund einer so unsicheren Annahme den Verzicht auf einen tatsächlichen Vorteil empfehlen. Wenn eine Frau einmal unvernünftig ist, so macht es ihr nichts aus, über welche Ver-

nunftgründe sie sich hinwegsetzt; es ist ihr am wohlsten, wenn sie es recht verkehrt macht: das Unlogische lockt die Frauen; den guten ist es zum Beispiel um die Ehre zu tun, die ihr tugendhaftes Verhalten ihnen einbringt; und sie sind um so sanfter, je reicher sie sind; und wenn sie recht schön sind, haben sie besondere Freude an ihrer Keuschheit und brüsten sich damit.ɔ

Es ist richtig, wie es gesetzlich vorgesehen ist, den Müttern die Verwaltung des Vermögens der Söhne zu überlassen, solange diese minderjährig sind; aber der Vater hat ihnen eine schlechte Erbanlage mitgegeben, wenn er nicht hoffen kann, daß, wenn sie erwachsen sind, sie dafür geeigneter und zuständiger sein werden als seine Frau, weil das weibliche Geschlecht gewöhnlich schwach ist. Allerdings wäre es noch unnatürlicher, wenn man es so einrichtete, daß die Mütter vom guten Willen der Kinder abhängig wären. Man soll den Frauen so viel hinterlassen, daß sie standesgemäß leben können, dem Stil ihres Hauses und ihrem Alter angemessen; besonders da Bedürftigkeit und Armseligkeit für Frauen unpassender und schwerer erträglich ist als für Männer; die Einschränkungen muß man immer noch eher den Kindern auferlegen als der Mutter.

cIm ganzen, glaube ich, ist die gesündeste Art, für den Todesfall die Verteilung unseres Besitzes vorzusehen, die, welche sich nach der Landessitte richtet: die Gesetze haben das genauer bedacht als wir; es ist besser, wenn sie einmal bei der Verteilung nicht ganz das Richtige treffen, als daß wir leichtsinnig einen Fehlgriff dabei riskieren.ɔ ...

Auf jeden Fall sollte den Frauen nie ein Übergewicht über Männer zugesprochen werden, außer dem natürlichen Übergewicht der Mutter. ... Es ist gefährlich, von ihrem Urteil die Verfügung über unser Erbe abhängen zu lassen; die Auswahl unter den Kindern, die sie dann treffen würden, ist meist ungerecht und grillenhaft; denn die sonderbaren Wünsche und die Geschmacksverirrungen, die sie während der Schwangerschaft erkennen lassen, die haben sie im Innern eigentlich immer. Gewöhnlich ziehen sie von ihren

Kindern die schwächsten und mißglückten vor, oder die, welche ihnen noch am Halse hängen. Denn da sie eben nicht über die nötige Urteilskraft verfügen, um bei der Auswahl sich vom Wert bestimmen zu lassen und dann auch bei der Entscheidung zu bleiben, lassen sie sich gewöhnlich vom natürlichen Gefühl allein leiten; wie die Tiere, die sich um ihre Jungen nur kümmern, solange sie sie säugen. ...

Wenn man sich nun überlegt, daß wir unsere Kinder einfach aus dem Grunde lieben, weil wir sie erzeugt haben – deshalb nennen wir sie unser anderes Selbst –, müßten wir eigentlich auch an eine andere Zeugung denken, die ebenfalls von uns kommt und die nicht weniger Beachtung verdient: denn unsere seelische Nachkommenschaft, die Früchte unseres Geistes und der Kraft unserer Persönlichkeit, das alles wird durch edlere Organe, als die körperlichen es sind, erzeugt und gehört uns mehr zu eigen: bei dieser Art Zeugung sind wir Vater und Mutter zugleich. Diese hervorzubringen ist viel schwerer, und sie bringen uns mehr Ehre, wenn etwas Gutes an ihnen ist; denn was an den anderen Kindern wertvoll ist, das liegt mehr in ihnen als in uns, wir haben nur einen sehr schwachen Anteil daran, aber bei unseren Geisteskindern ist alles unser Eigen: die ganze Schönheit, der ganze Reiz, der ganze Wert. Dadurch stellen sie ein viel lebendigeres Bild und Zeugnis von uns dar als die anderen. [c]Plato geht noch weiter, wenn er sagt, daß diese Kinder schon auf der Erde unsterblich sind und daß sie dadurch ihren Vätern auch die Unsterblichkeit verleihen, ja sie zu den Göttern erheben, wie es mit Lykurg, Solon und Minos geschehen ist.[9] ...

[b]Ich weiß nicht, ob es mir nicht viel schöner dünken würde, wenn ich aus der Umarmung der Musen Vater eines ganz vollkommenen Kindes geworden wäre als aus der Umarmung meiner Frau. [c]Diesem meinem Werk, auch wenn es nicht vollkommen ist, schenke ich alles, was ich ihm schenke, rein und unwiderruflich, wie man den wirklichen Kindern etwas schenkt. Was Gutes von mir in dem Werk ist – wenn es auch nicht viel ist –, darüber verfüge ich nicht mehr: viel-

leicht weiß es allerlei, was ich nicht mehr weiß, und enthält manches, was von mir kommt, was mir aber vollkommen entfallen ist; wenn ich es brauchte, müßte ich es von ihm leihen, geradeso wie ein Fremder; wenn ich weiser bin als dieses mein Kind, so ist es reicher als ichᵓ.

Wohl alle Menschen, die Sinn für Dichtung haben, würden beglückter sein, wenn sie sich als Vater der Aeneide fühlen könnten, als wenn sie den schönsten Jüngling Roms zum Sohne hätten; und sie würden es leichter ertragen, diesen zu verlieren als ihr geistiges Kind; ᶜdenn, wie Aristoteles sagt, der Dichter ist von allen, die etwas schaffen, bestimmt am meisten in sein Werk verliebt.ᵓ . . .

Sogar der sündige Wahn, der manchmal die Väter ergriffen hat, so daß sie in Liebe zu ihren Töchtern entbrannten, oder die Mütter zu ihren Söhnen, hat seine Parallelen bei dieser anderen Art der Vaterschaft; einen Beleg dafür bietet die Sage von Pygmalion: er hatte eine einzig schöne Frauenstatue geschaffen und wurde dann von so wahnsinniger Liebe zu dieser seiner Schöpfung ergriffen, daß die Götter sich genötigt sahen, seinem Wahn zuliebe sie für ihn lebendig zu machen. . . .

Über die Bücher

Ich leugne nicht, daß ich immer einmal von Dingen spreche, die von Fachleuten besser und richtiger behandelt werden könnten. Was ich hier vorlege, sind nur Proben meiner angeborenen, nicht meiner erworbenen Fähigkeiten: wer mir etwas nicht Gewußtes nachweist, widerlegt mich nicht; denn anderen Leuten gegenüber könnte ich meine Überlegungen kaum begründen; ich kann es ja vor mir selbst ebensowenig, und sie befriedigen mich auch nicht. Wer auf der Suche nach Wissen ist, muß es dort aufspüren, wo es steckt; auf Wissen tue ich mir am allerwenigsten zugute. Das sind hier meine Einfälle, und mit ihnen ziele ich nicht auf die Erkenntnis der Außenwelt, sondern auf die meines Ich: vielleicht lerne ich später einmal etwas von der äußeren Wirklichkeit oder habe früher einmal etwas davon gewußt, wenn der Zufall es wollte, daß ich die Bücher in die Hand bekam, wo diese Dinge richtig dargestellt sind; aber jetzt kann ich mich nicht darauf besinnen. [c]Wenn ich auch ganz gelehrig bin, merken kann ich mir nichts.[ɔ] So kann ich mit Sicherheit nur soweit darüber etwas aussagen, wie augenblicklich meine Kenntnis von diesen Dingen reicht. Der Leser möge seine Aufmerksamkeit nicht auf den Stoff, sondern auf die Struktur meiner Zitate richten: [c]er soll beurteilen, ob ich bei meinen Entlehnungen die richtige Auswahl so getroffen habe, daß meine Idee dadurch stärker und deutlicher hervortritt, die Idee, die immer von mir kommt; denn ich lasse die anderen sagen, was ich nicht so gut ausdrücken kann; sei es, daß meine Sprache oder daß mein Verstand nicht die nötige Kraft dazu besitzt.

Wenn ich einzelne Gesichtspunkte, Vergleiche oder Begründungen auf meinen Acker verpflanze und zwischen die selbstgefundenen setze, so gebe ich absichtlich nicht an, von wem sie genommen sind; ich tue es, um eine Waffe gegen leichtfertige, voreilige Kritik in der Hand zu haben. Alles, was zeitgenössische, besonders junge Schriftsteller publizieren, wird heruntergerissen, wenn es nicht lateinisch ist. Was in der allgemeinen Sprache geschrieben ist, darüber glauben alle sprechen zu dürfen, und man denkt, es wären darin nur die allgemein üblichen Auffassungen und Absichten zu finden: diese Kritiker sollen sich blamieren; sie sollen sozusagen dem Plutarch einen Nasenstüber verabreichen, wenn sie auf meine Nase zielen; sie sollen sich die Finger verbrennen, indem sie in mir den Seneca beschimpfen. Ich muß meine Schwäche verdecken unter diesen großen Namen, denen man Glauben entgegenbringt. . . .[ɔ]

Wissen und Wahrheit können ohne Urteilskraft in uns wohnen, und auch die Urteilskraft ohne die anderen zwei: ist doch die Erkenntnis des Nichtwissens einer der schönsten und sichersten Beweise für die Urteilskraft. Ich habe niemanden, der über die Anordnung meines Stoffes wacht, als den Zufall; wie meine Einfälle sich darbieten, so heimse ich sie ein; einmal drängen sie sich in Menge heran, ein andermal kommen sie ganz langsam und einzeln. Ich will meinen gewöhnlichen und natürlichen Schritt sehen lassen, auch wenn er noch so unordentlich ist; ich lasse meinen Gang so wie er gerade ist. Dieses ganze Zeug braucht man doch auch nicht unbedingt zu kennen; man darf darüber sprechen, wie es Zufall und Laune einem eingibt. Ich würde die Sachen gern vollständiger verstehen; aber ich will für dieses Verstehen nicht so viel bezahlen wie es kostet. Mein Vorsatz ist, den Teil meines Lebens, der mir noch bleibt, angenehm und nicht mühselig zu verbringen; es gibt nichts, worüber ich Lust habe, mir den Kopf zu zerbrechen, auch nicht über das Wissen, so wertvoll es auch sein mag.

Von einem Buch verlange ich weiter nichts, als daß es mir nett die Zeit vertreibt und mir dadurch Freude macht: oder wenn ich studiere, so suche ich nur solches Wissen, das meine Selbstkenntnis fördert und mich lehrt, gut zu sterben und gut zu leben: [b]»Um dieses Ziel zu erreichen, muß mein Pferd schwitzen[28].«[ↄ]

Wenn ich beim Lesen auf Schwierigkeiten stoße, so zerbreche ich mir nicht den Kopf darüber; ich gebe es auf, wenn ich mich ein- oder zweimal darum gemüht habe. [b]Wenn ich mich festbisse, würde ich mich darin verlieren und meine Zeit auch. Denn ich habe einen schnell reagierenden Geist; was ich bei der ersten Bemühung nicht sehe, das sehe ich, wenn ich mich darauf versteife, erst recht nicht. Was ich tue, muß ich fröhlich tun; wenn ich mich zu lange und zu angespannt mit einer Sache beschäftige, wird mein Urteil unsicher; [c]es fehlt ihm dann die Unmittelbarkeit und die Frische. Mein Blick wird unscharf; [b]ich muß ihn wegwenden und dann öfters wieder hinsehen: wie man es machen soll, wenn man den richtigen Eindruck vom Farbglanz eines Scharlachstoffes haben will; da soll man in verschiedener Richtung darüber hinsehen, jedesmal kurz, aber immer wie-

28. Has meus ad metas sudet oportet equus. Properz, IV, 1. 70.

der.[9] Wenn mir ein Buch nicht paßt, nehme ich ein anderes vor; und ich versenke mich nur dann hinein, wenn ich nichts Richtiges zu tun habe und wenn ich anderes satt bekomme. ...

Über alles sage ich frei meine Meinung, auch über das, was ich vielleicht nicht ganz verstehe und worin ich mich durchaus nicht zuständig fühle: was ich darüber äußere, das dient ja auch nur dazu, anzugeben, was an meinen Ansichten dran ist, nicht, was an den Dingen selbst dran ist. ...

Mein Gedächtnis läßt mich oft im Stich; es ist so schlecht, daß ich öfter einmal ein Buch als neu und mir unbekannt wieder zur Hand genommen habe, das ich einige Jahre vorher genau durchgelesen und mit Anmerkungen versehen hatte. Um diesem Übelstand abzuhelfen, habe ich mich seit einiger Zeit daran gewöhnt, auf der Schlußseite von jedem Buch – ich meine von denen, die ich nur einmal durchzulesen beabsichtige – anzugeben, wann ich es fertig gelesen habe und wie ich es im ganzen beurteile; damit ich dann wenigstens den Gesamteindruck, den ich vom Autor bei meiner Lektüre hatte, mir wieder vergegenwärtigen kann. ...

Über die Grausamkeit

Tugend, glaube ich, ist etwas anderes, etwas Edleres als der Hang zum Guten in uns. Innerlich ausgeglichene und gut veranlagte Menschen wandeln auf denselben Bahnen und tragen, in ihrer Handlungsweise, das gleiche Gesicht zur Schau wie tugendhafte Menschen. Aber, wenn ich von Tugend spreche, so klingt unbestimmt etwas Größeres, etwas Aktiveres mit, als sich durch eine glückliche Veranlagung ruhig und friedlich hinter der Vernunft herführen zu lassen. Wer zum Beispiel auf eine Beleidigung nicht reagiert, weil er von Natur nachgiebig und freundlich ist, dessen Handlungsweise wäre sicher sehr schön und sehr lobenswert: aber wenn sich einer durch eine Beleidigung tödlich getroffen und verletzt fühlt, und er trotzdem, entgegen dem leidenschaftlichen Wunsch nach Rache, zur Waffe der Vernunft greift und, nach schwerem Seelenkampf, über die Rachsucht schließlich Herr wird, so hätte dieser sicherlich viel mehr getan. Der erste hätte richtig gehandelt, der zweite tugendhaft; die eine Handlungsweise kann als Güte, die andere als Tugend bezeichnet werden; denn die Bezeichnung Tugend setzt offenbar eine Schwierigkeit und eine Gegenwirkung voraus; ohne Widerstand kann sie sich nicht bewähren. Wahrscheinlich ist das der Grund, warum Gott gut, stark, wohltätig und gerecht heißt, aber wir nennen ihn nicht tugendhaft; was von ihm kommt, kommt alles von selbst und ohne Anstrengung. ...

Die Tugend war es, die den Metellus trieb, allein von allen römischen Senatoren den Übergriffen des gewalttätigen Volkstribuns Saturninus die Stirn zu bieten, als dieser mit aller Gewalt ein ungerechtes Gesetz zugunsten der Plebejer durchbringen wollte; dadurch war er dem Tode verfallen, weil Saturninus diese Strafe für Opposition festgesetzt hatte; seine Freunde, die ihn auf dem letzten Gang zum Richtplatz begleiteten, unterhielt er mit folgendem Gespräch: »Böses tun sei zu leicht und zu feig; recht handeln, wenn keine Gefahr dabei ist, sei etwas Gewöhnliches; aber das Rechte zu tun, obwohl es gefährlich ist, das sei die eigentliche Aufgabe eines Mannes, der die Tugend vertreten wolle.« Diese Worte des Metellus geben uns ein deutliches Beispiel dafür, was ich zeigen wollte, daß nämlich Tugend und Leichtigkeit nicht zusammengehen; und daß der bequeme, glatte, leicht bergab führende Weg, auf dem der natürliche Hang zum Guten gleichmäßig dahinwandelt, nicht der Weg der eigentlichen Tugend ist; sie verlangt einen rauhen, dornigen Pfad; sie verlangt entweder die Überwindung äußerer Widerstände, die das Schicksal dem Menschen, wie bei Metellus, gern in den Weg legt und ihn dadurch von seiner geraden Linie abzubringen sucht, oder aber innerer Widerstände, die in den dunklen Trieben cund den sonstigen Unvollkommenheitenↄ unseres Menschseins enthalten sind. ...

Tugenden können auch übertrieben werden; dafür ist der junge Cato ein gutes Beispiel. Er ersticht sich und geht in den Tod. Wenn ich mir das vorstelle, so glaube ich ihm nicht ohne weiteres, daß er gar keine Aufregung und keinen Schrecken empfunden habe; daß er allein die gelassene Haltung, welche ihm durch die Gebote der stoischen Sekte vorgeschrieben war, dauernd beibehielt, ohne Erregung und ohne Teilnahme: der Tugend dieses Mannes war, glaube ich, zuviel Kraft und Vitalität beigemischt, als daß er sich damit begnügt hätte: er fühlte zweifellos Freude und Wonne an seinem, ach, so edlen Tun und genoß es, wie kein anderes seines Lebens. [c]»So schied er aus dem Leben, in dem freudigen Gefühl, einen Grund für sein Sterben gefunden zu haben[29].«[c]

Ich zweifle – so bestimmt nehme ich das an –, daß er den Wunsch gehabt hätte, die Gelegenheit zu einer so schönen Heldentat möge ihm genommen werden. Ja, wenn ich nicht bedenken müßte, wie uneigennützig er sein Privatinteresse hinter dem Gemeinwohl zurücktreten ließ, würde ich noch weiter gehen und annehmen: er war dem Schicksal dankbar, daß es ihn seine Tugend so prächtig zeigen ließ und daß es seinem schurkischen Gegner erlaubt hatte, die alte Freiheit seines Vaterlandes mit Füßen zu treten. Ich lese aus seinem Handeln etwas wie einen inneren Genuß heraus; er muß aus dem Gefühl seiner edlen und erhabenen Handlungsweise eine durch ihre Besonderheit erregende Freude und eine Art männlicher Wollust geschöpft haben; [b]»Stolzer als der Tod[30].«[b]

Das hat nichts zu tun mit einem unklaren Vorgefühl des Ruhms, wie gewisse Leute es sich in ihrem banalen und unmännlichen Denken zurechtgelegt haben (denn dieser niedrige Gesichtspunkt beeindruckt einen so edlen, stolzen und schroffen Charakter nicht); sondern sein Gefühl entzündete sich an der Schönheit der Sache an sich. ...

29. Sic abiit e vita, ut causam moriendi nactum se esse gauderet. Cicero, Tusc., I, 30.

30. Deliberata morte ferocior. Horaz, Oden, I, 37, 29

Manche Tugenden, wie Keuschheit und Nüchternheit im Essen und Trinken, können zu uns kommen, weil der Körper nicht mehr mitmacht; Standhaftigkeit bei Gefahr (wenn man das dann noch Standhaftigkeit nennen kann), Gleichgültigkeit gegen den Tod, Geduld im Unglück stellen sich oft deshalb bei den Menschen ein, weil sie nicht recht sehen, was ihnen zustößt und was es damit für eine Bewandtnis hat; Verständnislosigkeit und Dickfelligkeit bringen manchmal ganz ähnliche Wirkungen hervor wie tugendhafte Gesinnung; wie ich oft habe beobachten können, daß einer gelobt wird für etwas, wofür er eigentlich Tadel verdient.

Über dieses Thema hörte ich einmal einen vornehmen Italiener, nicht gerade zum Ruhme seiner Landsleute, sich folgendermaßen äußern: Die geistige Gewandtheit und die Einfühlungsfähigkeit der Italiener sei so groß, daß sie Gefahren lange vorausahnten; man dürfe sich deshalb nicht wundern, wenn sie im Kriege oft um ihre Sicherheit sich besorgt zeigten, auch wenn die Gefahr noch nicht unmittelbar erkennbar sei. Die Franzosen, und ebenso die Spanier, wären nicht so fein; deshalb wagten wir uns weiter vor; wir müßten die Gefahr erst vor Augen sehen und mit ihr in Berührung kommen, ehe wir Angst davor bekämen; dann hätten wir auch nicht mehr Haltung; die Deutschen und die Schweizer aber, von Natur gröber und schwerfälliger, merkten auch dann noch kaum, was eigentlich los sei, wenn die Schläge schon auf sie niederprasselten. Er meinte das natürlich spöttisch. Es ist aber beim Kriegshandwerk wirklich so, daß die Neulinge sich oft leicht der Gefahr aussetzen, unbedachter als später, wenn sie abgebrühter sind: [b]»Er weiß, wie der Waffenruhm ein junges Herz lockt und die Aussicht, sich im ersten Gefecht auszuzeichnen[31].«[b]

Deshalb muß man, um eine Einzelhandlung beurteilen zu können, vielerlei Umstände in Betracht ziehen und, wenn man sie richtig benennen will, davon ausgehen, wie der betreffende Mensch im ganzen aussieht. . . .

31. Vergil, Aen., XI, 154.

Ich habe mir nie besondere Mühe gegeben, die Wünsche, die mich bestürmten, zu bekämpfen; meine Tugend ist eine Zufallstugend oder besser, eine Zufallsunschuld. Wenn ich eine stärkere Anlage zur Liederlichkeit gehabt hätte, so hätte ich wahrscheinlich jämmerlich Schiffbruch gelitten; denn ich habe eigentlich nie wirkliche seelische Energie aufwenden müssen, um mit meinen Leidenschaften fertig zu werden; wer weiß, wie es gegangen wäre, wenn sie nur ein wenig drängender gewesen wären: innerlich kämpfen, das kann ich nicht. Deshalb darf ich mir nichts darauf einbilden, daß ich eine Anzahl Laster nicht habe; ... das verdanke ich mehr meinem Glück als meiner Vernunft; stamme ich doch von einer anerkannt anständigen Familie und von einem sehr guten Vater ab: vielleicht hat seine Erbanlage, oder das Vorbild zu Haus, oder vernünftige Erziehung dazu beigetragen: ... jedenfalls locken mich die meisten Laster durchaus nicht, sondern sie sind mir von innen heraus zuwider. ...
Was Gutes an mir ist, das habe ich dagegen durch den Zufall meiner Geburt erworben; ich verdanke es nicht Gesetzen, Vorschriften oder sonst etwas Gelerntem: [b]die Unschuld in mir ist eine Unschuld der Einfalt: es ist wenig Energisches und durchaus nichts Beabsichtigtes daran.[ɔ] Die Grausamkeit ist mir von allem Bösen am meisten zuwider; instinktmäßig und verstandesmäßig sehe ich in ihr den Gipfel aller Bosheit. Aber ich bin dabei so empfindlich, daß ich nicht ohne Kummer zusehen kann, wenn einem Huhn der Hals umgedreht wird, und hören, wenn ein Hase, den die Hunde packen, verzweifelt wimmert, obwohl ich leidenschaftlich gern jage. ...
Ich empfinde leicht Mitleid, wenn andere leiden, und ich würde gern mitweinen, wenn ich überhaupt weinen könnte; [c]Tränen rühren mich noch am meisten zu Tränen, nicht nur wirkliche, sondern auch gemimte und gemalte Tränen.[ɔ] Die Toten entlocken mir kaum eine Klage; ich möchte sie eher beneiden; aber sehr leid tun mir die, die im Sterben liegen. Ich fühle mich nicht so abgestoßen von den Wilden, die die

Körper der Toten braten und verspeisen, als von Menschen, die Lebende foltern. . . .
Alles, was, auch beim Gerichtsverfahren, über den einfachen Tod hinausgeht, scheint mir bloße Grausamkeit; wir sollten doch eigentlich so viel Respekt vor den Seelen haben, daß wir sie unversehrt ins jenseitige Leben schicken; aber das ist unmöglich, wenn wir sie durch unerträgliche Folterqualen außer sich gebracht und der Verzweiflung in die Arme getrieben haben. . . .
Ich lebe in einer Zeit, in der, wie es in wilden Bürgerkriegen nun einmal ist, Beispiele kaum glaublicher Grausamkeit sich häufen. Fälle, die schlimmer sind als die furchtbarsten Berichte aus der Antike, sind heute etwas Alltägliches. Trotzdem habe ich mich durchaus nicht damit abgefunden. Ehe ich es gesehen habe, habe ich mir gar nicht denken können, daß Menschen so barbarisch sein sollten, aus bloßer Mordlust einen Mitmenschen zu töten, ihm Glieder abzuhacken, mit allem Scharfsinn unbekannte Qualen und neue Todesarten auszudenken, und zwar nicht etwa aus Haß oder Profitgier, sondern nur zu dem Zweck, sich an dem Schauspiel eines Menschen in Todesnot zu weiden, an seinen Schmerzensgesten und an seinem Stöhnen und Schreien. Das ist doch offenbar die Höhe der Grausamkeit, [c]»daß ein Mensch seinen Mitmenschen tötet nicht aus Zorn, nicht aus Angst, nur weil er ihn sterben sehen will[32]«.ↄ . . .
Naturen, die am Blut der Tiere ihre Freude haben, zeigen damit einen natürlichen Hang zur Grausamkeit. [b]Nachdem man sich in Rom an das Schauspiel von Tiermorden gewöhnt hatte, ging man über zu Menschenmorden und Gladiatorenspielen. Der Mensch hat, fürchte ich, von der Natur selbst etwas wie einen Instinkt zur Unmenschlichkeit mitbekommen; niemand gerät in Sportbegeisterung, wenn er zusieht, wie Tiere miteinander spielen und sich schön tun; aber jeder wird unweigerlich von ihr gepackt, wenn sie sich untereinander zerhacken und zerfleischen.ↄ Mein Mitgefühl

32. Ut homo hominem, non iratus, non timens, tantum spectaturus, occidat. Seneca, Epist. 90.

mit den Tieren wird man vielleicht komisch finden; dagegen gebe ich zu bedenken, daß sogar die Theologie ihnen einen gewissen Schutz zubilligt; sie hat recht, etwas Achtung vor ihnen und etwas Gefühl für sie von uns zu verlangen, von dem Gesichtspunkt aus, daß der gleiche Meister uns zu seinem Dienst in die schöne Welt gesetzt hat, und daß die Tiere ebenso wie wir zu seinem Hause gehören. ...
[Zwar gebe ich nicht viel auf die Seelenwanderung, die eine Art Vetternschaft mit den Tieren voraussetzt, noch auf die Vergöttlichung der Tiere], aber es gibt doch auch weniger extreme Theorien. Wenn ich da zum Beispiel auf die vernünftigen Bemühungen stoße, auf die große Ähnlichkeit zwischen uns und den Tieren hinzuweisen, zu zeigen, wieviel Anteil sie an den Eigenschaften haben, die als die wichtigsten Vorrechte des Menschen gelten, und wie wahrscheinlich es ist, daß eine Gattungsverwandtschaft zwischen beiden besteht, da schraube ich gewiß unseren Dünkel weit herab und verzichte gern auf den königlichen Rang, den die menschliche Einbildung uns vor allen anderen Geschöpfen anweist.
Wie dem auch sei, jedenfalls empfinden wir eine gewisse Achtung, eine allgemeine Verpflichtung zu menschlichem Verhalten, die uns nicht nur mit den Tieren, die ein Gefuhlsleben haben, verbindet, sondern sogar mit Bäumen und Pflanzen. Gegen Menschen sollen wir gerecht sein, gegen die anderen Wesen, die dafür empfänglich sind, freundlich und gütig: es besteht ein geheimes Band zwischen ihnen und uns, ein gegenseitiges Aufeinander-angewiesen-Sein. ...

Apologie des Raimond Sebond

Anmaßung ist unsere eigentliche angeborene Krankheit. Das unseligste und gebrechlichste aller Geschöpfe ist der Mensch, und immer wieder auch das stolzeste. Er haust hier – und er fühlt und sieht es deutlich – im Schmutz und Kot der

Welt, angeschmiedet an den übelsten, totesten, fauligsten Teil des Alls, in der niedrigsten Sphäre, bei den Würmern, die dem Himmel am fernsten ist; und in der Einbildung maßt er sich seinen Platz über der Mondesbahn an und denkt, er schwebe über dem Himmel. Dieselbe leere Einbildung führt ihn dazu, sich Gott gleich zu achten, sich göttliche Qualitäten zuzuschreiben, sich eine Sonderstellung anzumaßen, getrennt von allen übrigen Geschöpfen, willkürlich zu bestimmen, was den Tieren, seinen Mitbrüdern und Gefährten, zugebilligt werden soll an Fähigkeiten und Kräften. Wie kann er denn mit Hilfe seines Verstandes erkennen, was im verborgenen Inneren der Tiere vor sich geht? Woraus schließt er, wenn er sie mit uns vergleicht, daß sie dümmer sind als er? [c]Wenn ich mit meiner Katze spiele, wer weiß denn, ob sie sich nicht eher die Zeit mit mir vertreibt, als ich mit ihr? Die Späße, mit denen wir uns unterhalten, sind gegenseitig; ich kann anfangen und aufhören, wann ich will; die Katze auch.[ɔ] . . .

Der Mangel, der ein gegenseitiges Verständnis zwischen Tieren und Menschen verhindert, warum sollte der nicht ebensogut bei uns wie bei ihnen zu suchen sein? Es ist nicht gesagt, an wem es liegt, daß wir einander nicht verstehen; denn wir verstehen sie auch nicht besser als sie uns: aus diesem Grunde können sie uns ebensogut für dumme Tiere halten wie wir sie. Es ist nicht zu verwundern, wenn wir sie nicht verstehen; bei den Basken und anderen fremden Völkern geht es uns ebenso. . . .

Es ist doch offenbar, daß Tiere sich untereinander verständigen; . . . [c]z. B. dienen ihre Bewegungen zu sinnvollen Äußerungen[ɔ]. . . . Warum nicht? Können doch auch unsere Stummen durch Zeichen abweichende Meinungen, Beweise, ja ganze Geschichten ausdrücken. . . . Was sagen sich Verliebte nicht alles mit den Augen: Zorn, Versöhnung, Bitten, Danken, Verabredungen usw. »Auch das Schweigen kann sehr wohl noch bitten und sprechen[33].«

33. E'l silentio ancor suole / Haver prieghi e parole. Tasso, Aminta, II, Chor 34.

[c]Und erst recht mit den Händen. Sie brauchen wir zum Auffordern, zum Versprechen, zum Rufen, zum Verabschieden, zum Drohen, zum Bitten und Beschwören, zum Neinsagen, Zurückweisen, Fragen, Bewundern, Zählen, zum Beichten, zum Ausdruck von Reue, Furcht, Scham, Zweifel, zum Belehren, Befehlen, Anspornen, Mut machen, Schwören, Bezeugen, Anklagen, Verurteilen, Sünden vergeben, zum Zeichen des Schimpfens, der Verachtung, der Herausforderung, des Ärgers, des Schmeichelns, des Beifalls; zum Segnen, zum Demütigen, zum Spotten, zum Ausdruck der Versöhnung, der Empfehlung, des Lobens und Preisens, der Freude, der Klage, des Kummers, des Kleinmuts, der Verzweiflung, des Staunens; zur Unterstützung des Schreiens und des Schweigens; und wozu nicht noch alles? Man kann beliebig fortfahren, so verschiedenartig und vielgestaltig sind die Ausdrucksmöglichkeiten der Hand. Mit dem Kopf deuten wir an, daß wir einladen, abweisen, etwas zugeben oder in Abrede stellen, widersprechen, begrüßen, Hochachtung oder Verehrung erweisen, verschmähen, fragen, wegschicken, Freude, Jammer und Zuneigung zeigen, auszanken, demütigen, trotzen, mahnen, drohen, beruhigen, forschen. Was können wir alles mit den Augenbrauen, mit den Schultern andeuten! Jede Körperbewegung sagt etwas, und zwar in einer Sprache, die man nicht zu lernen braucht und die jeder versteht; so kommt es, daß, gegenüber der Verschiedenheit und der speziellen Verwendbarkeit der Wortsprachen, diese Gestensprache als der eigentliche Ausdruck der menschlichen Natur gewertet werden muß.⌉ . . .
[Sind die Menschen wirklich mehr wert als die Tiere?] Die Dichter heben als besonderen Vorzug unseren aufrechten Gang hervor, so daß wir zum Himmel schauen, der unsere Heimat ist; . . . das ist wahrhaftig ein gedichteter Vorzug; denn es gibt eine ganze Menge kleiner Tiere, deren Augen ganz nach dem Himmel zu gerichtet sind; und den hohen Wuchs von Kamel und Strauß finde ich noch erhabener und aufrechter als unseren. [c]Die meisten Tiere haben doch das Gesicht oben und vorn, sehen, wie wir, geradeaus, und

wenn sie in ihrer Normalstellung sind, umfaßt ihr Blick Himmel und Erde in gleicher Weise, wie der des Menschen.[ↄ] ...

Wenn ich daran denke, wie der Mensch nackt aussieht, auch das sogenannte schönere Geschlecht, was er alles für Fehler, natürliche Schwächen und Unvollkommenheiten aufweist, so finde ich, daß wir es nötiger gehabt haben als jedes andere Tier, für uns die Kleidung zu erfinden. ... Es ist doch auch beachtenswert, daß von Leuten, die etwas davon verstehen, als Mittel gegen Liebesleidenschaft empfohlen wird, man solle den ersehnten Leib ganz frei und unverhüllt ansehen; man brauche den geliebten Gegenstand nur ganz vorurteilslos zu betrachten, da kühle sich die Zuneigung sofort ab. ...

[Nehmen wir einmal an, nicht das Äußere, sondern das Denken sei unser Hauptvorzug vor den Tieren]: Da sieht unser Anteil so aus: wir besitzen Wankelmut, Unentschlossenheit, Unsicherheit, Trauer, Aberglauben, Sorge um die Zukunft, auch über unseren Tod hinaus, Ehrgeiz, Habsucht, Eifersucht, Neid, zügellose, sinnlose und hemmungslose Lüste, Krieg, Lüge, Unredlichkeit, Verleumdung und Neugier. Damit haben wir den schönen Verstand, auf den wir uns so viel zugute tun, und die Fähigkeit zum Urteil und zur Erkenntnis bestimmt überzahlt, wenn wir ihn erkauft haben mit den unendlich zahlreichen schlimmen Verirrungen, denen wir dauernd ausgesetzt sind. ...

[Ist Wissen immer ein Vorzug?] Ich habe in meinem Leben Hunderte von Handwerkern und Arbeitern kennengelernt, die weiser und glücklicher waren als Universitätsprofessoren und denen ich lieber ähnlich sein möchte. Gelehrtes Wissen ist zum Leben ebenso notwendig wie Ruhm, Adel und Würde, [c]oder höchstens wie Schönheit und Reichtum, welche einen realen Nutzen aufweisen können; [b]aber diese Notwendigkeit ist nicht unmittelbar; sie besteht mehr in unserer Einbildung als in der Wirklichkeit. ... [c]Wer klug wäre, würde den wahren Wert jeder Sache daran messen, wie weit sie für sein Leben nützlich und verwertbar ist[ↄ].

Könnten wir zählen, was an wirklich Ausgezeichnetem in Taten und Haltung geleistet wird, und zwar in jeder moralischen Sphäre, so würde die Summe bei den Ungelehrten größer sein als bei den Gelehrten. Noch eins möchte ich sagen: nur Demut und Unterwerfung formt den Menschen recht. Zu erkennen, was Pflicht ist, können wir nicht der Beurteilung jedes einzelnen überlassen; das muß ihm vorgeschrieben werden; es darf ihm nicht überlassen werden, so zu entscheiden wie er es sich denkt: sonst würde es, bei der Schwachheit und der unendlichen Vielgestaltigkeit unseres Denkens und Meinens, schließlich so weit kommen, daß wir als Pflicht empfänden, uns gegenseitig aufzufressen.

Das erste Gesetz, das Gott dem Menschen gegeben hat, war ein Gebot des reinen Gehorsams. ... ᶜAus dem Gehorchen und dem Sichfügen kommt alles andere Gute; wie aus dem Denken alle Sünde. Und umgekehrt; die erste Versuchung durch den Teufel, sein erstes Gift, fand den Weg in das menschliche Herz durch sein Versprechen von Wissen und Erkenntnis: »Ihr werdet sein wie Gott und wissen, was gut und böse ist[34].«ᵓ ...

Wenn auch das Wissen wirklich die Wirkung hätte, die man ihm nachrühmt, nämlich das Unglück, von dem wir heimgesucht werden, weniger bitter empfinden zu lassen, so erreicht es damit nichts anderes, als was Unwissenheit viel unmittelbarer und viel sicherer erreicht. ...

Wieviel Menschen sind krank geworden, bloß weil sie sich einbildeten, es zu sein! Sie lassen sich behandeln und allerlei Mittel eingeben, um Leiden zu heilen, die sie nur fühlen, weil sie sie sich ausdenken. ... Wie anders als das Leben eines Menschen, der der Sklave solcher Ideen ist, ist das eines Landarbeiters, der sich nach seinen natürlichen Wünschen richtet, der die Dinge so ansieht, wie er sie gerade fühlt, ohne die Zukunft vorauszuwissen; er fühlt Schmerzen nur, wenn er wirklich welche hat; während der andere oft schon

34. Eritis sicut dii, scientes bonum et malum. 1. Mos. 3. 5.

Steinleiden in der Seele hat, ehe es in den Nieren auftritt: als ob es nicht früh genug wäre, das Leid zu dulden, wenn es da ist, nimmt er es voraus und läuft ihm sozusagen entgegen. ...

Unseren Glauben haben wir uns nicht selbst geschaffen; er ist uns rein geschenkt von der milden Hand eines Höheren; nicht auf dem Wege der verstandesmäßigen Überlegung sind wir zu unserer Religion gekommen, sondern durch eine Macht und ein Gebot von außen: dabei ist die Schwäche unseres Urteils eine wesentlichere Hilfe für uns als seine Stärke, unsere Blindheit erreicht mehr als unser Scharfblick; unsere Unwissenheit, nicht unser Wissen, ist der Weg, auf dem wir dieser göttlichen Weisheit teilhaftig werden. Es ist nicht zu verwundern, wenn unsere natürlichen irdischen Denkkräfte diese übernatürliche, himmlische Erkenntnis nicht fassen: was wir dazu tun können, ist nur, ihr zu gehorchen und uns ihr zu unterwerfen. ...

Steht es in der Macht des Menschen, zu finden, was er wissen will? Diese Frage muß ich nun noch im allgemeinen zu beantworten versuchen. Hat das Forschen, um das er sich jahrhundertelang bemüht, ihm wirklich eine neue Kraft und eine Wahrheit eingebracht, auf die er sich verlassen kann? Wenn er ehrlich ist, so glaube ich, wird er mir gestehen, daß der ganze Gewinn, den er aus dem langen Suchen gezogen hat, darin besteht, daß er erkannt hat, wie schwach er ist. Die in unserer Natur liegende Begrenzung unseres Wissens haben wir in langem Studium bestätigt gefunden. Den in Wahrheit Wissenden ist es gegangen wie den Kornähren; solange sie leer sind, gehen sie aufrecht daher und recken den Kopf stolz hoch; aber wenn sie reif werden und voll von schweren Körnern, fangen sie an, sich demütig zu neigen; genauso ist es bei den Menschen: nachdem sie alles versucht und durchforscht und in all der Masse verschiedenartigen Wissens nichts Festes und Gediegenes, nichts als Wind gefunden haben, haben sie auf ihre Anmaßung Verzicht geleistet und erkannt, wie sie von Natur sind. ...

Unwissenheit, die sich ihrer bewußt wird, die sich beurteilt und verurteilt, ist keine vollständige Unwissenheit; dazu muß sie unbewußt sein. Deshalb legen es die Skeptiker darauf an, alle Sicherheit zu erschüttern, immer neu zu zweifeln und zu fragen, bei nichts sich zu beruhigen, für nichts zu garantieren. ... [b]Warum soll man ihnen nicht zugestehen, daß sie nur zusehen, wie die Dinge sind, daß sie aber in der Beurteilung sich ihre Freiheit wahren und sich nicht zu einer bestimmten Stellungnahme zwingen lassen?ↄ ... [c]Liegt nicht ein gewisser Vorteil darin, sich von dieser Notwendigkeit, der die anderen unterworfen sind, frei zu fühlen? [b]Ist es nicht besser, auf die Stellungnahme zu verzichten, als sich in einen der vielen Irrtümer zu verwickeln, die die menschliche Phantasie hervorgebracht hat? Ist es nicht besser, sich der Stimme zu enthalten, als sich in den üblichen Aufruhr und Lärm des Meinungsstreits zu stürzen? [c]Wofür soll ich mich entscheiden? »Wofür du willst, nur entscheide dich!« Das ist eine dumme Antwort; aber jeder Dogmatismus muß zu ihr kommen, denn jeder Dogmatismus will uns verhindern zuzugeben, daß wir nicht wissen, was wir nicht wissen.ↄ ...

[Auch wenn sich einer nicht einer bestimmten Lehre anschließt], [c]weil er sich zu einer eindeutigen Entscheidung nicht getrieben fühlt, und weil er empfindet, daß er sich nicht einsetzen darf, da vielleicht doch etwas Unrichtiges daran sei, hindert das nicht, daß er die Anforderungen, die das Leben an ihn stellt, vollständig und ohne anzustoßen erfüllt. Wie viele Arbeitsrichtungen gibt es, die es ausgesprochenermaßen mehr mit Vermutungen als mit bestimmtem Wissen zu tun haben; in denen es nicht darum geht, zwischen falsch und richtig zu unterscheiden, sondern bei denen der Anschein allein den Ausschlag gibt. Es gibt, sagen diese, Wahres und Falsches; es liegt in uns der Trieb, diesem Unterschied nachzugehen, aber nicht die Macht, ihn sicher zu bestimmen. Es ist viel besser für uns, wenn wir uns, ohne genaue Nachprüfung, in den Gang der Welt einfügen: unter dem Schutz von Vorurteilen gelingt es der Seele wunderbar, zur inneren Ruhe zu gelangen; Leute, die ihre Richter dauernd beurteilen und kontrollieren, unterwerfen sich dem Urteilsspruch nie so, wie es sein müßte.

Wieviel folgsamer und lenksamer sind, sowohl auf religiösem wie auf politischem Gebiet, einfache Menschen ohne besonderen Wissensdrang als die Geister, die bei allen göttlichen und menschlichen Dingen die Gründe erkennen und überwachend und erziehend in sie eingreifen wollen.[ↄ] Nichts, was Menschen erfunden haben, ist so wahrheitsnah und nützlich wie eine solche Hingabe: sie stellt den Menschen nackt und leer hin, wie er ist; sie erkennt seine natürliche Schwäche und ist deshalb bereit, von oben her eine fremde Macht auf sich einwirken zu lassen; sie ist nicht mit menschlichem Wissensdrang belastet und darum um so offener für göttliche Erkenntnis; sie achtet die eigene Urteilskraft gering und gibt dadurch dem Glauben mehr Raum; [c]sie verleitet nicht zum Unglauben[ↄ] und zur Bildung von Dogmen, die der üblichen Religionsübung zuwiderlaufen; sie macht demütig, gehorsam, eifrig, sie ist die geschworene Feindin jeder Häresie und infolgedessen gefeit gegen die respektlosen Irrlehren, die von falschen Sekten verbreitet werden. [c]Sie ist wie ein weißes Blatt, auf das Gottes Finger schreiben kann, was er will. Wir werden um so vollkommener, je mehr wir uns dem Willen Gottes unterstellen und uns ihm hingeben und damit auf unser Selbst Verzicht leisten[ↄ]. »Nimm«, sagt der Ecclesiasticus[35], »die Dinge in gutem Sinne, so wie sie sich gerade bieten, wie sie gerade heute aussehen und munden; das übrige ist für dich nicht erkennbar.« ...

Über die Religion haben die Menschen seit alter Zeit immer menschlich gedacht; und diejenige von diesen Vorstellungen scheint mir noch die wahrscheinlichste und entschuldbarste, die in Gott eine unverstehbare Macht sieht, den Schöpfer und Bewahrer aller Dinge, ganz Güte und Vollkommenheit; die Verehrung, die die Menschheit ihm entgegenge-

35. Eccles., 3. 22: Altiora te ne quaesieris, et fortiora te non scrutatus fueris; sed quae praecepit tibi Deus, illa cogita semper, et in pluribus operibus eius ne fueris curiosus. [Montaigne zitiert sehr frei.]

bracht hat, hat er freundlich aufgenommen, gleichgültig, unter welchem Bild, unter welchem Namen und in welchen Formen das geschah: [c]»Allmächtiger Jupiter, Vater und Mutter der Welt, der Könige und der Götter[36].«ɔ ...

[Der Versuch Numas, eine reine Gedankenreligion einzuführen, war erfolglos]: [c]Der Menschengeist hat keinen Halt, wenn er sich in der Unbegrenztheit gestaltloser Gedanken bewegt: er muß sie zu bestimmten Bildern verdichten, die seiner Welt entnommen sind. So hat sich die göttliche Majestät in das beschränkte Bild einer körperlichen Erscheinung bannen lassen; seine unirdische Heiligkeit wird durch Zeichen angedeutet, die unserer Irdischkeit entsprechen; seine Anbetung kommt zum Ausdruck in einem Gottesdienst, den man sehen, und in Worten, die man hören kann: denn es sind Menschen, die glauben und beten.

Die Gründe, die sonst noch für diese Verdinglichung sprechen, lasse ich beiseite; jedenfalls wird schwerlich jemand mich überzeugen, daß nicht eine warme religiöse Stimmung, die sehr nützlich wirkt, von ihr ausgelöst wird: vom Anschauen der christlichen Kruzifixe und der Bilder der Leidensgeschichte, vom Schmuck und den rituellen Bewegungen in unseren Kirchen, von dem andächtigen Gesang und überhaupt von dem sinnlichen Reiz des Gottesdienstes.ɔ

Hätte ich mich für eine der Verkörperungen der Gottheit, die nun einmal bei der allgemeinen Blindheit für uns Menschen unumgänglich sind, entscheiden müssen, so hätte ich mich, glaube ich, am liebsten der Sonnenanbetung angeschlossen,

O Sonne, die du leuchtest wie ein Auge!
Wenn Augen wir in Gottes Antlitz ahnen,
Sind Sonnenstrahlen seiner Augen Strahlen,
Die alles Leben wecken und beschützen,
Und unser Tun hier unten immer sehen.
Du schöne, große Sonne schaffst den Wandel
Des Jahres bei dem Gang durch die zwölf Häuser,

36. Iupiter omnipotens, rerum, regumque deumque progenitor, genetrixque. Augustin, De civitate Dei, VII, 9.

Du füllst das All mit Zeichen deiner Kraft,
Zerteilst mit einem Blicke das Gewölk;
Als Weltengeist und -seele, glühend, flammend,
Umrundest du tagtäglich alle Himmel;
Unendlich und doch rund, fest und doch schweifend,
Bestimmst du in der Tiefe unsre Welt,
In Ruhe rastlos, ruhelos und zwecklos;
Sohn der Natur und Vater allen Lichts[37]!

Ist doch die Sonne nicht nur groß und schön, sondern zugleich so weltenfern von uns, und infolgedessen uns so wenig bekannt, daß es verzeihlich scheint, wenn die Menschen sie bewundert und verehrt haben. ...

Zur Vergöttlichung eignen sich die Objekte am besten, die uns am wenigsten bekannt sind; denn Wesen unserer Art anzubeten, die Krankheiten, Sünden und dem Tod ausgesetzt sind, wie es im Altertum üblich war, ja, Menschen, die man hatte leben und sterben sehen, die von unseren Leidenschaften beherrscht gewesen waren, das ist doch eine unvorstellbare Unvernunft; da hätte ich mich noch lieber denen angeschlossen, die Schlange, Hund oder Rind anbeteten. Deren Natur und Wesen ist uns weniger bekannt; deshalb haben wir mehr Berechtigung, diesen Tieren anzudichten, was wir wollen, und ihnen außerordentliche Fähigkeiten zuzuschreiben: aber der Gedanke, Götter nach Menschenart, deren Unvollkommenheiten wir doch kennen müssen, zu erfinden, ihnen Wünsche, Zorn, Rache, Heirat, Zeugung und Verwandtschaft, Liebe und Eifersucht, unsere Glieder und Knochen, unser Fieber, unsere Freuden, [c]unseren Tod und unsere Art des Begräbnisses[ↄ] anzudichten, dieser Gedanke kann nur in einer unbegreiflichen Benebelung des menschlichen Verstandes entstanden sein. ...

[c]Wie die Mohammedaner sind auch manche Christen dem Irrtum verfallen, daß sie nach der Auferstehung ein irdisches, weltliches Leben erhofften, mit allen Freuden und Annehmlichkeiten der Erde[ↄ]. Glauben wir, daß Plato, der

37. Ronsard, Romontrance au peuple de France.

doch vom Himmel etwas ahnte und der mit dem Göttlichen so vertraut war, daß dies in seinem Beinamen zum Ausdruck kam, gemeint habe, der Mensch, dieses arme Geschöpf, könne diese unverstehbare Macht irgendwie deuten? und daß er geglaubt habe, unser schwaches Fassungsvermögen sei geeignet und die Kraft unserer Sinne sei ausreichend, um uns eine Vorstellung von der Seligkeit oder der ewigen Verdammnis zu ermöglichen? Im Namen der Menschenvernunft müßte man dann so zu ihm sprechen: Wenn die Freuden, die du uns im anderen Leben versprichst, derart sind, wie ich sie hier auf Erden gefühlt habe, so haben sie nichts mit der Ewigkeit zu tun. Wenn auch meine natürlichen fünf Sinne überglücklich gemacht würden und meine irdische Seele alles Glück erführe, das sie hoffen und wünschen kann, so kennen wir doch ihre Begrenzung; das wäre dann alles noch nichts; wenn noch etwas Persönliches darin ist, ist nichts Göttliches dabei; wenn alles das nichts anderes ist, als was wir auch im jetzigen Leben erfahren können, so kann es nicht in Betracht kommen: ᶜalles Glück der Sterblichen ist sterblichᵓ; das Wiedersehen mit unseren Eltern, unseren Kindern und Freunden, angenommen, es könnte in der anderen Welt uns noch berühren und beglücken, und angenommen, es läge uns dann noch etwas an dieser Freude, so bleiben wir immer im Rahmen irdischer und begrenzter Annehmlichkeiten. Ihrer Würde entsprechend können wir die Größe der göttlichen Verheißungen nicht erfassen, solange wir sie noch irgendwie erfassen können; wenn wir uns eine angemessene Vorstellung davon bilden wollen, muß sie unvorstellbar, unsagbar und unverstehbar sein, ᶜjedenfalls ganz abweichend von allem, was unsere elende Erfahrung uns lehrt.ᵓ …

Die Seidenraupen vertrocknen erst und sterben gleichsam, und statt ihrer entsteht ein Schmetterling, und daraus wird wieder eine andere Seidenraupe, die man natürlich nicht der ersten gleichsetzen darf; was einmal zu existieren aufgehört hat, lebt nicht mehr. … Und wenn du, Plato, dann wieder sagst, dem geistigen Teil des Menschen würde es

zufallen, im andern Leben den Lohn zu empfangen, sagst du uns etwas ebenso Unwahrscheinliches, wie mit der Umgestaltung des Leibes: denn dann wird ja nicht dem Menschen, folglich auch nicht uns, diese Seligkeit zuteil; sind wir doch aus zwei Wesensteilen zusammengesetzt, deren Trennung eben den Tod und das Aufhören unseres Wesens bedeutet: »Denn des Lebens Ende ist eingetreten, und alle Bewegung läuft ohne Zusammenhang mit den Sinnen ab[38].« Wir glauben doch auch nicht, daß der Mensch leidet, wenn seine einst lebenden Glieder von Würmern zernagt werden und in der Erde verwesen: »Das geht uns nichts mehr an, denn wir sind ein Ganzes, in dem Körper und Seele eng verbunden sind und das nur in ihrer Gemeinsamkeit existiert[39].« Schließlich ist noch folgendes zu bedenken: wie ist es mit der Gerechtigkeit der Götter vereinbar, daß sie dem Menschen nach seinem Tode seine guten, seine tugendhaften Handlungen anrechnen und belohnen, da sie selbst es sind, die sie in seinem Innern angeregt und bewirkt haben? Und warum zürnen sie über seine Sünden, da sie ihn doch selber mit dieser Anlage zur Unvollkommenheit erschaffen haben und ihn mit einem Wink verhindern können, zu sündigen? ...
Für einen Christenmenschen ist mir die folgende Ausdrucksweise immer respektlos und unehrerbietig erschienen: »Gott kann nicht sterben; Gott kann sich nicht widersprechen; Gott kann dies oder das nicht tun.« Ich finde es nicht gut, wenn wir Gottes Allmacht unseren Sprachgesetzen unterordnen; was uns in diesen Sätzen zunächst so richtig scheint, das müßten wir in demütigere und gottesfürchtigere Worte kleiden.

Unsere Sprache, wie alles übrige, hat Schwächen und Fehler; die meisten Mißverständnisse auf Erden beruhen auf sprachlichen Mißverständnissen; unsere Prozesse entstehen fast immer aus dem Streit über Gesetzesinterpretation; die mei-

38. Inter enim iecta est vitai pausa, vagique / deerrarunt passim motus ab sensibus omnes. Lukrez, III, 872.

39. Et nihil hoc ad nos, qui coitu coniugioque / Corporis atque animae consistimus uniter apti. Lukrez, III, 857.

sten Kriege kommen aus einer sprachlichen Ohnmacht, daß nämlich die Abkommen und Bündnisverträge der Fürsten nicht eindeutig formuliert werden können. Wieviele und wie folgenschwere Streitigkeiten sind nicht in der Welt ausgelöst worden durch die Unbestimmtheit des Sinnes von dem einen Wörtchen: »Hoc« in der Transsubstantiationslehre? ...
Die skeptische Philosophie der Pyrrhoniker kann offenbar ihre Grundüberzeugung in keiner Weise sprachlich formulieren; denn dazu brauchte sie eine neue Sprache: unsere Sprache besteht aus lauter positiven Aussagen, und diese vertragen sich nicht mit ihrer Lehre: wenn sie sagen »Ich zweifle«, hat man sie gleich gefangen; sie müssen zugeben, daß sie »zweifeln«. ... [b]Ihre Idee läßt sich weniger mißverständlich in dem Fragesatz formulieren: »Was weiß ich?« Das ist für mich der Sinnspruch auf einer Waage.ↄ ...
[b]Es ist betrüblich, wie leicht wir uns selbst etwas vormachen mit unseren Affenpossen und Erfindungen; »Sie fürchten, was sie selbst erfunden haben[40]«: wie Kinder vor dem schwarzen Mann erschrecken, den sie erst selber für ihren Spielgefährten hingemalt haben: [c]»Was ist elender als der Mensch, der sich von den eigenen Hirngespinsten beherrschen läßt[41]?« Es ist etwas ganz anderes, den zu ehren, der uns geschaffen hat, als den Gott zu ehren, den wir geschaffen haben. [b]Dem Augustus wurden mehr Tempel errichtet als dem Jupiter, und man diente ihm darin mit ebensoviel Hingebung und Wunderglauben.ↄ ...
[b]Zusammenfassend kann man sagen: Alles was über das Wesen der Gottheit an Gedankengebäuden aufgebaut und abgebaut wird, wird vom Menschen erfunden, so wie er von sich aus die Beziehung zur Gottheit ansieht. ...
Schon bei den Vorgängen in der Natur kann man nur in beschränktem Maße von den Wirkungen auf die Kräfte zurückschließen, durch die sie hervorgebracht worden sind. Wie steht es bei unserer Frage? Das Problem steht außerhalb der Naturordnung; sein Inhalt ist zu erhaben, zu fern und

40. Quod finxere, timent. Lukan, I, 486.
41. Quasi quidquam infelicius sit homine, cui sua figmenta dominantur.

zu gewaltig, als daß er sich durch unsere Schlußfolgerungen halten und knebeln ließe. Nicht vom Menschen aus findet man die Lösung. Der Standpunkt, auf den wir uns stellen, liegt zu niedrig: wir sind auf dem Mont Cenis dem Himmel nicht näher als im tiefen Meer.ↄ ...

Wenn die Vögel sich Götter erfinden, wie sie es höchstwahrscheinlich tun, sehen diese Götter sicher aus wie sie selbst; damit verherrlichen sie sich wie wir Menschen uns. Denn warum soll ein Gänschen nicht so argumentieren? »Alles in der Welt bezieht sich auf mich; die Erde dient mir zum Gehen, die Sonne zum Leuchten, die Sterne sind dazu da, auf mich einzuwirken; allen Nutzen vom Wind, vom Wasser habe ich; mich beschützt das Himmelsgewölbe am freundlichsten; ich bin der Liebling der Natur! Ist es nicht der Mensch, der mich versorgt, mich unterbringt und mich bedient? Für mich läßt er säen und mahlen; freilich verspeist er mich manchmal; aber mit seinen Mitmenschen macht er es oft ebenso; und ich fresse sogar die Würmer, die sein Leben bedrohen und ihn schließlich verzehren.« So könnte auch ein Kranich sprechen, vielleicht noch pompöser, weil er frei fliegen kann und weil er in dem schönen, hohen Reich der Luft zu Hause ist. ...

Nun, wir argumentieren ebenso, wenn wir Schicksal und Welt immer nur im Verhältnis zu uns sehen. Blitz und Donner sind für uns; Schöpfer und Schöpfung, alles ist für uns: wir sind das Ziel und der Augenpunkt des ganzen Universums. Wie hat die Philosophie seit mehr als 2000 Jahren das himmlische Geschehen aufgezeichnet? Was die Götter getan und gesagt haben, das geschah alles ausschließlich um des Menschen willen; eine andere Einstellung, ein anderes Tun der Götter hat die Philosophie offenbar gar nicht in Betracht gezogen. ...

Das Menschenauge kann von der Wirklichkeit nur erfassen, was seiner Aufnahmefähigkeit entspricht. cUnd denken wir denn nicht daran, wie elend Phaeton abstürzte, weil er mit sterblicher Hand die Zügel der Sonnenpferde seines Vaters führen wollte? In ähnliche Tiefe stürzt auch unser Geist hinab: er zerflattert und zerschellt infolge seiner Vermessenheit.[a] ...

[Die Seele verändert sich; so lehren schon die Philosophen, im Altertum.] Man sehe doch, sagen sie, wie sie entsteht, wenn der Körper soweit ist; wie ihre Kräfte gleichzeitig mit den Körperkräften zunehmen; man könne diese Entwicklung deutlich verfolgen: zunächst eine schwache Kindheit, dann eine allmähliche Gestaltung und Reifwerdung, hierauf ein Altern und ein Nachlassen, schließlich ein Verfall. »Wir fühlen es: die Seele wird mit dem Körper geboren, sie wächst mit ihm auf und altert mit ihm[42].« Sie wußten schon, daß sie vielen Leidenschaften ausgesetzt ist und durch allerlei Erregungen erschüttert wird, die sie müde und traurig machen; daß die Stimmungen vielerlei Veränderungen in ihr hervorrufen, so Freude, Entspannung, Sehnsucht; daß sie anfällig ist für ihre besonderen Krankheiten und Verletzungen, genauso wie der Magen oder die Füße; daß der Wein sie erregt und betört; daß sie durch Nervenfieber aus dem Gleichgewicht gebracht, durch bestimmte Medikamente eingeschläfert und durch andere belebt wird: [b]»Die Seele muß körperlicher Natur sein, da sie leidet, wenn sie körperlich getroffen wird[43].«

Sie wußten schon, daß alle seelischen Kräfte gelähmt oder gestört werden allein durch den Biß eines tollen Hundes, und daß alle Denkfähigkeit, alle Vollkommenheit, alle Tugend, alle philosophische Entschlossenheit und alle Willensanspannung solchen Zufällen gegenüber nichts helfen. ...

Die Philosophen haben, so scheint es mir, diesen Gesichtspunkt [daß körperliche Erkrankung das seelische Bild gänzlich verändern kann] kaum beachtet, [c]und ebensowenig einen anderen ähnlich wichtigen: um uns über unsere Sterblichkeit hinwegzutrösten, führen sie immer das Dilemma im Munde: »Die Seele ist entweder sterblich oder unsterblich;

42. Gigni pariter cum corpore, et una / crescere sentimus, pariter senescere mentem. Lukrez, III, 446.

43. Corpoream naturam animi esse necesse est, / Corporeis quoniam telis ictuque laborat. Lukrez, III, 176.

wenn sterblich, hat der Schmerz ein Ende; wenn unsterblich, erwartet sie ein besseres Los.« Eine andere Möglichkeit wird gewöhnlich nicht in Betracht gezogen: »Wie ist es, wenn es mit ihr abwärts geht?« Die Philosophen überlassen es den Dichtern, das Zukunftsleid auszumalen. Aber damit machen sie es sich zu leicht. Mich beunruhigen oft gerade die zwei Dinge, die sie da weggelassen haben.[ↄ] . . .

Zweierlei schien den Philosophen des Altertums für die Annahme einer Unsterblichkeit der Seele zu sprechen; erstens: wohin sollte, ohne Unsterblichkeit der Seele, die leere Hoffnung auf Ruhm verlegt werden, die doch nun einmal auf der Welt eine entscheidend wichtige Erwägung darstellt? Zweitens: es sei sehr nützlich, [c]sagt Plato[ↄ], daß die Menschen den Eindruck gewinnen, daß die Übertretungen, die vor der irdischen Rechtsprechung verborgen bleiben, immer vom göttlichen Richterspruch doch noch getroffen würden; er droht den Schuldigen sogar noch nach ihrem Tod. [c]Der Mensch kann nicht anders, als dauernd nach der Erweiterung seiner Existenz zu drängen; er hat dafür Rat geschafft: für die Erhaltung des Leibes sorgt die Beisetzung, für die Erhaltung des Namens der Ruhm.[ↄ] . . .

Die Gabe der Unsterblichkeit, die in der ewigen Seligkeit besteht, empfangen wir nur aus Gottes gnädiger Hand; [c]die Kunde davon haben wir nur von Gott und von unserem Glauben; das müssen wir einfach zugeben; denn aus der Natur und aus unserer Vernunft ist diese Gewißheit nicht abzuleiten. Wer, abgesehen von diesem Privileg, das menschliche Wesen und die menschlichen Kräfte, die inneren und die äußeren, prüft, wer den Menschen ohne Beschönigung betrachtet, muß erkennen, daß alle seine Kräfte und Fähigkeiten auf Tod und Erde deuten. Wir handeln um so christlicher, je mehr wir dies alles Gott allein anheimstellen, es ihm überlassen und ihm dafür dankbar sind.[ↄ] . . .

Gesetze sind notwendig, sagt Epikur, auch wenn sie schlecht sind; ohne sie würden die Menschen sich gegenseitig auffressen. [c]Auch Plato sagt, daß wir ohne Gesetze wie die Tiere leben würden.[ↄ]

Unser Geist ist ein Arbeitsgerät, unruhig, gefährlich und vermessen; er fügt sich nur schwer der Ordnung und dem Maß. Das sehen wir bei meinen Zeitgenossen, wenn sie ihre Umgebung an geistiger Selbständigkeit und Lebhaftigkeit überragen; fast alle zeigen sie ein Unmaß, eine Art Zügellosigkeit in ihren Gedanken und in ihrer Lebensweise; es ist die Ausnahme, wenn einer von ihnen nicht überspannt und nicht ein Sonderling geworden ist. Es ist berechtigt, dem menschlichen Geist Schranken anzulegen, und zwar die allerengsten, die möglich sind; die Schritte, die er tun darf, beim Studium, wie überall sonst, sollten berechnet und geregelt werden; die Grenzen seines Jagdgebietes sollten ihm kunstvoll abgesteckt werden. Als Zaum und Fessel dieser Art dienen Religionen, Gesetze, Sitten, Wissenschaftslehren, Vorschriften aller Art, Strafe und Lohn auf Erden und in der Ewigkeit; und doch entwindet er sich, kraft seiner Beweglichkeit, allen diesen Bindungen. Der Geist hat keine wirkliche Gestalt, die gepackt und gegriffen werden könnte; sie ist auch immer verschieden; keine Fessel findet einen Halt. [b]Bestimmt sind wenige Seelen so einheitlich, so stark und so edel angelegt, daß man sie ihrer eigenen Führung überlassen kann, weil sie die Fähigkeit haben, ohne in Unmaß oder Willkür zu verfallen, sich von ihren eigenen freien Entscheidungen treiben zu lassen, erhaben über die Meinung der anderen. Es ist sicherer, man hält sie unter Aufsicht.

Der Geist ist ein gefährliches Schwert, [c]gefährlich auch für den, der es trägt, [b]wenn er die Waffe nicht ordentlich und vorsichtig zu gebrauchen versteht; [c]es gibt kein Tier, dem man mit so viel Berechtigung Scheuklappen anlegt wie dem Geist, um ihn zu zähmen und ihn zu zwingen, geradeaus und nicht beliebig hierhin und dorthin seine Blicke zu richten, wo Herkommen und Gesetze ihm die übliche Bahn nicht weisen. [b]Deshalb ist es dem Menschen angemessener, sich mit dem Herkommen, ganz gleich welches es ist, zu bescheiden, als den zügellosen Flug des Geistes zu riskieren°.

Theophrast sagt, der menschliche Verstand, gestützt auf die Sinneswahrnehmungen, könne bis zu einem gewissen Grade die Wirklichkeit erklären; wenn er aber zu den eigentlichen und letzten Gründen vorstoßen wolle, da müsse er es aufgeben, da werde er stumpf, entweder weil seine Kraft nicht ausreiche, oder weil die Probleme nicht lösbar seien. So sieht die ungefährliche Durchschnittsmeinung aus: unser Erkenntnisvermögen kann uns bis zur richtigen Erklärung mancher Dinge führen; es hat jedoch bestimmte Grenzen; aber außerhalb dieser Grenzen es einsetzen zu wollen, ist Vermessenheit. Eine solche Meinung leuchtet ein; gesetzte Menschen haben sie vertreten. Aber wo sind denn nun die Grenzen unserer Erkenntnis, unseres Geistes? Das ist schwer zu sagen. Der Geist ist neugierig und habgierig; warum sollte er lieber nach tausend als nach fünfzig Schritten stehenbleiben? Deshalb argumentiert er so: die Erfahrung lehrt, daß Probleme, an denen der eine gescheitert war, von andern dann doch gelöst worden sind, und daß manches, was in einem Jahrhundert noch unbekannt war, im nächsten entdeckt worden ist; alles, was Kunst und Wissenschaft hervorbringen, wird nicht fertig in Formen geschüttet, sondern entsteht in dauernder Neuformung und Neubildung allmählich dadurch, daß es immer wieder durch die Hände geht und geglättet wird, wie die Bären ihren Jungen die endgültige Gestalt durch dauerndes Lecken geben. Ein Problem, zu dessen Lösung meine Kräfte nicht reichen, das untersuche und probiere ich trotzdem immer wieder; wenn ich den neuen Stoff unermüdlich abtaste und durchknete, schüttle und erhitze, öffne ich vielleicht meinem Nachfolger einen Weg, auf dem er dann besser vorwärts kommt, die Masse wird vielleicht weicher und leichter zu bearbeiten – und ebenso arbeitet dann mein Nachfolger einem Dritten in die Hände: deshalb brauche ich den Mut zum Weiterforschen wegen der Schwierigkeit der Aufgabe nicht zu verlieren, noch wegen meiner Unfähigkeit sie zu meistern; denn das ist mein persönlicher Mangel.

Wenn der Mensch sich nicht kennt, nämlich in dem, was an ihm wesentlich ist, wie kann er dann seine Funktionen und seine Kräfte kennen? Vielleicht wohnen hie und da Erkenntnisse in uns, die der Wirklichkeit tatsächlich entsprechen; aber das ist Zufall: und da Irrtum auf demselben Wege und in der gleichen Art und Weise, wie diese Erkenntnisse, in unsere Seele dringt, hat die Seele nicht die Fähigkeit, ihn als solchen zu erkennen und die Entscheidung zwischen Wahrheit und Lüge zu treffen. ...

[Kann die Wahrheit auf Grund der Wahrscheinlichkeit gefunden werden?] Wenn unser Verstand Form, Umriß, Haltung und Gesicht der Wahrheit fassen könnte, würde er sie ganz sehen, auch schon, wenn sie ihm halb, noch im Werden und in unvollkommener Gestalt entgegentritt; dann brauchte man den Eindruck dieser Wahrscheinlichkeit, von dem ja die Vertreter einer solchen Lehre mehr für links oder für rechts eingenommen werden, nur zu verstärken; diese Unze Wahrscheinlichkeit, die an der Waage sichtbar ist, muß man verhundert-, ja vertausendfachen; da geschieht es schließlich, daß die Waage sich ganz neigt und eine Wahrheit eindeutig und vollständig anzeigt. Aber wie können sie sich von der Wahrscheinlichkeit bestimmen lassen, wenn sie die Wahrheit nicht kennen? Wie können sie den Schein von dem kennen, dessen Sein ihnen unbekannt ist? Entweder sind wir zur Urteilsentscheidung vollständig befähigt oder wir sind dazu vollständig unfähig. Wenn Verstand und Sinne uns keine feste Grundlage der Wahrheit bieten können, wenn sie sich treiben lassen wie Wasser und Wind, dann ist es zwecklos, unser Urteil irgendwie von ihnen bestimmen zu lassen, ganz gleich wie der Anschein ist, mit dem sie uns beeindrucken; und die sicherste Haltung unseres Verstandes, die zugleich das größte Glück verbürgt, wäre die, in der er ruhig, gerade, eindeutig, ohne Wanken und ohne Erregung sich gleichbleibt. ... Daß die Wirklichkeit nach Gestalt und Wesen in unserem Inneren nicht richtig wiedergegeben ist und daß sie nicht durch ihre eigene Kraft und ihr eigenes Gewicht, sondern indirekt hineingelangt, das sehen wir deutlich genug. ... Die äußeren Objekte unterwerfen sich uns; sie wohnen in uns so, wie wir ihnen die Wohnung einrichten. ... Sonst müßte es doch irgend etwas geben, was alle

Menschen für richtig halten; aber die Tatsache, daß kein Satz unbestritten oder jedenfalls keiner unbestreitbar bei uns Geltung hat, zeigt deutlich, daß unser Urteil seiner Anlage nach nicht klar das fassen kann, was es faßt; denn meine Beurteilung kann ich meinem Gefährten nicht aufzwingen; dadurch wird angedeutet, daß ich zu meinem Urteil irgendwie anders, aber nicht durch eine Naturkraft, die in mir und in allen Menschen gleichartig wirksam ist, gekommen bin. . . .

Diese Schwäche ist übrigens nicht leicht nachweisbar, wenn sie nicht ganz auffällig und unnormal auftritt; denn die Vernunft hat nun einmal immer einen schiefen, humpelnden Gang; sie geht mit der Lüge wie mit der Wahrheit; deshalb läßt es sich schwer feststellen, wo sie sich verrechnet oder ihre Grenzen überschreitet. Ich nenne immer Vernunft diesen scheinbaren geistigen Zusammenhang, den jeder in seinem Inneren sich zurechtmacht. Diese Vernunft gleicht einem Gerät aus Blei oder Wachs; sie läßt sich dehnen, biegen und allen Richtungen und Maßen anpassen; es kommt nur auf das Geschick an, mit dem man sie dreht. . . .

Ich belauere mich aus der Nähe, und meine Augen sind ununterbrochen auf mich gerichtet, da ich sonst nichts Wesentliches zu tun habe; das Ergebnis ist, daß ich kaum wagen kann zu gestehen, welches Maß von Nichtigkeit und Schwäche ich in meinem Inneren entdecke: mein Gang ist schwankend und unsicher, wie leicht kann ich rutschen und stürzen, und auch mein Blick zeigt mir die Welt nicht eindeutig: bin ich nüchtern, so fühle ich anders als nach dem Essen; genieße ich meine Gesundheit oder einen hellen, schönen Morgen, da bin ich freundlich und aufgeschlossen; habe ich aber ein Hühnerauge, das mich an der Zehe drückt, so bin ich plötzlich verdrießlich, unfreundlich, ablehnend; [b]der Trab des gleichen Pferdes scheint mir einmal weich und einmal hart; der gleiche Weg scheint mir jetzt kürzer, ein andermal länger; die gleiche Form gefällt mir einmal mehr und dann wieder weniger:[c] jetzt habe ich zu allem Lust, dann zu gar nichts; was mir jetzt Spaß macht, ist mir manchmal zuwider. Viele Stimmungen überfallen mich aufdringlich und unerwartet; einmal bin ich melancholisch, einmal cholerisch; eigensinnig beherrscht jetzt der Kummer meine Stimmung, und dann wieder die Lustigkeit. Wenn ich ein Buch in die Hand nehme, so entdecke ich vielleicht an einer bestimmten Stelle großartige Gedanken, die mir ans Herz greifen; ein anderes Mal ziehe ich dasselbe Buch heraus, dann kann ich noch soviel drin blättern, es durchsehen und durchdenken, es sagt mir nichts und bleibt für mich eine ungestaltete Masse. [b]Selbst in meinen Schriften finde ich bisweilen nicht wieder heraus, was ich mir ursprünglich dabei gedacht habe; ich weiß nicht mehr, was ich habe sagen wollen. Oft mühe ich mich damit ab, den Text zu korrigieren und ihm einen neuen Sinn zu geben, weil ich den ursprünglichen Sinn, der besser war, nicht wiederfinde.

Es geht in mir hin und wieder her; mein Denken geht nicht nur vorwärts; es schwebt und schwimmt. Ich habe immer einmal Lust, zur Übung oder zum Spaß, eine Meinung zu vertreten, die meiner eigenen entgegengesetzt ist; und da geschieht es dann oft, daß mein Geist sich in der Richtung, die er nun eingeschlagen hat, so festfährt, daß ich meine ursprüngliche Meinung nicht mehr richtig finde und mich von ihr abwende. Ich fühle mich gleichsam irgendwie weiter dahin gezogen, wohin ich mich neige, und dann geht es von selbst weiter.

Fast jeder könnte bei sich dasselbe feststellen, wenn er sich beobachtete wie ich: die Prediger wissen, daß die Erregung, die sie beim Sprechen ergreift, sie im Glauben stärkt; im Zorn geben wir uns der Sache, die wir verteidigen, vollständig hin, wir machen sie uns zu eigen und treten für sie ein, energischer und überzeugter, als wenn wir kalt und ruhig darüber nachdenken. . . .

[c]Ist es nicht recht gefährlich für die Philosophie, wenn sie die Meinung vertritt, die Menschen erhöben sich zu ihren höchsten Leistungen, die in das Gebiet des Göttlichen reichen, wenn sie außer sich sind, rasend, von Sinnen? Da gewinnen wir also an Wert durch die Ausschaltung und die

Betäubung unserer Vernunft? Raserei und Schlaf sind die beiden Tore, durch die man Eintritt zum Rat der Götter erhält, wo man die Zukunft voraussehen kann. Wenn man sich das überlegt, ist es eigentlich lustig: wenn die Leidenschaften unsere Vernunft verschieben, werden wir tugendhafter; wenn die Vernunft vollständig getilgt wird, zum Beispiel in der Raserei oder in der Todesangst, da können wir wahrsagen und prophezeien. Nichts glaube ich so gern. Die heilige Wahrheit hat das philosophische Denken zu dem Bekenntnis inspiriert, daß, entgegen der philosophischen These, der Seelenzustand der Ruhe und Gesetztheit und der gesündeste Zustand, den philosophische Betätigung dem Menschen verschaffen kann, nicht sein vollkommenster Zustand ist: unsere Weisheit ist weniger weise als der Wahnsinn; unsere Träume sind gescheiter als die logischen Überlegungen; das, worauf wir uns am wenigsten verlassen können, das sind wir selber.[9] . . .
Ich habe nicht gerade oft Erregungen erlebt, die die Seele so plötzlich überfallen, daß eine Analyse nicht möglich ist. [Dagegen habe ich einige Erfahrung in der Liebe.] . . . Im ganzen habe ich keinen Hang zum Laster; ich gebe sogar in der Regel den Versuchungen nicht nach, wenn sie mich nicht überwältigen: bei dem Liebesgefühl ging es mir nun so: ich fühlte, wie es entstand, wuchs und, trotz meines Widerstandes, immer stärker wurde, und wie es schließlich – ich sah und erlebte es ganz deutlich – mich ergriff und in seine Gewalt bekam, so daß mir die Welt, wie bei einem Rausch, nach und nach anfing, anders auszusehen als vorher; vor meinen Augen wuchsen und schwollen die Vorzüge des Gegenstandes meiner Neigung; von meiner Phantasie wurden sie aufgebauscht und aufgebläht; die Schwierigkeiten der Eroberung wurden vor meinen Augen kleiner und schwanden; meine klare Überlegung und mein Gewissen traten in den Hintergrund; das alles fühlte ich deutlich. Aber dann erlosch dieses Feuer plötzlich; meine Seele sah, gleichsam im Lichte eines Blitzes, die alte Welt wieder anders an, verhielt sich anders, urteilte anders. . . . Die Dinge

hatten jetzt einen anderen Geschmack und ein anderes Gesicht als sie mir vorher gezeigt hatten, solange das brennende Verlangen mich beherrschte. Welches von den zwei Bildern ist richtiger? ...

Ich kenne diese meine Unbeständigkeit. Wie durch Zufall hat sich aus diesem Bewußtsein eine gewisse Konstanz meiner Ansichten herausgebildet: ich bin im wesentlichen bei denen geblieben, die ich in der Jugend als selbstverständlich aufgenommen habe; denn so überzeugend das Neue auch bisweilen scheint, ich tausche nicht leicht, weil ich immer fürchte, bei einem Tausch zu verlieren; und weil ich ja nun einmal nicht in der Lage bin, eine sichere Wahl zu treffen, nehme ich das von anderen Gewählte, und ich lasse alles so, wie Gott es mir bestimmt hat. Wie sollte ich mich sonst vor dauernder Unsicherheit schützen? So ist es mir, durch Gottes Gnade, auch gelungen, ohne Gewissensangst und -kampf, bei den alten Glaubensformen unserer Religion zu bleiben, trotz der vielen Sekten und Glaubensspaltungen unseres Jahrhunderts. ...

Die Gesetze sind einem dauernden Schwanken ausgesetzt. Seit meiner Geburt haben die Engländer, unsere Nachbarn, dreimal oder viermal ihre Gesetze geändert; und zwar nicht nur auf politischem Gebiet, wo man Dauer nicht verlangen kann, nein, auch in dem wichtigsten Bereich, dem der Religion. Das verdrießt und beschämt mich um so mehr, als meine Vorfahren mit Vertretern dieser Nation in so vertraulichem Verkehr standen, daß sich auch heute noch verwandtschaftliche Beziehungen feststellen lassen. [c]Bei uns, hier in Frankreich, habe ich beobachten können, daß Handlungen, die früher Kapitalverbrechen waren, später als erlaubt angesehen wurden; und ebenso kann es uns gehen, wenn das unsichere Kriegsgeschick es will, daß wir eines Tages als Verbrecher gegen die irdische und die göttliche Majestät dastehen; denn was bei uns Recht war, muß sich dann dem Unrecht fügen, und es wird nach wenig Jahren der Besitzergreifung ins Gegenteil umgedeutet.[9] ...

Was sagt die Philosophie zu diesem Zwang? »Wir sollen

die Gesetze unseres Landes befolgen.« Soll das heißen: wir sollen uns dem schwankenden Meer von Meinungen eines Volkes oder eines Fürsten anschließen, die mir die Gerechtigkeit so vielfarbig malen und so vielgestaltig umdeuten, wie sie von wechselnden Leidenschaften beherrscht werden? Ich kann mich in meinem Urteil nicht so biegen. Was ist an einer Sache dran, wenn man gestern hat an sie glauben können und wenn sie morgen nicht mehr gilt? [c]und wenn sie zum Verbrechen wird, sobald ich über einen Fluß fahre? Was an der Wahrheit, die nur bis zum Gebirge gilt und die für die Menschen auf der anderen Seite zur Lüge wird?[ↄ] . . .

In nichts zeigt die Welt eine solche Vielgestaltigkeit wie in Sitten und Gesetzen: es gibt Dinge, die hier als verabscheuenswert gelten und anderswo als empfehlenswert, wie in Sparta die Gewandtheit im Stehlen; bei uns sind Ehen unter nahen Verwandten streng verboten, in anderen Ländern bringen sie Ansehen: »Es gibt Völker, so heißt es, wo der Sohn mit der Mutter und die Tochter mit dem Vater sich verbindet; so wächst das Verwandtschaftsgefühl durch die Liebe, die zu ihm noch dazukommt[44].«

Kindermord, Elternmord, Frauengemeinschaft, Handel mit Diebsgut, Zügellosigkeit in Lüsten aller Art: die äußersten Sonderbarkeiten sind irgendwo Brauch und dort also ganz üblich. . . . [Zu dieser Erfahrung kommt eine andere:] jeden Sinn, jede Ansicht, mag sie gerade oder krumm, süß oder bitter sein, findet der menschliche Geist irgendwo schriftlich niedergelegt, wenn er sucht: was ist nicht alles an Falschheit und Lüge in die klarsten, reinsten und eindeutigsten Worte hineingelegt worden. Für welche Ketzerei hat sich nicht im Schrifttum irgendeine Begründung oder Bestätigung finden lassen? Es ist deshalb verständlich, daß die Anstifter solcher Irrlehren nie auf die Beweisart verzichten wollen, die sich auf die Interpretation einzelner Worte stützt. . . .

44. Gentes esse feruntur, / In quibus et nato genetrix, et nata parenti / Iungitur, et pietas geminato crescit amore. / Ovid, Metamorph., X, 331.

Das erste, was ich über die fünf Sinne des Menschen denke, ist, daß ich es als zweifelhaft hinstelle, ob er über alle Sinne verfügt, die es gibt. ... Denn wenn einer fehlt, kann der Mangel durch unseren Verstand nicht entdeckt werden. ... Es ist unmöglich, einem Blindgeborenen begreiflich zu machen, daß er nicht sieht; es ist unmöglich, in ihm den Wunsch nach dem Augenlicht zu erwecken und das Bedauern, daß er es entbehren muß: deshalb darf uns die Tatsache, daß wir mit den Sinnen, die wir haben, ganz zufrieden sind, nicht beruhigen; unsere Seele hat ja gar nicht die Möglichkeit, eine solche Krankheit oder Unvollkommenheit zu fühlen, wenn sie vorhanden sein sollte. Es ist unmöglich, diesem Blinden durch logische Überlegung, Beweis oder Vergleich mit Dingen, die er kennt, irgendeine Vorstellung von Licht, Farbe und Bild beizubringen; im Hintergrund seiner Erfahrung ist nichts, was ihm den Inhalt dieses Sinns offenbaren könnte. Wenn Blindgeborene den Wunsch nach dem Augenlicht aussprechen, wissen sie nicht, was sie wollen: sie haben von uns erfahren, daß ihnen etwas fehlt, daß sie etwas nicht haben, was uns verliehen ist; [c]und diesen Besitz nennen sie ein Glück, ebenso wie alles, was daraus folgt und damit gewonnen wird;[ↄ] aber was es ist, wissen sie trotzdem nicht; sie können es sich schlechterdings nicht vorstellen. ...

Wir haben also unser Wahrheitsbild durch das Zusammenwirken unserer fünf Sinne, die wir zu Rate ziehen können, aufgebaut; aber vielleicht wären die gleichzeitigen Beiträge von acht oder zehn Sinnen nötig, um eine Wahrheit mit Sicherheit ihrem Wesen nach aufnehmen zu können. ...

Daß die Sinneseindrücke oft stärker sind als die Überlegung – das erfährt man immer wieder. ... Auch ein gleichgültiges Herz wird warm beim Klang unserer Trommeln und unserer Trompeten, auch ein hartes Herz wird weich und fröhlich bei lieblicher Musik; auch wer ganz ablehnend eingestellt ist, fühlt einen ehrfürchtigen Schauer unter dem Eindruck der dunklen Riesenräume unserer Kirchen und der vielseitigen Pracht und der liturgischen Ordnung unseres Gottesdienstes, beim frommen Klang der Orgel und beim feierlichen Kirchengesang: selbst diejenigen, welche diesen Zeremonien keine Achtung entgegenbringen, fühlen dann im Herzen etwas wie ein Zittern, wie eine Angst, so daß ihre ursprüngliche Überzeugung erschüttert wird. [b]Von mir kann ich berichten, daß ich nicht die Kraft in mir fühle, ungerührt zuzuhören, wenn Horaz- oder Catull-Verse mit wohlklingender Stimme von einem schönen, jugendlichen Mund vorgesungen werden.[ↄ] . . .

Nehmen wir einmal an, ein Philosoph würde in einen Käfig aus weit auseinanderstehenden Eisenstangen gesteckt und dieser oben an einem Turm von Notre-Dame in Paris aufgehängt. Sein Verstand sagt ihm dann offenbar, daß er unmöglich aus dem Käfig herausfallen kann; trotzdem kann er, wenn er nicht gerade nebenbei Dachdecker ist, sich nicht dagegen wehren, daß der Blick von dieser riesigen Höhe ihm Angst und Schreck einjagt: denn es wird uns schon schwer genug, neben den Ganggeländern oben an unseren Kirchtürmen ruhig zu bleiben, wenn sie durchbrochen sind, obwohl wir doch wissen, daß sie aus Stein sind. Manche können schon den bloßen Gedanken daran nicht aushalten. Denkt man sich einen Balken zwischen die zwei Türme gespannt, so dick, daß man bequem darauf gehen kann; keine philosophische Weisheit ist so haltbar, daß sie uns den Mut spenden könnte, auf dem Balken zu gehen, wie wir es ohne weiteres tun würden, wenn er auf der Erde läge. Ich habe oft die gleiche Erfahrung auf der französischen Seite der Pyrenäen gemacht (und ich bin in diesem Punkte eigentlich wenig empfindlich). Ich konnte nicht in riesige Tiefen hinabsehen ohne Grausen und ohne Zittern in den Knien und in den Beinen; und dabei stand ich noch eine Menschenlänge vom Rand des Abgrundes entfernt, und ich hätte überhaupt nicht fallen können, wenn ich nicht absichtlich an die Gefahrenstelle vorgetreten wäre. Dabei stellte ich noch etwas anderes fest: wenn auf dem Abhang ein Baum oder ein Felsvorsprung zu sehen ist, wodurch der Blick etwas Halt findet und die Tiefe geteilt erscheint, so wird dadurch der Druck und die Angst vermindert, als wenn das

Dinge wären, an die wir uns beim Hinabstürzen klammern könnten; in scharfe und glatte Abgründe können wir überhaupt nicht hinabsehen, ohne daß Schwindel uns erfaßt; ... das ist offenbar ein Betrug des Gesichtssinns. ...
Wie die Sinne unseren Verstand betrügen, so werden sie auch selbst betrogen; manchmal zahlt unsere Seele den Betrug, den sie erfährt, mit gleicher Münze heim: ᶜsie belügen und betrügen sich gegenseitig um die Wette.ᵓ Was wir im Zorn sehen und hören, das nehmen wir nicht auf, wie es ist: »Eine Doppelsonne, eine Doppelstadt zeigt sich uns[45].« Was wir lieben, erscheint uns schöner, als es ist ... und was uns ärgert, häßlicher: einem bekümmerten Menschen scheint der helle Tag verdunkelt und verschleiert. Durch Seelenstimmungen werden unsere Sinneswahrnehmungen nicht nur gefärbt, sondern oft geradezu gelähmt; vieles, was wir sehen, fassen wir nicht auf, wenn unser Geist abgelenkt ist! ... Es ist, als ob die Seele die Kraft der Sinne aufsauge und mit ihnen spiele. So ist der Mensch von innen und von außen der Unzulänglichkeit und der Täuschung ausgeliefert. ...
Was können wir über das wahre Wesen der Dinge aussagen? Da Krankheitszustände, geistige Befangenheit und Schlaf die Wirklichkeit uns anders zeigen, als sie gesunden, ruhig denkenden und wachen Menschen erscheint, ist es da nicht außerdem wahrscheinlich, daß schon unser Normalzustand, unsere natürliche Stimmung etwas in sich hat, was die Dinge irgendwie bestimmt und ummodelt, wie die aufgeregten Stimmungen das tun, daß unsere Gesundheit ebenso fähig ist, ihnen ein Gepräge zu geben wie unsere Krankheit? ᶜWarum soll der Gefaßte nicht ebenso den Objekten ihre Form aufzwingen wie der Unbeherrschte, muß er nicht ebenso seinen Charakter in sie hineinlegen? Dem Verwöhnten schmeckt der Wein fade, dem Gesunden kräftig, dem Verdursteten herrlich: jeder übertreibt in seiner Richtung.ᵓ Unser innerer Zustand gleicht sich also die Dinge an und

45. Et solem geminum, et duplices se ostendere Thebas. Vergil, Aen., IV, 470.

ändert sie, wie er sie sieht; daher wissen wir nicht mehr, wie die Dinge in Wahrheit sind; denn was an uns herankommt, ist durch unsere Sinne immer gefälscht und geändert. Wo Zirkel, Winkelmaß und Lineal untauglich sind, muß alles, was mit ihrer Hilfe gebaut wird, notwendigerweise schief und baufällig werden. Die Unsicherheit, die unseren Sinnen anhaftet, macht alles, was sich aus den Sinneswahrnehmungen ergibt, unsicher. ...

Da die Sinne selbst den Streit darüber, was uns durch die Sinneswahrnehmungen vermittelt wird, nicht entscheiden können, da sie selbst voll von Unzulänglichkeiten sind, muß das Denken diese Entscheidung treffen; man kann aber keine Begründung aufstellen, für die sich nicht wieder andere Gründe finden lassen: so gehen wir immer rückwärts und erreichen nie ein Ende. ...

Das Ergebnis ist dies: es gibt keine irgendwie feststehende Existenz dessen, was wir als unser Wesen, noch dessen, was wir als Außenwelt bezeichnen; wir selbst, unser Urteil und alles, was sterblich ist, zerfließt immer wieder und rollt unaufhörlich dahin. Da sowohl der urteilende Mensch als die beurteilte Außenwelt ewig unsicher und veränderlich sind, kann über beide nichts Sicheres ausgesagt werden. ...

[Nichts ist greifbar, weil alles vergeht.] Wir haben schon so viel Vergehendes erlebt und erleben es immer wieder, daß es recht unklug ist, wenn wir eine bestimmte Art des Vergehens, den Tod, fürchten ... das Mannesalter stirbt und vergeht, wenn das Greisenalter heraufkommt; die Jugend findet ihr Ende im vollen Mannesalter, die Kindheit in der Jugend, die Säuglingszeit stirbt in das Kindesalter hinüber; das Gestern stirbt in das Heute, das Heute in das Morgen hinein; nichts beharrt, nichts ist immer gleich[46]. ...

Als Abschluß dieser langen und langweiligen Überlegung, die ich endlos fortsetzen könnte, will ich noch das Zeugnis eines anderen religiösen Heiden hier anschließen: »Was für ein jämmerliches und niedriges Ding ist doch der Mensch,

46. Aus Plutarch, Moralia, EI Kap. 18, nach der Übersetzung von Amyot. Vgl. Sammlung Dieterich, Bd. 47, S. 108 ff.

wenn er sich nicht über sein Menschsein erhebt[47].« [c]Das ist ein geistreicher Ausspruch und ein verständlicher, aber zugleich sinnloser Wunsch:[ↄ] denn es ist unmöglich und widernatürlich, mit Hand und Arm mehr greifen zu wollen, als Hand und Arm fassen können, und die Schritte größer zu machen, als unsere Beine es zulassen. Ebensowenig kann der Mensch über sich und sein Menschsein hinaus; denn er kann nun einmal nur mit seinen Augen sehen und mit seinem Fassungsvermögen begreifen. Und doch ist es ihm gegeben, sich über diese Beschränkung zu erheben, aber nur, wenn Gott ihm zu diesem Sprung über die menschliche Ordnung die Hand reicht; die Erhebung ist ihm möglich, wenn er unter vollständigem Verzicht auf den Glauben an seine menschlichen Fähigkeiten, durch rein himmlische Kräfte sich erhöhen und emportragen läßt. [c]Unserem christlichen Glauben, nicht dem stoischen Tugendideal, kommt es zu, uns den Weg zu dem Wunder dieser göttlichen Wandlung zu weisen.[ↄ]

Wie unsere Mitmenschen sich dem Tod gegenüber verhalten

Der Tod ist wie eine Speise, die man schlucken muß, ohne zu kauen, wenn man nicht eine ganz unempfindliche Kehle hat. Deshalb verlangte der Kaiser Hadrian von seinem Arzt, er solle ihm auf seiner Brust genau die Stelle angeben, wohin der zielen müßte, der den Befehl bekäme, ihn zu erstechen. Als man Caesar fragte, welcher Tod ihm am erwünschtesten dünke, sagte er: »Der kürzeste.« [b]Wenn Caesar sich nicht gescheut hat, das auszusprechen, da darf ich derselben Ansicht sein.[ↄ] »Ein kurzer Tod«, sagt Plinius, »ist das letzte Glück des Menschenlebens.«

Sie alle wollen dem Tod nicht ins Gesicht sehen. Niemand kann von sich sagen, er sei auf den Tod gefaßt, wenn er

47. Seneca, Natur. Quaest., I, Vorrede.

Angst davor hat, sich mit ihm auseinanderzusetzen, und wenn er seine Nähe nicht ertragen kann, ohne die Augen vor ihm zu verschließen. Zum Tode Verurteilte haben es oft eilig mit dem Sterben; sie drängen auf baldige Hinrichtung; sie tun das nicht aus Entschlossenheit, sondern sie wollen die Zeit verkürzen, in der sie dem Tod ins Auge sehen müssen: nicht das Totsein ist ihnen unerträglich, sondern das Sterben: »Ich will mich nicht vom Tod greifen lassen; aber daß ich dann tot bin, das macht mir nichts aus[48].«
Zu diesem Grad der Widerstandskraft könnte ich mich durchringen, das weiß ich aus Erfahrung. So macht es jeder, der bei Gefahr die Augen schließt und sich in sie hineinstürzt wie in das Meer. …

Unsere Wünsche wachsen mit den Schwierigkeiten, denen sie begegnen

Mangel und Überfluß lassen uns im Grunde gleich unbefriedigt. Das Unbehagen, welches unsere Wünsche uns bereiten, ist ähnlich wie das, welches ihrer Erfüllung folgt. Es ist ja unangenehm, wenn die begehrte Frau es uns allzu schwer macht; aber wenn sie es uns zu leicht macht, so ist das in Wirklichkeit noch unangenehmer. …
Warum hat man die Sitte erfunden, die schönen Dinge, die jede Frau zeigen und die jeder Mann sehen möchte, bis hinunter zu den Fersen zu verhüllen? Warum machen die Weiber durch allerlei hindernde Kleidungsstücke übereinander die Körperstellen, die unsere und ihre Lust am meisten reizen, unzugänglich? Und wozu dienen die dicken Wülste, mit denen neuerdings unsere Frauenkleidung die Hüften hervortreten läßt, wenn nicht dazu, unser Begehren anzustacheln und uns zu sich heranzuziehen gerade dadurch, daß sie uns fernhalten?

48. Emori nolo, sed me esse mortuum nihili aestimo. Cicero, Tusc. Quaest., I, 8.

b»Immer wieder hat ihr geschlossenes Kleid die Erfüllung meiner Wünsche hinausgeschoben[49].«o Was anderes ist der Zweck der gespielten jungfräulichen Scheu, der gemessenen Kühle, der ernsten Haltung, dieses scheinbaren Nichtwissens von den Dingen, über die sie besser Bescheid wissen als wir, die wir es ihnen beibringen wollen, als in uns den Wunsch anzufachen, all dies Getu und alle diese Hindernisse zu besiegen, zu zähmen und unserer Lust dienstbar zu machen? Denn es macht nicht nur Freude, sondern gilt außerdem als stolze Tat, diese liebliche Zartheit und kindliche Schamhaftigkeit zum Ausgleiten zu bringen und zu verführen, und gerade eine recht kühle, ernste und beherrschte Frau durch unsere Glut zum Brennen zu bringen und umzuwerfen: es gilt als rühmlich, über Sittsamkeit, Keuschheit und Enthaltsamkeit zu triumphieren. Wer von den Damen verlangen wollte, nicht so spröde zu tun, der tut ihnen einen schlechten Dienst und sich auch. Es gehört zu ihrer Rolle, daß man glauben soll, sie seien im Innersten erschreckt, der Ton unserer Worte verletze ihre keuschen Ohren, sie seien wütend darüber und fügten sich nur der Gewalt, wenn sie schließlich unserer Anmaßung erliegen. Die Schönheit, so mächtig sie ist, wird erst auf diesem Umweg wirklich schmackhaft. ...

Wir haben geglaubt, das Band, das bei uns die Ehegatten aneinander bindet, fester zu knüpfen, indem wir jede Möglichkeit, es zu lösen, beseitigten; aber in demselben Maße, wie der Zwang sich gesteigert hat, hat sich die freiwillige Bindung durch die Zuneigung gelockert. Dahingegen war in Rom der Wunsch nach Auflösung der Ehe erfüllbar; gerade dadurch war dort die Achtung und die Sicherheit der Ehe so lange gewährleistet; die Männer bemühten sich mehr um ihre Frauen, da die Möglichkeit bestand, sie zu verlieren, und es vergingen, trotz aller Leichtigkeit der Scheidung, fünfhundert Jahre, ehe jemand sie in Anspruch nahm.

49. Interdum tunica duxit operta moram. Properz, II, 15. 6.

»Was erlaubt ist, erscheint wertlos; was nicht erlaubt ist, reizt heftiger[50].« ...

Vielleicht wird mein Haus in den Wirren des Bürgerkrieges gerade durch seine Wehrlosigkeit bewahrt; durch Verteidigungsmaßnahmen wird die Angriffslust, durch Mißtrauen werden Übergriffe herausgefordert. ...

So viele Häuser sind zerstört, meins steht noch; muß ich da nicht auf den Gedanken kommen, daß die anderen Häuser zerstört wurden, weil sie wehrhaft waren? Der Gegner fühlt sich dadurch zum Angriff verlockt und berechtigt: alle Wehr sieht nach Krieg aus. Wer will, kann in mein Haus eindringen, wenn Gott es zuläßt; freilich werde ich ihn auch nicht herrufen; hier ist meine Zuflucht, wo ich Ruhe vor den Kriegswirren haben möchte. Ich versuche, diesen Winkel aus dem Streit der Welt herauszuhalten, ebenso auch einen Winkel meiner Seele. Wenn auch der Krieg bei uns immer wieder ein anderes Gesicht zeigt und immer neue Parteiungen und Spaltungen gebiert: mich bringt das nicht aus meiner Ruhe. Jeder versetzt sein Haus in Verteidigungszustand; ich bin, soviel ich weiß, der einzige meines Standes in Frankreich, der sein Haus einfach dem Schutz Gottes unterstellt; nie habe ich mein Silberzeug, meine Wertpapiere und meine Teppiche ausgelagert. Ich mag keine halben Maßnahmen, halb drohen und halb fliehen. Wenn durch volle Dankbarkeit sich Gottes Gnade erwerben läßt, so werde ich bis an mein Lebensende unter ihrem Schutz stehen; wenn nicht, so ist es doch bis jetzt gut gegangen, und das ist an sich schon wert, darüber nachzudenken und es aufzuschreiben. Sind nicht dreißig Jahre eine ganz schöne Zeit?

50. Quod licet, ingratum est; quod non licet, acrius urit. Ovid, Amores, II, 19. 3.

Über den Ruhm

[c]Wer zuerst auf den Gedanken kam, Ruhm und Schatten zu vergleichen, hat etwas Richtigeres gesagt, als er eigentlich beabsichtigte. Beide sind durchaus unwesentlich; beide sind manchmal weiter vorn als der Mensch selbst, und beide sind oft viel größer als er.[ↄ] Wenn bei der adligen Erziehung darauf hingewiesen wird, der Wert solle in dem gesucht werden, was geehrt wird, [c]»als wenn etwas nicht wertvoll wäre, was nicht besonders hervorgehoben wird[51]«.[ↄ] Was wird dabei gewonnen? Nur die Lehre, sich nie einzusetzen, wenn es niemand sieht, und vorsichtig achtzugeben, ob auch Zeugen da sind, die von der tüchtigen Tat etwas berichten können; wo sich doch Tausende von Möglichkeiten bieten, recht zu handeln, ohne daß es auffällt? ...

[c]Was ich an Ruhm in meinem Leben erstrebe, besteht einzig darin, daß ich es ruhig gemeistert habe. Und zwar ruhig nicht nach philosophischen Lehrmeinungen, sondern ruhig nach dem Gesetz in mir. Da die Philosophie keinen Weg zur inneren Ruhe hat finden können, der allgemeingültig wäre, muß jeder diesen Weg in seinem eigenen Inneren suchen.[ↄ] ...

Wer nur recht tut, weil andre es erfahren können und weil er dann in der Schätzung der Mitmenschen steigt; wer nur unter der Voraussetzung, daß seine Tugend den Mitmenschen bekannt wird, anständig handeln will, aus dem wird keine Persönlichkeit, auf die man sich verlassen kann. ...

In den Krieg soll man gehen, weil die Pflicht es gebietet, und dabei soll man nur den einen Lohn erwarten, der keiner tüchtigen Tat, auch wenn sie noch so verborgen bleibt, und nicht einmal den tapferen Gedanken versagt wird; dieser Lohn besteht in der Befriedigung eines anständigen Gewissens darüber, daß man das Rechte getan hat. Tapfer soll man sein um seiner selbst willen, und weil es etwas Schönes ist,

51. Quasi non sit honestum, quod nobilitatum non sit. Cicero, De offic., 1, 4.

das Herz auf dem rechten Fleck zu haben und sich vom Schicksal nicht unterkriegen zu lassen. …

Unsere Seele soll ihre Rolle nicht vor der Außenwelt spielen, sondern zu Haus, in unserem Inneren, wohin keine Augen reichen als unsere eigenen: dort soll sie uns ein Schirm sein vor der Todesfurcht, vor Schmerzen und selbst vor Schande; dort soll sie uns die Kraft spenden, den Verlust unserer Kinder, unserer Freunde und unserer Habe zu ertragen; und wenn es so sein soll, suchen wir dort auch einen Schutz gegen die Gefahren des Krieges. Dieser Gewinn ist wesentlich größer, und ihn sich zu wünschen und zu erhoffen, ist wesentlich wertvoller, als Ruhm und Ehre zu erstreben; denn diese sind doch weiter nichts als eine vorteilhafte Beurteilung durch andere Menschen. …

Wir wollen uns nicht ein so schwankendes und unsicheres Ziel stecken, wie die Volksgunst es ist, sondern beständig auf dem Wege der Vernunft gehen; dorthin mag die öffentliche Anerkennung uns folgen, wenn sie will; da diese ganz und gar vom Glück abhängig ist, können wir sie ebensogut auf diesem wie auf einem anderen Wege erhoffen.

[b]Allerdings geht es uns irgendwie gut ein, wenn wir gelobt werden: aber darauf geben wir viel zu viel.[ↄ] Ich kümmere mich nicht so sehr darum, was für ein Mensch ich im Geiste anderer bin, als darum, was für ein Mensch ich vor mir selbst bin: ich will mir reich vorkommen durch meinen eigenen, nicht durch geborgten Reichtum. …

Ich bin der Ansicht, daß mein eigentliches Sein nur in mir selber wohnt; das andere Leben von mir besteht darin, was meine Freunde von mir wissen. [c]Wenn ich dies zweite Leben betrachte, einfach wie es ist, gleichsam nackt,[ↄ] dann erkenne ich mit Sicherheit, daß ich einen Gewinn oder einen Genuß davon nur in der Einbildung, in eitler Selbstbespiegelung haben kann: und wenn ich einmal tot bin, dann habe ich noch viel weniger davon; [c]und dann ist es auch endgültig aus mit den realen Vorteilen, die wir eigentlich aus der guten Meinung, die andere von uns haben, ziehen können.[ↄ] Ich kann dann mit meinem Ansehen nichts mehr anfangen; es berührt mich nicht mehr, es erreicht mich nicht mehr. ...

Vielleicht wäre es bei einem Maler oder einem anderen Künstler, bei einem Schriftsteller oder einem Philologen entschuldbar, wenn sie sich abmühen, durch ihre Werke einen Namen zu erringen; aber bei den rein moralischen Handlungen ist das nicht so; sie sind ihrem Wesen nach darüber erhaben, einen anderen Lohn suchen zu müssen als den, der in der guten Tat selbst liegt; sie sind unabhängig von dem schwankenden Urteil der Menschen.

Wenn jedoch die falsche Ansicht, daß es auf die Billigung durch andere Leute ankomme, dazu nützlich ist, daß die Menschen zur Pflichterfüllung angehalten werden, [b]wenn das Volk dadurch zu guten Taten ermuntert wird; wenn die Fürsten dadurch beeindruckt werden, daß Segen auf dem Andenken Trajans liegt und Fluch auf dem des Nero; wenn sie eine Lehre daraus ziehen, daß der Name dieses großen Schuftes, der zu seiner Zeit solche Furcht und solchen Schrekken erregte, jetzt ohne weiteres von jedem Schuljungen, wenn er Lust dazu verspürt, verflucht und verhöhnt werden darf,[c] so mag diese Ansicht sich ruhig ausbreiten, man mag sie in unserem Lande fördern, so sehr man kann. ...

Die Menschen, unvollkommen wie sie nun einmal sind, können mit guter Münze doch nicht ganz zufriedengestellt werden, deshalb kann man auch falsches Geld für diesen Zweck verwenden. Alle Gesetzgeber haben sich dieses Mittels bedient; es gibt keine Regierungsweise, bei der nicht etwas von falschem Pomp und von Aberglauben dabei ist; solche Mittel dienen als Zügel, um damit das Volk bei der Stange zu halten. ...

Vom Dünkel

Es gibt noch eine andere Art Ruhmsucht. Sie besteht darin, daß wir unseren Wert und unsere Verdienste überschätzen. Wir lieben uns selbst mit einer unbedachten Hingebung;

diese zeigt uns ein anderes Bild von uns, als wir wirklich sind. Das ist geradeso wie bei der Liebe; diese läßt die umworbene Person schön und reizvoll erscheinen, und sie bringt es dahin, daß die, welche von ihr gepackt sind, eine Vernebelung und Veränderung ihres Denkens durchmachen, so daß sie den Gegenstand ihrer Liebe vollkommener finden, als er ist.

Allerdings will ich auch nicht, daß jemand, aus Angst sich zu überschätzen, sich in der Beziehung unrichtig beurteilt, daß er sich unterschätzt; die Selbstbeurteilung soll in jeder Beziehung richtig sein; auch bei diesem Beobachtungsgegenstand soll sie, wie bei allen anderen Dingen, billigerweise von dem Bild ausgehen, das die Wahrheit ihr bietet. Wenn einer ein Caesar ist, so mag er sich ruhig als den größten Feldherrn der Weltgeschichte ansehen.

Wir bestehen aus lauter Äußerlichkeiten; wir denken an das äußere Gebaren und vernachlässigen darüber das Wesentliche. Wir klammern uns an die Zweige und dringen nicht bis zum Stamm, zur Sache selber vor. Infolge dieser Einstellung werden die Damen rot, wenn sie das aussprechen hören, was sie sich durchaus nicht scheuen zu tun: wir wagen es nicht, unsere Glieder mit ihren eigentlichen Namen zu benennen, und benutzen sie ohne weiteres zu allerart nicht sehr anständigen Funktionen: ein äußerliches Herkommen verbietet uns, Dinge, die an sich erlaubt und natürlich sind, mit Worten auszudrücken, und wir fügen uns diesem Herkommen; die besonnene Überlegung verbietet uns, Dinge zu tun, die ungehörig und böse sind; und niemand fügt sich dieser Überlegung. Bei meinem jetzigen Vorhaben fühle ich mich durch diese Gesetze des äußeren Anstandes behindert; denn diese erlauben weder, daß man gut noch daß man schlecht über sich selber spricht; darum wollen wir sie jetzt einmal beiseite lassen. ...

Ich erinnere mich, daß meiner Umgebung bei mir, schon von meiner frühesten Jugend an, irgend etwas in meiner Haltung und in meinen Gesten auffiel, was auf Eitelkeit und dummen Stolz hinzudeuten schien. – Ich weiß nun nicht, ob diese Gesten ein unbewußter, angeborener Ausdruck von etwas Wirklichem waren, und ob ich in Wahrheit eine verborgene Neigung zu diesem Laster in mir trage, was immerhin möglich wäre; für solche körperlichen Reaktionen kann ich nicht einstehen: aber über meine geistigen Reaktionen, über die seelischen Bewegungen, will ich hier Rechenschaft ablegen, so wie ich sie fühle.

Dieses Ruhmgefühl hat offenbar zwei Seiten: man kann nämlich sich selbst zu hoch und andere zu gering einschätzen. Was die erste Möglichkeit betrifft, cso muß ich zunächst, glaube ich, von folgenden Gesichtspunkten ausgehen: auf mir lastet eine innere Selbsttäuschung, die mich ärgert, erstens weil sie falsch ist, dann aber noch viel mehr, weil sie aufdringlich ist. Ich versuche sie zu korrigieren, aber sie ganz beseitigen, das kann ich nicht. Sie besteht darin, daß ich Dinge, die ich besitze, zu gering bewerte, sie dagegen überbewerte, in dem Maße, wie sie mir fremd und fern sind und mir nicht gehören. Diese Neigung zieht weite Kreise. Wie infolge des Besitzrechtes die Gatten auf ihre eigenen Frauen mit unverzeihlicher Geringschätzung herabsehen, und manche Väter ebenso auf ihre Kinder, so mache ich es auch: habe ich zwei ähnliche Leistungen gegeneinander abzuwägen, so würde ich immer meine eigene geringer bewerten. ... Fremde Staatseinrichtungen und fremde Sitten imponieren mir, und auch fremde Sprachen; z. B. lockt mich das Lateinische wegen seiner Würde; ich merke, daß ich mehr hineinsehe, als was eigentlich daran ist, wie das Kindern und Ungebildeten so geht: was meinem Nachbarn gehört, seine Wirtschaft, sein Haus, sein Pferd, gilt mir, obwohl es durchaus nicht besser ist, mehr, als was mir gehört, nur deswegen, weil es nicht mein ist; und gerade weil ich meiner Sache nie ganz sicher bin, bewundere ich die Zuversicht und das Selbstvertrauen, das die meisten Menschen zur Schau tragen. Im Gegensatz dazu bin ich mir bewußt, daß ich eigentlich kaum etwas richtig weiß und daß ich selten mit Sicherheit für eine zukünftige Leistung von mir einstehen kann. ... So kommt es, daß, wenn ich eine Aufgabe an-

ständig durchführe, ich das mehr meinem Glück als meiner Leistung zuschreibe; bei der Planung bin ich sowieso immer ängstlich und rechne mit dem Zufall.[ɔ]
Ganz ähnlich ist folgende Veranlagung von mir: von allen Ansichten, die man im Altertum vom Menschen im allgemeinen gehabt hat, schließe ich mich am liebsten und am festesten denen an, die am energischsten für die Verachtung, die Erniedrigung, die Vernichtung des Menschen sich aussprechen; der Philosophie steht, wie mir scheint, nichts so wohl an, als wenn sie unseren Stolz und unseren Dünkel bekämpft und wenn sie ihre Unfähigkeit zu wirklichen Entscheidungen, ihre Schwäche und ihr Nichtwissen ehrlich anerkennt. Ich glaube nämlich, die Selbstüberschätzung des Menschen ist die Nährmutter der falschen Grundanschauungen im staatlichen und im privaten Leben. ...
Was mich persönlich betrifft, so ist es, wie mir scheint, schwer, jemanden zu finden, der sich selbst weniger hoch einschätzt, als ich mich bewerte, ja sogar jemanden, der mich weniger hochachtet als ich selber. [c]Ich halte mich für einen gewöhnlichen Durchschnittsmenschen; ich bin es höchstens deshalb nicht, weil ich mich dafür halte. Ich habe ganz niedrige und ganz verbreitete Fehler, aber ich leugne sie nicht ab und entschuldige sie nicht, und ich bewerte mich nicht höher, als ich wirklich wert bin. Wenn falscher Stolz in mir ist, so sitzt er nur an der Oberfläche, weil mein Naturell mich dazu verleitet; es ist nichts Festes daran, was vor meinem überlegten Urteil Bestand hätte; die Farbe hält nicht, sie ist bloß dünn aufgespritzt;[ɔ] denn von allem, was ich geistig hervorgebracht habe, was es auch war, hat mich in Wahrheit nie etwas eigentlich befriedigt; wenn andre es gut finden, so genügt mir das nicht. Ich habe ein Urteilsvermögen, das fein reagiert und schwer zu befriedigen ist, besonders bei der Selbstkritik: ich verwerfe meine Ansichten immer wieder, überall fühle ich meine Unsicherheit und meine Schwäche; von dem, was ich bin und was ich tue, kann nichts vor meiner Selbstkritik bestehen. Ich habe einen ziemlich klaren und sicheren Blick: sobald ich aber den Ge-

danken in die Wirklichkeit umsetzen will, wird er unklar. Das habe ich am deutlichsten bei der Poesie erfahren; ich liebe sie außerordentlich und kann Poesien anderer ganz gut beurteilen; wenn ich mich aber selbst ans Dichten machen will, da bin ich, ehrlich gesagt, wie ein Kind; ich finde meine Sachen unausstehlich. ...
Was ich selbst produziere, davon finde ich manches entschuldbar, zwar nicht an sich und in Wirklichkeit, sondern nur beim Vergleich mit den Produkten anderer, die schlechter sind und die trotzdem geschätzt werden. ...
Meine Werke gefallen mir eigentlich nie recht; im Gegenteil, sooft ich sie wieder vornehme, jedesmal muß ich mich wieder darüber ärgern:
[b]»Wenn ich es wieder lese, schäme ich mich; denn das meiste könnte gestrichen werden, was ich da sehe, wenn ich, der Autor, es zu beurteilen hätte[52].«[b] Ich habe immer in mir eine Idee, ein bestimmtes, aber unscharfes Bild, und darin sehe ich wie im Traum eine bessere Gestaltung als die, welche ich verwirklicht habe, aber ich kann sie nicht greifen und nutzen; und auch diese Idee selber ist nur von mittlerer Höhe. Im Vergleich mit ihr sehe ich erst recht, daß die Schöpfungen der reichen und großen Persönlichkeiten der Vergangenheit weit erhaben sind über alles, wohin mein Traum und mein Wunsch reichen: ihre Schriften befriedigen mich nicht nur vollständig und bereichern mich, sondern sie rufen ein bewunderndes Staunen hervor; ich kann ihre Schönheit sehen und beurteilen, zwar nicht in ihrem ganzen Umfang, aber doch so weit, daß ich die Unmöglichkeit fühle, ihnen nachzustreben. Was ich auch anfange, stets hätte ich es nötig, den Grazien zu opfern, damit sie mir günstig sind. ... Sie lassen mich immer im Stich: alles wird grob bei mir; es fehlt an Feinheit und Schönheit; ich kann nicht die Dinge durch meine Darstellung wertvoller erscheinen lassen, als sie sind; der Gehalt wird durch die Gestalt, die ich ihm gebe, nicht besser; deshalb muß der Gehalt selbst bei mir Kraft

52. Quum relego, scripsisse pudet; quia plurima cerno, me quoque, qui feci, iudice, digna lini. Ovid, Ex Ponto, I, 5 15.

haben; der Gedanke muß sitzen und selbst leuchten. cWenn ich leicht eingehende und fröhlichere Gedanken einflechte, so entspricht das meiner Natur; eine steife und traurige Weisheit, so wie sie gewöhnlich dargeboten wird, mag ich nicht; ich tue es, um meine Stimmung, nicht um meinen Stil aufzuhellen, der besser zu den schweren und ernsten Stoffen paßt; wenigstens, wenn ich das Stil nennen darf, was ich biete: ein ungeformtes und ungeregeltes Reden, eine volksmäßige Ausdrucksweise, ein Darstellungsverfahren ohne Definitionen, ohne übersichtliche Einteilung, ohne richtige Schlußfolgerung.ↄ Die Kunst, gefällig, erheiternd, einschmeichelnd zu formulieren, verstehe ich nicht; die schönste Geschichte wird unter meinen Händen trocken und farblos. Ich kann nur Bedachtes sagen: die Leichtigkeit fehlt mir ganz, mit der manche meiner Kollegen auf den ersten besten losreden und eine ganze Gesellschaft unterhalten. . . .

Meine Ausdrucksweise ist nicht einfach und glatt; sie ist rauh cund nimmt keine Rücksicht auf den Hörer,ↄ denn sie gibt sich frei und ungeordnet; und so gefällt sie mir, cnicht weil ich es so richtig finde, sondern weil ich es so gern habe.ↄ Aber ich fühle wohl, daß ich diesem Hang zu sehr nachgebe, und weil ich mir immer Mühe gebe, alle Künstelei und Ziererei zu vermeiden, verfalle ich ihnen in einem anderen Sinne. . . .

Wie in meinen Handlungen, so folge ich auch in meinen Worten einfach meiner Naturanlage; daher kommt es vielleicht, daß ich beim Sprechen mehr erreiche als beim Schreiben. Das gesprochene Wort wird durch Gesten und Mienenspiel lebendig, besonders bei Menschen, die sich beim Sprechen lebhaft bewegen, wie ich, und dabei warm werden: Haltung, Gesichtsausdruck, Stimme, Kleidung und die ganze Art sich zu geben, können Dinge wertvoll machen, die es ihrem Inhalt nach nicht sind, wie zum Beispiel mein Schwatzen. . . .

Der Körper gehört ganz zu unserem Wesen und bildet einen wichtigen Teil von ihm; deshalb ist es nur recht, wenn man dem Bau und den Funktionen des Körpers die entsprechende

Beachtung schenkt. Die Lehre, welche unsere zwei Wesensteile scheiden und voneinander trennen will, hat sicher unrecht; es kommt im Gegenteil darauf an, sie wieder richtig zusammenzukoppeln und miteinander zu verbinden: von der Seele muß verlangt werden, nicht, daß sie sich abseits hält, sich nur mit sich selbst beschäftigt, auf den Körper herabsieht und nichts mit ihm zu tun haben will (sie könnte das ja auch nur mit Hilfe eines albernen Betrugs), sondern daß sie gemeinsame Sache mit ihm macht, ihn durchdringt, ihn liebt, ihm hilft, ihn leitet, ihn berät, ihn erhöht, ihn an der Hand nimmt, wenn er einen Irrweg geht, kurz, sich ihm vermählt und ihm dient wie ein Gatte dem anderen, damit sie nicht unabhängig voneinander und im Gegensatz zueinander nach außen wirken, sondern einheitlich und harmonisch. ...

Ich bin kaum mittelgroß; das ist ein Mangel; es ist nicht nur häßlich, sondern auch hinderlich, gerade für die, welche sich durchzusetzen und Ämter zu verwalten haben; denn es fehlt dann die natürliche Autorität, die bei einer schönen Erscheinung und bei einer imponierenden Gestalt wirksam ist. ...

Es ist doch recht ärgerlich, wenn du unter deinen Bedienten stehst und ein Besucher dich fragt: Wo ist der Herr des Hauses? und wenn du erst nach deinem Barbier und nach deinem Sekretär gegrüßt wirst. So ähnlich geschah es dem armen Philopoemen: er kam vor seinem Gefolge in ein Quartier, wo er erwartet wurde; die Frau des Hauses, die ihn nicht kannte, fand ihn etwas kümmerlich; sie stellte ihn an und schickte ihn zu den Mägden, um ihnen beim Wasserholen und Feuermachen für den Empfang des Herrn Philopoemen zu helfen; wie nun die Herren seines Gefolges nachkamen, waren sie sehr überrascht, ihn bei dieser schönen Beschäftigung zu finden – denn er hatte die Weisungen der Hausfrau gehorsam befolgt. – Als sie ihn fragten, was er da täte, antwortete er: »Ich bezahle die Strafe für meine Häßlichkeit.«

Die anderen Schönheiten alle sind für die Frauen; der schöne

Wuchs ist die einzige Schönheit des Mannes. Wenn der Mann zu klein ist, hilft alles nichts: die breite und wohlgeformte Stirn, der helle und freundliche Blick, die glatte Nasenlinie, das zierliche Ohr und der kleine Mund, die regelmäßigen und weißen Zähne, der dichte kastanienbraune Bart, das straffe Haar, das regelmäßige Oval des Kopfes, die frischen Farben, der gewinnende Gesichtsausdruck, der geruchlose Körper, die Proportioniertheit aller Glieder, das alles zusammen gibt noch nicht einen schönen Mann.

Im übrigen bin ich kräftig und untersetzt; das Gesicht ist nicht dick, aber voll; meine Gemütsanlage [b]halb lustig, halb traurig, etwas, aber nicht übermäßig[ↄ] sanguinisch und hitzig. »Deshalb habe ich starke Behaarung auf Brust und Beinen[53].« Gesundheitlich habe ich große Widerstandsfähigkeit und Frische, die lange anhielt [b]und selten durch Krankheit unterbrochen wurde;[ↄ] das heißt: so war ich; denn das Bild, das ich von mir gebe, ist nicht das der Gegenwart, wo ich auf das Greisenalter zusteuere, da ich die vierzig schon überschritten habe. – Was wird dann später aus mir werden? Jedenfalls bin ich dann nur ein halber Mensch; ich selber bin das dann nicht mehr; jeden Tag werde ich etwas weniger, ist etwas von mir weg. »Die Jahre rauben uns während ihres Ablaufs ein Glück nach dem anderen[54].«

Geschicklichkeit und Gewandtheit habe ich gar nicht; und doch bin ich der Sohn eines Vaters, der mit allem leicht fertig wurde und der sich bis ins hohe Alter eine ungewöhnliche Frische bewahrte. Es gab kaum einen Mann seines Standes, der es ihm an körperlicher Gewandtheit zuvorgetan hätte; wie ich kaum einen gefunden habe, der mir sportlich nicht überlegen gewesen wäre, außer im Schnellauf; auf diesem Gebiet waren meine Leistungen immerhin mittelmäßig.

Mit der Musik ist es auch nichts; weder im Singen, wo ich sehr unbegabt bin, noch im Saitenspiel: kein Lehrer hat mir darin je etwas beibringen können. Im Tanzen, im Ballspiel, im Ringen habe ich es nur zu geringen, höchstens durch-

53. Unde rigent setis mihi crura, et pectora villis. Martial, II, 36. 5.
54. Singula de nobis anni praedantur euntes. Horaz, Epist., II, 2. 55.

schnittlichen Leistungen bringen können; im Fechten, in den Übungen am Pferd und im Springen überhaupt zu keinen. Meine Hände sind so steif, daß ich nicht einmal für meinen Gebrauch anständig schreiben kann; was ich so hingeschmiert habe, das kann ich nur mit Mühe herausbekommen; ich schreibe es lieber noch einmal neu. [c]Auch vorlesen kann ich nicht viel besser; ich fühle, daß ich den Zuhörern auf die Nerven falle; im übrigen bin ich ein ganz vernünftiger Mensch.ↄ Ich kann keinen Brief richtig abschließen; ich habe es nie fertiggebracht, eine Feder zu schneiden, bei Tische ordentlich zu tranchieren, [c]ein Pferd kunstgerecht aufzuzäumen, einen Falken auf der Hand zu tragen und steigen zu lassen, den Hunden, den Falken, den Pferden beruhigend zuzureden.ↄ

Im ganzen paßt meine körperliche sehr gut zu meiner seelischen Veranlagung und entspricht ihr: nichts daran ist locker und leicht, nur Lebenskraft ist darin, voll und fest. Bei Schwierigkeiten halte ich gut durch; aber ich halte nur durch, wenn ich von mir aus an sie herangehe, und solange ich die Sache wirklich selber will; sonst, wenn ich keine Freude daran habe, die mich reizt, und wenn ich mich von etwas anderem als meinem reinen, freien Willen leiten lasse, tauge ich nichts; denn so weit bin ich jetzt: außer der Gesundheit und dem Leben gibt es nichts, [c]wofür ich Lust habe, mich anzustrengen, und was ich erwerben möchte, wenn ich es mit schwerer geistiger Anstrengung oder mit Zwang bezahlen muß. [b]»Für diesen Preis möchte ich nicht den ganzen Sand des dunklen Tajo haben, und wenn noch soviel Gold darin ist, das sonst ins Meer strömt[55].«

[c]Ich bin von Natur und Gewöhnung außerordentlich ruheliebend und außerordentlich freiheitsbedürftig; ich würde lieber mein Leben wagen, wie mich für einen anderen plagen.ↄ Meine Seele ist frei und gehört sich ganz selbst; sie ist gewöhnt, ihren eigenen Weg zu gehen: ich habe bis heute niemals einen Vorgesetzten, noch einen mir aufgezwungenen

55. Tanti mihi non sit opaci / omnis arena Tagi, quodque in mare volvitur aurum. Juvenal, Sat. III, 54.

Herrn gehabt; deshalb bin ich immer meinen eigenen Weg gegangen; ich habe selbst bestimmen können, wie schnell und wie weit ich gehen wollte. Dadurch bin ich verwöhnt worden; ich eigne mich nicht mehr zu fremdem Dienst; nur für mich selbst bin ich zu brauchen.

Und dann habe ich es nicht nötig gehabt, mir Zwang anzutun gegen diese Naturanlage zur Langsamkeit, zur Trägheit, zum Nichtstun; denn ich war von Geburt an in solchen Verhältnissen, daß ich auskam; ... ich brauchte mich nur darauf einzurichten, daß ich mich damit zufriedengab. [c]Dies setzt jedoch, wenn man genau hinsieht, eine seelische Disziplin voraus, die unter allen Verhältnissen schwer durchzuhalten ist und die wir erfahrungsgemäß öfter bei armen als bei reichen Leuten antreffen. Wahrscheinlich deshalb, weil, wie das auch bei anderen Leidenschaften so geht, die Begehrlichkeit nach Besitz mehr gestachelt wird, wenn man etwas hat als wenn man nichts hat, und weil die Tugend der Mäßigkeit seltener ist als die des Aushaltens.[ↄ] Ich habe das Vermögen, das der gütige Gott mir anvertraut hat, nur ruhig zu nutzen brauchen. Langweiliges Arbeiten jeder Art habe ich nie gemocht. Geschäftlich habe ich mich fast nur um meinen eigenen Besitz zu bekümmern gehabt; [c]und wenn ich andere Verwaltungsarbeiten übernahm, so geschah das unter der Bedingung, daß ich selbst zu bestimmen hatte, wann und wie ich sie erledigen wollte; ich nahm nur Aufträge von Leuten an, die Vertrauen zu mir hatten, die mich nicht drängten und die mich kannten; Sachkenner verstehen es, auch aus einem störrischen und kurzatmigen Pferd noch etwas herauszuholen[ↄ].

Selbst meine Jugenderziehung war zwanglos und frei von jeder strammen Unterordnung. Durch alles dies bin ich zart und empfindlich geworden und unfähig, wirkliche Mühen auszuhalten; das geht so weit, daß ich am liebsten gar nicht erfahren möchte, wenn ich einen Verlust oder einen Mißerfolg gehabt habe. – »Alles zunächst von der schlimmsten Seite anzusehen und es über mich zu gewinnen, dieses Schlimmste dann ruhig und geduldig zu ertragen«, das ist

die einzige Haltung, um die ich mich bemühe und der Zweck aller meiner Überlegungen.
Bei Gefahr denke ich weniger daran, wie ich ihr entrinnen kann, als daran, wie gleichgültig es doch ist, ob ich ihr entrinne: was wäre es denn weiter, wenn ich darin steckenbliebe? Da ich den Ablauf der äußeren Welt doch nicht regulieren kann, reguliere ich mein Inneres; da die Welt sich mir doch nicht anpaßt, passe ich mich ihr an. ...
Lange Beratungen, besonders in unwesentlichen Dingen, sind mir peinlich; mein Geist leidet mehr unter dem Hin und Her und den seelischen Erschütterungen des Zweifels und einer genauen Nachprüfung, als wenn er zu irgendeinem Entschluß kommt, ganz gleich welchem, sich damit zufriedengibt und daran festhält, wenn die Würfel einmal gefallen sind. Wenig Leidenschaften haben mich im Schlaf gestört; aber jedes solches Hin und Her vor einem Entschluß bringt mich um den Schlaf. Ich halte es mit meinen Entschlüssen wie mit den Wegen draußen: ich vermeide, wenn möglich, abschüssige und rutschige Pfade und gehe lieber gleich auf dem allgemein begangenen Weg, auch wenn man darauf noch so sehr in Schmutz und Schlamm versinkt; dadurch wird man davor bewahrt, in einen Abgrund zu rutschen. So ist mir jedes wirkliche Unglück recht, das mich nicht so hin und her zieht und quält wie die Unsicherheit und das Gewäsch vorher, und bei dem ich mit einem Sprung direkt ins Leid hineingerate. c»Das Schlimme quält am meisten, wenn es unbestimmt ist[56].«
bWenn es wirklich soweit ist, benehme ich mich wie ein Mann, bei den Präliminarien wie ein Kind: die Angst vorher regt mich mehr auf als der Sturz selbst. Die Sorge lohnt sich nicht: der Geizige leidet mehr als der Arme, der Eifersüchtige mehr als der Hahnrei; oft ist es nicht so schlimm, wenn einer seinen Weinberg verliert, als wenn er darum prozessieren muß.[c] ...
Gegen einige Eigenschaften, die ich habe, ist an sich nichts

56. Dubia plus torquent mala. Seneca, Agamemn., 1. 29.

einzuwenden; ich habe aber gefunden, daß sie in der heutigen Welt zu nichts nütze sind. Meine liebenswürdigen Formen würde man jetzt als Feigheit und Schwäche bezeichnen; mein Vertrauen in die Zusage anderer und das Stehen zu meinem Wort erscheinen heute leicht als übertrieben und als altmodisch gewissenhaft; meine Offenheit, die mich kein Blatt vor den Mund nehmen läßt, als störend, unvorsichtig und vermessen. Jedes Unglück ist zu etwas gut: es hat seine Vorteile, in eine ganz verdorbene Zeit hineingeboren zu werden; denn im Vergleich zu anderen kann man dann leicht als ein Muster der Tugend gelten: wer heute nichts Schlimmeres tut, als jemanden totzuschlagen und Kirchen auszurauben, der gilt als ordentlich und ehrlich. . . .

Nie und nirgends haben die Fürsten vor Problemen gestanden, deren Lösung so sicheren Lohn verspricht, wenn sie im Sinne der Güte und Gerechtigkeit angepackt wird, als heute hier bei uns. Wer zuerst auf den guten Gedanken kommt, auf diesem Wege zu Beliebtheit und Einfluß aufzusteigen, wird, wenn ich mich nicht sehr täusche, ohne sonderliche Mühe seinen Konkurrenten den Rang ablaufen. Mit Stärke und Gewalt hat man manchmal Erfolg, aber man kann mit diesen Mitteln durchaus nicht immer alles durchsetzen.

c Wir können beobachten, daß jetzt Vertreter des Bürgertums, Kaufleute, kleine Juristen, Handwerker, auf militärischem Gebiet im tapferen Einsatz wie in der Theorie es den Adligen gleichtun: sie schlagen sich vortrefflich, wenn sie sich für öffentliche oder private Interessen einsetzen, sie spielen in unseren Kriegen eine wichtige Rolle bei der Eroberung und bei der Verteidigung von Städten. Bei solchem Masseneinsatz kommt die herausgehobene Stellung eines Fürsten nicht mehr recht zur Geltung. Er mag ein glänzender Vertreter der Menschlichkeit, der Wahrheit, des Anstandes, der Mäßigung und besonders der Gerechtigkeit sein: dies alles wird nur selten bemerkt, es bleibt unbekannt und fern. Nur als Ausdruck des Volkswillens ist die Tätigkeit des Fürsten fruchtbar; durch keine anderen Leidenschaften fühlt sich dieser Volkswille so angesprochen, wie durch die genannten Tugenden: diese fördern das Volkswohl am meisten. »Nichts bringt so viel Ansehen beim Volke wie Güte[57].«°

Im Vergleich mit den heutigen Sitten könnte ich mir [c]groß und selten tüchtig vorkommen, wie ich mir zwergenhaft und durchschnittlich erscheinen muß, wenn ich mich an bestimmten Zeiten der Vergangenheit messe: damals war es das Übliche, daß man wenigstens Anstand wahrte, wenn dieses Benehmen nicht durch noch glänzendere Eigenschaften überdeckt wurde°: in der Rache zähmte man sich, man fühlte sich nicht gleich beleidigt, man hielt sein Wort unbedingt, man war nicht doppelzüngig und nach dem Munde redend, man drehte sein Wort nicht nach dem Willen anderer und nach den Umständen: ich ließe lieber ein Geschäft zum Teufel gehen, als daß ich um eines Geschäfts willen daran deutelte, was ich zugesagt habe. Denn die moderne Kunst des Scheins und der Verstellung, die jetzt so hoch geachtet wird, die ist mir gründlich verhaßt; unter allen Lastern kann ich keins finden, aus dem soviel Feigheit und Gemeinheit spricht. Wer es nötig hat, sich zu verstellen und sich unter einer Maske zu verbergen, und wer nicht den Mut aufbringt, sich zu zeigen wie er ist, der ist eine Memme oder ein Knecht; durch diese Gewohnheit werden die Menschen von heute zur Unwahrhaftigkeit geradezu erzogen; [b]da ihr Wort sowieso falsch ist, machen sie sich kein Gewissen daraus, es zu brechen.° Ein edles Herz verleugnet seine Gesinnung nicht; es ist ihm recht, wenn man ihm bis ins Innere sieht; [c]in ihm ist alles gut, wenigstens alles menschlich.° ... Apollonius sagt: »Sklaven dürfen lügen, Freie sagen die Wahrheit.« [c]Die Wahrheit sagen ist der erste und wichtigste Schritt zum Guten; die Wahrheit hat ihren Wert in sich. Wer deshalb wahr spricht, weil er dazu aus irgendeinem anderen Grunde sich gezwungen sieht oder weil es vorteilhaft für ihn ist, und wer die Lüge nicht scheut, ganz gleich, was dabei herauskommt, der ist nicht richtig wahr.

57. Nihil est tam populare quam bonitas. Cicero, Pro Ligario, 12.

Ich scheue die Lüge, weil sie mir innerlich widerstrebt; auch denken mag ich sie nicht. Ich empfinde eine innere Scham und lebhafte Gewissensbisse, wenn mir einmal eine Lüge entschlüpft, wie es mir manchmal passiert in der Überraschung und der Erregung einer unerwarteten Situation.[ɔ] Man braucht natürlich nicht alles auszusprechen; das wäre ja Dummheit; aber was man sagt, muß so sein, wie man es denkt; tut man das nicht, so ist das erbärmlich.

Was erwarten eigentlich die Leute davon, wenn sie immer heucheln und sich verstellen? Schließlich glaubt man ihnen doch nicht mehr, auch wenn sie die Wahrheit sagen. Ein- oder zweimal mögen die Menschen sich dadurch täuschen lassen. Aber wie ist es, wenn man aus der Unaufrichtigkeit ein Programm macht, das man stolz verkündet, wie es manche unserer Fürsten getan haben? Sie sagen, sie würden ihr Hemd ins Feuer werfen, wenn es um ihre geheimen Pläne wüßte (das ist übrigens ein Ausspruch aus dem Altertum, er stammt von Metellus Macedonicus); und sie geben öffentlich als Maxime ihres Handelns an: »Wer nicht heucheln kann, kann nicht regieren.« Damit warnen sie doch alle, die mit ihnen zu tun haben; sie weisen ja darauf hin, daß alles, was sie sagen, Lüge und Betrug ist. ... Die Leute wären doch auch gar zu naiv, wenn sie auf die Worte oder die Mimik eines Menschen hereinfallen sollten, der die Absicht kundgibt, äußerlich immer anders zu sein als innerlich. ... Man nimmt doch alles nicht für voll, was so jemand von sich gibt. [b]Wer in der Wahrheit unglaubwürdig ist, der ist es auch in der Lüge.[ɔ] ...

Nun, ich selber will lieber anderen lästig und unbequem sein als ihnen nach dem Munde reden und mich vor ihnen verstellen. [b]Ich gebe zu, daß vielleicht etwas Selbstgefälligkeit und Trotz mit im Spiele ist, wenn ich mich so ganz offen gebe wie ich bin, und wenn es mir gleich ist, was andre dazu sagen; vielleicht werde ich dadurch ungebundener, als ich sein sollte; vielleicht lasse ich mich durch die Freude an der Rücksichtslosigkeit mitbestimmen: es ist auch möglich, daß ich deshalb meiner Naturanlage so sehr nachgebe, weil ich

ungeschickt bin. Wenn ich bei Hofe mich ebenso ungezwungen benehme und rede wie zu Haus, so fühle ich, daß ich damit in eine Art Unbescheidenheit und Unhöflichkeit verfalle; aber ich bin nun einmal so; außerdem ist mein Geist nicht wendig genug, um bei einer überraschenden Frage sofort einen Ausweg zu finden und mich herauszureden oder so zu tun, als wenn ich etwas richtig fände; und dann vergesse ich unbedingt, was ich da vorgespiegelt habe, und es fehlt mir an der Sicherheit des Auftretens, um fest bei dieser Meinung zu bleiben; und dann übertreibe ich, weil ich mich unsicher fühle; deshalb verzichte ich auf solche Feinheiten und sage ganz einfach, was ich denke, einmal, weil es mir so liegt, aber auch mit voller Absicht; was daraus wird, das überlasse ich dem Zufallↄ. . . .
Das Gedächtnis leistet uns nützliche und eigentlich wunderbare Dienste; ohne seine Hilfe kann der Verstand kaum arbeiten; mir fehlt es ganz. Was man mir vorträgt, muß man mir stückchenweise darbieten; denn ich bin unfähig, auf einen Satz zu antworten, der mehrere Gesichtspunkte zugleich enthält; jeden Auftrag, den ich übernehme, muß ich mir aufschreiben. Wenn ich irgendwo sprechen muß, wo es darauf ankommt, so bleibt mir, wenn die Ansprache nicht ganz kurz ist, weiter nichts übrig, als das, was ich zu sagen habe, cWort für Wortↄ auswendig zu lernen; das ist recht kläglich; aber sonst wäre ich ungeschickt und unsicher, weil ich immer Angst hätte, daß mein Gedächtnis mich im Stich läßt. cAber dies Hilfsmittel macht mir Mühe genug: um drei Verse auswendig zu lernen, brauche ich drei Stunden. Der Autor darf und kann in dem Text, den er selbst verfaßt hat, die Gedanken umstoßen, einzelne Worte durch andere ersetzen, kurz, die ganze Sache auch anders darstellen; aber gerade deshalb kann er seinen eigenen bestimmten Wortlaut schwer im Gedächtnis behaltenↄ. Je mehr ich vor dem Steckenbleiben Angst habe, um so schlimmer wird es. Wenn ich nichts Besonderes will, ist mein Gedächtnis ganz gut; es muß von selbst kommen, wenn ich etwas von ihm verlange; wenn ich es presse, wird es scheu und versagt; und

wenn es einmal unsicher geworden ist, nützt es nichts, wenn ich darin wühle; da verstrickt und verwirrt es sich nur noch mehr; es ist mir dienstbar zu der Zeit, die ihm paßt, nicht zu der, die mir paßt. ...

Ich blättere in meinen Büchern, ich vertiefe mich nicht in sie. Was mir von der Lektüre bleibt, darin erkenne ich die fremde Herkunft nicht mehr; es haftet nur das, was ich im Nachdenken mir angeeignet habe, es bleiben nur die Gesichtspunkte und die Bilder, die ganz in mich übergegangen sind. Wer es gesagt hat, wo es steht, den Wortlaut und den Zusammenhang, das alles vergesse ich sofort wieder. [b]Meine Vergeßlichkeit funktioniert so hervorragend, daß ich sogar das, was ich selber geschrieben und formuliert habe, ebenso schnell vergesse wie alles andere; immer wieder kommt es vor, daß andere in meiner Gegenwart etwas aus meinen Werken zitieren, ohne daß ich es merke[ɔ].

Außer meiner Vergeßlichkeit habe ich noch andere Mängel, die meine Unwissenheit fördern. Ich habe einen langsamen und stumpfen Geist, wenigstens läßt die Gedankenschärfe sofort nach, wenn irgend etwas dazwischen kommt; Rätsel z. B., und wenn sie noch so einfach sind, bekomme ich nie heraus; wenn geistige Wendigkeit erforderlich ist, komme ich gleich nicht weiter; Spiele, die Geist verlangen, wie Schach, Karten, Dame und ähnliche, verstehe ich nur ganz im groben: meine Auffassungsgabe ist langsam und nicht immer sofort richtig; habe ich es aber einmal gefaßt, dann fasse ich es gründlich, betrachte es allseitig, auch aus der Nähe und bis in die Tiefe, solange ich mich damit abgebe. ...

[An fast jedem Menschen ist irgend etwas wertvoll;] aber das Ideal sind die allseitigen Menschen, deren Seele für alles offen und aufnahmebereit ist; [c]sie sind bildbar, wenn auch vielleicht nicht gebildet[ɔ]; ich sage das, um meine Art zu kritisieren; denn mag nun Unfähigkeit oder Gleichgültigkeit der Grund sein (theoretisch bin ich durchaus dagegen, daß es richtig sei, sich um das Naheliegende, das, was wir in den Händen haben, das, was wir zum Leben am nötigsten brauchen, nicht zu kümmern), jedenfalls ist niemand so blöde und unwissend wie ich in vielen Dingen des täglichen Gebrauchs, die nicht zu kennen man sich eigentlich schämen müßte. Dafür muß ich ein paar Beispiele anführen.

Ich bin auf dem Lande geboren und aufgewachsen; ringsum wurden die Felder bestellt ... nun, ich kann eine Getreideart von der andern nicht unterscheiden, weder draußen noch in der Scheune, wenn die Unterschiede nicht gar zu auffällig sind; auch die verschiedenen Sorten Kraut und Salat in meinem Garten kann ich nicht auseinanderhalten; die wichtigsten Haushaltungsgegenstände kenne ich kaum dem Namen nach, ebensowenig die einfachsten Gesetze der Landwirtschaft, über die jedes Kind Bescheid weiß; [b]noch weniger verstehe ich vom Handwerk, vom Handel und vom kaufmännischen Geschäft; ich weiß nicht, was für Eigenschaften die verschiedenen Früchte, Weine und Fleischsorten haben; ich kann ein Pferd oder einen Hund nicht versorgen, wenn sie krank werden, und keinen Vogel abrichten;[ↄ] und um meine Beschämung voll zu machen, muß ich noch erzählen, was mir im letzten Monat passiert ist: es stellte sich heraus, daß ich nicht wußte, wozu der Sauerteig beim Brotbacken dient [c]und was es bedeutet, wenn der Wein sich im Faß klärt.[ↄ] ...

Nach dem, was ich hier gestanden habe, kann man sich leicht noch anderes denken, was mir mangelt. Aber ich übe doch irgendwie eine Wirkung aus, wie ich mich auch zeige, vorausgesetzt, daß ich mich genau so sehen lasse, wie ich wirklich bin. Eigentlich müßte ich mich entschuldigen, daß ich es wage, so unbedeutende und gleichgültige Dinge hier vorzusetzen; aber ich kann gar nicht anders vorgehen, weil das, was ich darzustellen habe, so etwas Belangloses ist. [c]Gegen mein Thema können sehr wohl Einwendungen erhoben werden, gegen meine Art der Durchführung aber nicht:[ↄ] ich brauche nicht erst von anderen darauf hingewiesen zu werden, wie wenig Wert und Gewicht das alles hat, was ich hier niederschreibe, und wie närrisch das Ziel ist, dem ich nachjage; das sehe ich selber. Ich bin schon zufrieden, wenn das, was ich darüber denke, hier klar zum Ausdruck kommt:

alles, was ich hier vorlege, sind »Versuche« in dieser Richtung. . . .
Noch einen anderen Charakterfehler von mir, den man gewöhnlich nicht gern zugibt, darf ich nicht vergessen: meine Unentschlossenheit. Sie ist bei allen Verhandlungen und weltlichen Geschäften sehr störend. Wenn etwas zweifelhaft ist, kann ich mich nicht entscheiden. . . . Ich mag mich hierhin oder dorthin wenden, jedesmal fallen mir genug Gründe ein, die gerade für diese Seite sprechen; so schiebe ich die Entscheidung hinaus und halte mir die Freiheit der Wahl offen, bis die Sache dringend wird; und dann überlasse ich, ehrlich gestanden, die Entscheidung meist dem Zufall; ich lasse mich durch eine ganz leichte Bevorzugung, durch einen nebensächlichen Umstand bestimmen. In den meisten dieser Fälle fühle ich mein Urteil so gleichmäßig, wie ausgewogen, nach beiden Seiten gezogen, daß ich am liebsten um die Entscheidung losen oder würfeln würde. In meiner Auffassung von der menschlichen Schwäche werde ich dadurch bestärkt, daß sogar in der Heilsgeschichte Beispiele vorkommen, wo in zweifelhaften Fällen die Entscheidung dem Zufall anheimgestellt wird: »Das Los traf den Mathias[58].«
[c]Das menschliche Denken ist ein zweischneidiges gefährliches Schwert; Sokrates war mit ihm am innigsten vertraut und befreundet, und sogar in seiner Hand ist es vieldeutig.ↄ Ich fühle mich deshalb nur zum Mitgehen befähigt und lasse mich leicht von der Menge mittreiben: ich habe nicht soviel Zutrauen zu meinen Geisteskräften, daß ich mir anmaße, von mir aus zu bestimmen oder zu führen; ich bin froh, wenn ich meinen Weg durch andere gebahnt finde. Wenn ich mich in einer unsicheren Sache zu einer Entscheidung gezwungen sehe, schließe ich mich lieber jemandem an, der seiner Sache sicher ist und mehr hinter seiner Ansicht steht, als ich hinter der meinen; [b]denn bei dem, was ich meine, kommt es mir immer vor, als ob das Fundament oder die Verwurzelung rutsche.ↄ . . .

58. Sors cecidit super Mathiam. Apostelgesch. 1. 26.

Was ich an unseren gegenwärtigen Zuständen auszusetzen habe, ist die Unbeständigkeit; die Gesetze stellen, ebenso wie unsere Kleidermoden, keinen Dauerzustand dar. Es ist natürlich sehr leicht, einem Regierungssystem Unvollkommenheiten vorzuwerfen, sind doch alle menschlichen Einrichtungen voll von solchen; es ist sehr leicht, im Volke die Verachtung alter Bräuche zu erzeugen; und wer darauf ausgeht, der erreicht immer sein Ziel: aber dann einen besseren Zustand zu schaffen als der war, der beseitigt worden ist, daran sind viele gescheitert, die es versucht hatten. ... Glücklich das Volk, das den Sinn der Verordnungen besser erfüllt als die Herren ihn eigentlich gemeint hatten, und das nicht durch die Frage, wie das kommt, beunruhigt wird; es schwingt weich mit, wie der Lauf der Gestirne es bestimmt. Wer immer nach Gründen fragt und auf seinem Recht besteht, für den gibt es keinen reinen und ruhigen Gehorsam. ...

Ich denke, ich habe vernünftige und gesunde Ansichten; aber wer glaubt das nicht von sich? denn wären sie nicht wohl begründet, so hätte ich mich leicht irreführen lassen können durch die liebevolle Aufmerksamkeit, mit der ich allein auf mich sehe, als wenn sich alles auf mich bezöge, und die mich über diesen Beobachtungsgegenstand kaum hinaussehen läßt; alle die Mühe, die andere Menschen auf andere Interessen verteilen, auf eine Riesenmenge von Freunden und Bekannten, auf ihr eigenes Ansehen und auf ihr Fortkommen, die verwende ich ganz und gar auf die Ruhe meines Geistes und auf die Erkenntnis meines Selbst; was ich sonst noch gelegentlich tue, das liegt nicht eigentlich in der Richtung meines Denkens: »Mein einziges Wissen besteht darin, voll und gesund zu leben[59].«

Nun, wenn ich meine Ansichten prüfe, so sehe ich in ihnen eine dauernde, außerordentlich tief eindringende Bemühung, abzulehnen, was an mir unzulänglich ist. Daran übe ich auch wirklich meinen Scharfsinn wie an nichts anderem.

59. Mihi nempe valere et vivere doctus. Lukrez, V, 961.

Gewöhnlich sehen die Menschen auf ihr Gegenüber, ich richte meinen Blick nach innen; dort bohrt er sich ein; dort hat er seine Freude. Jeder blickt vor sich, ich blicke in mich. Ich habe es nur mit mir zu tun; unaufhörlich beobachte ich mich, beaufsichtige ich mich, genieße ich mich. Die anderen gehen, genau genommen, immer woanders hin; sie gehen immer von sich fort: »Niemand macht ernsthaft den Versuch, in sein Inneres hinabzusteigen[60].« Ich dagegen wälze mich sozusagen in mir selbst.

Die Fähigkeit, die irgendwie in mir liegt, die Wirklichkeit zu treffen und zugleich die Unbefangenheit, die es mit sich bringt, daß ich Vorurteilen nicht leicht unterliege, diese verdanke ich im wesentlichen mir selbst; denn die Grundideen, von denen ich besessen bin und die immer wiederkommen, sind sozusagen zugleich mit mir geboren: sie sind ein Teil meiner Natur und gehören mir ganz zu eigen. Zunächst sind sie roh und einfach, sie quellen ungestüm und kräftig, aber noch etwas wirr und ungeformt aus mir heraus; dann habe ich diese Ideen kräftig ausgebaut und habe dazu Gedanken bekannter Männer und vor allem nützliche Beispiele aus dem Altertum herangezogen, wenn ihre Art der Beurteilung zu der meinen paßte; dadurch war es mir möglich, sie treffender zu formulieren; erst durch diese fremde Hilfe sind meine Gedanken in beglückender Weise mein Eigentum geworden. ...

Ich habe oben gesagt, daß das Laster des Dünkels zwei Seiten hat. Bis jetzt habe ich gezeigt, wie weit ich mich in dem einen Sinne schuldig fühle. Die andere Seite besteht darin, andere nicht genügend zu achten. Ich weiß nicht, ob ich mich gegen diesen Vorwurf ebensogut verteidigen kann. Auf jeden Fall nehme ich mir vor, zu sagen, wie es damit wirklich steht, wenn es auch nicht sehr erfreulich für mich ist.

Wahrscheinlich bin ich durch die dauernde Beschäftigung mit dem Gedankengut des Altertums und durch den Vergleich mit dem geistigen Reichtum vergangener Zeiten anspruchs-

60. Nemo in sese tentat descendere. Persius, Sat. IV, 23

voll geworden, so daß ich die Menschen um mich und mich selber nicht mehr mag; oder wir leben vielleicht auch in einer Zeit, die nur Mittelmäßiges hervorbringt, jedenfalls kenne ich nichts, was große Bewunderung verdiente. Außerdem kennt man doch selten seine Mitmenschen so genau, wie es eigentlich notwendig wäre, wenn man sie beurteilen will; meine Standesgenossen, mit denen ich am häufigsten zusammenkomme, sind meistens Leute, die sich um die Pflege ihres Inneren wenig kümmern und die dazu erzogen sind, als höchstes Glück immer nur die Ehre und als höchste Vollkommenheit immer nur die Tapferkeit anzusehen.

Die Vorzüge anderer Menschen erkenne ich bereitwillig an und lobe sie gern; ich übertreibe sie sogar oft und betone sie mehr, als ich eigentlich für richtig halte; insoweit gestatte ich mir eine gewisse Unwahrheit; denn etwas zu erfinden, was es überhaupt nicht gibt, dazu bin ich durchaus nicht imstande. Ich trete gern für meine Freunde ein und hebe hervor, was ich an ihnen lobenswert finde; dabei messe ich ihre Vorzüge reichlich; aber dazu kann ich mich nicht entschließen: ihnen Eigenschaften zuzuschreiben, die sie nicht haben, und sie wegen ihrer Fehler offen in Schutz zu nehmen.

ᵇAuch meinen Feinden bezeuge ich ohne weiteres die Ehre, die sie verdienen; ᶜdem Gegner gegenüber habe ich andere Gefühle, aber nicht ein anderes Urteil; ᵇden Streitpunkt, der mich von ihm trennt, verwechsele ich nicht mit anderen Umständen, die damit nichts zu tun haben. Die Freiheit meines Urteils ist mir so wichtig, daß auch die leidenschaftlichste Zu- oder Abneigung mich nicht davon abbringen kann. ᶜWenn ich lüge, kränke ich mehr mich als den, den ich anlüge. Bei den Persern war diese lobenswerte Erhabenheit des Urteils zur festen Sitte geworden: über ihre Todfeinde, die sie bis aufs Blut bekämpften, sprachen sie sachlich, ja mit Anerkennung, soweit ihre Tüchtigkeit es verdiente.ᵓ . . .

[Einem in jeder Beziehung großen Menschen bin ich nie begegnet.] Der größte Lebende, den ich gekannt habe, ich meine groß im Sinne von seelischem Reichtum und angeborenem Adel, war Étienne de la Boétie; er war wirklich ein Mensch von seelischer Fülle; sein Inneres war in jedem Sinne schön; er war durchaus echt; seine Anlagen hätten sicher große Erfolge gezeitigt, wenn das Schicksal es gewollt hätte; hatte er doch diese reichen Naturgaben durch wissenschaftliches Studium und Fleiß noch beträchtlich ausgebaut. ... [Von der Schulbildung und von Stand und Beruf ist der Wert eines Menschen gewiß nicht abhängig.] ᶜDie Gattung Menschen, die infolge ihrer Einfachheit auf der untersten sozialen Stufe steht, scheint mir die Geringschätzung am wenigsten zu verdienen, ja uns vielmehr ein Bild der geordnetsten Lebensart zu bieten: ich finde Sitten und Ansichten der Bauern gewöhnlich richtiger – im Sinne einer wahren Philosophie – als Sitten und Ansichten unserer Philosophen: »Das Volk ist klüger, weil es weiß, was nötig ist[61].«ᵓ ... Wie gesagt, die meisten Tugenden gelten heute wenig oder nichts. Aber eine ist in den Bürgerkriegen ganz üblich geworden: die Tapferkeit; auf diesem Gebiet gibt es heute unter uns feste Charaktere, die eine gewisse Vollkommenheit aufweisen, und zwar so viele, daß man einzelne Beispiele nicht herausheben kann. ...

Darf man sich widersprechen?

Eigentlich darf nur derjenige sich darstellen, der irgend etwas Vorbildliches an sich hat und dessen Leben und dessen Ansichten als Muster dienen können. Wenn Caesar und Xenophon von sich erzählen, können sie sich in ihren Berichten auf große Taten berufen; sie können darauf, wie auf einer berechtigten festen Basis, aufbauen; ebenso würde man gern die Tagebücheraufzeichnungen Alexanders des Großen besitzen oder die Erläuterungen zu ihren historischen Taten, die Helden wie ein Augustus, ᶜein Catoᵓ, ein

61. Plus sapit vulgus, quid tantum quantum opus est, sapit. Lactantius, Div. Inst., 3. 5.

Sulla, ein Brutus zu Papier gebracht haben. Die Beschäftigung mit solchen Gestalten und die Hingabe an sie lohnt sich, sogar wenn sie in Bronze und Stein dargestellt sind.
Dieser Hinweis ist sehr richtig; aber er trifft mich nur sehr wenig: »Ich lese meine Sachen nicht jedem vor, sondern nur meinen Freunden, und nur, wenn sie mich darum bitten; nicht überall, wie es viele Autoren tun, die ihre Werke so öffentlich wie möglich, manchmal sogar in der Badeanstalt vortragen[62].« [b]Ich errichte hier kein Denkmal, wie man es in belebten Straßen, in Kirchen oder auf großen Plätzen aufstellt. »Ich spreche im stillen zu meinem Hörer[63].«[○] Das Bild, das ich zeichne, ist bestimmt für behagliches Lesen in der Bibliothek, als Unterhaltung für einen Nachbarn, einen Verwandten, einen Freund von mir, dem es Spaß macht, mich darin wiederzuerkennen und sich gleichsam nochmals mit mir zu unterhalten, wie einst. ...
[c]Und wenn mich auch niemand liest, kann ich die Zeit als verloren ansehen, die ich zu so nützlichem und zugleich angenehmem Nachdenken verwendet habe, in all den Stunden, wenn ich nichts anderes zu tun hatte? Um mich genau abzuformen und den Extrakt des Wesentlichen zu gewinnen, mußte ich immer wieder etwas von mir ausscheiden und zurechtrücken; dadurch hat das Modell selbst eine festere und richtigere Gestalt gewonnen; um mich für andere darzustellen, hat sich mein inneres Bild gewandelt; es zeigt klarere Farben als es erst aufwies. Mein Buch hat mich ebensosehr gestaltet, wie ich mein Buch gestaltet habe: sein Inhalt ist identisch mit seinem Verfasser, es handelt von ihm selber; es ist ein Glied meines Lebens; seine Bemühungen zielen nicht auf etwas Drittes oder Fremdes, wie die aller anderen Bücher. Ist es Zeitverschwendung, wenn ich mit solcher Ausdauer, mit solcher Eindringlichkeit über mich Rechenschaft ablege? ...

62. Non recito cuiquam, nisi amicis, idque rogatus; / Non ubivis, coramque quibuslibet: in medio qui / Scripta foro recitent, sunt multi, quique lavantes. Horaz, Sat., I, 4. 73.
63. Secreti loquimur. Persius, Sat. V, 19.

Wie oft hat diese Bemühung von ärgerlichen Gedanken abgelenkt! Und als ärgerlich oder langweilig ist alles oberflächliche Denken anzusehen. Die Natur hat uns mit reichen Möglichkeiten beschenkt, Freude an der Beschäftigung mit uns selbst zu empfinden; sie will uns damit lehren, daß wir zwar Pflichten der Gesellschaft gegenüber haben, die wichtigsten Pflichten aber uns selbst gegenüber. ... Ich horche auf das, was in mir vorgeht, weil ich es festzuhalten habe. ...

Studiert habe ich nicht etwa, um ein Buch zu schreiben, aber ich habe immerhin studiert, weil ich eins geschrieben hatte; wenn man das als studieren bezeichnen will, wie ich vorgehe: ein Stückchen von einem und dann von einem anderen Autor lesen; ihre Gedanken sozusagen einmal am Kopfe und einmal an den Füßen zu packen, und keineswegs um eigentlich daraus zu lernen; nein, um die Gedanken, die ich schon habe, zu stützen, um bei ihrer Formulierung als Schmuck und Hilfe zu dienen.ↄ ...

Jedes Ding hat seine Zeit

Von dem älteren Cato, dem Zensor, wird erzählt, daß er als alter Mann anfing, Griechisch zu lernen, und zwar mit glühendem Eifer, als wenn er einen langen Durst hätte löschen wollen. Meiner Ansicht nach war das nicht sehr rühmlich für ihn; es ist doch gerade das, was wir nennen: wieder zum Kind werden. Alle Dinge haben ihre Zeit, auch die guten. Zum Beispiel kann ich ein Vaterunser zur Unzeit sprechen; [c]T. Quintius Flaminius wurde, obwohl das Gefecht siegreich ausging, vor Gericht gezogen, weil er als Befehlshaber während der Schlacht in seinem Quartier dabei betroffen wurde, wie er seine Zeit mit Beten verbrachte. [b]»Auch im Guten wird der Weise das Maß wahren[64].«ↄ

64. Imponit finem sapiens et rebus honestis. Juvenal, Sat. VI, 444.

In hohem Alter besuchte Xenokrates mit besonderem Eifer die Vorlesungen des Eudemonidas; da sagte dieser: »Wann wird der alte Mann so weit sein, daß er etwas weiß, wenn er jetzt noch lernen muß!« [b]Dem König Ptolemäus wurde es als besonderes Verdienst angerechnet, daß er seinen Körper noch täglich durch Fechten zu kräftigen suchte. Philopoemen aber sagte zu den Bewunderern: »Ein König in seinen Jahren sollte sich nicht mehr im Waffengebrauch üben; jetzt sollte er diese Kunst in der Wirklichkeit anwenden«.[9] Der Spruch der Weisen lautet: Der Junge soll seine Kraft auf die Vorbereitung, der Alte auf die Nutzung verwenden. Was uns am meisten zum Vorwurf gemacht wird, ist, daß wir Alten immer wieder junge Wünsche haben; wir tun so, als ob wir das Leben immer wieder von vorn anzufangen hätten.

In dem, was wir arbeiten und was wir erstreben, müßte oft einmal herauszufühlen sein, daß wir alt sind. Wir stehen mit einem Fuß im Grabe; und doch fangen unsere Wünsche und unsere Ziele immer wieder von vorn an: [b]»Du läßt Marmor sägen unmittelbar vor dem Grabe, und baust Häuser, ohne an das Sterben zu denken[65].«

[c]Was ich mir vornehme, erstreckt sich höchstens auf ein Jahr: ich denke nur noch daran, wie ich fertig werde; alle neuen Hoffnungen und Pläne suche ich mir abzugewöhnen; alle die Orte, von denen ich scheide, grüße ich zum letzten Mal und lerne, auf allen Besitz zu verzichten. »Jetzt macht es mir nichts mehr aus, etwas zu verlieren oder zu gewinnen ... die Wegzehrung, die ich bei mir habe, reicht weiter, als der Weg, der noch vor mir liegt[66].«

»Ich habe mein Leben gelebt; der Weg, den das Schicksal mir gewährt hat, geht zu Ende[67].« Als die Haupterleichterung, die das Altern mir gewährt, sehe ich an, daß es in mir

65. Tu secanda marmora / Locas sub ipsum funus, et, sepulcri / Immemor struis domos. Horaz, Oden, II, 18, 17.

66. Olim iam nec perit quidquam mihi, nec acquiritur; plus superest viatici quam viae. Seneca, Epist. 77.

67. Vixi, et, quem dederat cursum fortuna, peregi. Vergil, Aen., IV, 653.

viele Wünsche und Sorgen beschwichtigt, durch die das Leben beunruhigt wird: die Sorge um Politik, um Reichtum, um Ansehen, um Wissen, um Gesundheit, überhaupt um mich.ↄ Mancher will sprechen lernen zu einem Zeitpunkt, wo er lernen sollte, endgültig zu schweigen. [c]Studieren kann man immer weiter, aber nicht immer weiter in die Schule gehen: ein Greis, der die Anfangsgründe lernt, ist ein Widersinn. [b]»Den einen freut das, den anderen etwas anderes; nicht alles paßt zu jedem Alter[68].«ↄ ...

Vom Zorn

Reden ist nicht dasselbe wie Handeln; man muß bei der Beurteilung die Predigt vom Prediger trennen. In dem gegenwärtigen Meinungsstreit haben es sich diejenigen zu leicht gemacht, welche die Wahrheit der Lehren unserer Kirche durch den Lebenswandel ihrer Diener zu widerlegen versucht haben; die Kirche stützt sich auf Zeugnisse anderer Art: solche Art der Beweisführung ist überhaupt verkehrt; sie würde alles durcheinander bringen. Es kann jemand, trotz seines guten Lebenswandels, falsche Ansichten haben; und ein schlechter Mensch kann eine richtige Ansicht vertreten, sogar eine Wahrheit, an die er selbst nicht glaubt. Natürlich gibt es einen schönen Zusammenklang, wenn Wort und Tat zusammenstimmen, und ich leugne selbstverständlich nicht, daß die Worte eines Menschen mehr Überzeugungskraft haben, wenn sein Tun nachher damit übereinstimmt. ...

Deshalb suche ich bei jedem Autor, den ich lese, eifrig zu ergründen, was er für ein Mensch gewesen ist, ebenso wenn er theoretisch über die Tugend wie wenn er praktisch über das Handeln spricht: [b]So wurde es in Sparta gehalten: da stellte einmal ein Mann von liederlichem Lebenswandel

68. Diversos diversa iuvant; non omnibus annis / Omnia conveniunt. Pseudo-Gallus, I, 104.

einen für das Volk nützlichen Antrag; die Ephoren entzogen ihm das Wort und baten einen als Ehrenmann bekannten Bürger, dessen Idee aufzugreifen und sie als seinen Antrag einzubringen.[9]

Wenn man sich in Plutarchs Schriften wirklich vertieft, kann man daraus recht gut erkennen, was er für ein Mensch war; ich glaube, ich kenne ihn bis in seine Seele hinein. Deshalb wünschte ich, wir besäßen genauere Aufzeichnungen über sein Leben. Ich habe diesen etwas abgelegenen Gegenstand aufgegriffen, weil ich mich freue, daß Aulus Gellius eine Geschichte berichtet, die ein Licht auf seinen Charakter wirft und die mich zu meinem Thema, dem Zorn, zurückführt.

Plutarch hatte einen Sklaven, einen schlechten, liederlichen Burschen, der aber allerlei philosophische Lehren aufgeschnappt hatte; diesen mußte er einmal bestrafen lassen. Wie der nun seine Prügel bekam, schimpfte er zunächst, das wäre unverdient, er hätte nichts verbrochen; dann aber schrie er seinem Herrn Vorwürfe ins Gesicht, die ihn beleidigen sollten: Er wäre kein Philosoph, wie er vorgäbe; er hätte immer gesagt, es wäre häßlich, etwas im Zorn zu tun, er hätte sogar ein Buch darüber geschrieben; und nun wäre er zornentflammt; deshalb ließe er ihn so grausam prügeln, und so widerlege er seine Schriften. Darauf antwortete Plutarch ohne jede Hitze und ohne jede Aufregung: »Wie, du Grobian, woraus schließt du, daß ich jetzt in Zorn sei? Zeigt dir mein Gesicht, meine Stimme, meine Gesichtsfarbe, mein Sprechen irgendwie an, daß ich aufgeregt bin? Ich denke doch, ich habe weder wild blickende Augen, noch ein verzerrtes Gesicht, noch eine kreischende Stimme; werde ich rot? habe ich Schaum vor dem Mund? sage ich gegen meinen Willen etwas, was ich bereuen müßte? siehst du mich zittern? siehst du mich vor Wut beben? Denn das sind doch, wie du weißt, die echten Zeichen des Zorns.« Und dann wendete er sich zu dem, der die Strafe vollstreckte: »Bleib nur bei deiner Arbeit, während wir zwei, der da und ich, miteinander disputieren.« Das ist die Geschichte. ...

Schließlich noch ein Wort, um diesen Gedanken abzuschließen. Aristoteles sagt: »Manchmal ist der Zorn eine gute Waffe für die Tugend und für die Tapferkeit.« Das ist sehr gut möglich. Die Gegner dieser Ansicht antworten darauf freilich ganz witzig: das ist eine recht eigenartige Waffe; die anderen Waffen schwingen wir, diese aber setzt uns in Bewegung; wir lenken sie nicht, sie lenkt uns; sie hat uns in der Hand, nicht wir sie.

Die Geschichte des Spurina[69]

[Es ist die Frage, ob die halb körperliche Geschlechtslust stärker ist als die Leidenschaften, die nur in der Seele wohnen.] Xenokrates wandte ein besonders strenges Mittel an, um die sexuelle Erregung zu bändigen. Seine Schüler hatten, um seine Enthaltsamkeit auf die Probe zu stellen, ihm heimlich Lais, die schöne, weitberühmte Kurtisane, in sein Bett gelegt, ganz nackt, nur mit den Reizmitteln ihres Liebeszaubers geschmückt. Als er merkte, daß, seinen Lehren und seinen Regeln zum Trotz, der Körper den Gehorsam versagte, ließ er sich die Glieder ausbrennen, die sich an diesem Aufruhr beteiligt hatten. Dagegen können die Leidenschaften, die ganz in der Seele sitzen, wie Ehrgeiz, Habsucht usw., nur mit der Vernunft bekämpft werden; das ist noch schwerer; denn diesen inneren Schwierigkeiten kann man nur innerlich zu Leibe gehen, und diese inneren Wünsche kann man nicht durch Erfüllung beruhigen, sie werden sogar durch das Nachgeben immer stärker und anspruchsvoller.

Am Beispiel Caesars kann die Verschiedenheit dieser zwei Arten Triebe aufgezeigt werden; denn niemals hat ein Mensch mehr als er den Freuden der Liebe gefrönt. ...

Seine ganze Anlage war so; wenn aber der Ehrgeiz, seine andere Leidenschaft, die ihm auch tief im Herzen saß, der

69. Die Episode über den toskanischen Jüngling Spurina fehlt in dieser Auswahl.

Liebe den Rang streitig machte, so trat diese sofort in den Hintergrund. ...

Durch seine Vergnügungen ließ er sich nicht einen Augenblick, nicht einen Schritt, von den Möglichkeiten abziehen, die sich ihm boten, seine Macht zu erweitern; dieser Trieb beherrschte in ihm so unbedingt alle anderen Neigungen, daß er sich immer durchsetzte. ... Wo hat es im übrigen einen Menschen gegeben, der so umsichtig, so tätig, so fleißig gewesen wäre wie er? In ihm keimten außerdem viele herrliche Anlagen, von denen ich hervorhebe, daß sie lebendig, natürlich, nicht gespielt, aus ihm hervorwuchsen: er war ungewöhnlich mäßig im Trinken und wenig heikel im Essen. ... Einmal ließ er z. B. seinen Bäcker verprügeln, weil er ihm anderes Brot vorgesetzt hatte als die Mannschaft bekam. Sogar sein Gegner Cato sagte von ihm, er sei der erste nüchterne Mann gewesen, der zum Untergang seines Landes den Weg gewiesen hätte. Derselbe Cato bezeichnete ihn einmal als Säufer. ... Aber das war mehr ein im Zorn gesprochenes Schimpfwort als der Vorwurf eines bestimmten Lasters. ...

Dazu kommt, daß die Trunksucht, die Cato ihm vorwirft, gewöhnlich eng verbunden ist mit der anderen Ausschweifung, auf der Cato den Caesar ertappt hatte; denn, wie das Sprichwort sagt, Venus und Bacchus vertragen sich: [b]bei mir freilich ist Venus viel munterer, wenn Bacchus nicht dabei ist.[ɔ]

Unendlich zahlreich sind die Beispiele von Caesars Güte und Großzügigkeit gegenüber Menschen, die sich gegen ihn vergangen hatten. Und zwar nicht nur Beispiele aus der Zeit des Bürgerkriegs, von denen er selbst sagt, daß er die Milde benutzte, um seine Feinde zu gewinnen und ihnen die Angst vor seinem Siege und seiner späteren Herrschaft zu nehmen. Wenn diese Beispiele vielleicht auch als Zeugnis für seine wirkliche Güte nicht genügen, so zeigen sie jedenfalls, welches wunderbare Selbstvertrauen und welch gewaltigen Mut dieser Mann besaß: oft hat er, nach dem Sieg, ganze Armeen zum Feind zurückgeschickt, ohne sie – so erhaben war seine

Auffassung – eidlich zu verpflichten, in Zukunft neutral zu bleiben; daß sie seine Partei ergreifen sollten, verlangte er schon gar nicht von ihnen. Drei- oder viermal hat er Unterfeldherren des Pompeius, die in seine Gewalt geraten waren, wieder freigelassen. Pompeius erklärte, alle die, welche nicht mit ihm in den Krieg zögen, wären seine Feinde; er aber ließ verkünden, er sähe alle die als Freunde an, die sich still verhielten und nicht gegen ihn tatsächlich zu den Waffen griffen. ...

Wenn er Städte erobert hatte, ließ er sie frei wählen, welcher Partei sie sich anschließen wollten; eine Besatzung ließ er in diesen Städten nicht zurück, sondern nur die Erinnerung an seine Güte und seine Gnade; am Tage der Entscheidungsschlacht von Pharsala verbot er, römische Bürger niederzumachen, außer in Notwehr. Meiner Ansicht nach war das sehr riskant: es ist kein Wunder, daß bei dem Bürgerkrieg, den wir jetzt durchzumachen haben, die Bekämpfer des alten Regimes ihres Landes Caesars Beispiel nicht nachahmen; denn sein Weg ist etwas durchaus Ungewöhnliches. Nur ein Mann mit dem Glück und dem wunderbaren Weitblick eines Caesar kann ihn mit Erfolg zu Ende gehen. Allein in Anbetracht der unvergleichlichen Seelengröße dieses Mannes kann ich es entschuldbar finden, daß der Sieg sich seinem Griff nicht einmal entwunden hat, war doch die Sache, die er vertrat, böse und höchst ungerecht.

Von seiner Großzügigkeit im Verzeihen – um darauf zurückzukommen – haben wir überzeugende Beispiele aus der Zeit seiner Alleinherrschaft; da hatte er keinen Grund mehr, sich zu verstellen, weil alle Macht in seiner Hand lag. ... Cajus Calvus hatte beleidigende Epigramme gegen ihn verfaßt; als Freunde sich um die Beilegung des Streites bemühten, ließ sich Caesar dazu herbei, zuerst an ihn zu schreiben. Unser guter Catull hatte ihn unter dem Spitznamen Mamurra bös hergenommen; als dieser ihm dann einen Besuch machte, um sich zu entschuldigen, lud er ihn zum Abendessen ein. Einmal hatte er erfahren, daß von bestimmten Leuten ungünstige Gerüchte über ihn in Umlauf gesetzt wurden; er tat weiter nichts, als in einer Rede anzudeuten, daß er darüber informiert sei. Er haßte seine Gegner nicht, aber noch weniger fürchtete er sie; einmal war ihm eine Verschwörung gegen sein Leben zu Ohren gekommen; es genügte ihm, die Sache in einer Bekanntmachung aufzudecken; die Rädelsführer ließ er nicht einmal zur Verantwortung ziehen. ...

Auch gerecht war er durchaus. Einmal bestrafte er einen seiner Gefolgsleute, der ihm besonders nahe stand, mit dem Tode, weil er die Frau eines römischen Ritters verführt hatte, obwohl keine Beschwerde darüber vorlag. Wie selten ein Mensch verstand er es, im Siege Maß zu halten und im Unglück sich nicht werfen zu lassen.

Aber alle diese schönen Charakterzüge wurden durch seinen leidenschaftlichen Ehrgeiz entstellt und überschattet; durch ihn ließ er sich vollständig beherrschen; man kann die Behauptung aufstellen, daß all sein Handeln im Grunde ausschließlich durch seinen Ehrgeiz gelenkt und bestimmt wurde: dadurch wurde er, um die hierfür erforderlichen riesigen Ausgaben und Bestechungen bezahlen zu können, aus einem noblen Charakter zu einem Dieb am Volksvermögen; dieser Trieb ließ ihn das böse und unrechte Wort formulieren: »Er würde die schlechtesten und verworfensten Menschen, wenn sie ihm nur zu seinem Aufstieg treue Dienste geleistet hätten, ebenso zu Ehren und Macht kommen lassen, wie seine anständigsten Parteigenossen.« Dadurch wurde seine Anmaßung so maßlos gesteigert, daß er sich nicht scheute, vor seinen Mitbürgern sich zu rühmen: »Er habe die große Tradition der republikanischen Verfassung Roms zu einem gestalt- und inhaltlosen Wort gemacht« und »seine Entscheidungen würden von jetzt an die Gesetze ersetzen«; so blieb er beim Empfang sitzen, wenn der Senat als Körperschaft vor ihn trat; so duldete er, daß er angebetet wurde und daß ihm, auch wenn er dabei war, wie einem Gott gehuldigt wurde.

Zusammenfassend glaube ich sagen zu können, daß dieses eine Laster in ihm die schönste und reichste Naturanlage zerstört hat, die es je gegeben hat; für alle rechtschaffenen Menschen ist sein Name dadurch geschändet worden, daß er es unternahm, seinem Ruhm nachzujagen auf Kosten des Bestandes seines Vaterlandes und durch den Umsturz der mächtigsten und blühendsten Republik, die es je gegeben hat.

Nun kann man vielleicht, im Gegensatz hierzu, auch Beispiele von großen Männern nennen, die über den Liebesfreuden die Politik vernachlässigt haben, wie Marcus Antonius und andere; aber wenn wirklich einmal Liebe und Ehrgeiz auf gleicher Waage gewogen und sich mit gleichem Ungestüm gegenübertreten würden, so zweifle ich keinen Augenblick, daß der Ehrgeiz den Sieg davontragen würde. ...

Die ausgezeichneten Männer

Wenn man mich aufforderte, unter allen Menschen, von denen ich etwas weiß, eine Wahl zu treffen, so scheinen mir drei alle anderen zu überragen. Der erste ist Homer. [Der zweite Alexander der Große.] ... Der dritte, und meiner Ansicht nach der hervorragendste, ist Epaminondas. Ruhm hat er freilich nicht soviel geerntet wie andere; dieser gehört ja aber auch nicht zur Substanz der Sache selbst. Mut und Entschlußkraft besaß er in einem kaum vorstellbaren Maße; und zwar waren diese Eigenschaften bei ihm nicht erst durch den Ehrgeiz angestachelt, sondern sie wuchsen aus ihm hervor wie bei einem schlichten Mann, der zugleich klug und weise ist. Er hat diese Kraft, die in ihm lag, ebensooft bewiesen wie Caesar und selbst wie Alexander. Denn wenn seine kriegerischen Erfolge auch nicht so zahlreich und so blendend waren, so waren sie doch, wenn man alle Umstände sorgfältig in Betracht zieht, ebenso gefährlich und ebenso entscheidend, und sie zeugten von ebensoviel Kühnheit und militärischer Begabung. Die Griechen haben ihn dadurch geehrt, daß sie ihn einstimmig als den ersten Mann ihres Landes bezeichneten: aber der erste in Griechenland, das bedeutet fast soviel wie der erste in der Welt. Über sein Wissen und seine Sachkenntnis ist uns aus dem Altertum folgender Ausspruch erhalten: »Nie hatte ein Mensch so viel Kenntnisse und machte so wenig Worte.« [c]Was er aber sagte, war unübertrefflich. Er war ein ausgezeichneter Redner von ungeheurer Überzeugungskraft.[ɔ] An innerer moralischer Sicherheit aber hat er alle übertroffen, die sich je mit Staatsgeschäften abgegeben haben. Dieser Gesichtspunkt muß bei der Menschenbeurteilung die Hauptrolle spielen; [c]an ihm können wir messen, wie wir wirklich beschaffen sind; er wiegt für mich alle anderen Vorzüge auf[ɔ]; und hierin gerade hat es ihm kein Philosoph, selbst Sokrates nicht, gleichgetan. [b]In ihm war die Lauterkeit etwas Wesentliches, Beherrschendes, Dauerndes, immer Gleichartiges, Unverfälschbares; verglichen mit ihm erscheint die Lauterkeit bei Alexander als etwas Untergeordnetes, Unsicheres, Uneinheitliches, Unfestes und Zufälliges.

[c]Im Altertum ging die Ansicht dahin, daß, wenn man die anderen großen Feldherren einzeln durchprüft, sich bei jedem eine besondere Eigenschaft finden läßt, auf die sich sein Ruhm gründet: bei ihm allein ist Charakter und Leistung auf allen Gebieten gleich vollkommen; die Tugenden, die er auf allen Gebieten des menschlichen Lebens zeigte, lassen eine Steigerung nicht möglich erscheinen, bei öffentlicher wie privater Betätigung, im Frieden wie im Krieg, im Leben wie im großartigen, ruhmreichen Sterben: keines Menschen Lebensart und Schicksalsweg flößt mir solche Achtung und solche Liebe ein.

Allerdings finde ich seine Hartnäckigkeit, arm bleiben zu wollen, wie sie von seinen besten Freunden geschildert wird, etwas übertrieben ängstlich; und nur diese Haltung, die natürlich an sich sehr edel und bewunderungswürdig ist, hat, meiner Empfindung nach, einen etwas säuerlichen Beigeschmack; so, wie sie bei ihm sich zeigt, erweckt sie jedenfalls in mir nicht den Wunsch, sie nachzuahmen.[ɔ] . . .

Wie die Kinder ihren Eltern gleichen

Von Leiden, die bloß unser Inneres treffen, werde ich viel weniger als die meisten anderen Menschen gequält; zum Teil deshalb, weil ich darüber nachdenke; sind mir doch viele Dinge ziemlich gleichgültig, die gewöhnlich als fürchterlich und schlimmer als der Tod angesehen werden, zum andern Teil deshalb, weil ich von Natur stumpf und unempfindlich bin gegen alles was passiert, wenn es mich nicht unmittelbar trifft; in dieser Unempfindlichkeit sehe ich eines der besten Stücke meiner Naturanlage: aber die wirklich wesentlichen, die körperlichen Leiden, die fühle ich sehr energisch. Früher allerdings stellte ich mir solche Schmerzen, in meiner Phantasie, so unerträglich vor, daß das Angstbild schlimmer war als die Wirklichkeit, die dann eintrat; war doch bei dieser Erwartung meine Widerstandskraft geschwächt, verzärtelt und verwöhnt worden durch den Genuß einer langen, glücklichen Periode von Gesundheit und Schmerzlosigkeit, die Gott mir während des besten Teils meines Lebens geschenkt hat. Durch diese Erfahrung wird meine alte Überzeugung immer fester: daß die geistigen Kräfte cso wie wir sie benutzenↄ, mehr dazu angetan sind, die Ruhe unseres Lebens zu stören als sie zu fördern.

Ich habe es zu tun mit der schlimmsten von allen Krankheiten, der jähesten, der schmerzhaftesten, der todbringendsten, der unheilbarsten. Ich habe schon fünf oder sechs lange, quälende Krisen durchgemacht; und doch glaube ich nicht zuviel zu sagen, wenn ich behaupte, daß man sie ganz gut aushalten kann, wenn man keine Todesfurcht im Herzen hat, und wenn man sich von den Vorurteilen frei macht, mit denen die Medizin uns den Kopf verdreht: was das bedeute, was das für Wirkungen und Folgen haben könne; aber der Schmerz selbst, als Tatsache, ist nicht so wild und stechend, daß ein gefaßter Mensch deshalb außer sich geraten und verzweifeln müßte. Die Blasenkolik bringt mir wenigstens den einen Gewinn, daß sie mich vollständig mit dem Tod ausgesöhnt und an ihn gewöhnt hat, was mir vorher noch nicht gelungen war. Denn je mehr sie mich peinigt und quält, um so weniger scheint es mir angebracht, den Tod zu fürchten. Vorher hatte ich es schon so weit gebracht, daß ich am Leben nur noch hing, um weiterzuleben; die Schmerzen helfen mir, auch über diese Einstellung hinauszukommen. Gott gebe nur, daß, wenn einmal die Schmerzen meine Kräfte übersteigen, ich nicht der entgegengesetzten Übertreibung verfalle, die ebenso zu verwerfen ist, nämlich den Tod zu ersehnen und herbeizuwünschen.

»Den letzten Tag sollst du nicht fürchten und nicht herbeiwünschen[70].« Beides sind ungesunde Zustände, aber der eine ist leichter heilbar als der andere.

Im übrigen habe ich die bekannte Lehre immer übertrieben gefunden, nach der unbedingt verlangt wird, man solle, wenn es wehtut, bei Schmerzen sich zusammennehmen und äußerlich so ruhig sich geben, als ob man den Schmerz verachte. Warum gibt sich die Lebensweisheit, die es doch mit dem Lebendigen und der Wirklichkeit zu tun hat, dazu her, diesen äußeren Schein zu empfehlen? ...

Bei besonders schlimmen Anfällen wäre es eine Grausamkeit, von uns eine gemessene Haltung zu verlangen; eine Bewegung, die uns Erleichterung bringt, darf ruhig etwas schlecht aussehen: wenn Schmerzbewegungen dem Körper Linderung verschaffen, soll er sie ausführen; wenn heftige Reaktionen ihm wohltun, da mag er sich meinetwegen überschlagen und hin- und herrennen, wie er will; wenn er empfindet, daß durch kräftigen Stimmaufwand die Schmerzen irgendwie in die Luft gehen (wie manche Ärzte meinen, daß dies schwangeren Frauen bei den Geburtswehen hilft), so soll er nur laut herausschreien. ᶜFreilich sollen wir unserer Stimme dann nicht absichtlich kommandieren, daß sie schreit, wir sollen es ihr nur nicht wehren.ᵓ ... Die Schmerzen machen uns schon Kummer genug, wir brauchen uns durch die Befolgung solcher überflüssigen Regeln nicht noch mehr zu quälen.

70. Summum nec metuas diem, nec optes. Martial, X, 47, 13.

Das sage ich zur Entschuldigung für diejenigen, die bei solchen Koliken gewöhnlich toben: denn ich selber habe sie etwas besser ausgehalten, ich stöhne nur und brülle nicht; jedoch gebe ich mir dabei keine sonderliche Mühe, äußerlich Haltung zu wahren; denn dieser Vorteil gilt mir nicht viel; der Schmerz mag sich breitmachen, soviel er will; aber bei mir sind offenbar die Schmerzen nicht so unerträglich, oder ich habe mehr Widerstandskraft als die meisten anderen. Im Augenblick der schlimmsten Krisen mache auch ich meiner Jammerstimmung Luft; aber ich gerate nicht außer mir. . . . [c]Auch wenn es ganz schlimm wird, höre ich mit der Selbstbeobachtung nicht auf. Ich habe immer gefunden, daß ich dann ebenso richtig sprechen, denken und antworten konnte wie sonst, nur nicht lange, da der Schmerz die Konzentration stört[ↄ]. . . . In den Pausen zwischen diesen Schmerzhöhepunkten, [c]wenn meine Harnwege ermüdet sind und mich nicht mehr so quälen,[ↄ] bin ich sofort geistig wieder auf der Höhe; wird doch mein Inneres nur von der körperlich-sinnlichen Seite her in Unruhe versetzt; diesen geistigen Gleichmut verdanke ich bestimmt der Mühe, die ich darauf verwendet habe, mich gedankenmäßig auf solche Erlebnisse vorzubereiten. . . .

Wunder und schwierig zu erklärende Vorgänge brauchen wir nicht in der Ferne zu suchen; ich denke, es gibt unter den Dingen, die wir täglich vor Augen sehen, genug solche, die erstaunlicher und unverstehbarer sind als alle Wunder. Was für eine Ungeheuerlichkeit ist es doch, daß das Samentröpfchen, aus dem wir entstehen, in sich etwas enthält, was nicht nur die körperliche Gestalt, sondern auch Gedanken und Liebhabereien unserer Väter auf uns überträgt. Wo hat diese unendliche Formfülle in dem Tröpfchen Platz? [b]Und wie können solche Ähnlichkeiten darin enthalten sein, die sich willkürlich und regellos vererben, so daß der Urenkel Ähnlichkeiten mit seinem Urgroßvater, der Neffe solche mit seinem Onkel aufweist?[ↄ] . . .

Es ist anzunehmen, daß ich die Anlage zur Steinbildung von meinem Vater habe. Denn er starb unter entsetzlichen

Schmerzen an einem großen Blasenstein. Er merkte von seinem Leiden erst etwas, als er 67 Jahre alt war. Früher hatte er nie etwas gespürt, was darauf hindeutete, weder in den Nieren, noch in den Seiten noch sonstwo; bis dahin hatte er sich einer blühenden Gesundheit erfreut und war sehr selten krank gewesen; mit seinem Leiden lebte er dann noch sieben Jahre; sein Lebensabend war dadurch außerordentlich schmerzensreich. Ich war mehr als 25 Jahre vor dem Ausbruch seiner Krankheit, während er völlig gesund war, als drittes seiner Kinder geboren. Wo verbarg sich solange die Disposition zu dieser krankhaften Anlage? Und wie konnte das kleine Partikelchen von ihm, mit dem er mich zeugte, als seine Krankheit noch in weiter Ferne lag, von ihr schon so wirksame Spuren enthalten? Und warum blieb diese Einwirkung so lange verborgen, daß ich erst 45 Jahre später etwas davon spürte, und zwar als einziger von meinen vielen Geschwistern, alle von einer Mutter? Wer mir das erklärt, dem will ich auch andere Wunder glauben, soviel er will: nur muß er mich nicht mit einer Erklärung abspeisen wollen, die noch viel unverstehbarer und wunderbarer ist als die Sache selbst. . . .

Die Gesundheit ist ein kostbares Gut; nur sie ist es eigentlich wert, daß man dafür seine Zeit, seinen Schweiß, seine Arbeit und sein Geld, ja sogar sein Leben einsetzt; ist doch ohne sie das Leben für uns eine Last; ohne sie verliert alles seinen Glanz und seine Kraft: Genüsse, Lebenserfahrung, Wissenschaft und Tugend . . .

Auf meinen vielen Reisen habe ich fast alle berühmten Badeorte Europas besucht; und seit einigen Jahren gehe ich auch als Kurgast hin. Denn Baden ist gesund, finde ich; wir schädigen uns gesundheitlich sehr, seitdem wir die Gewohnheit aufgegeben haben, uns alle Tage ganz zu waschen; früher war das bei allen Völkern durchaus üblich und ist es bei manchen noch heute. Wir sind gehörig heruntergekommen, seitdem wir mit einer Schmutzschicht auf den Gliedern und mit von Dreck verstopften Poren herumlaufen; wenigstens kann ich mir das nicht anders denken. Was die Trinkkuren betrifft, so trifft es sich erstens recht glücklich, daß mir ihr Geschmack nicht zuwider ist; zweitens stellen sie ein einfaches und natürliches Heilmittel dar; wenn es vielleicht auch nichts nützt, ist es jedenfalls ungefährlich; dafür spricht die Unzahl von Menschen, die zu diesen Kuren zusammenströmen, aus den verschiedensten Ländern und von ganz verschiedener körperlicher Beschaffenheit. Wenn ich auch keine Wunderkuren beobachtet habe – im Gegenteil, wie ich der Sache etwas mehr auf den Grund gegangen bin, als es gewöhnlich geschieht, haben sich die Geschichten von solchen überraschenden Wirkungen, die in Badeorten ausgestreut und geglaubt werden (weil die Menschen nun einmal gern auf das, was sie sich wünschen, hereinfallen), regelmäßig als unbegründet und als falsch herausgestellt – habe ich doch kaum Menschen kennengelernt, deren Leiden durch solche Wasserkuren sich verschlimmert haben; man kann ihnen gerechterweise den Erfolg nicht absprechen, daß sie den Appetit anregen, die Verdauung fördern und ein gewisses Gefühl der Verjüngung hervorrufen, wenn man sie nicht in zu erschöpftem Zustande in Anspruch nimmt; das sollte man natürlich nicht tun; einen schweren Zusammenbruch wiedergutzumachen, dazu sind sie nicht geeignet; sie können in leichteren Fällen die Besserung beschleunigen und eine drohende Verschlechterung aufhalten. Wer nicht Kraft genug mitbringt, um an der netten Gesellschaft, die man dort trifft, seine Freude zu haben, und an der Bewegung im Freien und den Wanderungen, zu denen uns die Schönheit der Umgebung in den meisten Badeorten einlädt, der kommt um den besten und sichersten Teil des Kurerfolgs. Aus diesem Grunde habe ich für den Erholungs- und Kuraufenthalt immer solche Orte ausgesucht, die besonders schön gelegen sind und wo man die beste Unterbringung, Ernährung und Gesellschaft erwarten kann; solche Badeplätze sind in Frankreich Banières, an der deutsch-lothringischen Grenze Plombières; in der Schweiz Baden; in der Toskana die Bäder von Lucca und besonders die von della Villa; dort habe ich oft und zu verschiedenen Jahreszeiten die Kur gebraucht.

In jedem Land haben sich besondere Ansichten, Gesetze und Formen für solche Kuren herausgebildet; ... oder besser gesagt, die verschiedenen Sitten auf diesem Gebiet sind miteinander überhaupt nicht mehr vergleichbar. So zeigt dieser Zweig der Medizin, der einzige, mit dem ich mich eingelassen habe, zwar weniger Künstelei als die anderen, aber immer noch reichlich genug von dem Durcheinander und der Unsicherheit, die in dieser Kunst überall sichtbar ist. ...

[Aus einem Brief an Madame Duras, der am Ende des zweiten Buches eingeschoben ist:] In meinen Essais können Sie die gleiche Haltung und die gleiche geistige Art wiederfinden, die Sie im persönlichen Umgang mit dem Autor beobachten konnten. Wäre es mir auch möglich gewesen, mich anders, vorteilhafter und besser darzustellen, als ich nun einmal bin, so hätte ich es doch nicht getan; denn diese Aufzeichnungen haben kein anderes Ziel, als mich naturgetreu darzustellen, Ihnen zur Erinnerung. ... Ich möchte, wenn Sie mir dann auch später noch Ihre freundschaftliche Gesinnung schenken, daß dies auf Grund der gleichen Eigenschaften geschieht, durch welche ich sie habe gewinnen dürfen.

Ich gehe durchaus nicht darauf aus, daß ich nach meinem Tode mehr geliebt und geschätzt werde als während meines Lebens. [b]Die Einstellung des Tiberius finde ich lächerlich, obwohl sie sehr üblich ist: er bekümmerte sich mehr darum, seinen Ruhm auf die Zukunft auszudehnen, als sich Achtung und Zuneigung der Menschen seiner Zeit zu verdienen. [c]Wenn ich zu denen gehörte, denen irgendwelcher Ruhm bei der Nachwelt zukäme, würde ich ihr gern die Hälfte davon schenken, wenn sie mir diese andere Hälfte des Lobes im voraus spendete; da sollte sie sich lieber dazuhalten und diesen ganzen Schatz gleich jetzt um mich herumbauen; der Haufen brauchte nicht lang zu sein, wenn er nur hoch ist; er brauchte sich nicht lange zu halten, wenn nur jetzt etwas dran ist; und dann könnte der ganze Ruhm gleichzeitig mit meinem Bewußtsein ruhig wieder verschwinden, wenn mein Ohr seinen süßen Ton doch nicht mehr vernimmt.[9] ...

Ich empfehle keine Lebensregel, die ich nicht selbst im praktischen Leben erprobt habe. Was ich bin, das will ich nicht nur literarisch, nicht nur auf dem Papier sein: all mein Studium und all meinen Fleiß habe ich meiner menschlichen Vervollkommnung dienstbar gemacht; ich wollte richtiges Handeln, nicht richtiges Schreiben erzielen. Alle meine Mühe ging darauf aus, mein Leben zu gestalten; das ist mein Handwerk und mein Geschäft; ich bin alles andere weniger als ein Büchermacher. Ich habe ausreichende Kenntnisse erstrebt, um damit wesentliche Bedürfnisse des wirklichen Lebens befriedigen zu können, nicht um sie für meine Erben aufzuhäufen und aufzusparen. ... Ach Gott, gnädige Frau, wie würde es mich ärgern, wenn man von mir rühmte, im Schreiben sei ich geschickt, sonst aber sei ich eine Null und ein Schaf. Lieber wollte ich auf beiden Gebieten ein Dummkopf sein, als daß ich eine so verkehrte Wahl beim Einsatz meiner Fähigkeiten getroffen hätte. So bin ich denn auch weit davon entfernt, zu erwarten, daß dies Geschreibsel hier mir neue Ehren einbringt. Ich will schon zufrieden sein, wenn ich von dem bißchen Ansehen, das ich vorher besaß, nicht dadurch noch etwas einbüße. ... Gibt doch das, was ich jetzt schreibe, nicht wieder, was ich in der Vollkraft meiner Jahre war, sondern einen Zustand, der von der einstigen Kraft und Frische viel verloren hat und schon anfängt, welk und ranzig zu werden; ich bin dabei, in den Bauch des Schiffes hinabzusteigen, und da unten riecht es modrig und muffig.

DRITTES BUCH

Über das Nützliche und das Anständige

Niemand ist dagegen gefeit, daß er einmal etwas Albernes sagt. Ärgerlich ist das nur, wenn einer so etwas mit Pathos von sich gibt: »Der wird uns wahrscheinlich mit großer Emphase großen Unsinn verzapfen[1].« Mich trifft dieser Vorwurf nicht. Meine Albernheiten nehme ich selbst nicht wichtiger, als sie es verdienen. Das ist ihr Glück. Ohne Bedenken würde ich auch wieder auf sie verzichten. Ich kaufe und verkaufe sie nur nach ihrem Gewicht. Ich rede zu meinem Papier, wie ich zu jemandem rede, den ich zufällig treffe. Was ich sage, soll wahr sein; nur darauf kommt es mir an. ...

Was wir aufbauen, sowohl draußen wie daheim, ist voll von Unvollkommenheiten: aber es gibt nichts ganz Nutzloses in der Natur, nicht einmal die Nutzlosigkeit selbst. Alles, was in unsere Welt eingefügt ist, nimmt darin eine sinnvolle Stellung ein. Unser Wesen wird durch einen Kitt von Mängeln zusammengehalten. ...

In jedem politischen System gibt es notwendige Dienste, die an sich nicht nur verächtlich, sondern geradezu lasterhaft sind. Die Laster haben darin einen bestimmten Platz; sie werden für die Gesellschaft als Bindemittel gebraucht, wie die Gifte für die Erhaltung unserer Gesundheit nötig sind. Sie werden entschuldbar eben dadurch, daß wir sie brauchen, und dadurch, daß die Notwendigkeit für das Ganze ihr eigentliches Wesen verwischt. Auf jeden Fall muß man mit solchen Aufgaben die kräftigsten und furchtlosesten Staatsbürger beauftragen, die bereit sind, ihre Ehre und ihr Ge-

1. Nae iste magno conatu magnas nugas dixerit. Terenz, Heaut., III, 5. 8.

wissen zu opfern, wie einst die Helden des Altertums ihr Leben für das Wohl des Vaterlandes opferten; wir Schwächeren müssen leichtere und weniger gefährliche Rollen übernehmen. Das Wohl der Gesamtheit verlangt manchmal, daß Verrat geübt, daß gelogen cund daß totgeschlagenɔ wird: wir wollen derartige Aufträge lieber solchen Leuten überlassen, die gehorsamer und schmiegsamer sind als wir. ...

Wenn Berufspolitiker einen Auftrag übernehmen, so verdecken sie gewöhnlich ihre wirklichen Absichten; sie geben sich und verstellen sich in dem Sinne, daß ihre Ansichten möglichst wenig extrem und denen des Auftraggebers möglichst verwandt erscheinen. Ich habe zu so etwas kein Geschick. Ich lasse gleich deutlich sehen, was ich denke, und gebe mich ganz wie ich bin. Als Verhandlungsführer zeige ich mich nachgiebig und unerfahren; ich will lieber geschäftlich als charakterlich versagen.

Und doch habe ich damit immer ganz guten Erfolg gehabt. Ich habe eine offene Art, mich zu geben; dadurch gewinne ich oft gleich bei der ersten Begegnung Zustimmung und Vertrauen. Natürlichkeit und reine Wahrheit stellen sich immer noch, wie der Zeitgeist auch ist, als vorteilhaft und anwendbar heraus. Und dann dürfen diejenigen sich manche Freiheiten herausnehmen, ohne Verdacht oder Ärger zu erregen, die keinen persönlichen Gewinn erstreben. ...

Da ich mich so offen gebe, ist es mir leicht gelungen, dem Verdacht der Heuchelei zu entgehen, weil ich so deutlich und unverblümt alles heraussage, auch wenn es noch so belastend und peinlich für mein Gegenüber erscheint (hinter seinem Rücken könnte ich es nicht schlimmer ausdrücken), und weil es äußerlich ganz harmlos und selbstverständlich aussieht. Bei meiner Tätigkeit habe ich weiter keinen Zweck im Auge als eben die Sache; ich überlege nicht erst lange alle möglichen Voraussetzungen und Folgen; jede Sache nehme ich einzeln vor; ob sie Erfolg hat, überlasse ich der Zukunft. ...

An allgemeine und gerechte Prinzipien binde ich mich auch nur mit Maßen und ohne Überschwang; zu sehr weitgehender, innerlicher Hingabe fühle ich mich nicht getrieben. Zu

Zorn und Haß fühle ich mich nicht verpflichtet, wenn ich für die Gerechtigkeit eintrete; sie gehören nicht dazu. Diese Leidenschaften dienen nur solchen Menschen als Hilfe, die sich durch einfache Überlegung nicht zu ihrer Pflicht leiten lassen. »Wer mit der Vernunft nichts anfangen kann, der muß seine Erregungen zu Hilfe nehmen[2].« Alle gerechten und berechtigten Vorhaben sind ihrer Natur nach gemäßigt und nicht übertrieben; sonst bleiben sie nicht so, sondern werden meuterisch und gesetzwidrig. Dies Bewußtsein bringt es mit sich, daß ich überallhin erhobenen Hauptes gehen kann, mit offenem Blick und offenem Herzen. Freilich – das gestehe ich ruhig –, es würde mir auch nichts ausmachen, im Notfall dem heiligen Michael eine Kerze zu weihen und die andere seinem Drachen (wie es die alte Frau in der Fabel tat): ich will der richtigen Partei bis ans Feuer treu bleiben, aber, wenn ich kann, nicht bis hinein: sollte alles stürzen, so mag Montaigne mit in den Abgrund versinken – wenn es sein muß; aber wenn es nicht sein muß, will ich dem Schicksal danken, wenn er davonkommt. Und solange es mit meiner Pflicht vereinbar ist, nach einem Rettungsstrick zu fassen, so fasse ich nach ihm, um den Montaigne zu retten. . . .
[Bei inneren Unruhen muß man irgendwie Partei ergreifen. Aber man darf sich auch da nicht täuschen.] Man darf nicht, wie wir es alle Tage tun, parteiische Verbissenheit und Härte, die in Wirklichkeit auf egoistische Interessen und auf persönliche Leidenschaft zurückgeht, als moralische Verpflichtung ausgeben und ebensowenig in einer verräterischen, arglistigen Haltung ein Zeichen von Mut sehen. Viele nennen Diensteifer, was weiter nichts ist als ihr Hang zur Bosheit und Gewalttätigkeit; bei ihrem Eifer haben sie nicht die Sache, sondern ihren Vorteil im Auge; sie schüren das Feuer nicht, weil es ein gerechter Krieg ist, sondern weil es überhaupt ein Krieg ist.

Man kann sehr wohl eine unverbindliche und doch aufrechte Haltung einnehmen zwischen Menschen, die sich feindlich

2. Utatur motu animi, qui uti ratione non potest. Cicero, Tusc., IV, 25.

gegenüberstehen: man muß sich nur so einrichten, daß die Hingabe, die man den beiden Seiten entgegenbringt, wenn auch nicht ganz gleich (denn darin sind verschiedene Grade möglich), so doch wenigstens gemäßigt ist; man darf sich dem einen nicht so weit verpflichten, daß er alles von einem verlangen kann: man muß sich auch mit einem Mittelmaß von Gunst, die man erwartet, zufriedengeben; man muß ins trübe Wasser hineingleiten, ohne darin fischen zu wollen.
Die andere Art, bei der man sich der einen und der anderen Partei ganz verschreibt, spricht nicht nur gegen das Gewissen, sondern mehr noch gegen die Klugheit. Der, an den ihr einen anderen, dem ihr nahesteht, verratet, hält euch für einen Bösewicht; trotzdem hört er euch an, benutzt euch und zieht seinen Vorteil aus eurer Gewissenlosigkeit: denn doppelzüngige Menschen sind nützlich, soweit sie etwas heranbringen; aber man muß sich in acht nehmen, daß sie möglichst wenig wegbringen. ...
Wenn ich als Werkzeug für Betrügereien dienen muß, so soll es geschehen, ohne daß mein Gewissen in Mitleidenschaft gezogen wird; ich will nicht als so hingegebener und so treuer Diener gelten, daß man mich dazu benutzen kann, jemanden zu verraten: wer sich selbst untreu ist, dem darf man es nicht übelnehmen, wenn er sich auch seinem Herrn gegenüber so zeigt. ... Ich sage meinen Auftraggebern offen die Grenzen meiner Unterordnung; denn sklavisch darf ich mich nur der Vernunft unterwerfen; und auch das gelingt mir nicht einmal vollständig. ...
Diese meine Art des Vorgehens paßt gar nicht recht zu dem heutigen Gebrauch: jetzt könnte man damit nicht viel ausrichten und könnte sie oft nicht durchhalten: die Unschuld selbst könnte heutzutage in unserer Welt ohne Verstellung keine Verhandlungen führen und ohne Lügerei keine Geschäfte machen. Deshalb ist die politische Betätigung auch nichts für mich; was mein Beruf an solcher verlangt, das leiste ich ihm in einer möglichst unamtlichen Form. ... Ich habe tunlichst vermieden, mich hineinziehen zu lassen, und entsprechende Posten selten angenommen, nie erstrebt; denn

von Ehrsucht weiß ich mich frei; und doch, die Tatsache, daß ich nicht in die Politik hineingeschlittert bin, verdanke ich weniger meinem Entschluß als meinem Glück. ... Diejenigen, die meine Art in der üblichen Weise erklären und, entgegen meiner Versicherung, der Meinung sind, daß das, was ich als Offenheit, Harmlosigkeit und Naivität in meinem Verhalten bezeichne, Ausfluß von Absicht und Schlauheit sei und mehr Vorsicht als Güte, mehr Erfindung als Natur, mehr Überlegung als Glück, diese geben mir mehr Ehre, als sie mir nehmen; aber zweifellos übertreiben sie meine Schlauheit. ...

Ich habe oft beobachtet, wie diese Art, sich ungezwungen zu geben, absichtlich und künstlich nachgeahmt wurde, aber meist ohne Erfolg; solche Versuche erinnern leicht an den Esel in Aesops Fabel, der es dem Hund nachmachte und freudig seinem Herrn entgegensprang und ihm die Vorderbeine auf die Schultern legte; aber während der Hund gestreichelt wurde, bekam der arme Esel für dieselbe Begrüßung die doppelte Menge Prügel: ‹jedem steht das am besten an, was ihm am natürlichsten ist[3].›

Ich will dem Betrug den Rang nicht streitig machen, der ihm zukommt; das hieße den Gang der Welt mißverstehen; ich weiß, er hat oft nützliche Dienste geleistet; er ermöglicht die meisten Geschäfte der Menschen und läßt sie sich entwickeln. Es gibt berechtigte Laster; wie es allerlei Handlungen gibt, die, obwohl sie gut oder entschuldbar sind, doch als unberechtigt bezeichnet werden müssen.

Die Gerechtigkeit an sich, die natürliche und allgemeingültige, ist in einem anderen und in einem vornehmeren Sinne als Gerechtigkeit zu bezeichnen als die besondere, ‹national beschränkte› Gerechtigkeit, die den Forderungen unserer politischen Wirklichkeiten unterworfen ist. ...

Ich folge dem üblichen Sprachgebrauch, der zwischen nützlichen und anständigen Dingen einen Unterschied macht; danach werden einige natürliche Handlungen, die nicht nur

3. Id maxime quemque decet, quod est cuiusque suum maxime. Cicero, De offic., I, 31.

nützlich, sondern notwendig sind, als unanständig und schmutzig bezeichnet. . . .
In einer besonderen Lage befindet sich ein Fürst. Wenn ein dringender Umstand oder ein plötzlicher unerwarteter Fall von Staatsnotwendigkeit es mit sich bringt, daß er sein Wort brechen muß und sein Versprechen nicht halten kann oder ihn sonstwie zwingt, den Weg seiner einfachen Verpflichtungen zu verlassen, so muß er diese Nötigung als göttliche Züchtigung ansehen; Sünde ist das nicht, denn er hat die für ihn gültige Begründung zugunsten einer allgemein-gültigeren und mächtigeren Begründung zurückgestellt; aber zweifellos ist es ein Unglück; deshalb mußte ich jemandem, der mich fragte: »Was ist da zu machen?« antworten: »Da ist nichts zu machen, wenn er sich wirklich in Notlage befand, zwischen den beiden Extremen sich entscheiden zu müssen: [c]aber er mag sich vorsehen, daß er darin nicht einen Vorwand sucht, um seinen Wortbruch zu beschönigen[4].ↄ Er mußte es tun; aber wenn er den Schritt ohne Bedauern tat, wenn es ihn keine Gewissensbisse kostete, sich so zu entscheiden, so ist das ein Zeichen dafür, daß sein Gewissen nicht recht in Ordnung ist.« . . .
Das sind gefährliche Beispiele, seltene, krankhafte Ausnahmen von den Regeln, welche die Natur uns vorschreibt; in solchen Fällen muß man sich fügen, aber mit großer Mäßigung und Behutsamkeit: kein privater Nutzen ist es wert, daß wir seinetwegen einen solchen Druck auf unser Gewissen ausüben; der öffentliche Nutzen schon, aber nur, wenn er ganz offenbar und ganz bedeutend ist. . . .
[c]Nur in einem Falle ist es berechtigt, den persönlichen Nutzen als Entschuldigungsgrund für den Bruch unseres Versprechens geltend zu machen, wenn wir nämlich etwas an sich Böses und Unbilliges versprochen haben; denn das Recht der Tugend muß den Vorrang haben vor dem Recht unserer Verpflichtung.ↄ . . .
Epaminondas hatte von den Spartanern die Sitte übernom-

4. Sed videat, ne quaeratur latebra periurio. Cicero, De offic., III, 29.

men, den Musen zu opfern, wenn es in den Krieg ging; durch ihr sanftes und fröhliches Wesen sollte die kriegerische Wut und Härte gemildert werden. Nach dem Beispiel eines so großen Lehrers brauchen wir uns nicht zu scheuen, die Ansicht zu vertreten, ⌜daß es, selbst den Feinden gegenüber, gewisse Dinge gibt, die unzulässig sind;⌝ daß wegen des Gesamtinteresses nicht alles von allen verlangt werden darf, wenn dadurch gewisse Ansprüche des einzelnen verletzt werden, ... und daß einem rechten Mann deshalb, weil er im Dienste ⌜seines Fürsten⌝, der Allgemeinheit und der Gesetze steht, noch nicht alles erlaubt ist. ...
Die Ehrenhaftigkeit und die Schönheit einer Handlung wird durch ihren Nutzen schlecht begründet; und der Schluß ist falsch, daß, wenn eine Handlung nützlich ist, jeder dazu verpflichtet sei, ⌜und daß sie dann auch für jeden als anständig gelten müsse.⌝ ...

Von der Reue

Die anderen formen, wie die bildenden Künstler, den Menschen als Einheit; ich erzähle nach, wie er ist. Und zwar stelle ich ein schlecht geglücktes Einzelexemplar dar; hätte ich dieses neu zu gestalten, so würde ich es ganz anders machen, als es ist. Aber jetzt ist es zu spät dazu.
Die Linien meines Selbstbildnisses sind nicht falsch gezogen, obwohl sie sich immer ändern und voneinander abweichen: die Welt ist eine ewige Schaukel; ... selbst die Beständigkeit ist weiter nichts als ein langsameres Hin und Her.
Ich kann meinen Darstellungsgegenstand nicht fixieren; er ist unsicher und schwankt wie in einem naturbedingten Rausch: ich nehme ihn so, wie er in dem Augenblick ist, wo es mir Spaß macht, mich mit ihm zu beschäftigen: ich male nicht das Wesen, sondern die vorübergehende Erscheinung; nicht den Übergang von einem Lebensalter zum andern oder, wie das Volk sagt, von sieben zu sieben Jahren, sondern

von einem Tag zum andern, von einer Minute zur anderen: ich muß meine Geschichte auf die Einzelstunde einstellen; vielleicht werde ich gleich wieder anders, nicht nur in bezug auf die äußeren Umstände, sondern auch in bezug auf die inneren Motive. Was ich tue, ist ein Notieren des Ablaufs verschiedener und sich ändernder zufälliger Erscheinungsformen, von unscharfen und gelegentlich sich widersprechenden Vorstellungen; sei es, daß ich selbst das eine Mal ein anderer bin als ein anderes Mal, sei es, daß ich die Gegenstände unter anderen Umständen oder in anderer Beleuchtung auf mich wirken lasse: jedenfalls kommt es gelegentlich vor, daß ich mir widerspreche; der Wahrheit aber widerspreche ich nicht. Wenn seelische Stabilität für mich erreichbar wäre, würde ich nicht bloß tastende Versuche der Selbsterkenntnis mit mir anstellen, sondern ich könnte die Aufgabe, die ich mir damit stelle, *lösen*: so bleibe ich in der Seelenkenntnis immer beim Lernen und Probieren.
Ich lege hier ein niedriges und glanzloses Leben vor: das ist unerheblich; man kann die ganze Ethik ebensogut an ein gewöhnliches Privatleben anknüpfen, wie an ein ereignisreicheres Leben: jeder Mensch trägt in sich die Gesamtform des Menschseins.
ᶜDie Schriftsteller geben dem Publikum Einsicht in ihr Inneres durch irgendein nicht zu ihrer eigentlichen Natur gehöriges besonderes Merkmal; ich, als erster, durch mein Gesamtwesen, als Michel de Montaigne, nicht als Grammatiker, Dichter oder Rechtskundiger. Wenn die Leute mir vorwerfen, daß ich zu viel von mir spreche, so werfe ich ihnen vor, daß sie überhaupt nicht über sich selber nachdenken.ᵓ
Aber ist es berechtigt, daß ich, wo ich doch in meinem Verhalten so besonders bin, mich in meiner Erkenntnis als allgemeingültig hinstelle? Ist es auch berechtigt, daß ich der Welt, in der die kunstvolle Darbietung solches Ansehen und solche Gestaltung besitzt, unverarbeitete, einfache Tatsachen vorsetze, die der Natur entnommen sind, und noch dazu einer recht schwächlichen Natur? Heißt das nicht, ohne Steine oder ähnlichen Baustoff eine Mauer bauen wollen,

wenn man Bücher ohne das wissenschaftliche Handwerk aufbaut? Die musikalischen Phantasien werden kunstgemäß durchgeführt, die meinigen zufallsgemäß. Eine Eigenschaft habe ich wenigstens, die von einer ordentlichen Wissenschaft verlangt wird: daß niemals jemand sein Thema besser gekannt und verstanden hat, als ich den Gegenstand kenne, den ich mir darzustellen vorgenommen habe; und daß ich darin der gelehrteste Mann bin, den es gibt: zweitens, [c]daß niemals jemand tiefer in seinen Stoff eingedrungen, keiner sorgfältiger herausgeklaubt hat, wie er sich gliedert und wie er zusammenhängt,[ͻ] keiner genauer und vollständiger das Ziel erreicht hat, das er sich für seine Arbeit gesteckt hatte. Um diese Arbeit zu gutem Ende zu bringen, dazu brauche ich nur Treue der Beobachtung mitzubringen: die ist da, die ehrlichste und reinste Treue, die es gibt. Ich spreche wahr, zwar nicht so vollständig, wie ich möchte, aber doch soweit, wie ich es wagen kann: und jetzt, wo ich älter werde, wage ich etwas mehr; denn das Herkommen gestattet offenbar diesem Alter mehr Freiheit, zu schwatzen, und mehr Indiskretion, wenn einer von sich spricht. ... Sonst kann man das Werk loben und tadeln, unabhängig von dem, der es geschaffen hat: hier nicht; wer an das Werk rührt, rührt an den Mann. ...

Hier ist ein Wort der Entschuldigung angebracht, weil ich oft sage, ich empfinde keine Reue [c]und mein Gewissen ist mit sich zufrieden, nicht wie mit dem Gewissen eines Engels oder eines Pferdes, sondern wie mit dem Gewissen eines Menschen[ͻ]: und dabei setze ich immer noch ein Wort hinzu, und das ist keine leere Formel, sondern entspricht einer einfachen, echten Demut: ich spreche nur von meinem Suchen und meinem Nichtwissen, aber in bezug auf die Lösung der Probleme schließe ich mich ganz und gar dem rechtmäßigen Herkommen an. Ich will nicht belehren, ich will erzählen. ...

Wenn man die Wertschätzung, die tugendhaftes Verhalten verdient, darauf begründen wollte, daß es von anderen gebilligt wird, so wäre das eine zu unsichere und unzuverlässige Basis; [c]besonders in einer so verderbten und törichten

Zeit wie der unseren ist der Beifall der Menge eher beleidigend. Auf wen soll man sich verlassen, wenn es sich darum handelt zu entscheiden, was Lob verdient? Gott bewahre mich davor, als Ehrenmann zu gelten, wenn dieser der Beschreibung entspricht, die die Leute jetzt allgemein von sich entwerfen, wenn sie sich herausstreichen wollen. »Was früher als Laster betrachtet wurde, gilt heute als Sitte[5].«ↄ ...
Wir kleinen Leute, die ein Privatleben führen, das sich nur vor uns abspielt, wir müssen in unserem Inneren ein Idealmodell haben, an dem wir die Echtheit unsrer Handlungen prüfen können, und je nach dem Ergebnis dieser Prüfung können wir dann uns innerlich streicheln oder müssen uns in Zucht nehmen. Ich habe meine eigenen Gesetze und mein eigenes Gericht, um über mich das Urteil zu sprechen, und ich appelliere mehr an diese Instanz als an jede andere: ich schränke mein Handeln ein in Rücksicht auf andere, aber ich bestimme seine Weite nur nach meinem inneren Gesetz. Jeder weiß nur von sich selbst, ob er feig und grausam, oder ob er ehrlich und andächtig ist: die anderen sehen dich nicht, sie ahnen nur, was in dir vorgeht, auf Grund unsicherer Vermutungen; sie sehen nicht so sehr, wie du bist, als wie du dich gibst: chalte dich also nicht an ihren Richterspruch, halte dich an deinen eigenen; richte dich nach deinem eigenen Urteil. ... Tugend und Laster haben im Gewissen ihr schweres Eigengewicht; ohne Gewissen liegt alles darnieder[6].ↄ ...
Köstlich ist ein Leben, das bis in das geheime Innere seine Ordnung bewahrt. An der Gaukelei teilnehmen und auf der Bühne eine anständige Rolle spielen, das kann jeder; aber im Innern und in seiner Brust, wo alles für uns erlaubt ist und wo alles verborgen bleibt, dort mit sich im reinen zu sein, das ist der springende Punkt. Die nächste Stufe ist es, daß man in seinem Haus ebenso in Ordnung ist, in dem

5. Quae fuerant vitia, mores sunt. Seneca, Epist. 39.
6. Tuo tibi iudicio est utendem. ... Virtutis et vitiorum grave ipsius conscientiae pondus est: qua sublata, iacent omnia. Cicero, Tusc., I, 25; De natura deorum, III, 35.

alltäglichen Handeln, für das wir niemandem Rechenschaft schuldig sind, wo keine Verstellung, keine Künstelei sich nötig macht: und deshalb sagt Bias, wenn er eine vorbildliche Familie schildert: Der Hausherr soll in seiner Familie nach seinem inneren Gesetz genau so sich benehmen, wie er sich nach außen hin gibt aus Furcht vor dem äußeren Gesetz und vor der Nachrede. ...
Ordnung halten ist eine glanz- und lichtlose Tugend. Eine Festung stürmen, eine Gesandtschaft führen, ein Volk regieren, das sind Taten, die auffallen; schelten, lachen, verkaufen, bezahlen, lieben, hassen, und mit den Seinen und mit sich selbst Gespräche führen – bei alledem behutsam und gerecht bleiben, nicht locker lassen, sich nicht untreu werden –: das ist etwas Selteneres, Schwierigeres und weniger Außerordentliches. Deshalb stellen die eingezogenen Leben, obwohl es nicht so scheint, ebenso schwierige und harte Aufgaben, die es zu erfüllen gilt, wie die anderen Leben, vielleicht noch schwierigere; cder Tugend zu dienen, sagt Aristoteles, ist im Privatleben eine schwierigere und höhere Aufgabe als im Amtsleben.[9] ...
Ich kann mir leicht den Sokrates an Alexanders Stelle vorstellen; Alexander an der Stelle des Sokrates kann ich mir nicht denken. Wenn man Alexander fragt, was er versteht, so wird er antworten: »Die Welt unterwerfen«, wenn man den Sokrates danach fragt, so wird er sagen: »Die eigentlichen Aufgaben erfüllen, die das menschliche Leben uns stellt«, das ist ein viel umfassenderes, gewichtigeres und berechtigteres Können. ...
Seht nur, was die Erfahrung uns lehrt: jeder, der in sich hineinhorcht, entdeckt in sich eine eigene Form, eine Grundgestalt; alles, was zu dieser nicht paßt, versucht man abzuwehren, mag die Beeinflussung von außen oder vom Sturm der inneren Leidenschaften kommen. Ich fühle mich selten von ihr weggestoßen; ich bleibe beinahe immer da, wohin ich gehöre, wie das bei schwer beweglichen Körpern so ist: wenn ich auch nicht immer ganz bei meinem Ich bin, so bin ich doch immer nahebei. Meine Ausschweifungen gehen nicht

weit mit mir durch; nichts daran ist extrem und befremdend; und dann erlebe ich jedesmal gesunde, kräftige Reaktionen, so daß ich mich eines Besseren besinne. ...
[Oberflächliche Reue nützt nicht viel.] Oft wollen uns die Leute glauben machen, daß sie innerlich tiefe Gewissensbisse fühlen; jedoch in ihrem Handeln zeigt sich von einer Gesinnungsänderung, von einer auch nur vorübergehenden Besserung nichts. Aber das Übel wird nicht geheilt, wenn man es nicht ablegt. Wenn die Reue auf der einen Schale der Waage das rechte Gewicht hätte, würde die andre Schale mit der Sünde in die Höhe schnellen.
Ich finde, keine gute Eigenschaft ist so leicht nachzumachen wie die Frömmigkeit, wenn man Sitten und Leben nicht damit in Einklang bringt; ihr Wesen ist demnach dunkel und geheim; ihr äußeres Gebaren unkompliziert und in die Augen fallend.
Was mich betrifft, so kann ich mir nur wünschen, ich wäre überhaupt anders; ich kann meine Wesensform ablehnen und mich über sie ärgern und Gott anflehen, er möge mich ganz umschaffen und mir meine natürliche Schwäche verzeihen; aber das darf ich, glaube ich, nicht bereuen nennen, ebensowenig wie etwa den Kummer darüber, daß ich kein Engel und kein Cato bin. Mein Handeln wird bestimmt durch mein Wesen und durch die Umstände und entspricht ihnen; ich kann es nicht besser machen: und die Reue betrifft doch eigentlich die Dinge nicht, die nicht in unserer Gewalt sind; das Bedauern, ja. Ich kann mir unendlich viele Naturanlagen denken, die höher und einheitlicher sind als die meinen; dadurch verbessere ich jedoch meine Fähigkeiten nicht; ebensowenig wie mein Arm oder mein Geist dadurch stärker werden, daß ich einen anderen, der stärker ist, mir denken kann. ... Wenn ich jetzt, in meinem Alter, über die Streiche meiner Jugend nachdenke, so finde ich, daß sie in der Regel normal verlaufen sind, so, wie es eben meiner Natur entspricht: zu weiterer Zügelung reicht meine Widerstandskraft nicht aus. Ich mache mir nichts vor: unter gleichen Umständen würde ich es wieder so machen. Was mich

beschmutzt, das sind nicht einzelne Schandflecke, es ist mehr eine allgemeine Sündenfärbung. Ich kenne keine oberflächliche, keine halbe und keine in äußerem Getu sich erschöpfende Reue: Reue, die diesen Namen verdient, muß mich von allen Seiten packen, sie muß mich innerlich ergreifen und traurig machen, so in der Tiefe, wie Gott mich sieht, so ganz und gar. ...

cIch habe mein Versagen und meine Unglücke meist niemandem anderen als mir selbst zuzuschreiben: denn tatsächlich befolge ich die Ratschläge anderer selten, außer in Äußerlichkeiten und wenn ich Belehrung über wissenschaftliche Ergebnisse oder Tatsachen brauche. Aber bei den Punkten, wo ich nur den Verstand anzuwenden habe, helfen die fremden Gesichtspunkte nur dazu, meine eigene Anschauung zu stützen, aber wenig, mich davon abzubringen: ich höre sie alle aufmerksam und achtungsvoll an; aber, soweit ich mich erinnere, haben bis jetzt immer nur meine eigenen Gesichtspunkte den Ausschlag gegeben. Ich bin der Ansicht, daß nur ganz leise, unbemerkbare Kräfte meinen Willen in Bewegung setzen. Meinen eigenen Meinungen lege ich keinen hohen Wert bei; aber den Meinungen der anderen ebenso wenig.ↄ ...

Bei allen Geschäften, wenn sie einmal vorüber sind, ganz gleich wie, da bedaure ich nie, daß ich es nicht anders gemacht habe; der Gedanke, daß die Dinge so laufen mußten, nimmt mir allen Kummer; nun sind sie einmal in den großen Strom der Welt eingegangen. ...

Übrigens kann ich die äußerlich bedingte Reue, die das Alter mit sich bringt, nicht leiden. Der Mann, der im Altertum sagte, er fühle sich den Jahren dankbar verpflichtet, weil sie ihn von der Sinnenlust befreit hätten, war anderer Ansicht als ich: die Impotenz begrüße ich sicher nie, auch wenn sie mir noch so gesund ist. c»Das Schicksal verleugnet seine Kräfte nie so vollständig, daß Schwäche ihm wertvoll erscheint[7].«ↄ Unsere Gelüste sind im Alter selten; wenn sie be-

7. Nec tam aversa unquam videbitur ab opere suo providentia, ut debilitas inter optima inventa sit. Quintilian, Institut. orat. V, 12.

friedigt sind, ergreift uns tiefer Ekel; darin sehe ich nichts, was mit dem Gewissen zu tun hätte; Verdrießlichkeit und Schwäche erzeugen in uns eine feige und schleimige Tugend. Weil ich jung war und weil mir's Spaß machte, deshalb habe ich früher keineswegs verkannt, was in der Sinnenlust Sünde war; und weil es mich jetzt, wegen meiner Jahre, nicht mehr reizt, verkenne ich auch nicht, was für Wonnen die Sünde bringen kann; jetzt, wo ich nicht mehr drin bin, urteile ich noch genauso, als wenn ich noch drin wäre. [c]Ich rüttle meinen Verstand energisch und aufmerksam durch, und da finde ich,[ɔ] daß er derselbe geblieben ist, wie ich ihn im liederlichsten Alter hatte, außer daß er wahrscheinlich beim Altwerden schwächer und untüchtiger geworden ist; [c]und ich finde, daß, wenn er jetzt dagegen ist, daß ich mich in dieses Vergnügen einlasse, weil er wegen meiner körperlichen Gesundheit Bedenken hat, er wegen meiner geistigen Gesundheit nichts einzuwenden haben würde.[ɔ] Deshalb, weil der Verstand jetzt aus dem Gefecht ausgeschieden ist, kann ich seinen Wert nicht höher einschätzen: meine Versuchungen sind so matt und kraftlos geworden, daß es sich für den Verstand nicht lohnt, ihnen entgegenzutreten; ich brauche, um sie zu bannen, bloß meine Hände bittend ihnen entgegenzustrecken. Ich sehe nicht, daß mein Verstand jetzt von sich aus etwas verurteilt, was er damals nicht verurteilt hätte, und ich bemerke jetzt keinerlei neue Klarheit in ihm. Deshalb ist die Gesundung, wenn wirklich eine solche vorliegen sollte, eine verhexte Gesundung.

[c]Es ist doch eine elende Heilmethode, wenn man seine Gesundheit der Krankheit verdankt. ... Nicht unser Unglück soll uns diesen Dienst leisten, sondern lieber das Glück, richtig zu urteilen. Mein Verstand hat freiere Bahn, wenn es mir gut geht. Er arbeitet viel weniger konzentriert, wenn es gilt, mit dem Leid fertig zu werden als mit der Freude. Ich sehe viel deutlicher, wenn das Wetter hell ist; wie es lustiger ist, sich von der Gesundheit die nötigen Winke geben zu lassen als von der Krankheit, so ist es auch vorteil-

hafter. Damals, als ich von meiner Gesundheit mir noch Genuß versprechen konnte, habe ich mich, so sehr ich konnte, bemüht, sie immer wieder herzustellen und in Ordnung zu halten: ich müßte mich schämen, wenn mein elendes und unglückliches Alter einen Vorzug beanspruchte vor meinen guten, gesunden, wachen und kräftigen Jahren, und wenn das Beste von mir nicht dort gesucht würde, wo ich wirklich einmal gewesen bin, sondern dort, wo ich nicht mehr bin. Nach meiner Meinung macht das »Glücklich leben« die menschliche Glückseligkeit aus und nicht, wie Antisthenes sagte, das »Glücklich sterben«. . . .

Wenn ich mein Leben noch einmal zu leben hätte, würde ich wieder so leben, wie ich gelebt habe: ich bedaure nicht, was vergangen ist, und ich fürchte nicht, was noch kommen soll; und wenn ich mich nicht täusche, ist mein Leben innerlich etwa ebenso abgelaufen wie äußerlich. Ich bin meinem Schicksal zu besonderem Dank verpflichtet, daß in meiner körperlichen Entwicklung jede Veränderung zu ihrer Zeit eingetreten ist; ich habe das junge Grün und die Blüten und die Frucht erlebt, und jetzt sehe ich, wie alles vertrocknet: so ist es beglückend, weil es natürlich ist.

Das Leid, das ich zu tragen habe, trage ich leicht, kommt es doch zu seiner Zeit und wird es doch gemildert durch die Erinnerung an das lange Glück meines früheren Lebens: so wird wohl auch meine Weisheit früher ebenso groß gewesen sein, wie sie jetzt ist; aber sie war damals erfolgreicher und anmutiger, frischer, fröhlicher und einfacher, als sie jetzt ist, wo sie müde, mürrisch und mühselig einhergeht.[9] . . .

Man soll Gefallen haben an der Mäßigkeit um ihrer selbst willen und aus Ehrfurcht vor Gott, der sie uns vorgeschrieben hat, und auch an der Keuschheit; das ist nicht die rechte Keuschheit und Mäßigung, wenn Katarrhe uns diese Tugenden bescheren und wenn ich sie meiner Kolik verdanke. Man kann sich nichts darauf einbilden, daß man die Sinnenlust verachtet und bekämpft, wenn man sie nicht sieht, wenn man sie nicht kennt, und zwar in ihrer ganzen Lieblichkeit, in ihrer ganzen Macht und in ihrer ganzen lockenden Schönheit. Ich kenne beide Arten der Mäßigkeit; das kann ich wohl sagen! ...

Wir nennen es Weisheit, wenn wir als alte Leute verdrießlich sind, und wenn wir uns an der Gegenwart nicht mehr freuen können; aber in Wirklichkeit legen wir weniger unsere Laster ab, als daß wir neue dafür eintauschen, und zwar, meiner Meinung nach, zu unserem Nachteil. Im Alter werden die Menschen neidischer, ungerechter und bösartiger, abgesehen von den anderen Grillen: dem dummen, leeren Hochmut, der ärgerlichen Schwatzhaftigkeit, der Stachligkeit und Launenhaftigkeit, der Neigung zum Aberglauben und der lächerlichen Sorge um das Geld, das sie doch nicht mehr genießen können. Das Alter gräbt uns mehr Falten in den Geist als in das Gesicht; und die Seele aller Menschen, mit wenigen Ausnahmen, bekommt beim Altern einen säuerlichen und muffigen Geruch. Der Mensch nimmt eben als ein Ganzes erst zu und dann ab. ...

Ich kann bei vielen meiner Bekannten beobachten, was für Veränderungen sie täglich durchmachen, wenn sie alt werden.

Das Altern ist eine heimtückische Krankheit, die sich ganz von selbst und unbemerkt einschleicht. Große Sorgfalt und große Vorsicht sind nötig, wenn man den Gebrechen, die das Alter mit sich bringt, ausweichen oder wenigstens verhindern will, daß sie sich allzu schnell verschlimmern. Wie ich mich auch dagegen verschanze, ich fühle, wie es mich Schritt für Schritt zurückdrängt: ich halte stand, so gut ich kann; aber ich weiß nicht, was es schließlich aus mir machen wird.

Dreierlei Umgang: Freunde, Frauen, Bücher

Wenn es in meiner Macht stünde, mich zuzustutzen, wie ich wollte, so kenne ich keine Form, in die ich hineingepreßt werden möchte, wenn ich sie dann nie wieder ablegen könnte: das Leben ist eine ungleichartige, unregelmäßige, vielgestaltige Bewegung. ...

Bei den meisten Menschen braucht der Geist einen von außen zugeführten Stoff, wenn er in Schwung kommen und richtig funktionieren soll; bei mir braucht er einen solchen eher, wenn er sich erholen und ausruhen soll. »Die Schäden, die aus dem Nichtstun entspringen, können durch Arbeit wieder gutgemacht werden[8]«, denn seine eigentliche und seine mühseligste Arbeit ist, sich selbst zu studieren.

[c]Für meinen Geist gehören die Bücher zu der Art von Beschäftigungen, die ihn von seinem eigentlichen Studium abziehen;[9] ... er hat die Gabe, seine Kräfte aus sich selbst heraus zu wecken; Natur hat so viel Eigenstoff in ihn hineingelegt, wie er braucht, und genug Themen, an denen er seine Erfindungsgabe und seinen Scharfsinn erproben kann. [c]Wer es versteht, sich zu befühlen und sich energisch mit sich selber zu beschäftigen, für den ist Meditieren eine gewaltige, gehaltvolle Arbeit. Ich will lieber meine Seele aus eigenem Wachs formen, als sie mit geborgten Gedanken füllen.

Den eigenen Gedanken nachgehen, das kann, je nach der Persönlichkeit, die bequemste oder die anstrengendste Beschäftigung sein, die es gibt. Die größten Seelen machen daraus ihren Lebensinhalt. Bei keiner Tätigkeit können wir so lange dabeibleiben, keiner können wir uns so oft und leicht widmen; das ist das Privileg, das Natur diesem Tun verliehen hat. Es ist die Arbeit der Götter, sagt Aristoteles, aus der ihre Seligkeit entsteht und auch die unsere.[9] ...

Die am wenigsten gespannte und natürlichste seelische Haltung ist die schönste; das beste Tun ist das, welches am wenigsten krampfhafte Anstrengung verlangt. Mein Gott, was leistet die Weisheit doch denen für einen guten Dienst, denen sie die Wünsche nach ihren Kräften regelt! Es gibt keine nützlichere Lebensweisheit: »Je nachdem man kann«, das war das immer wiederholte Lieblingswort des Sokrates;

8. Vitia otii negotio [discutienda sunt.] Seneca, Epist. 56.

es ist ein inhaltsreiches Wort. Wir müssen unsere Wünsche auf die leichtesten und nächstliegenden Dinge richten und uns damit zufriedengeben. ...

Ich bin sehr dazu geeignet, wertvolle einmalige Freundschaften anzuknüpfen und zu erhalten; ich ergreife hungrig jede Gelegenheit, mit Menschen, die mir sympathisch sind, näher bekannt zu werden, ich versuche dann, mich ihnen von der besten Seite zu zeigen, ich stürze mich so gierig auf sie, daß es mir nicht leicht mißlingt, ihnen nahezukommen und mein Ziel zu erreichen: das habe ich oft voll Glück erlebt. Bei gewöhnlichen Freundschaften, da bin ich ziemlich kalt und ohne Einfälle; denn mein Schifflein läuft nicht natürlich, wenn es nicht alle Segel gesetzt hat: und außerdem hat mein Schicksal, als es mich in meiner Jugend das Glück einer einzigen, vollkommenen Freundschaft kosten ließ, mir alle anderen Freundschaften verleidet; Freundschaft ist ein Tier, das habe ich dabei gelernt, das in Paaren und nicht in Rudeln lebt; es wird mir schwer, mich halb und immer mit Einschränkungen mitzuteilen; ich kann diese knechtische und argwöhnische Vorsicht nicht aufbringen, die bei den üblichen unvollkommenen Freundschaften im Umgang von uns verlangt wird; und sie wird besonders in der heutigen Zeit von uns verlangt, wo es gefährlich ist, sich offen auszusprechen, und wo man sich immer verstellen muß. ...

Entgegen der üblichen Ansicht bin ich der Überzeugung, daß wir, beim Gebrauch unserer Geisteskräfte, gemeinhin Blei nötiger haben als Flügel, Kälte und Ruhe nötiger als Glut und Schwung.

Eine besonders alberne Rolle spielt, meiner Ansicht nach, wer unter Nichtfachleuten den Fachmann herauskehrt; wer immer wie ein Buch redet. Man muß sich denen anpassen, mit denen man zu tun hat, und manchmal den Anschein erwecken, als ob man eine Sache nicht verstünde. Im gewöhnlichen Umgang ist es überflüssig, sich geistig besonders anzustrengen und Scharfsinn zu zeigen; es genügt, ordnungsmäßig vorzugehen; im übrigen ist es praktisch, immer hübsch auf der Erde zu bleiben; die Hörer wollen es doch meistens so. ... Damen tun in der Unterhaltung am besten daran, sich recht natürlich zu geben und sich damit zu begnügen, was ihnen selbst einfällt; wenn sie mit geborgtem Wissen prunken, ist es, als ob sie ihre eigene Schönheit unter fremder Schönheit verbergen wollten; es ist sehr einfältig, mit fremdem Licht zu glänzen und dabei das eigene unter den Scheffel zu stellen. ... Was brauchen sie weiter, als daß man sie gern hat und sie achtet; dafür haben sie immer genug Kenntnisse: dazu ist es nur nötig, die Gaben, die in ihnen sind, etwas zu wecken und lebendig zu machen. ...

Die Menschen, mit denen ich Umgang und Gemeinschaft suche, sind die, welche man innerlich gebildet nennen kann. Ihr Bild verleidet mir das Zusammensein mit anderen. Genaugenommen ist diese Art Bildung das Erziehungsziel, das heute am seltensten erreicht wird; man hat sie im wesentlichen der Natur zu verdanken. Was man bei solchem Umgang erstrebt, das ist einfach das vertrauliche Beisammensein, der Meinungsaustausch, die seelische Betätigung, ohne eine Nebenabsicht. Alle Gegenstände sind mir bei unseren Gesprächen gleich gut; es macht mir nichts aus, wenn sie weder besonders inhaltsreich noch besonders tief sind; immer sind sie erfreulich und treffen die Sache; alles steht unter der Beleuchtung eines reifen, festen Urteils, und immer ist Güte, Offenheit, freundschaftlicher Frohsinn darin zu spüren. ... Ich erkenne meine Leute sogar daran, wie sie schweigen und wie sie lächeln, und ich sehe ihnen wahrscheinlich bei Tisch besser ins Herz als bei wichtigen Beratungen. ...

Ich habe auch meine Freude am Umgang mit ›schönen‹, anständigen Frauen; er bringt freilich nicht denselben seelischen Genuß, für mich wenigstens, wie der mit Freunden. Aber man muß, wenn man mit ihnen zu tun hat, etwas vorsichtig sein, besonders diejenigen, bei denen, wie bei mir, das Körperliche viel Macht hat. Ich habe mir in meiner frühen Jugend an der Frauenliebe die Finger verbrannt, und ich habe alle die rasenden Leiden durchgemacht, welche denen zuteil werden, so sagen die Dichter, die sich ihr hemmungslos und sinnlos hingeben; freilich habe ich mir dies schmerzhafte Erlebnis später zur Lehre dienen lassen. ...

Da ich mich nicht besser machen möchte als ich bin, will ich einiges über meine Jugendverirrungen mitteilen. Nicht nur wegen der Gefahr für die Gesundheit [c](und doch ist es mir nicht geglückt, eine zweimalige, wenn auch leichte, Ansteckung zu vermeiden)[ↄ], sondern auch, weil mir's zuwider ist, habe ich mich auf Verkehr mit käuflichen Dirnen so gut wie nie eingelassen: ich wollte den Genuß erhöhen durch die Schwierigkeit, durch die Erwartung und durch einen gewissen Stolz. ...

Im übrigen legte ich viel Wert darauf, daß die Frauen auch Geist hätten; allerdings nicht auf Kosten der körperlichen Reize; denn wenn ich auf einen der beiden Vorzüge hätte verzichten müssen, so hätte ich mich, wenn ich ehrlich sein soll, dafür entschieden, lieber die geistigen wegzulassen. Diese sind bei besseren Sachen angebracht; aber bei der Liebe, in der hauptsächlich der Gesichts- und der Tastsinn wirken, kommt man zur Not ohne geistige Reize zum Ziel, aber nicht ohne körperliche Reize.

[c]Schönheit ist das, was die Frauen auszeichnet; sie ist etwas so Weibliches, daß männliche Schönheit, obwohl an sie etwas andere Anforderungen gestellt werden, nur vermischt mit der ihrigen ganz zur Geltung kommt, nämlich in der knabenhaften und bartlosen Erscheinungsform. Beim Großtürken leistet eine gewaltige Schar von Männern Hofdienst, bloß weil sie schön sind, sie werden, so sagt man, spätestens mit 22 Jahren entlassen[ↄ]. Verstand, Voraussicht und Freundschaft ist bei den Männern besser aufgehoben; deshalb haben Männer zu bestimmen, was in der Welt geschieht.

Der Umgang mit Freunden und mit Frauen, von dem ich bis jetzt gesprochen habe, ist vom Zufall und von anderen Menschen abhängig; der eine ist ärgerlich selten zu finden, der andere vergeht mit dem Alter; so hätten sie mir nicht ganz erfüllen können, was ich mein Leben lang ersehnte.

Der Umgang mit Büchern, den ich an dritter Stelle behandle, ist viel sicherer und wird uns von niemand streitig gemacht; die ersten zwei sind zwar im allgemeinen vorzuziehen, aber der dritte hat für sich die Beständigkeit und die leichte Benutzbarkeit. Meine Bücher stehen mir überall auf meinem Lebensweg zur Seite und reichen mir hilfreich die Hand; sie trösten mich im Alter und in der Einsamkeit; sie nehmen mir die Last der Langenweile ab, die sich einstellt, wenn man nichts mehr zu tun hat, und machen alles wieder gut, wenn ich mich über die Menschen, mit denen ich zusammenkomme, ärgern muß; beim Lesen merke ich meine Schmerzen nicht, wenn sie nicht gar zu quälend und herrisch auftreten. Wenn ich von einer fixen Idee nicht loskommen kann, brauche ich nur zu einem Buch zu greifen; es nimmt mich gefangen, und ich denke nicht mehr daran; meine Bücher wissen wohl, daß ich mich mit ihnen nur abgebe, weil ich die anderen Freuden, die realer, lebendiger und natürlicher sind, nicht haben kann; und doch machen sie mir immer ein gleich freundliches Gesicht. ...
Der Kranke, der das wirkende Mittel immer zur Hand hat, ist nicht zu beklagen: diesen sehr wahren Spruch wende ich auf meine Bücher an; in diesem Sinne benutze ich sie; das ist der ganze Gewinn, den ich aus ihnen ziehe: wirklich sie zu Rate ziehen, das tue ich eigentlich nicht viel öfter als die, welche überhaupt nicht lesen. Ich habe meine Freude an ihnen, wie die Geizigen an ihren Schätzen, weil ich weiß, daß ich sie genießen kann, wenn ich will; dieses Besitzrecht macht mich satt und glücklich. Ich reise in Friedens- und Kriegszeiten nie ohne Bücher; doch können Tage, ja Monate vergehen, ohne daß ich hineinsehe; ich sage: vielleicht dann gleich, oder morgen, oder wenn ich einmal Lust dazu habe; und darüber geht die Zeit hin und tut mir nicht weh; denn ich fühle mich unsäglich beruhigt und geborgen in dem Gedanken, daß sie bei mir sind, um mich zu erfreuen, wenn ich sie brauche; dankbar erkenne ich an, wie sie mir im Leben helfen. Sie haben sich als die beste Wegzehrung für die Lebensreise bewährt. Verständige Menschen, die das nicht

wissen, tun mir unendlich leid. Alles, was ich sonst erlebe, ist mir recht, und wenn es noch so oberflächlich ist, da ich ja weiß, daß diese eine Unterhaltung, der Umgang mit den Büchern, mir nicht genommen werden kann.

Zu Haus finde ich schon etwas häufiger den Weg in meine Bibliothek, von wo ich zugleich meine Wirtschaft übersehe. Sie liegt über der Einfahrt; unter mir liegen da mein Garten, meine Ställe, mein Hof, mein mehrteiliges Haus. Dort blättere ich einmal in einem Buch, dann wieder in einem anderen, planlos, unzusammenhängend. Dann sinne ich einmal ein Weilchen; und dann wieder mache ich Notizen und diktiere, im Hin- und Hergehen, was mir so einfällt und was ich hier vorlege.

[c]Die Bibliothek ist im dritten Stock eines Turms: der erste Stock enthält meine Kapelle, der zweite ein Schlafzimmer mit Nebenraum; dort lege ich mich oft hin, um allein zu sein. Darüber ist ein großes Wäschezimmer; dieser Teil meines Hauses wurde früher am wenigsten benutzt. Hier verbringe ich die meisten Tage meines Lebens und die meisten Stunden des Tags: nachts bin ich nie dort. . . .

Wo man allein sein will, da muß man Platz zum Hinundhergehen haben; meine Gedanken schlafen, wenn ich sie hinsetze. Mein Geist bewegt sich nicht allein, wie wenn die Beine ihn in Schwung setzten: so geht es allen, die ohne Bücher studieren. Der Raum ist rund und hat nur so viel Platz, daß ich meinen Tisch und meinen Stuhl unterbringen kann. Und vor mir habe ich da, in der Rundung, alle meine Bücher; sie sind in Regalen von fünf Fächern übereinander aufgestellt und füllen ringsum die Wände. . . .

Dort ist meine Residenz. Dort versuche ich wirklich zu herrschen; zu dieser einzigen Stelle hat die Gemeinschaft mit Frau, Kindern und Mitbürgern keinen Zutritt. Überall sonst habe ich nur eine unoffizielle, abstrakte, unbestimmte Macht. Ein bedauernswerter Mensch ist in meinen Augen, wer in seinem Heim keinen Platz hat, wo er sich selbst gehört; wo er sich nur um sich allein bemüht; wo er verborgen sein kann. . . .

Ich finde nichts so schwer bei der Kasteiung, die unsere Geistlichen sich auferlegen, als die Vorschrift, die in einigen Orden besteht, daß sie immer zusammen sein müssen, und daß, bei allem was sie tun, immer viele andere dabei sind; ich finde es noch erträglicher, stets allein zu sein, als nie allein sein zu dürfen.[9]

Wenn mir jemand sagt, man mindere das Ansehen der Musen, wenn man nur ein Spielzeug und einen Zeitvertreib in ihnen sieht, so weiß der nicht, wie ich, wie wertvoll Freude, Spiel und Zeitvertreib sind: fast möchte ich sagen, jede andere Zielsetzung ist lächerlich. Ich lebe in den Tag hinein, und, wenn ich das aussprechen darf, ich lebe nur für mich. Meine Absicht geht nicht weiter. Als ich jung war, studierte ich, um Eindruck zu machen; dann, eine Zeitlang, um weise zu werden; jetzt, um es zu genießen: niemals, um dabei zu verdienen. ...

Bücher haben viel Angenehmes für die, welche die richtigen aussuchen können; aber: ohne Schweiß kein Preis; wie die anderen Freuden ist auch die Freude an den Büchern nicht einfach und rein; es sind recht schwere Nachteile damit verbunden: die Seele ist bei der Lektüre tätig, aber der Körper, um den ich mich doch auch kümmern muß, bleibt dabei untätig, kommt herunter und verkümmert. Ich wüßte nichts, was unzuträglicher für mich wäre und was ich, jetzt, wo mein Leben zur Neige geht, mehr vermeiden müßte. ...

Über einige Vergil-Verse

Als ich jung war, mußte ich mich selbst immer wieder warnen und mir zureden, um mich in Zucht zu halten; Jugendlust und Gesundheit vertragen sich schlecht, so sagt man, mit solchen Mahnungen zum Ernst und zur Sittsamkeit: jetzt geht mir's umgekehrt; die Beschwerden des Alters warnen mich nur zu sehr und predigen mir Vernunft. Aus zu viel Fröhlichkeit ist zu viel Ernst geworden, und das ist unangenehmer; deshalb schlage ich jetzt manchmal absichtlich etwas über die Stränge, stelle meine Gedanken auf jugendliche Torheiten ein und freue mich an ihnen. Heute bin ich eher zu gesetzt, zu unbeweglich, zu reif: die Jahre predigen mir alle Tage Kühle und Mäßigung. Mein Körper will nichts mehr von Ausschweifungen wissen und fürchtet sich davor: jetzt ist er an der Reihe, den Geist zur Besserung zu führen; jetzt ist er es, der schulmeistert, und zwar strenger und energischer; er läßt mir nicht eine Stunde Ruhe, nicht beim Schlafen und nicht beim Wachen, mit seiner Predigt über Tod, Geduld und Reue. Ich wehre mich gegen die Enthaltsamkeit, wie ich mich früher gegen die Sinnlichkeit gewehrt habe: sie nimmt mir allen Schwung, manchmal bis zum Stumpfsinn; ich will aber Herr über mich sein, in jeder Beziehung: auch die Vernünftigkeit kann übertrieben werden und hat eine Beschränkung nicht weniger nötig als die Unvernunft. ...

Früher merkte ich mir als Ausnahmen die beschwerlichen und finsteren Tage an; es wird nicht lange dauern, dann sind die bösen Tage für mich die normalen; außergewöhnlich sind die schönen und heiteren. ...

[c]Wenn man nach den Ursachen für einen außerordentlichen seelischen Aufschwung sucht, so wird üblicherweise die mystische Verzückung, die Liebe, die Kampfesglut, die Dichtung, der Wein als Grund angeführt; warum wird die Gesundheit nicht mitgenannt? so eine überkochende, kräftige, volle, ungenutzte Gesundheit, wie die Jugend in ihrer Frische und Sorglosigkeit sie mir immer wieder schenkte: diese brennende Freude entzündet im Geist helleuchtende Blitze, die unseren üblichen Verstand weit überstrahlen, und eine Begeisterung, welche die kecksten, ja manchmal die überspanntesten Ideen gebiert. Da ist es doch kein Wunder, wenn durch einen entgegengesetzten Körperzustand mein Geist sich gedrückt und vernagelt, also in entgegengesetzter Richtung beeinflußt fühlt. ...

Die Weisheit, die mir gefällt, ist fröhlich und umgänglich; eine herbe und strenge Moral liegt mir nicht, da mir jedes

abstoßende Getue verdächtig vorkommt. ... Tugend ist etwas Erfreuliches und Heiteres.[c] ...
Übrigens habe ich mir zur Richtschnur genommen, daß ich alles sagen darf, was ich tun darf; auch in Gedanken ist mir das zuwider, was man nicht öffentlich aussprechen kann. Das Schlimmste, was ich tue und denke, scheint mir nicht so häßlich, wie ich es häßlich und feig finde, wenn ich nicht den Mut habe, mich dazu zu bekennen. Jeder ist zurückhaltend beim Gestehen; man müßte so zurückhaltend beim Handeln sein. Der Mut zu einem Fehltritt wird in gewissem Sinne gebunden und kompensiert durch den Mut, ihn zuzugeben: [c]wer sich an die Verpflichtung hielte, alles zu sagen, der fühlte auch die Verpflichtung, nichts zu tun, was man verschweigen muß. Gebe Gott, daß die vielleicht oft übertriebenen Zügellosigkeiten, die ich mir herausnehme, in meinen Mitmenschen den Wunsch nach einer Freiheit erweckten, die erhaben ist über die feige Schein-Tugend, die unsere Fehler verdecken soll, und daß es mir gelänge, sie auf dem Umweg über meine Unmäßigkeit zur Vernunft zu bringen. Man muß seine Schwächen sehen und studieren, wenn man sie tadeln will: wer sie vor anderen verbirgt, verbirgt sie gewöhnlich auch vor sich selbst.[c] ...
Kraft und Wert der Liebe sind in der poetischen Darstellung lebendiger und beseelter als in der Wirklichkeit; das dichterische Bild sieht gewissermaßen verliebter aus als die Liebe selbst.
Die nackte Venus ist nicht so schön, so feurig, so atmend hingegeben, wie sie in gewissen Versen Vergils (Aen. VIII, 387 ff.) erscheint. Was ich daran auszusetzen habe, ist, daß er sie für eine eheliche Venus recht stürmisch zeichnet. Bei dem ehrbaren Geschäft der Ehe ist der Geschlechtstrieb in der Regel nicht so munter; da ist er trüber und stumpfer. Die Liebe will nicht, daß man sich anders als durch sie allein gebunden fühlt; sie hängt nur lose mit solchen Bindungen zusammen, die, wie die Ehe, unter anderen Gesichtspunkten geknüpft worden sind und zusammengehalten werden: Verwandtschaft und Besitz beanspruchen dabei ebensoviel Be-

rücksichtigung wie Anmut und Schönheit. Wir heiraten nicht für uns, wie es zunächst scheint; wir heiraten ebensosehr für unsere Nachkommenschaft, für unsere Familie; Brauch und Sinn der Ehe geht unser ganzes Geschlecht an, weit über uns hinaus: deshalb lobe ich mir das Herkommen, daß man die ehelichen Verbindungen lieber durch fremde Vermittlung als durch eigenen Entschluß zustande kommen läßt, mehr auf Grund der Überlegung von anderen als auf Grund eigenen Gefühls; wie anders ist das doch, als wenn man einen Liebesbund schließt! Deshalb ist es eine Art Inzest, wenn man bei diesem ehrwürdigen Verwandtschaftsverhältnis die ausschweifenden Freiheiten des Liebesspiels in Anwendung bringt. ...

Ich habe beobachtet, daß eigentlich nur solche Ehen in die Brüche gehen, die wegen der Schönheit und aus Liebessehnsucht zustande gekommen sind: die Ehe braucht festere und dauerhaftere Grundlagen, große Behutsamkeit ist, wenn man sich zu ihr entschließt, vonnöten; kochende Liebesglut taugt dazu nicht. ...

Eine gute Ehe, wenn überhaupt eine solche existiert, will nicht zugleich Liebe sein und sich so geben: sie möchte eine Art Freundschaft verkörpern. Es ist eine süße Lebensgemeinschaft, reich an Beständigkeit, Vertrauen, an nützlichen, realen Liebesdiensten und an gegenseitigen Verpflichtungen. Keine Frau, die kennengelernt hat, wie schön das ist, würde lieber die Geliebte ihres Gatten sein. Wenn sie als Ehefrau in seinem Herzen wohnt, so wohnt sie da viel geehrter und sicherer. Wenn der Gatte einer andern gegenüber noch so verliebt und aufmerksam sich gibt, braucht man an ihn nur die Frage zu richten: »Wen sollte lieber eine Schande treffen, seine Frau oder seine Geliebte? Bei welcher würde ihn ein Unglück tiefer schmerzen? Welcher würde er höheres Ansehen wünschen?« Es ist kein Zweifel, wie diese Fragen in einer gesunden Ehe beantwortet würden. ...

Ich ärgere mich, daß Männer ihre Frauen manchmal nur deshalb nicht mehr leiden können, weil sie selbst ihnen untreu sind: deshalb, weil wir uns vergangen haben, sollten wir sie doch wenigstens nicht weniger lieben; aus Reue und Mitleid wenigstens müßten sie uns deshalb nur teurer sein. ...

[c]Bitternisse und Süßigkeiten der Ehe werden von den Weisen geheimgehalten; zu den größten Unannehmlichkeiten, die die Ehe mit sich bringt, gehört für einen Schwätzer, wie ich es bin, die, daß es für unziemlich und schädlich gilt, jemandem anderen mitzuteilen, was man davon weiß und was man darüber denkt.[ↄ] ...

Wenn ich schreibe, verzichte ich gern darauf, Bücher bei mir zu haben und darin nachzuschlagen, weil ich befürchte, daß ich dadurch meinen Stil verderbe; freilich demütigen mich die wirklich wertvollen Autoren auch zu sehr und nehmen mir den Mut. ...

Für das Ziel, das ich vor Augen habe, kommt es mir zustatten, daß ich zu Haus schreibe, in einer unzivilisierten Umgebung, wo niemand mir hilft oder mich anregt; wo ich gewöhnlich mit keinem Menschen zusammenkomme, der das Latein seines Pater noster versteht, und Französisch können sie eher noch weniger. An einem anderen Orte hätte ich vielleicht eleganter geschrieben, aber weniger persönlich. Die Hauptabsicht und der Vorzug meines Werkes ist, daß es ganz mein eigen ist. Einzelirrtümer könnte ich leicht verbessern; denn die finden sich bei mir in Fülle, weil ich unachtsam schreibe; aber ich kann die Mängel, die bei mir immer wiederkommen, weil sie zu meinem Wesen gehören, nicht beseitigen; das wäre Unehrlichkeit. Man hat mir gesagt, oder ich habe mir selbst gesagt: »Du brauchst zu viel Bilder; das hier ist ein gaskognischer Provinzialismus; das hier ist eine bedenkliche Formulierung (ich scheue keine Wendung, die auf französischen Straßen gebräuchlich ist; es ist Unsinn, wenn die Grammatiker den Sprachgebrauch durch Vorschriften bekämpfen wollen); was du hier sagst, zeigt, daß du schlecht informiert bist; das hier widerspricht den üblichen Ansichten; dieser Gedanke hier ist zu närrisch; [c]oft machst du dich über den Leser lustig; manchmal kann man denken, daß du etwas im Ernst meinst, wo du nur so tust.«[ↄ]

Darauf antworte ich: »Ja; aber ich verbessere nur die Fehler, die ich aus Unachtsamkeit begehe, nicht die, welche meiner Art entsprechen. Zeigt sich das nicht in allem, was ich sage? Stelle ich mich nicht nach dem Leben dar? Das genügt. Ich habe getan, was ich wollte: jeder erkennt mich in meinem Buche, und mein Buch in mir.« ...

Was mir an meiner Anlage nicht gefällt, ist, daß mir die tiefsten und närrischsten Einfälle und die, welche mir die meiste Freude machen, unvermutet kommen und dann, wenn ich sie am wenigsten suche, und daß sie gleich wieder weg sind, wenn ich sie nicht sofort festhalten kann; beim Reiten, bei Tisch, im Bett; aber besonders beim Reiten, wo ich am ausführlichsten mich unterhalte. Beim Sprechen bin ich recht empfindlich gegen Unaufmerksamkeit und Lärm; wenn ich angestrengt sprechen muß, verliere ich bei jeder Unterbrechung den Faden, unterwegs werden meine Gedanken sogar unterbrochen, wenn ich auf den Weg achten muß; abgesehen davon, daß ich gewöhnlich keine Reisebegleiter habe, die sich für solche zusammenhängenden Unterhaltungen eignen; deshalb unterhalte ich mich da lange mit mir selbst. Es geht mir dabei wie mit meinen Träumen. Beim Träumen nehme ich mir vor, sie mir zu merken (denn ich träume oft, daß ich träume); aber am nächsten Tag kann ich mir zwar noch deutlich vorstellen, wie sie gefärbt waren, lustig, traurig, sonderbar, aber was sonst ihr Inhalt war, das weiß ich dann nicht mehr, und je mehr ich mich abmühe, dahinterzukommen, um so tiefer versinken sie ins Vergessen. So bleibt mir auch von den plötzlich aufblitzenden Gedanken, die mir in den Sinn kommen, nur ein ungefähres Bild im Gedächtnis; nur so viel, daß ich mich quälen und ärgern muß, um sie wieder hervorzurufen; aber meist erfolglos.

[Ich wollte eigentlich von der Liebe sprechen.] Wenn ich nun also die Bucherklärungen beiseite lassen und mich materialistischer und einfacher ausdrücken darf, so finde ich, daß die Liebe nichts anderes ist, als das Verlangen nach sinnlichem Genuß [c]durch ein Wesen, das man ersehnt. Und

Venus ist nichts anderes als das Vergnügen, seine Gefäße zu entladen; ähnlich wie das Vergnügen, das die Natur uns gewährt, wenn wir andere Körperteile entladen; es wird zum Laster entweder durch Unmäßigkeit oder durch mangelnde Heimlichkeit. Für Sokrates ist Liebe Zeugungstrieb, angeregt durch Schönheit.[ↄ] ... Wenn man sich überlegt, was für lächerliche Formen manchmal dieser Kitzel annimmt, [c]und daß die Organe unserer Lust und unserer Ausscheidungen zusammenliegen[ↄ], und daß die höchste Wollust Erstarrung und Jammern hervorbringt wie der Schmerz, so glaube ich, ... daß Mutter Natur uns die trübste und zugleich die gemeinste unserer Betätigungen in der Absicht vererbt hat, uns dadurch alle gleich zu machen, die Narren und die Weisen, uns Menschen und die Tiere. Wenn ich mir den beschaulichsten und zurückhaltendsten Menschen in diesem Zustand vorstelle, so halte ich ihn für einen Angeber, wenn er da auch zurückhaltend und beschaulich sich geben möchte. ...

In jeder anderen Situation kann man etwas Schicklichkeit bewahren; alle anderen Betätigungen ermöglichen die Anwendung von Anstandsvorschriften; diese aber kann man sich nicht anders als sündig oder lächerlich vorstellen. Alexander sagte, er erkenne besonders hierbei, und beim Schlafen, wie sehr er dem Tode verfallen sei. Der Schlaf erstickt und unterdrückt unsere seelischen Kräfte; der Geschlechtsakt saugt sie ebenso auf und läßt sie schwinden; das ist gewiß ein Zeichen nicht nur für die Erbsünde, sondern auch für die Nichtigkeit und die Mißgestaltigkeit des Menschen. ...

[c]Es gibt allerlei Fanatiker, die ihre Natur zu erhöhen glauben, indem sie die Natur vergewaltigen; die sich auf ihre Verächtlichkeit etwas einbilden; die glauben, sie werden besser dadurch, daß sie sich schlechter machen.[ↄ] Was ist der Mensch für ein widernatürliches Tier, wenn er vor sich selbst Abscheu empfindet, [c]wenn ihn seine Freuden bedrücken, wenn er sich auf das Unglück einstellt![ↄ]

Manche verstecken sich ... und wollen von anderen Menschen nicht gesehen werden; manche wollen nicht gesund

und fröhlich sein, als ob das widerlich und schädlich sei: manche Sekten, ja ganze Völker verwünschen ihre Geburt und preisen ihren Tod: [c]es gibt welche, bei denen die Sonne verabscheut und die Finsternis angebetet wird.[ɔ] Wir sind nur erfinderisch, wo es gilt, uns herunterzureißen; darauf stellt sich unsere Denkkraft am liebsten ein; [c]wenn sie irregeht, ist sie ein gefährliches Werkzeug![ɔ]
Ach! Armer Mensch! Du hast genug Beschwerden, die sich von selbst einstellen, du brauchst keine dazuzuerfinden und sie dadurch zu vermehren; du bist deinem Wesen nach elend genug, du brauchst dich nicht künstlich elend zu machen; die wirklich häßlichen Züge, die dir angeboren sind, reichen wahrhaftig aus, du brauchst kraft deiner Phantasie keine neuen auszuhecken: [c]findest du, daß es dir zu wohl ergeht, wenn du dich nicht über die Hälfte deines Wohlergehens ärgerst?[ɔ] . . .
Mancherlei wird wirkungsvoller, wenn wir es verbergen. Wenn ich den wahrhaftig recht deutlichen Ovid-Vers höre: »Nackt drückte ich sie an meinen Leib[9]«, so wirkt er auf mich, als ob er mich kastrierte. Martial kann Venus entblößen, soviel es ihm behagt, es gelingt ihm nicht, daß der Leser sie ganz so sieht. Wenn einer alles sagt, fühlen wir sofort Übersättigung und Ekel. Wer in der Formulierung zurückhaltend ist, der bringt uns dazu, daß wir weiter denken, als es dasteht: es liegt etwas verräterisch Lockendes in solcher Sittsamkeit des Ausdrucks; und zwar deshalb, weil dadurch der Phantasie ein so erfreulicher Spielraum gewährt wird. So machen es die guten Dichter. . . .
Im Altertum wünschte sich einmal jemand, daß sein Schlund so lang würde wie ein Kranichhals, damit er länger schmekken könne, was er schluckte: dieser Wunsch ist noch besser angebracht beim Liebesgenuß, der so schnell und plötzlich vorübergeht, selbst für solche Menschen, die veranlagt sind wie ich; mein Laster ist die Plötzlichkeit. Um seinen schnellen Ablauf aufzuhalten und ihn, wie eine Rede durch Ein-

9. Et nudam pressi corpus ad usque meum. Ovid, Amores, I, 5. 24.

leitungsfloskeln, auszudehnen, genießen kluge Leute alles Mögliche schon als Anfang der Liebesgunst und des Liebeslohns: einen verstohlenen Blick, ein Neigen des Kopfes, ein Wort, ein Zeichen. Wer vom Rauch des Bratens satt werden könnte, würde der nicht sinnvoll sparen? Liebe ist eine Leidenschaft, die aus einer Mischung besteht von recht wenig wirklicher Substanz und viel mehr Hirngespinsten und unruhiger Erwartung: dementsprechend sollten wir sie befriedigen und ihr dienen. ...
Wer nur im Genuß selbst genießt, wer immer gleich aufs Ganze geht, wer die Jagd nur liebt, weil er etwas schießen will, der ist kein Jünger unserer Schule: je mehr verschiedene Stufen erstiegen werden müssen, um so höher und erhabener ist zuletzt der Ehrenplatz; wir sollten wissen, daß die rechte Freude erst darin liegt, daß wir uns allmählich hinführen lassen, wie es in prächtigen Palästen geschieht, durch Eingangshallen und verschiedene Gänge, durch lange schöne Galerien und immer auf Umwegen. ... Wenn wir nichts mehr zu wünschen und zu hoffen haben, ist für uns der wesentliche Reiz dahin. Also sollten eigentlich die Frauen eine heilige Scheu davor empfinden, daß wir sie ganz beherrschen und besitzen: sobald sie ganz in unserer Gewalt sind und sich auf unser Wort und unsere Treue verlassen müssen, sind sie in einer recht bedrohlichen Lage; denn die Tugenden, auf die sie bauen, sind selten und schwer durchzuführen: sobald ein Weib uns gehört, sind wir ihm nicht mehr untertan. ...
Frauen sollten ihren Wunsch, sich unbesonnen und stürmisch gleich ganz hinzugeben, mit allen Mitteln, die ihnen zu Gebote stehen, zu verdecken suchen: wenn sie ihre Gunst hübsch der Reihe nach und vorsichtig abmessend spenden, so reizen sie unsere Wünsche viel sicherer und verbergen dabei ihre eigenen. Sie sollten immer vor uns davonlaufen, und zwar auch, wenn sie sich fangen lassen wollen; sie siegen sicherer im Fliehen, wie die Skythen. Nach dem Gesetz, das die Natur ihnen auferlegt, kommt es ihnen auch wirklich nicht zu, zu wollen und zu begehren; ihre Bestimmung ist es

zu erlauben, zu gehorchen, einzuwilligen: deshalb hat die Natur ihnen eine dauernde Bereitschaft verliehen, uns Männern aber eine seltene und unzuverlässige: für sie ist jeder Moment der richtige, damit sie immer bereit sind, wenn unser Augenblick gekommen ist: sie sind »geboren zum Erdulden[10]«; und an den Körperstellen, wo die Natur es so eingerichtet hat, daß unsere Triebe sich nach außen deutlich zu erkennen geben, bleiben die ihren verborgen und schlagen nach innen. ... ᶜWas brauche ich noch Beispiele für die verschiedenen Gebräuche, die mit der Liebe zusammenhängen? Ich bin gern zurückhaltend; und nicht mit Absicht habe ich diese manchmal etwas anstößigen Darstellungen herausgesucht: die Natur hat sie für mich ausgesucht. Ich will solche Dinge nicht etwa rühmend hervorheben, ebensowenig wie jedes andere Benehmen, das gegen das Herkommen verstößt; aber ich entschuldige sie, und ich finde, daß die allgemeinen und besonderen Umstände zu meiner Entlastung berücksichtigt werden müssen.ᵓ ...

Die Liebe ist eine wache, lebendige, freudige Erregung; sie hat mich gewöhnlich nicht beunruhigt oder bekümmert, sondern mich nur warm und durstig gemacht: nur soweit darf man gehen; schädlich ist sie nur den Toren. ...

Die Lebensweisheit hat nichts gegen die natürliche Sinnenlust einzuwenden, solange das Maß beachtet wird; ᶜsie predigt Mäßigung, nicht Flucht vor ihr.ᵓ Sie lehrt, ihren Verfälschungen Widerstand entgegenzusetzen; sie sagt, daß die körperlichen Wünsche nicht durch Geistiges gesteigert werden sollen; ᶜwie man die Eßlust nicht künstlich anregen, den Leib nicht vollstopfen, sondern nur den Hunger stillen soll.ᵓ Ebenso schreibt sie uns bei der Liebe vor, daß wir ein Objekt wählen, das einfach dem Bedürfnis unseres Körpers Genüge tut; die Seele soll sich durch den Gegenstand unserer Zuneigung nicht erregen lassen; sie soll nicht ihre Sache daraus machen, sondern sie soll sich dem Körper bloß anschließen und dabeisein. Aber habe ich nicht recht, wenn

10. Pati natae. Seneca, Epist. 95.

ich der Ansicht bin, daß man diese Lehren, die übrigens, meiner Meinung nach, keineswegs sehr leicht zu befolgen sind, nur bei einem leistungsfähigen Körper in die Tat umsetzen kann? und daß, wenn der Körper matt geworden ist, wie ein Magen, der nicht mehr gut verdaut, es entschuldbar ist, wenn man ihn künstlich wieder etwas wärmt und stärkt, und wenn man, mit Hilfe der Phantasie, die körperlichen Wünsche und die körperliche Fröhlichkeit etwas anzuregen versucht, da diese an sich verlorengegangen sind? ...

cBeim Liebesspiel geht mir der Genuß, den ich dem Weib verschaffe, lieblicher ein als der, den ich selbst empfinde;ↄ wer genießen kann, da wo er nichts zu geben hat, in dem ist gewiß nicht viel Edles lebendig; es ist eine seelische Gemeinheit, wenn man alles schuldig bleibt und wenn man Gefallen daran findet, mit Menschen umzugehen, denen man zur Last fällt: ein Ehrenmann dürfte eigentlich unter dieser Bedingung die Gunst einer Frau nie wünschen, und wäre sie noch so schön, noch so reizend, noch so entgegenkommend. Wenn sie nur aus Mitleid uns erhören, so muß ich sagen: viel lieber will ich gar nicht als von Almosen leben. ...

cHäßlichkeit und Alter, die man eingesteht, wirken auf mich weniger alt und weniger häßlich, als wenn man sie schminkt und zurechtmacht.ↄ Soll ich es gestehen? wird man es mir nicht zu sehr übelnehmen? Nur die frühe Jugend ist, glaube ich, im eigentlichen und natürlichen Sinne, die Zeit der Liebe, cund ebenso auch die der Schönheit.ↄ ... Im Mannesalter ist sie, wie ich finde, schon nicht mehr recht angebracht, und erst recht nicht im Greisenalter; cMargarete, die Königin von Navarra, läßt als Frau die Blütezeit der Frauen schon ziemlich lange währen, wenn sie vorschreibt, daß es für sie mit dreißig Jahren an der Zeit ist, sich nicht mehr schön, sondern nur noch gut zu nennen.ↄ Je kürzere Zeit wir uns von der Liebe beherrschen lassen, um so besser fahren wir. ...

Zum Schluß dieses merkwürdigen Kommentars, den ich in

achtloser Redeflut hingeschrieben habe – diese Flut ist manchmal stürmisch und gefährlich ..., habe ich noch zu sagen, daß Mann und Frau dasselbe Grundgepräge tragen: abgesehen von Erziehung und Herkommen ist der Unterschied nicht groß. ᶜPlato zieht beide in seinem Staat in gleicher Weise heran: alle Studien stehen beiden Geschlechtern in gleicher Weise offen, alle Übungen, alle Ämter und alle Berufe, im Krieg und im Frieden. Und der Philosoph Antisthenes leugnete jede Unterscheidung zwischen der weiblichen Tugend und der unseren.ᵓ ...

Über die Kutschen[11]

Unsere Welt hat vor kurzem eine neue Welt entdeckt, ... so groß, so voll, so kräftig wie sie selbst ist; und doch so neu und so jung, daß ihr noch das Abc beigebracht werden muß: vor weniger als fünfzig Jahren wußte man dort nicht, was Schreiben ist, kannte keine Maße und Gewichte, keine Kleider, keinen Feld- und Weinbau; sie war sozusagen noch ein nackter Säugling am Busen der Mutter Natur und lebte nur von dem, was dieser ihr bot. ... Es war eine kindliche Welt; wir haben diese Kinder nicht durch unser Vorbild erzogen dadurch, daß unsere natürlichen Gaben wertvoller und kräftiger gewesen wären; wir haben sie nicht durch Gerechtigkeit und Güte für uns gewonnen und sie nicht durch die Vorzüge unserer Gesinnung unter unsere Herrschaft gebracht. Als wir mit ihnen verhandelten, zeigten die meisten ihrer Antworten, daß sie uns an natürlichen Geistesgaben, Klarheit und Treffsicherheit, nicht unterlegen waren. ... Ihre kunstreichen Arbeiten, ihr Geschmeide, ihr Federschmuck, ihre Webereien, ihre Gemälde zeigen, daß sie uns auch in handwerklicher Geschicklichkeit nicht nachstanden. Ihre Frömmigkeit, ihr Gehorsam gegen die Gesetze,

11. Die Überschrift bezieht sich auf einen Teil von Essai III, 6, der in dieser Auswahl fehlt.

ihre Güte, ihre Freigebigkeit, ihre Ehrlichkeit, ihre Offenheit standen höher als bei uns; aber es ist uns recht nützlich gewesen, daß wir von diesen Vorzügen nicht so viel besaßen wie sie: infolge der Überlegenheit in diesen Tugenden sind sie in ihr Verderben gerannt; sie haben sich dadurch selbst verraten und verkauft.

Was Kühnheit und Mut betrifft, oder die Festigkeit, Ausdauer und Entschlußkraft dem Schmerz, dem Hunger und dem Tod gegenüber, so würde ich kein Bedenken tragen, die Beispiele, die sich bei ihnen finden lassen, den berühmtesten Beispielen aus dem Altertum an die Seite zu stellen, die in der Überlieferung unserer diesseitigen Welt enthalten sind. Wenn man bei denen, die sie bezwungen haben, von den Listen und Kniffen absieht, die sie benutzt haben, um sie zu betrügen, und von dem begreiflichen Staunen, das diese Nationen erfüllen mußte, wenn bärtige Männer so überraschend bei ihnen landeten, die an Sprache, an Glauben, an Aussehen und Haltung so ganz anders waren, die aus einer fernen Welt kamen, von deren Dasein sie nichts geahnt hatten; die auf unbekannten Ungeheuern saßen, während sie selbst nicht nur keine Pferde kannten, sondern überhaupt noch kein Tier gesehen hatten, das dazu abgerichtet war, Menschen oder andere Lasten zu tragen; die eine glänzende harte Haut und eine schneidende blitzende Waffe besaßen, gegenüber solchen Menschen wie sie, die, weil ein Spiegel oder ein Messer so wunderbar blitzten, bereit waren, dagegen einen ganzen Schatz an Gold und Perlen einzutauschen, und die weder die Erfahrung noch das Material besaßen, gegen unseren Stahl etwas auszurichten, selbst wenn sie es in aller Ruhe hätten probieren können; dazu unsere Kanonen und Gewehre, die Blitz und Donner spien und die selbst einen Caesar außer Fassung bringen würden, wenn man ihn heute damit überraschen könnte, ohne daß er eine Ahnung von solchen Dingen hätte; und das alles gegen Völker, die nackt gingen – außer dort, wo man es dazu gebracht hatte, einfachste Garngewebe herzustellen – meist ohne andere Waffen als Bogen, Schleudern,

Keulen und Holzschilde. Sie waren überrascht; was sie sahen, war doch gar zu merkwürdig und unbekannt; alles schien ihnen zunächst freundlich und harmlos; wenn man, sage ich, sich dächte, daß dieser Unterschied zugunsten der Eroberer nicht bestanden hätte, so fiele die Begründung aller ihrer Siege weg. Wenn ich bedenke, mit welch unbändiger Leidenschaft die vielen Tausend Männer, Frauen und Kinder die größten Gefahren bestanden und sich immer wieder ihnen entgegenwarfen, um ihre Götter und ihre Freiheit zu verteidigen; mit welcher großartigen Verbissenheit sie lieber alle Leiden und Qualen, ja selbst den Tod, zu erleiden bereit waren, als sich der Herrschaft der Feinde zu beugen, von denen sie so schändlich getäuscht worden sind; wie sie, wenn sie in Gefangenschaft geraten waren, lieber freiwillig verhungern wollten, als ihr Leben aus den Händen ihrer Feinde zu empfangen, die ihren Sieg auf so gemeine Weise gewonnen hatten: wenn ich mir das überlege, so glaube ich sagen zu können: wäre der Angriff unter gleichen Voraussetzungen erfolgt, bei gleichen Waffen, gleicher Technik und gleicher Zahl, so wäre das Risiko ebenso groß, vielleicht größer gewesen, als bei irgendeinem Krieg, den wir erlebt haben.

Warum ist Alexander dem Großen oder den alten Griechen und Römern nicht eine so wertvolle Eroberung zugefallen? Warum hat eine so große Verschiebung von Machtverhältnissen und von Völkern nicht zu einer Herrschaft geführt, die es verstanden hätte, mit schonender Hand Neuland zu erschließen und Rauheiten zu glätten, die natürlichen Möglichkeiten aber, die dort in reichem Maße vorhanden waren, verständnisvoll zu nutzen und zu fördern! Dann wäre nicht nur die Landwirtschaft und die Stadtkultur durch die Errungenschaften der Alten Welt, soweit nötig, vorwärtsgebracht worden, sondern es hätten sich auch griechische und römische Tugenden mit den im Lande heimischen gepaart. Wie hätte sich die ganze Welt verjüngt und gebessert, hätte das Verhalten der ersten Vertreter unserer Welt, die die Völker drüben zu sehen bekamen, diese veranlaßt, unsere

Auffassung von Tugend zu bewundern und nachzuahmen und dadurch zwischen hüben und drüben ein Band brüderlicher Gemeinschaft und Eintracht zu knüpfen. Wie leicht wäre es gewesen, die Seelen von Menschen zu gewinnen, die so unberührt, so lernbegierig waren und in der Regel so glücklich veranlagt!

Aber nein; wir haben ihre Unwissenheit und Unerfahrenheit dazu mißbraucht, sie an Verrat, Unzucht, Habsucht, Grausamkeit und unmenschliches Verhalten aller Art zu gewöhnen, weil sie unsere Sitten sahen und sich danach richteten. Wo hat es je Menschen gegeben, die der Sucht nach Handels- und Tauschgewinn so vollständig verfallen waren? Zerstörte Städte, ausgerottete Völker, Millionen erschlagener Menschen, völliger Umsturz im reichsten und schönsten Weltteil, nur weil man Perlen und Pfeffer einheimsen wollte! Es waren Siege ohne höheren Sinn. Nie hat Herrschsucht, nie Parteileidenschaft die Menschen zu so schrecklicher Feindschaft gegeneinander gehetzt und so elend ins Verderben gestürzt.

Eine Handvoll Spanier fuhren an der Küste entlang auf der Suche nach Edelmetall; wo sie anlegten, war das Land lieblich, fruchtbar und dicht besiedelt. Sie stellten sich den Bewohnern in der gewohnten Weise vor: »Sie hätten friedliche Absichten, kämen weit hergereist, sie wären vom König von Kastilien geschickt, und das sei der mächtigste Fürst auf der bewohnbaren Erde, dem der Papst, der Stellvertreter Gottes auf Erden, ganz Indien zu Lehen gegeben hätte; wenn sie ihm Tribut zahlen wollten, würden sie sehr gnädig behandelt werden.« Außerdem verlangten sie Lebensmittel zur Nahrung und Gold zu medizinischen Zwecken; schließlich erklärten sie ihnen den Glauben an einen einzigen Gott und die Wahrheit unserer Religion, die sie ihnen anzunehmen rieten; zum Schluß kamen noch einige Drohungen.

Die Antwort lautete folgendermaßen: »Wenn sie wirklich friedlich wären, so sähen sie jedenfalls nicht so aus; ihr König müsse wohl arm und bedürftig sein, da er Forderungen stellte; und derjenige, der ihm das Land zugesprochen hätte, müßte ein zwietrachtliebender Mann sein, wenn er einem Dritten etwas schenkte, was ihm nicht gehöre, und ihn dadurch gegen die früheren Besitzer aufhetzte: Lebensmittel würden sie ihnen liefern; Gold hätten sie wenig, und sie schätzten es auch gar nicht besonders, da es für ihre Bedürfnisse überflüssig sei; sie verlangten vom Leben nur Glück und Zufriedenheit; deshalb könnten sie ruhig alles mitnehmen, was sie fänden, außer dem, was im Lande für den Gottesdienst gebraucht werde; was sie darüber vorgetragen hätten, daß es nur einen Gott gäbe, das hätte ihnen gefallen; aber eine andere Religion wollten sie nicht annehmen, da die eigene ihnen so lange gute Dienste geleistet hätte; und sie wären gewöhnt, sich nur bei ihren Freunden und Bekannten Rat zu holen. Ihre Drohungen seien ein Zeichen von Unverständnis, denn sie wüßten doch gar nicht, von welcher Art die Menschen seien, denen sie Angst machen wollten, und über welche Mittel sie verfügten: also möchten sie schleunigst ihr Land wieder räumen; denn sie seien nicht gewohnt, höfliche Redensarten und Warnungen von fremden Menschen, die in Waffen vor ihnen stünden, in gutem Sinne auszulegen; sonst würde es ihnen gehen, wie denen da – und dabei zeigten sie auf die Köpfe von Hingerichteten, die am Stadtrand zu sehen waren.« Das ist ein Beispiel von dem Gestammel dieser Primitiven. …

Über die Kunst des Gesprächs

In unserer Rechtsprechung ist es üblich, Verurteilungen auszusprechen, um andere abzuschrecken. ›Es wäre ja auch Dummheit, jemanden zu verurteilen, weil er sich vergangen hat, wie Plato sagt; denn was einmal geschehen ist, läßt sich nicht ungeschehen machen. Sondern die Verbrechen werden gerichtet, damit der Verurteilte sein Vergehen nicht wiederholt, oder damit andere durch das Beispiel seiner Bestrafung vom gleichen Vergehen abgeschreckt werden.‹ Wer gehenkt ist, wird nicht gebessert; höchstens werden andere durch ihn gebessert. So mache ich es auch: manches von dem, was ich falsch mache, beruht auf Naturanlage und ist deshalb nicht zu ändern; aber den Nutzen, der aus dem Vorbild von Mustermenschen gezogen werden kann, weil dadurch die Nachahmung angeregt wird, den kann ich vielleicht auch stiften, indem ich zeige, wie man es nicht machen soll; ... dadurch, daß ich meine Unvollkommenheiten darstelle und als das bezeichne, was sie sind, wird mancher vielleicht veranlaßt, sich davor in acht zu nehmen. Die Eigenschaften, die ich an mir am meisten schätze, sind dadurch, daß sie mich in ungünstigem Lichte erscheinen lassen, wertvoller als dadurch, daß sie mich empfehlen; deshalb komme ich auf diese immer wieder zu sprechen und verweile gern bei ihnen. Wenn man von sich spricht, so verliert man, im ganzen gesehen, immer dabei: das Schlechte, was man von sich sagt, findet immer Glauben, das Gute nicht. Vielleicht sind einige Leser ähnlich veranlagt wie ich: sie lernen dann, wie ich, dadurch, daß sie es gerade anders machen wollen wie das Vorbild. ...

Der Abscheu vor Unbarmherzigkeiten fördert meine mitleidige Gesinnung viel energischer, als ein Muster von Huld mich verlocken könnte, es ihm nachzutun; ein guter Reiter lehrt mich nicht so sicher richtige Haltung wie ein Gerichtsbeamter oder ein Venezianer, wenn ich ihn auf einem Pferde sitzen sehe; eine schlechte Ausdrucksweise verbessert nachdrücklicher meinen Stil als die richtige. Alle Tage dient mir das dumme Benehmen eines anderen zur Warnung und zur Belehrung; was sticht, trifft und weckt uns sicherer, als was uns angenehm ist. Unsere Zeit ist nur dazu geschaffen, uns verkehrt herum zu bessern, mehr durch das, was uns nicht paßt, als durch das, was uns recht ist; mehr durch Ablehnung als durch Zustimmung. Da wenig gute Beispiele vorhanden sind, von denen ich etwas lernen könnte, ziehe ich meinen Nutzen aus den schlechten; und diese gibt es in Fülle: ich habe mir vorgenommen, freundlich im Umgang zu werden, gerade deswegen, weil ich unerträgliche Gesellen zu sehen bekam; so charaktervoll, wie die anderen charakterlos waren; liebenswürdig im Gegensatz zu den Unliebenswürdigen, gut im Gegensatz zu den Bösen: aber, was ich mir da vornahm, das ging natürlich über meine Kraft.[ɔ]

Das Gespräch ist, meiner Ansicht nach, die lohnendste und natürlichste Übung unseres Geistes: keine andere Lebensbetätigung macht mir so viel Freude. ... Das Bücherlesen bringt nur eine matte und schwache Erregung, die nicht warm macht, während das Diskutieren Belehrung und geistige Bewegung zugleich verschafft. Wenn ich im Wortgefecht bin mit einem kräftigen Geist und einem geübten Kämpfer, so findet er meine Blößen sofort heraus und trifft mich von rechts und links; seine Gedanken beflügeln die meinen: durch den Kampfeseifer – denn ich gönne ihm keinen Vorteil und will gewinnen – werde ich gleichsam emporgetrieben und wachse über mich selbst hinaus; der Einklang ist bei der Diskussion etwas ganz Unerwünschtes. Aber wie unser Geist Kraft gewinnt durch die Berührung mit starken, klaren Köpfen, so unsagbar viel verliert er, ja er verkümmert, wenn wir immer nur mit kleinen und kränklichen Geistern zusammentreffen und uns mit deren Umgang begnügen müssen; keine Ansteckung greift so schnell um sich wie diese; infolge reicher Erfahrung kann ich auch davon ein Lied singen. ...

Wenn die Meinungen aufeinanderstoßen, so fühle ich mich keineswegs beleidigt oder verärgert; ich werde dadurch nur munter und aufmerksam. ... Gewöhnlich sieht man, wenn man Widerspruch erfährt, nicht darauf, ob er berechtigt ist, sondern wie man ihn irgendwie niederschlagen kann. ... Ich begrüße die Wahrheit, bei wem ich sie auch finde, schon wenn ich von weitem sehe, wie sie sich naht, beuge ich mich freudig und strecke die Waffen; [c]ich habe es gern, wenn man etwas an mir aussetzt, man darf mich nur nicht zu schulmeisterlich anschnauzen; ich stimme den Vorwürfen, die man mir macht, leicht zu, oft mehr aus Höflichkeit, als weil ich mich bessern will; denn ich will dadurch, daß ich leicht nachgebe, die Widersacher ermuntern, daß sie kein Blatt vor den Mund nehmen; ja, auch wenn ich dabei den Schaden habe. . . .ↄ

Ich will lieber mit Leuten verkehren, die mich hart herannehmen, als mit solchen, die Angst vor mir haben; es macht keinen Spaß und verdirbt den Charakter, wenn wir mit Menschen zu tun haben, die uns immer bewundern und den Vortritt lassen. Antisthenes verlangte von seinen Kindern, sie sollten sich von niemandem loben lassen oder gar dankbar dafür sein. Der Sieg über mich selbst macht mich viel stolzer, wenn ich, selbst in der Hitze des Gefechts, von den starken Gründen meines Gegners mich überzeugen lasse, als wenn ich ihn besiege, weil er nichts Vernünftiges zu sagen hat. . . .

cDer Gegner, der bei der Sache bleibt, ist mir immer recht;ↄ aber wenn die Auseinandersetzung unklar wird und aus dem Gleis kommt, da gehe ich vom Sachlichen weg und versteife mich auf das Formale; meine Disputierform wird dann plötzlich bockig, ironisch, rechthaberisch, worüber ich nachträglich erröten muß. . . .

Positives Wissen liebe und ehre ich ebenso wie die, die welches haben; richtig angewendet ist es das edelste und mächtigste Besitztum des Menschen; aber bei denen (es gibt eine unendliche Zahl solcher Leute), die im Wissen ihre Grundbefähigung und ihren eigentlichen Wert sehen, die also ihren Verstand auf ihr Gedächtnis aufbauen und nichts können, als was sie gelesen haben, bei denen ist Gelehrsamkeit mir zuwider, mehr noch, wenn ich so sagen darf, als Viechs-Dummheit. . . .

Wertmäßig ist das Wissen fast indifferent. Es ist ein sehr nützliches Hilfsmittel für einen echten Gebildeten, aber verderblich und schädigend bei anderer Veranlagung; oder genauer: es ist etwas sehr Kostbares, das hohe Anforderungen an den stellt, der es verwendet: in mancher Hand ist es ein Zepter, in mancher anderen eine Narrenklapper. . . .

cSchließlich gilt es, sich mit den Menschen so wie sie sind, abzufinden; wir können nichts dabei tun, wenn der Fluß unter der Brücke durchläuft, und brauchen uns nicht darüber aufzuregen.ↄ Wie kommt es, daß es uns nichts ausmacht, wenn wir jemanden treffen, der einen schiefen und verwachsenen Körper hat, daß wir es aber nicht aushalten können und böse werden, wenn wir auf einen wirren Geist treffen? Diese Empfindlichkeit ist verkehrt; die Schuld liegt mehr beim Beurteiler als beim Fehler. Wir können nicht oft genug das Plato-Wort wiederholen: »Wenn mir etwas ungesund vorkommt, liegt das nicht etwa daran, daß ich selbst ungesund bin? Soll ich nicht lieber an meine eigene Brust schlagen? Kann sich die Warnung nicht auf mich selbst beziehen?« Das ist ein weiser und erhabener Ausspruch; er trifft den verbreitetsten, den allgemeinsten Irrtum der Menschen. ... Witzig und treffend ist die lateinische Formulierung, die der gleiche Tatbestand gefunden hat: »Der eigene Mist riecht jedem gut[12].« ... Wenn wir eine feine Nase hätten, müßte uns der eigene Unrat am meisten zuwider sein, eben weil es der eigene ist. ...

Das meiste auf der Welt geht von selbst; der Erfolg läßt oft ganz törichtes Verhalten berechtigt erscheinen. Was wir dabei tun können, ist gewöhnlich nur die Anwendung von Erfahrungen, und diese gründen sich viel häufiger auf Herkommen und Beispiel, als auf verstandesmäßige Überlegung. Früher habe ich manchmal von denen, die eine staunenerregende große Unternehmung durchgeführt hatten, ihre Motive und ihre Kniffe erfahren; es waren immer ganz gewöhnliche Gedanken: die gewöhnlichsten und gebräuchlichsten sind vielleicht auch in der Anwendung die sichersten und bequemsten, wenn man auch keinen Staat damit machen kann. ...

Wenn ich zu einem Entschluß kommen will, so überlege ich mir die Sache erst im allgemeinen und beurteile sie obenhin so, wie sie sich zuerst darbietet: die Hauptsache und das Wesentliche überlasse ich gewöhnlich der Entscheidung des Himmels. Glück und Unglück sind, meinem Gefühl nach, von uns unabhängige Mächte: es ist ein Zeichen von Unverstand, anzunehmen, daß die menschliche Voraussicht die

12. Stercus cuique suum bene olet. Erasmus, Adagia.

Rolle der Fortuna übernehmen könne; es ist ein vergebliches Unterfangen, Gründe und Folgen vollständig berechnen und die Entwicklung des Lebens ganz in der Hand behalten zu wollen. ...

Tacitus entschuldigt sich einmal, als er hat erzählen müssen, er hätte früher ein hohes Amt in Rom bekleidet, er habe das nicht aus Eitelkeit gesagt. Für einen solchen Mann kommt mir dieser Zug recht kleinlich vor; denn wer nicht wagt, offen von sich zu sprechen, dem fehlt es irgendwie an Mut. Ein aufrechter und selbstbewußter Mann, der über ein gesundes, sicheres Urteil verfügt, verwendet ohne weiteres die eigenen Erfahrungen als Beispiel ebenso wie die fremden; er macht ebenso freimütig Aussagen über sich, wie über etwas anderes. Zugunsten der Wahrheit und der Freiheit muß man sich manchmal über die üblichen Regeln des guten Tons hinwegsetzen. ‹Ich habe den Mut, nicht nur von mir zu sprechen, sondern von nichts anderem als von mir zu sprechen. Wenn ich über etwas anderes schreibe, mache ich einen Umweg und gehe von meinem eigentlichen Gegenstand ab. Ich liebe mich nicht so unbedacht, und ich bin nicht so egoistisch und egozentrisch, daß ich nicht imstande wäre, mich losgelöst und gesondert zu betrachten, wie einen Nachbarn, wie einen Baum. Es ist gleich falsch, nicht zu sehen, was man taugt, wie mehr darüber zu sagen, als was man mit Sicherheit erkennen kann. Wir müssen Gott mehr lieben als uns selbst und kennen ihn doch weniger; trotzdem sprechen wir ohne weiteres über ihn.› ...

Ich beherrsche doch wirklich den Stoff, den ich vortrage, und bin niemandem dafür verantwortlich, und doch glaube ich mir selber nicht ganz. Manchmal schreibe ich geistreiche Einfälle nieder, die mir selbst zweifelhaft erscheinen, ‹und dann wieder eleganten Formulierungen, die ich nicht ernst nehme;› aber ich lasse sie so, wie sie mir gerade kommen; ‹gewöhnlich bildet man sich gerade auf solche Dinge etwas ein; und ich habe das nicht allein zu beurteilen. Ich stelle mich dar, stehend und liegend, von vorn und von hinten, von rechts und links und mit allen Runzeln meines Wesens.› ...

Alles ist eitel

Es gibt vielleicht keinen besseren Beweis für dieses Wort, als wenn ich so eitlen Tand darüber schreibe. ... Ich kann über mein Leben nicht auf Grund meiner Taten berichten, meine Schicksale sind zu unbedeutend; ich muß meine Meinungen zugrunde legen. Ich habe einmal einen Herrn kennengelernt, der über sein Leben nur an der Hand seines Stuhlgangs berichtete. Bei ihm konnte man eine Reihe Nachtgeschirre von sieben bis acht Tagen ausgestellt sehen: das studierte er, darüber redete er; ihm stank jeder andere Unterhaltungsstoff. Was ich hier vorlege, das sind, etwas anständiger dargeboten, die Ausscheidungen eines alten Hirns; manchmal geht es recht schwer, manchmal zu leicht, immer ist es nicht recht verdaut. ...

Es müßte Zwangsgesetze gegen abgeschmackte und unnütze Schreiberlinge geben, wie es Verordnungen gegen Strolche und Faulenzer gibt. Damit würde unser Volk mich loswerden und an die hundert Kollegen. Ich spotte nicht: die Bücherschmiererei ist eine Verfallserscheinung. Wann wurde bei uns so viel geschrieben, wie seitdem es drüber und drunter geht? wann bei den Römern so viel als in der Zeit des Niedergangs? ...

Am jetzigen Verfall hat jeder von uns seinen eigenen Anteil: die einen tragen durch Verrat dazu bei, andere durch Unrechttun, durch Religionslosigkeit, durch Tyrannei, Habsucht, Grausamkeit, je nachdem sie die Kraft dazu haben; die Schwächeren leisten ihren Beitrag durch Dummheit, Eitelkeit und Inaktivität; zu denen gehöre ich. Es macht den Eindruck, daß Nichtiges sich breitmacht, wenn große Gefahren uns umdrohen: in einer Zeit, wo so allgemein Böses getan wird, ist es beinahe lobenswert, wenn man nur Unnützes von sich gibt. ...

Ich habe noch eine schlimmere Angewohnheit: wenn mir ein Schuh schief sitzt, so lasse ich auch mein Hemd und meinen Mantel in Unordnung; ich habe keine Lust, mich halb zu bessern. Wenn es mir nicht gut geht, so verbeiße ich mich in mein Leiden; ich lasse alles gehen und versinken cund werfe, wie es heißt, die Flinte ins Korn.ↄ Es ist mir gerade recht, wenn es schlechter wird; ich denke, es lohnt sich nichts mehr: entweder alles recht oder alles schlecht. Es befriedigt mich, daß die jetzige verzweifelte politische Situation zu dem Elend meines Alters paßt; es ist mir lieber, daß mein Leiden dadurch zusätzlich belastet wird, als daß mir meine Jugendfreuden vergällt worden wären. Meinen Unwillen schreie ich dem Unglück entgegen; ich werde trotzig und nicht ergeben; ich bin frommer im Glück als im Unglück, wie Xenophon das lehrt, wenn auch nicht mit derselben Begründung; und ich richte meinen Blick lieber zum Himmel empor, um zu danken, als um zu bitten. Ich bemühe mich mehr um die Förderung meiner Gesundheit, wenn ich sie genieße, als um ihre Wiederherstellung, wenn sie weg ist: ich lasse mich durch glückliche Erfahrungen erziehen und belehren, wie andere aus Mißgeschick und Trübsal lernen. cWie wenn gutes Ergehen unvereinbar mit gutem Gewissen wäre, verwenden die Menschen nur das Schlimme, das sie erleben, zu ihrer Läuterung.ↄ Glück stachelt mich ganz besonders zur Mäßigung und Bescheidenheit an: wer mich bittet, gewinnt mich, wer mir droht, stößt mich ab; cFreundlichkeit macht mich nachgiebig, Furcht unbeugsam.ↄ

Wir Menschen sind meist so veranlagt, daß wir am Fremden mehr Gefallen finden als am Eigenen, und daß wir Bewegung und Änderung gernhaben. . . Mir geht es auch so. Diejenigen, die umgekehrt empfinden und mit sich zufrieden sind, die das am meisten schätzen, was sie haben, die alles, was sie sehen, wunderschön finden, die sind zwar nicht klüger als wir, aber im Grunde glücklicher: ich finde nicht ihre Weisheit, sondern ihre Zufriedenheit beneidenswert.

Dieser Trieb zum Neuen und Unbekannten weckt immer wieder meine Reiselust, aber auch allerlei andere Umstände tragen dazu bei: zum Beispiel bin ich gern einmal die Sorge um meine Wirtschaft los. . . .

Ein Fremder sieht nicht, was es da für kleine Ärgerlichkeiten gibt und was für Mühe es kostet, wenn wenigstens

äußerlich in der Familie alles glatt laufen soll; oft lohnt diese Mühe wohl auch nicht. …
[c]Störend sind beim Reisen nur die Kosten; sie übersteigen leicht meine Einnahmen, da ich unterwegs nicht nur das Nötigste bei mir haben, sondern anständig auftreten will: da muß ich eben kürzer und seltener auf die Reise gehen. … Das Vergnügen des Reisens darf meine sonstige behagliche Lebensweise nicht beeinträchtigen; die beiden Freuden sollen sich vielmehr ergänzen und durch die Abwechslung gegenseitig erhöhen.[ↄ] …
Wenn ich zu Haus in meiner Wirtschaft stecke, wenn ich alle Einzelheiten bemerke, so sehen tausend Dinge unvollkommen und gefährlich aus. Mich ganz von ihnen loszumachen, wird mir sehr leicht; aber es wird mir sehr schwer, mitzutun, ohne die einzelnen Sorgen zu fühlen. Es ist schlimm, wenn einen alles, was man um sich sieht, in Mitleidenschaft zieht und angeht; es kommt mir vor, als wenn ich in einem fremden Haus fröhlicher genießen könne, was dort geboten wird, und als ob meine Aufnahmefähigkeit [c]dort ungehemmter und reiner[ↄ] wäre. [c]Die Antwort des Diogenes entspricht meiner Empfindung: als man ihn fragte, welche Sorte Wein ihm am besten schmecke, antwortete er: »Fremder Wein.«[ↄ] …
Zu Haus, in meiner privaten Tätigkeit, finde ich weder die Baulust, die doch so reizvoll sein soll, noch die Jagd, noch die Gartenpflege, noch die anderen Freuden, die zum Leben in der Zurückgezogenheit gehören, besonders anziehend; darüber ärgere ich mich nun wieder, wie über alles, was mir unbequem ist; es liegt mir weniger daran, daß ich starke und gelehrte Ansichten vertrete, als daß sie sich im Leben leicht und bequem durchführen lassen; [c]sie sind immer wahr und gesund genug, wenn sie ihren Zweck erfüllen und das Leben angenehm machen.[ↄ] …
Es mag die ehrenvollste Beschäftigung sein, der Allgemeinheit zu dienen und möglichst vielen nützlich zu sein, … ich mache es anders; zum Teil aus Gewissenhaftigkeit (denn wie ich die Last solcher Aufgaben sehe, so sehe ich auch, wie

wenig ich ihnen gewachsen bin; [c]und Plato, der gewiß ein Fachmann in der politischen Theorie war, hat sich doch in die praktische Politik nicht eingelassenↄ), zum Teil aus Zaghaftigkeit. Ich begnüge mich, den Weltlauf zu genießen, ohne in ihn einzugreifen; ein Leben zu leben, das wenigstens entschuldbar ist und durch das ich mich und andere nicht unnötig behellige. …

Wem ich auf der Reise die Kassenführung anvertraue, dem überlasse ich sie ganz und ohne Kontrolle; er könnte mich beim Abrechnen ja sowieso leicht betrügen: und wenn er nicht ein Teufel ist, zwinge ich ihn zur Ehrlichkeit durch ein so hingebendes Vertrauen. [c]»Viele haben erst durch ihre Furcht vor dem Betrogenwerden andere darauf hingewiesen, daß man sie betrügen könne; durch den Argwohn gaben sie den anderen das Recht zur Unehrlichkeit[13].«ↄ Ich sichere mich gewöhnlich nur dadurch gegen meine Leute, daß ich nicht weiß, was sie treiben; Böses traue ich ihnen erst zu, wenn ich sie dabei betroffen habe; am liebsten verlasse ich mich auf die Jungen, weil ich annehme, daß sie durch schlechte Beispiele noch nicht so verdorben sind. …

Man muß der Untreue und Unbesonnenheit der Dienerschaft etwas Spielraum geben; wenn uns im ganzen genug Gewinn bleibt, meint es Fortuna recht gut mit uns, und wir können den Untergebenen ruhig einiges Selbstbestimmungsrecht lassen: [c]den Anteil des Ährenlesers. Allerdings halte ich nicht soviel von der Zuverlässigkeit meiner Leute, als daß der Schaden, den sie mir zufügen können, mir unwesentlich erscheint.ↄ Was ist das doch für eine niedrige und dumme Bemühung, sein Geld nachzurechnen, es mit Behagen durch die Finger gleiten zu lassen, es nachzuwiegen und immer wieder durchzuzählen. Das ist der Weg, auf dem der Geiz heranschleicht. ..

Wenn ich fort bin, bin ich alle derartigen Überlegungen los; ich würde dann weniger darunter leiden, wenn ein Turm

13. Multi fallere docuerunt, dum timent falli; et aliis jus peccandi, suspicando, fecerunt. Seneca, Epist. 3.

einstürzt, als jetzt, wenn ein Ziegel vom Dach fällt; in der Ferne finde ich mich mit allem ab, in der Nähe macht mir alles Kummer, als wäre ich ein kleiner Winzer: ᶜwenn ein Zügel bei meinem Pferd falsch liegt, wenn ich mich an den Steigbügel renne, das kann mir den ganzen Tag die Stimmung verderben.ᵓ Wenn ich nur daran denke, kann ich mich über solche Widrigkeiten hinwegsetzen; wenn ich sie vor Augen habe, kann ich es nicht. ... Nichts macht beim Empfang im Herrschaftshaus einen so schlechten Eindruck, als wenn man immer bemerkt, wie der Hausherr in seine Wirtschaft eingreift, wie er dem einen Bedienten etwas ins Ohr sagt, einen anderen wütend ansieht; das muß von selber laufen; es muß so aussehen, als ob es immer so ginge; ich finde es scheußlich, wenn einer seinen Gästen erzählt, was er ihnen vorsetzt, ganz gleich, ob er es entschuldigt oder anpreist. ...

Auf das Geldausgeben [beim Reisen] verstehe ich mich einigermaßen; man sieht, was draus wird, und das ist dabei die Hauptsache: aber ich lege zuviel Wert auf den Eindruck, den ich dadurch mache; infolgedessen wird mein Aufwand ungleich und unordentlich und außerdem nach einer oder der anderen Seite hin übertrieben; wenn andere dabei sind oder wenn ich etwas gerade brauchen kann, lasse ich mich leicht zu übertriebenen Ausgaben verführen, aber ebenso übertrieben knausere ich dann, wenn die Sache keinen Eindruck macht und mich nicht reizt.

Wir leben immer in Beziehung auf unsere Mitmenschen; diese unsere Beschaffenheit, sie mag angelernt oder angeboren sein, bringt uns mehr Nachteile als Vorteile; wir betrügen uns um das, was wir wirklich brauchen können, weil wir uns äußerlich auf die öffentliche Meinung einstellen: es liegt uns nicht soviel daran, wie unser Wesen innerlich und in Wirklichkeit beschaffen ist, als daran, wie es sich vor der Öffentlichkeit ausnimmt. Selbst Geist und Weisheit scheinen uns nutzlos, wenn wir ihre Gaben nur allein genießen können und wenn sie nicht von anderen gesehen und gebilligt werden. ... An sich ist es ja gleichgültig, ob man sein Geld spart oder ausgibt; gut oder schlecht kann nur genannt werden, was wir damit wollen.

Der andere Grund, der mich noch zu meinen Reisen veranlaßt, ist meine Ablehnung der Sitten, die jetzt bei uns herrschen. Wenn es bloß um den allgemeinen Schaden ginge, der dadurch entsteht, könnte ich über diesen Sittenverfall leicht hinwegsehen; ... aber, wenn er mich in Mitleidenschaft zieht, kann ich das nicht; er macht mir auch als Privatmann zuviel zu schaffen. Denn, meine Nachbarn und ich, wir sind, weil die Zügellosigkeit des Bürgerkriegs schon so lange währt, in eine solche politische Zuchtlosigkeit sozusagen hineingewachsen, daß es wirklich erstaunlich ist, daß der Staat dabei bestehen kann. ... Was ich aus diesem Beispiel schließe, ist, daß die Gemeinschaft der Menschen immer irgendwie zusammengehalten oder zusammengeflickt wird. Wie man die Menschen auch zusammenwirft, sie schütteln und gruppieren sich irgendwie und bilden zuletzt doch einen erträglichen Haufen; wie, wenn man in einen Sack verschiedene Dinge steckt, die nicht zusammen passen, diese von selbst irgendeine Form finden, in der sie sich zueinander anordnen und sich nebeneinander Platz schaffen, oft besser, als wenn man sie kunstvoll hineingepaßt hätte. ...

Es ist nicht meine Meinung, sondern es ist wirklich so, daß die beste staatliche Ordnung für jede Nation die ist, in die sie hineingewachsen ist. Das Wesentliche, wie sie aussehen muß und wie sie anwendbar ist, hängt vom Herkommen ab. Wir sind leicht unzufrieden mit der Lage, in der wir uns gerade befinden; aber meiner Ansicht nach ist es trotzdem verderblich und töricht, wenn man in einer Demokratie lebt, die Macht gerade immer in den Händen Weniger sehen zu wollen, und in einer Monarchie sich eine andere Regierungsform zu wünschen. ...

Nichts gefährdet den Staat so sehr wie die Umgestaltung. Schon die Tatsache der Änderung begünstigt Unrecht und Gewaltherrschaft. Wenn ein Bau wankt, kann man ihn stützen; aber das riesige Ganze wie Schrott umschmelzen und die Grundmauern eines so gewaltigen Gebäudes auswechseln, wer das unternimmt, gleicht denen, [c]die den ganzen Anzug verderben, wenn sie einen Fleck herausmachen wollen[ɔ], die Einzelfehler beseitigen, indem sie das Ganze durcheinanderbringen und die Krankheiten durch den Tod heilen. Die Welt läßt sich nicht gesund machen; wenn uns etwas drückt, sind wir so ungeduldig, daß wir uns nur bemühen, es loszuwerden, ohne zu beachten, was das kostet; wir sehen an tausend Beispielen, daß die Heilung gewöhnlich auf Kosten der Gesundheit erfolgt. ... [c]Wer nur beseitigen will, was ihn quält, hat keinen Erfolg: denn das Schlimme wird nicht notwendigerweise durch etwas Gutes abgelöst; es kann auch etwas ebenso Schlimmes oder Schlimmeres nachher kommen.[ɔ] ...

Wie es kommt, daß Staaten sich halten, ist mit Hilfe unseres Verstandes nicht zu erklären: [c]ein politisches Gebilde ist ein mächtiges Ding, das sich schwer in seine Bestandteile zerlegen läßt, wie Plato sagt; es hält sich oft trotz aller Krankheiten und Zwistigkeiten, trotz ungerechter Gesetze, trotz Gewaltherrschaft, trotz der Übergriffe und der Unzulänglichkeit der Beamten, trotz der Aufstände zuchtloser Massen.[ɔ] ...

Wir können sagen: gewiß sind unsere politischen Zustände ungesund; es hat jedoch noch kränkere Gemeinwesen gegeben, und die sind auch nicht gestorben. Die Götter spielen mit uns, wie die Katze mit dem Garnknaul, und werfen uns hierhin und dorthin: »Die Götter spielen mit uns Menschen wie mit Bällen[14].« ...

Es liegt für uns nicht nur ein gewisser Trost darin, daß überall in der Welt die politischen Zustände gleich schlimm und gleich bedrohlich scheinen, sondern wir dürfen sogar etwas Hoffnung haben, daß es so weitergehen kann: es ist doch auch in der Physik so: wo alles fällt, fällt nichts; die Krankheit aller bedeutet für den einzelnen Gesundheit; wenn es überall gleich aussieht, so spricht das gegen die Auflösung. Ich wenigstens sehe darin noch keinen Grund zur Verzweif-

14. Enimvero dii nos homines quasi pilas habent. Plautus, Captivi, Prol. 22.

lung, und ich ahne, daß es immer noch Wege zu unserer Rettung gibt. ...

Wenn ich alle Einzelumstände in Betracht ziehe, so finde ich, daß kaum jemand mehr Schwierigkeiten hat, auf dem gesetzlichen Weg zu bleiben als ich; ich habe dabei keinen Vorteil, sondern nur Nachteile. [c]Manche rühmen sich ihres Eifers und ihrer Energie, die, wenn man es recht wägt, viel weniger tun als ich.[ↄ] Mein Haus war nie jemandem verpflichtet, war immer offen und stand jedem zu Diensten (denn ich habe mich nie verleiten lassen, es für Kriegszwecke herzugeben, denn den Krieg sehe ich lieber immer möglichst weit von mir entfernt); deshalb erfreute es sich allgemeiner Beliebtheit; es wäre schwer an meiner Haltung etwas auszusetzen; ich denke, was ich da fertiggebracht habe, ist wunderbar und vorbildlich: es ist unbefleckt geblieben von Blut und Raub, unter einem so langen Kriegsgewitter, unter einem solchen immer wechselnden Durcheinander in nächster Nähe. ...

Ich bin heil davongekommen: aber es mißfällt mir, daß ich das mehr dem Zufall, vielleicht auch ein bißchen meiner Vorsicht, verdanke als meinem Recht; es mißfällt mir, daß die Gesetze mich nicht schützen können, sondern daß ich den Schutz durch andere Mächte in Anspruch nehmen muß. Wie die Sache liegt, bin ich, mehr als zur Hälfte, von anderen abhängig; das ist eine drückende Verpflichtung. ...

Nun, ich lege Wert darauf, in meinem Leben das zu tun, worauf ich ein Recht habe und was ich durchsetzen kann, nicht, was ich [c]als Belohnung oder[ↄ] als Gnade entgegennehmen muß. Wieviel ritterliche Männer haben lieber ihr Leben hingegeben, als es jemandem zu verdanken. Ich vermeide, so sehr ich kann, irgendwelche Verpflichtungen auf mich zu nehmen, besonders solche, bei denen meine Ehre im Spiel ist. Ich finde nichts so teuer, als was mir geschenkt wird; dadurch ist mein Wille mit einer Hypothek belastet, die sich Dankbarkeit nennt; und lieber nehme ich Dienste an, die verkäuflich sind; natürlich: für solche Dienste gebe ich nur mein Geld, für die anderen gebe ich mich selbst.

Die Kette, die mich durch das Gesetz des Anstandes bindet, kommt mir viel drückender und lastender vor, als die zivilrechtliche Zahlungsverpflichtung; es tut mir nicht so weh, wenn ein Notar mich knebelt, als wenn ich es selbst tue. Ist es nicht berechtigt, daß ich mich in meinem Gewissen viel mehr gebunden fühle, wenn die anderen sich gerade auf mein Gewissen verlassen hatten? ...

Mein Wort kann ich nicht brechen; es hält mich sicherer in Haft als Gefängnismauern und Gesetzesvorschriften. [c]Meine Versprechungen halte ich gewissenhaft und bin darin fast übertrieben peinlich; deshalb formuliere ich sie gern unbestimmt und mit Vorbehalten. Den unwichtigen Versprechen gebe ich Gewicht, indem ich sie ebenso genau nehme; diese Norm peinigt mich und beherrscht mich: ja, wenn ich bei Unternehmungen, die meinem freien Entschluß entstammen, das Ziel nenne, so setze ich mir gleichsam dieses Ziel, und dadurch, daß ich es anderen bekanntgebe, verpflichte ich mich gleichsam selbst dazu: wenn ich es ausspreche, kommt mir das wie ein Versprechen vor: deshalb teile ich selten meine Absichten mit.[ↄ]

Das Urteil, das ich selbst über mich spreche, trifft mich unmittelbarer und härter als das der Richter; diese müssen mich so nehmen, wie ich nach dem Zivilrecht verpflichtet erscheine; mein Gewissen packt viel fester zu und ist viel strenger. Pflichten, zu deren Erfüllung man mich zwingen würde, wenn ich es nicht von selbst täte, erfülle ich nur lax; wenn eine Tat nicht etwas von dem Glanz der Freiwilligkeit zeigt, fehlt ihr Anmut und Würde; wo das Muß befiehlt, lasse ich meinen Willen gern locker. ... Manche, die ich kenne, übertreiben diese Haltung: sie geben gern, aber zurückgeben wollen sie nicht; sie wollen lieber leihen als zahlen; sie sind zurückhaltender in Freundlichkeiten gegen den, bei dem sie dazu verpflichtet sind. Soweit gehe ich nun nicht; aber es fehlt nicht viel.

Mir liegt viel daran, mich von der Last einer Verpflichtung zu befreien, deshalb habe ich gelegentlich als Gewinn gebucht, wenn ich Undankbarkeit, Herausforderung oder

Schmähung von denen einstecken mußte, denen ich, durch Verwandtschaft oder aus äußerlichen Gründen, zu etwas freundschaftlicher Gesinnung verpflichtet war; ihr Benehmen befreite mich von einem Teil meiner Verpflichtung; sie war soweit abgegolten. Wenn ich ihnen auch nicht versage, was sie äußerlich und rechtlich zu beanspruchen haben, so finde ich doch, daß ich viel billiger wegkomme, cwenn ich aus Rechtsgefühl jetzt tue, was ich aus Zuneigung tatɔ, und wenn die liebevolle Fürsorge und Aufmerksamkeit, zu der ich mich innerlich verpflichtet fühlte, etwas entspannt werden darf. ... Diese innere Stimme mahnt mich, wenn ich einmal an jemandem hänge, zu laut und zu dringend, wenigstens für einen Menschen, der sich nun einmal durchaus nicht drängen lassen will. ...

Wenn man sich etwas borgt, so genießt man das viel freier und fröhlicher, wenn man es nicht unbedingt braucht oder wenn man die Willenskraft aufbringt oder so viel finanziellen Hinterhalt hat, daß man auch darauf verzichten könnte.

cIch kenne mich gut, aber angenommen, es schenkt mir jemand ganz freiwillig etwas, oder er nimmt mich rein aus Liebenswürdigkeit und ohne Gegenleistung als Gast auf; ich glaube, ich würde doch eine leise Taktlosigkeit, einen Anspruch oder einen Vorwurf darin fühlen, wenn ich aus Not sein Angebot annehmen müßte. Wie das Schenken etwas von einer Überhebung und von einem Vorrecht an sich hat, so das Annehmen etwas von Unterordnung. ...

Man kann beobachten, wie leicht die Menschen jedermann um Gefälligkeiten bitten und sich dadurch verpflichten; sie würden es nicht tun, wenn sie, wie ich, die Süßigkeit reiner Freiheit schmeckten und wenn sie den Druck einer Verpflichtung so fühlten, wie ein verständiger Mensch ihn fühlen müßte; manchmal kann sie vielleicht abgezahlt, aber nie ganz gelöst werden. Das ist eine schreckliche Knebelung für den, der innerlich ganz frei beweglich sein möchte. ... Wenn ich hierin ganz unmodern bin, so ist das kein Wunder; viele Seiten meiner Anlage tragen dazu bei: etwas Hochmut ist mir angeboren; ich kann nicht vertragen, wenn mir etwas abgeschlagen wird; ich habe bescheidene Wünsche und Pläne; in allem Geschäftlichen bin ich ungeschickt; Lässigkeit und Freiheitsbedürfnis sind meine Haupteigenschaften. So kommt es, daß es mir auf den Tod zuwider ist, von jemandem anderen als mir selbst abhängig zu sein oder mich ihm verpflichtet zu fühlen. Ehe ich die Wohltätigkeit eines anderen in Anspruch nehme, versuche ich mit allen Mitteln zu erreichen, daß ich ohne sie auskommen kann, ganz gleich, ob es sich um Kleinigkeiten oder um Fälle wirklicher Not handelt.[ↄ] . . .

Warum reise ich so gern? Wenn man mich danach fragt, so sage ich gewöhnlich: ich weiß, wovor ich flüchte, aber nicht, was mich erwartet. Und wenn man mir sagt, in anderen Ländern herrsche vielleicht ebensoviel Verderbnis und ihre Sitten seien auch nicht mehr wert als unsere, so antworte ich erstens: das ist schwer zu sagen. »Das Böse sieht so verschieden aus[15]«; zweitens: es ist immer ein Gewinn, einen sicher schlechten Zustand in einen unsicheren einzutauschen; außerdem tun uns die Schmerzen anderer nicht so weh wie unsere eigenen. . . .

Jeder Mensch gilt mir als Landsmann; nicht weil Sokrates es gesagt hat, sondern weil ich, vielleicht sogar etwas übertrieben, es so empfinde, und ich umarme einen Polen wie einen Franzosen, weil für mich die nationale Bindung hinter der allgemein menschlichen zurücktritt. Ich lasse nicht nur das gelten, was die Heimat bietet: die Bekanntschaften, die ich ganz neu schließe und die deshalb ganz mir gehören, gelten mir ebensoviel wie die, welche auf dem Zufall der Nachbarschaft beruhen; Freundschaften, die wir selbst geknüpft haben, sind gewöhnlich wertvoller als die, welche aus nachbarlichen und verwandtschaftlichen Beziehungen hervorgehen. Die Natur hat uns frei und beweglich in die Welt gesetzt; wir sperren uns selbst in bestimmte Beschränkungen ein. . . .

Abgesehen von diesen Gründen scheint mir das Reisen auch

15. Tam multae scelerum facies. Vergil, Georg., I, 506.

recht nützlich. Es übt uns dauernd in der Beobachtung neuer, unbekannter Dinge. Ich kenne, wie ich schon oft gesagt habe, keine bessere Schule für unsere Bildung, als daß wir fortgesetzt anderen, ganz verschiedenen Lebensführungen, ᶜLaunen und Herkommenᵓ entgegentreten und dadurch schätzen lernen, in wie ewig wechselnder Weise die menschliche Natur Gestalt gewinnt.

Körperlich bin ich dabei nicht untätig, allerdings auch nicht überanstrengt, und diese gemäßigte Bewegung erfrischt mich. Ich kann, trotz meines Steinleidens, acht bis zehn Stunden, ohne abzusteigen, im Sattel sitzen, und es wird mir nicht zuviel, »über das Maß des Alters hinaus[16]«; keine Jahreszeit ist mir zuwider, außer wenn die Sonne allzu glühend brennt; denn die Sonnenschirme, die man seit der Römerzeit in Italien verwendet, belasten die Arme mehr, als daß sie den Kopf entlasten. ...

Ich reite gern im Regen und im Schmutz, wie auch durch Schilf. Die Luftveränderung macht mir nichts aus; jeder Himmel ist mir gleich recht. Getroffen werde ich nur durch innere Veränderungen, die in mir vor sich gehen; und so etwas begegnet mir seltener, wenn ich auf der Reise bin. Ich bin schwer in Schwung zu bringen, bin ich aber erst einmal fort, bin ich unermüdlich: ich habe zunächst ebensoviel Hemmungen bei kleinen wie bei großen Unternehmungen, beim Packen für einen Eintagsbesuch beim Nachbarn wie für eine richtige Reise. Ich habe mich daran gewöhnt, meine Tagesmärsche nach spanischer Art in einem Ritt durchzuführen; richtige große Tagestouren, und zwar in der heißesten Jahreszeit bei Nacht, von Sonnenuntergang bis Sonnenaufgang. Unterwegs zum Essen Rast zu machen, in Unruhe und Eile, ist, besonders wenn die Tage kurz sind, unpraktisch. ... Da ich morgens spät aufstehe, kann mein Gefolge in Ruhe vor dem Abmarsch essen: ich selbst esse nie zu spät; Appetit bekomme ich erst, wenn ich esse, sonst nicht; nur bei Tische habe ich Hunger. ...

16. Vires ultra sortem que senectae. Vergil, Aen., VI, 114.

Wenn man denkt, daß die eheliche Zuneigung durch solche Abwesenheit betroffen wird, so glaube ich das nicht. Im Gegenteil, das Gemeinschaftsgefühl erkaltet leicht, wenn man zu regelmäßig beisammen ist; dauernder Dienst macht es stumpf. Jede fremde Frau scheint uns anziehend: und jeder weiß aus Erfahrung, daß die fortgesetzte Gemeinschaft nicht dieselbe Freude bieten kann, als wenn man sich immer einmal entbehrt und dann wieder hat. [c]Solche Unterbrechungen erfüllen mich mit neuer Liebe zu den Meinen und lassen mich meine Häuslichkeit mehr genießen. Die Abwechslung verstärkt meine Neigung, einmal in dieser, einmal in der anderen Richtung.[ↄ] . . .
In der eigentlichen Freundschaft, in der ich Erfahrung habe, gebe ich mich meinem Freunde mehr hin, als daß ich ihn an mich zu ziehen suche. Es ist mir nicht nur lieber, wenn ich ihm etwas zugute tun kann, als wenn er es mir täte; sondern es ist mir sogar wichtiger, daß es ihm gut ergeht, als daß ich es gut habe; am meisten freue ich mich, wenn er sich freut. Und wenn es schön und nützlich für ihn ist, fern von mir sich aufzuhalten, so ist mir das viel lieber, als wenn er bei mir ist. Man kann es ja eigentlich nicht Fernsein nennen, wenn man sich gegenseitig Mitteilungen zukommen lassen kann. Früher habe ich Nutzen und Befriedigung aus unserem Getrenntsein gezogen; getrennt, erfuhren wir die Fülle des Lebens besser und weiter: er lebte, er schaute, er genoß für mich und ich für ihn, so vollkommen, als wenn er dagewesen wäre: ein Teil von uns blieb untätig, wenn wir zusammen waren; wir gingen ineinander auf: durch die örtliche Trennung wurde unsere innere Verbindung nur bereichert. Der unersättliche Hunger nach körperlichem Zusammensein zeugt irgendwie von der Schwäche der seelischen Gemeinschaft. . . .
»Wenn du in deinem Alter so weit reist, kommst du vielleicht nie wieder.« Was tut das? Ich gehe nicht auf die Reise, um wiederzukommen oder um ein bestimmtes Ziel zu erreichen; ich suche nur die Reise-Unruhe, solange diese Bewegung mir Freude macht; [c]ich reise, um zu reisen. Wer ein

Amt oder einen Hasen erjagen will, der tut es nicht um des Laufens willen; richtig gelaufen wird beim Barlaufspiel und beim sportlichen Training.[9]
Mein Vorhaben läßt sich überall abbrechen; es gründet sich nicht auf große Erwartungen; es kann jeden Tag zu Ende sein. Auf meiner Lebensreise ist es ebenso. ... Es ist ja der größte Kummer auf meinen Wanderfahrten, daß ich nicht reisen kann mit dem Entschluß, dort, wo es mir gefiele, Hütten zu bauen; und daß ich immer ans Wiederkommen denken muß, weil es eben so Brauch ist. ...
Wenn ich von Freunden Abschied nehme, so bringt mir das mehr Kummer als Trost. Das ist eine gesellschaftliche Verpflichtung, die ich leicht vergesse; es ist für mich der einzige unangenehme Freundschaftsdienst.
So würde ich am liebsten auch das große und ewige Abschiednehmen vergessen. Der Beistand beim Sterben mag ja allerlei Gutes haben, sicher bringt er viel Beschwer. Ich habe viele recht elend sterben sehen, belagert von dem ganzen Gefolge; bei diesem Gedränge müssen sie ja ersticken. Einen in Ruhe sterben lassen, gilt als Pflichtverletzung, als Lieblosigkeit und Gleichgültigkeit; der eine hat es auf die Augen, der andere auf die Ohren, wieder einer auf den Mund abgesehen; keinen Sinn, kein Glied lassen sie ungeschoren. Vor Mitleid krampft sich einem das Herz zusammen, wenn man die Freunde jammern hört, und leicht auch vor Ärger, wenn man das geheuchelte und geschauspielerte Klagen mitanhören muß. Wer immer empfindlich gewesen ist, der ist es in der Todesschwäche noch mehr; er braucht in dieser großen Not eine liebe Hand, die mit ihm fühlt, die ihn streichelt, wo es ihm gerade weh tut; oder die ihn gar nicht anrührt. ...
Ich denke, beim Sterben werde ich meine Standhaftigkeit nicht beweisen und damit prahlen wollen. Für wen? Da hört alles Recht auf meinen guten Ruf und alles Interesse daran auf. Ich begnüge mich mit einem innerlich gesammelten, stillen und einsamen Tod, der ganz mein Tod ist und zu meinem eingezogenen Leben paßt: im Gegensatz zu dem

altrömischen Aberglauben, wo der für unglücklich galt, der starb, ohne zu sprechen, und der nicht seine nächsten Verwandten dabei hatte, ihm die Augen zuzudrücken. ... Beim Sterben hat die Gemeinschaft nicht mitzuspielen; dieser Akt ist ein Monolog. Zum Leben und Lachen gehören die Unseren dazu; Sterben und ein saures Gesicht ziehen, dazu passen Unbekannte besser: gegen Bezahlung können wir einen Pfleger haben, der uns den Kopf richtig legt, der uns die Füße warmreibt, der uns nur soviel drückt, wie wir wollen, und uns dabei eine gleichgültige Miene zeigt. Dabei können wir uns aufführen und jammern, wie es uns ums Herz ist. ...

Soviel ist sicher; in diesen Memoiren habe ich alles über mich gesagt oder angedeutet; bei genauer Lektüre zeigt sich das; was ich nicht in Worten ausdrücken kann, darauf weise ich mit dem Finger. ... Nichts über mich muß man sich dazudenken oder erraten; wer sich mit mir beschäftigen muß, der soll ein wahres und gerechtes Urteil fällen können: ich würde gern aus der anderen Welt wiederkommen, um den zurechtzuweisen, der mich anders darstellen wollte, als ich war, sei es auch zu meinem Vorteil. ...

Der Tod kommt in verschiedener Gestalt; die eine scheint uns gefälliger als die andere; er sieht verschieden aus, je nachdem jeder sich ihn vorstellt: so denke ich mir von den natürlichen Todesarten diejenige als die sanfteste und freundlichste, die durch Altersschwäche und Kräfteverfall kommt; wenn ich mir einen gewaltsamen Tod vorstelle, so ist es mir unangenehmer, zu denken, ich stürze in einen Abgrund, als eine einstürzende Mauer erschlägt mich; es dünkt mich schlimmer, ich werde erstochen als erschossen; ich hätte lieber den Schierlingsbecher des Sokrates getrunken, als mich in mein Schwert zu stürzen wie Cato; und wenn es auch im Effekt dasselbe ist, so fühle ich es doch in meiner Vorstellung als etwas Verschiedenes – so verschieden, wie Leben und Tod verschieden sind –, ob ich in glutflüssige Schmelzmasse springe oder in einen Flußkanal: cso töricht blickt unsere Furcht mehr auf das Mittel als auf die Wir-

kung![ↄ] Der Tod ist nur ein Augenblick; aber es ist ein so gewichtiger Augenblick, daß ich leicht viele Tage meines Lebens dafür gäbe, um ihn zu überstehen wie ich möchte. . . .
[c]Der Tod drückt uns oft nur deshalb, weil er anderen Kummer bringt; wir sehen darin, was sie davon zu erwarten haben, fast ebenso, als was uns erwartet, und manchmal sehen wir mehr mit ihren Augen.[ↄ] . . .
Da ich meistens nur zu meinem Vergnügen reise, kann ich Unannehmlichkeiten vermeiden: wenn es rechts häßlich ist, gehe ich links, wenn ich keine Lust habe, weiterzureiten, bleibe ich da; auf diese Weise habe ich es überall so nett und bequem wie zu Haus. Was überflüssig ist, finde ich freilich immer überflüssig, und ich bemerke, daß auch der feinste Luxus und der reichste Überfluß uns zuwider sein können. Habe ich etwas Sehenswürdiges verpaßt, so kehre ich um und gehe hin; es ist auch so mein Weg; ich ziehe keine bestimmte Linie, keine gerade und keine krumme. Finde ich dort, wo ich hinkomme, nicht das, was man mir angekündigt hatte – es kommt oft vor, daß Beurteilungen anderer mit den meinigen nicht übereinstimmen, ja meistens habe ich gefunden, daß sie verkehrt waren –, da bedaure ich die unnötige Mühe nicht; ich weiß nun, daß das, was dort sein sollte, nicht dort ist. . . .
[c]Wenn ich woanders als in Frankreich war und die Wirte, um mir einen Gefallen zu tun, mich fragten, ob ich französische Küche wünschte, habe ich sie ausgelacht; schon immer habe ich mich am liebsten an die Tische gesetzt, wo die meisten Fremden saßen.[ↄ] Es ist mir peinlich, wenn ich sehe, wie meine Landsleute die törichte Gewohnheit haben, scheu zu werden vor Gebräuchen, die anders sind als die eigenen: sie fühlen sich nicht mehr in ihrem Element, sobald sie nicht mehr in ihrem Dorfe sind. . . .
Die meisten reisen nur, weil sie fortgewesen sein wollen; unterwegs sind sie ablehnend und zugeknöpft, sie sind zu vorsichtig, um zu reden und sich mitzuteilen; es ist, als ob sie sich gegen die Ansteckung durch eine unbekannte Luft schützen müßten. . . . Ich suche gerade mit dem Fremden

bekannt zu werden und es zu studieren; darum bemühe ich mich, das mache ich mir zur Aufgabe. Ja, ich habe eigentlich nirgends Gebräuche gefunden, die den Vergleich mit den unseren zu scheuen hätten. ...
Es ist sicherlich eine heilsame und leichtverständliche Vorschrift, die uns zuruft: »Begnüge dich mit dem, was du hast« (das heißt: mit dem Vernünftigen); aber sich danach richten, das bringen auch Weisere als ich nicht fertig. Es ist zwar ein übliches Wort, aber es hat eine erschreckende Reichweite: was liegt nicht alles darin!
Wenn ich den Spruch wörtlich nehme, so ist meine Freude am Reisen ein Zeichen von Unruhe und Unentschlossenheit: das sind ja auch meine Haupteigenschaften. Ja, ich gestehe, ich sehe nichts, auch nicht in meinen Träumen und meinen Wünschen, womit ich mich dauernd zufriedengeben könnte; nur der Wechsel ist lohnend und die Möglichkeit, mich so oder so zu entscheiden (wenn sich überhaupt etwas lohnt). Was mich beim Reisen belebt, ist, daß ich ohne bestimmten Zweck irgendwo anhalten und, was sich dort bietet, behaglich genießen kann. Ich bin gern ohne Amt, weil ich es mir so gewünscht und mich dafür entschieden habe, nicht weil ich für eine öffentliche Funktion ungeeignet wäre; nein, ich bin dazu vielleicht ebenso gut veranlagt.
Ich diene meinem Fürsten um so freudiger, als es aus freier Wahl geschieht, weil ich es für richtig und vernünftig halte, ⌜ohne daß ich persönlich eine Verpflichtung dazu hätte⌝; nicht deshalb, weil ich in einer anderen Partei keine Aufnahme fände oder in ihr unerwünscht wäre: so ist es auch überall sonst. Ich mag die Bissen nicht, die ich von der Notwendigkeit vorgelegt bekomme; jedes gute Stück würde mir die Kehle zuschnüren, wenn ich es mit einseitiger Abhängigkeit erkaufen müßte; ... mit nur einem Strick kann man mich nie anbinden. »In dieser Laune steckt Eitelkeit«, so hält man mir entgegen. Aber wo wäre sie nicht? Auch meine schönen Vorschriften sind eitel; eitel ist die ganze Weisheit. ...
Es wäre zu wünschen, daß das Befohlene in einem richti-

geren Verhältnis zum Gehorsam stünde; das Ziel ist offenbar unrichtig gesteckt, wenn es unmöglich ist, es zu erreichen. Kein Mensch ist so vollkommen, daß er nicht zehnmal in seinem Leben den Galgen verdient hätte, wenn er alles, was er getan und gedacht hat, einer strengen gesetzlichen Prüfung aussetzen müßte; auch ein solcher Mann, bei dem es sehr schade und sehr ungerecht wäre, wenn man ihn strafen und vernichten müßte. ... Umgekehrt ist es sehr wohl möglich, daß einer kein Gesetz übertritt und doch nicht als sittliche Persönlichkeit gerühmt werden kann, [c]sondern vor dem Forum der Philosophie eher eine Züchtigung verdient[ↄ]. So unklar und verschroben ist das Verhältnis von Gesetz und Sittlichkeit.

Natürlich sind wir vor Gott nicht vollkommen; wir können es auch vor uns selbst nicht werden. Unserem menschlichen Wollen ist es nie gelungen, die Ziele zu erreichen, die wir selbst uns gesteckt haben; und wenn es doch einmal gelungen wäre, würden wir wieder Höheres von uns verlangen und diesem nun ebenso eifrig und vergeblich nachjagen. Erfüllung ist uns eben nicht beschieden. [c]Was der Mensch selbst von sich verlangt, ist unerfüllbar. Es ist eigentlich recht ungeschickt, seine Verpflichtungen zuzuschneiden nach dem geistigen Maß, das für ein anderes Wesen als den Menschen gilt: wem schreibt er das vor, was ja doch, wie er weiß, keiner tun wird? Ist es ein Unrecht für ihn, wenn er nicht tut, was für ihn zu tun unmöglich ist? Die Gesetze, die uns dazu verurteilen, *daß* wir nicht können, verurteilen uns dann, *weil* wir nicht können.[ↄ] ...

Im öffentlichen Verwaltungsdienst habe ich früher versucht, die harten, neuen, unabgeschliffenen und unbefleckten Ansichten und Lebensregeln, wie ich sie in mir selbst entwikkelt oder aus meinem Bildungsgut übernommen habe, in die Praxis umzusetzen. In meinem Privatleben war das ja, wenn auch nicht gerade sehr bequem, aber doch ohne allzuviel anzustoßen, gegangen. Es hat sich herausgestellt, daß diese naive Tugendauffassung in die Irre führt, und daß meine Regeln dann dumm und gefährlich werden. Wer sich im

Strom der Welt bewegt, muß Umwege machen, Rücksichten nehmen, sich im Tempo angleichen, ja, vom geraden Wege abgehen, je nach der Situation. Da darf er sich nicht nur nach seinem Gewissen, sondern muß sich nach den anderen richten; nicht danach, was er sich vorgenommen hat, sondern danach, was ihm geboten wird, nach den Zeitumständen, nach den Mitmenschen, nach der Durchführbarkeit. ...

Wenn ich mich ganz auf eine solche öffentliche Tätigkeit einzurichten hätte, müßte ich mich, das fühle ich, sehr umstellen. Wenn ich das auch über mich vermöchte (und warum sollte das mit der Zeit und mit einiger Bemühung nicht möglich sein?), ich würde es nicht wollen. Die wenigen Erfahrungen, die ich in diesem Gewerbe gesammelt habe, haben mir den Geschmack daran schon gründlich verdorben: manchmal fühle ich freilich, daß in meiner Seele Versuchungen zum Ehrgeiz schwelen; aber ich stemme mich dagegen und bleibe dabei. »Und du, Catull, halte energisch durch[17].«

Ich werde nicht oft geholt, und ich biete mich erst recht nicht an: [c]meine Lieblingseigenschaften sind Freiheit und Nichtstun, und diese sind den Anforderungen, die ein solcher Beruf stellt, diametral entgegengesetzt.[ↄ] Gewöhnlich unterscheiden wir nicht zwischen den verschiedenen Befähigungen der Menschen; sie sind schwer voneinander zu trennen und gegeneinander abzugrenzen: wenn einer seine Sache im Privatleben ordentlich macht, daraus zu schließen, daß er auch für den öffentlichen Dienst brauchbar sei, das ist ein Fehlschluß: mancher führt sich gut, der es nicht versteht, andere gut zu führen; [c]einer kann vielleicht »Essais« schreiben, aber nichts Tatsächliches fertigbringen[ↄ]: ja, wenn einer das eine kann, ist es vielleicht eher ein Zeichen dafür, daß er das andere nicht kann, als umgekehrt. [c]Ich finde, daß hohe Geister für kleine Dinge nicht weniger geeignet sind, wie kleine Geister für hohe Geschäfte.[ↄ] ...

Wer heute, wo alles krank ist, sich rühmt, er beachte in der

17. At tu, Catulle, obstinatus obdura. Catull, Carm. 8. 19.

Praxis die Gebote einer einfachen, ehrlichen Tugend, weiß entweder nicht, was das ist, da ihre Deutung sich mit den Sitten ändert (man braucht ja nur zu hören, was sie als tugendhaften Lebenswandel beschreiben, auf den sie meist auch noch stolz sind, und was sie als Lebensregeln aufstellen; anstatt der Tugend zeichnen sie das reine Unrecht, das reine Laster, und die so verfälschte Tugend soll dann als Grundlage für die Fürstenerziehung gelten); oder wenn er es weiß, hat er unrecht, sich zu rühmen; denn er tut ja doch tausenderlei Dinge, mit denen das Gewissen nicht einverstanden ist. . . .

Man kann sich nach besseren Zeiten zurücksehnen, aber der Gegenwart nicht entfliehen; man kann sich andere Vorgesetzte wünschen und muß trotzdem den jetzigen gehorchen; und vielleicht ist es verdienstvoller, wenn die, denen man gehorchen muß, schlecht sind, als wenn sie gut sind. . . .

Dieser Einschub paßt nicht recht zu meinem Thema; ich schweife ab; aber mehr, weil es mir so gefällt, als weil ich es nicht merke: meine Gedankengänge hängen zusammen, aber manchmal etwas locker; sie stehen sich gegenüber, aber manchmal etwas schräg. . . . Meine Kapitelüberschriften erschöpfen nicht immer den Inhalt; manchmal bezeichnen sie diesen nur durch eine Art Stempel. . . . Mir liegt der poetische Schritt, mit unerwarteten Sprüngen; ᶜdas ist, wie Plato sagt, eine leichte, flüchtige, dämonische Kunst. Bei Plutarch kommen Abschnitte vor, wo er sein Thema vergißt; wo der eigentliche Gegenstand seiner Beweisführung nur gelegentlich auftaucht, ganz erstickt unter anderen Inhalten: als Beispiel nehme man, wie er im Daimon des Sokrates vorgeht. Gott, wie schön ist die Abwechslung durch diese munteren Seitensprünge, besonders, wenn es den Eindruck macht, daß sie sich ungewollt von selbst einstellen. Der unachtsame Leser verliert den Zusammenhang, nicht ich: irgendwie versteckt taucht doch immer ein Wort auf, durch welches das Wesentliche, wenn auch konzentriert, angedeutet ist.ↄ Ich verfolge unvorsichtig und laut ein anderes Wild: ᶜebenso streift mein Stil und mein Geist unstet umher.ↄ . . .

[c]Wenn es dasselbe wäre, ein Buch anfassen und seinen Inhalt fassen, es ansehen und sehen, was drin steht; es durchlesen und es verstehen, da wäre es unnötig, mich für so unwissend auszugeben, wie ich es tue[ɔ]. Da ich die Aufmerksamkeit der Leser ja doch nicht durch das Gewicht des Inhalts fesseln kann, so ist es nett[18], wenn es sich trifft, daß ich sie durch das Durcheinander meiner Darstellung in Atem halte. »Ja, aber nachher wird es ihm leid tun, daß er seine Zeit darauf verwendet hat.« Möglich; aber da hat er doch immerhin einen Zeitvertreib gehabt. . . .
[c]Im Anfang habe ich meine Darstellung immer durch die Einteilung in kleine Kapitel zerschnitten; dadurch wurde, glaube ich, die Spannung, ehe sie richtig wirkte, unterbrochen und gelöst, es lohnte sich nicht, über das kleine Stückchen ruhig nachzudenken und sich hineinzuversenken; deshalb habe ich die Kapitel später länger gemacht; so verlangen sie mehr Hingebung und Vertiefung. Wer etwas davon haben will, der darf dem Autor nicht nur eine Stunde schenken, denn da könnte er ihm ebensogut gar keine Zeit schenken wollen: man tut nichts für den, mit dem man sich beschäftigt, wenn man dabei etwas anderes im Kopfe hat. Vielleicht habe ich außerdem meine guten Gründe, daß ich nur andeute und daß ich ungeordnet, unzusammenhängend spreche.[ɔ]
Ich habe etwas gegen die Vernunft, die den Spaß verdirbt, gegen ihre übertriebenen Ansprüche, durch die das Leben vergewaltigt wird, dagegen, daß die Ansichten, wenn sie wahr sind, so spitzfindig dargestellt werden; die *»raison«* ist zu unbequem und ihr Nutzen zu teuer erkauft. Dagegen trete ich dafür ein, daß man den Wert sogar des Nichtigen und der Eseleien verstehen lernt, wenn sie mir Freude machen; ich lasse mich eben treiben, wohin mein natürlicher Hang mich führt; und diesem lege ich keine zu engen Beschränkungen auf. . . .

18. Manco male (ital.).

Mit dem Willen haushalten

Die meisten Menschen vermieten sich; sie verwenden ihre Kräfte nicht für sich, sondern für die, von denen sie sich beherrschen lassen: nicht sie selber sind bei sich zu Hause, sondern ihre Mieter. Dieses übliche Verhalten gefällt mir nicht. Wir sollten haushalten mit unserer seelischen Freiheit und sie nur verpfänden, wenn es wirklich richtig ist, und das ist, genaugenommen, sehr selten. . . .

[c]Geschäftigkeit ist, für eine gewisse Art Leute, ein Zeichen von Bedeutung und Würde[ↄ]; ihr Geist sucht seine Ruhe in der Bewegung, wie die Kinder in der Wiege: sie sind ihren Freunden ebenso zu Diensten wie sich selber zur Last. Niemand verteilt sein Geld an andere, jedermann seine Zeit und sein Leben. Mit nichts gehen wir so verschwenderisch um wie damit; und allein mit Zeit und Lebenskräften wäre Geiz uns nützlich und ersprießlich. Ich habe eine ganz entgegengesetzte Veranlagung. Ich richte mich nach mir; was ich wünsche, wünsche ich gewöhnlich lau; und ich wünsche wenig; und ich setze mich auch nur selten und mit Ruhe für etwas ein. Die meisten wenden gleich ihren ganzen Willen und ihre ganze Energie auf, wenn sie etwas wollen und in die Hand nehmen. Es gibt viel schwierige Situationen in der Welt, über die man am sichersten hinwegkommt, wenn man sie leicht und oberflächlich anpackt, [c]wenn man darüber hinwegrutscht und nicht tief hineintritt[ↄ]. Selbst die Wonne ist in der Tiefe schmerzreich: »Das Feuer, über das du schreitest, ist nur mit einer trügerischen Aschenschicht bedeckt[19] «

Die Herren Stadtverordneten von Bordeaux erwählten mich im Jahre 1581 zum Bürgermeister ihrer Stadt; ich war damals fern von Frankreich, und der Gedanke an eine solche Wahl lag mir mindestens ebenso fern. Erst wollte ich dankend ablehnen; aber es wurde mir nahegelegt, daß das nicht gut ginge, es läge auch ein Befehl des Königs vor. Dieses Amt muß als Auszeichnung aufgefaßt werden, zumal es

19. Incedis per ignes / Suppositos cineri doloso. Horaz, Oden, II, 1.

kein Gehalt und keinen Geldgewinn, sondern nur die Ehre der Stellung einbringt. Es dauert zwei Jahre; aber es kann durch Wiederwahl um die gleiche Zeit verlängert werden, was sehr selten vorkommt. Bei mir war das der Fall. Das war nur zweimal geschehen; einige Jahre vorher war Herr von Lansac wiedergewählt worden, und vor kurzem der Feldmarschall von Biron, dessen Nachfolger ich wurde; ich trat dann mein Amt an Herrn von Matignon ab, der auch Feldmarschall war: auf meine vornehmen Kollegen war ich sehr stolz. ...

Mein Vater hatte gelernt, daß man zugunsten seines Nächsten sich selbst vergessen solle; daß das Einzelschicksal dem Gesamtwohl gegenüber nicht in Betracht gezogen werden dürfe. Die meisten Regeln und Vorschriften, die man so hört, gehen darauf aus, uns aus uns selbst zu vertreiben und auf den Markt zu jagen, wo wir im Dienste an der Gesellschaft verbraucht werden. Es sieht aus, als wenn es etwas recht Schönes wäre, uns von uns selber abzulenken und abzubringen, da doch jeder als selbstverständlich ansieht, daß wir eigentlich zu fest an uns hängen, und daß diese Bindung nur zu natürlich ist; alles mögliche ist für diesen Zweck vorgebracht worden; denn es ist nichts Neues, daß die Weisen die Dinge so darstellen, wie sie sein sollten, nicht wie sie sind. [c]Der Weg der Wahrheit zu uns ist nicht glatt; da gibt es Hindernisse, Unbequemlichkeiten, Unvereinbarkeiten; oft müssen wir uns irren, damit wir uns nicht irren, unser Sehen und Hören beschränken, damit die Sinne besser und schärfer werden[ↄ]. ... Die Vorschrift, vor uns sollten wir erst drei oder vier andere Menschen und fünfzigerlei Dinge lieben, gleicht dem Kunstgriff der Bogenschützen, die, wenn sie treffen wollen, weit höher als das Ziel halten müssen: um krummes Holz geradezurichten, muß man es nach der entgegengesetzten Seite biegen.

Im Tempel der Pallas gab es, wie wir das in allen Kulten finden, sichtbare Mysterien, die das Volk sehen durfte, und andere, geheimere und höhere Mysterien, die nur den Eingeweihten gezeigt wurden; zu diesen letzteren gehört wahrscheinlich die wahre Selbstliebe, die jeder sich schuldet. [c]Diese Selbstliebe ist nicht eine falsche Freundschaft, die uns Ruhm, Wissen, Reichtum und ähnliches mit ausschließlicher und unmäßiger Hingebung erstreben läßt, als wären es Glieder unseres Seins[ɔ]; auch nicht eine kraftlose, aufdringliche Freundschaft, bei der es geht wie beim Efeu, der die Mauer, an die er sich klammert, verdirbt und zerstört, sondern eine gesunde, ausgeglichene Freundschaft, die nützlich und erfreulich zugleich ist. Wer ihre Gebote kennt und hält, der ist ein Schützling der Musen; er erreicht den Gipfel menschlicher Weisheit und menschlichen Glücks. Er weiß genau, was er sich schuldig ist; darin liegt für ihn die Notwendigkeit, auf sich selber anzuwenden, was den anderen Menschen und der Welt gegenüber sich gebührt, und, zu diesem Zweck, die Pflichten und Dienste, die ihn selbst angehen, als seinen Teil zur Bildung der Gesellschaft beizutragen, die außer ihm besteht. [c]Wer nicht irgendwie für andere lebt, lebt auch nicht recht für sich selbst: »Wer sich selbst Freund ist, der muß lernen, allen so Freund zu sein[20].«[ɔ] Die Hauptaufgabe, die wir haben, ist für jeden sein eigenes Verhalten; [c]dazu sind wir auf der Erde.[ɔ] Wie der offenbar ein Narr wäre, der nicht daran dächte, selbst gut und heilig sein Leben zu führen, sondern glaubt, diese Pflicht dadurch abgelten zu können, daß er anderen diesen Weg zeigt und sie erzieht; genauso ist es falsch und naturwidrig, wenn einer darauf verzichtet, selbst gesund und fröhlich zu leben, und statt dessen anderen hierzu behilflich sein will.

Ich meine damit nicht, daß man den Ämtern, die man übernimmt, nichts opfern soll: man soll die Aufmerksamkeit, die Gänge, die Worte, und auch den Schweiß, ja wenn nötig, das Blut nicht sparen: ... aber das geschieht alles leihweise, peripher; das Innere bleibt dabei unberührt und gesund; es ist nicht untätig, aber unbedrückt, unerschüttert. Einfach tätig zu sein, wird unserem Geist so leicht, daß er sogar beim Schlafen weiterarbeitet; aber man muß ihn vor-

20. Qui sibi amicus est, scito hunc amicum omnibus esse. Seneca, Epist. 6.

sichtig anstoßen; denn der Körper nimmt die Lasten, mit denen man ihn beschwert, genauso auf, wie sie sind; der Geist macht sie oft größer und schwerer, zu seinem eigenen Schaden; er bestimmt selbst das Maß der Last, das er sich zuweist. Gleiche Leistungen können mit verschiedener Kraftanstrengung und verschiedener Willensanspannung erzielt werden; das eine ist vom anderen unabhängig. ...

Mir ist es möglich gewesen, in der Öffentlichkeit zu wirken, ohne einen Fingerbreit von meiner Linie abzugehen, [c]mich anderen zu widmen, ohne auf mich selbst zu verzichten.[ↄ] Die übliche ungestüme, rücksichtslose Hingabe hindert den Fortgang unserer Unternehmungen eher, als daß sie ihn fördert; wir werden dadurch ungeduldig, wenn Hindernisse oder Verzögerungen auftreten, wir werden gereizt und mißtrauisch gegen die, mit denen wir zu tun haben. Wir treiben die Sache, von der wir besessen sind und getrieben werden, niemals gut vorwärts. ...

Wenn wir zu vielerlei uns aneignen wollen, so verhindern wir unsern Geist, das einzelne richtig zu packen und festzuhalten; manches muß man ihm nur zeigen, anderes ihm einprägen, wieder anderes ihm vollständig einverleiben. Die Seele kann alles besehen und befühlen, aber nähren kann sie sich nur von ihrem eigenen Gehalt; sie soll nur lernen, was sie wirklich angeht, was wirklich ihr Besitz und ihre Substanz werden kann. Die Naturgesetze lehren uns, was wir eigentlich brauchen. Die Weisen haben uns gesagt, daß, von Natur aus, niemand arm ist und daß jeder nur arm ist, wenn er denkt es zu sein; so unterscheiden sie fein die Wünsche, die naturbedingt sind, und die, welche von unserer verkehrten Einbildung kommen. Die Wünsche, deren Ziel wir sehen können, gehören zur Natur; die aber, die immer wieder schwinden und deren Erfüllung wir nicht erreichen können, sind unser eigenes Werk. Die Armut an Gütern ist leicht zu beheben; bei der seelischen Armut ist das unmöglich. ...

[c]Was soll ich mit einem Gut, mit dem ich nichts anfangen kann? Was nützt dem das Wissen, der keinen Kopf mehr

hat? Fortuna kränkt uns und tut uns nichts Gutes, wenn sie uns Geschenke reicht, die uns mit gerechtem Ärger erfüllen, daß wir sie nicht hatten, als es an der Zeit war.ↄ . . .

Die meisten unserer Tätigkeiten sind einem Possenspiel vergleichbar: »Die ganze Welt spielt Possen[21].« Wir müssen unsere Rolle anständig spielen, aber eben als die Rolle einer Theaterfigur: aus der Maske und der Aufmachung soll man nicht ein wirkliches Lebewesen machen wollen; aus dem Fremden nicht das Eigene: können wir denn die Haut nicht vom Hemd unterscheiden? ᶜEs genügt, sich das Gesicht zu schminken; bei der Brust ist das überflüssigↄ. Manche formen sich um und verwandeln sich in so viel neue Gestalten und neue Wesen, wie sie Ämter übernehmen; sie gehen bis zu der Leber und den Därmen gespreizt einher und nehmen ihre Amtswürde bis auf den Abtritt mit: ich kann ihnen nicht beibringen, einen Unterschied zu machen zwischen dem Gruß, der ihnen selbst gilt, und dem, der ihrem augenblicklichen Auftrag oder ihrem Gefolge oder ihrem Reittier zugedacht ist: sie werden aufgeblasen, und ihre natürliche Redeweise wird hochgeschraubt, je nach der Höhe ihres Amtssessels. Der Herr Bürgermeister und der Herr Montaigne sind immer zweierlei gewesen, sauber geschieden. Deshalb, weil jemand Advokat oder Finanzmann ist, darf er nicht so tun, als wüßte er nicht, was für Betrügerei oft mit diesen Tätigkeiten verbunden ist: ein Ehrenmann ist nicht dafür verantwortlich, was in seinem Beruf für Scheußlichkeiten oder Dummheiten vorkommen, und er braucht deshalb sich nicht zu weigern, diesen Beruf auszuüben; es ist in seinem Lande nun einmal so, und er verdient dabei; man muß die Welt nehmen und sie nutzen, wie man sie eben findet. . . .

Als ich jung war, widersetzte ich mich dem Überhandnehmen der Liebe, wenn ich fühlte, daß sie zu viel Gewalt über mich bekam, und ich stellte bei der Selbstbeobachtung fest,

21. Mundus universus exercet historioniam. Petron nach Just. Lipsius, De constantia, I, 8.

daß ich ein wenig angenehmes Gefühl hatte, wenn ich merkte, daß sie auf dem Wege war, mich zu bezwingen und ganz in ihre Gewalt zu bekommen; gerade so verfahre ich bei allen anderen Gelegenheiten, wo mein Wille durch zuviel Trieb gefesselt wird; ich stemme mich nach der meinem Hang entgegengesetzten Seite, sobald ich sehe, daß ich im Rausch versinken könnte: ich hüte mich, die Liebeslust so weit gewähren zu lassen, daß ich mich ohne ernstliche Einbuße nicht wieder in meine Hand bekommen kann. Manche sehen, aus Stumpfsinn, nur halb, wie die Dinge in Wirklichkeit laufen; sie genießen es als ein Glück, daß das, was ihnen schadet, bei ihnen nicht so tief geht: das ist eine geistige Unempfindlichkeit, die der Gesundheit ziemlich ähnlich sieht, und zwar einer Gesundheit, die von der Philosophie keineswegs geringgeschätzt wird. Aber Weisheit darf man sie trotzdem nicht nennen, wie es oft geschieht. ...

Wer nicht sklavisch an seinen Kindern hängt oder an den Ehren, die er genießt, der kommt, auch wenn er sie verliert, immer noch ganz gut mit dem Leben aus. Wer hauptsächlich handelt, um sich selbst genugzutun, dem macht es weiter nichts aus, wenn die Menschen seine Handlungsweise anders beurteilen, als er es verdient. Mit einer Unze Geduld wird man Herr über solche Unannehmlichkeiten. Ich bin mit diesem Rezept ganz gut gefahren: gleich am Anfang der Verstrickung kaufe ich mich so billig wie möglich frei; ich bin sicher, daß dieses Rezept mir viel Unannehmlichkeiten und Schwierigkeiten erspart hat. Ich brauche keine große Energie, um den ersten Schwung einer Erregung zum Stillstand zu bringen und auf eine Sache, von der ich fühle, daß sie Gewalt über mich gewinnen wird, zu verzichten, ehe sie mich ganz fortreißt. [c]Wer den Ablauf nicht bremsen kann, der kann im vollen Rennen erst recht nicht bremsen; wer mit dem Anfang nicht zurechtkommt, kommt mit dem Ende erst recht nicht zurecht; im Augenblick des Stürzens kommt man mit dem Stützen zu spät, wenn man vorher die Bewegung nicht zum Stillstand gebracht hat.[ↄ] ... Zu Anfang haben wir unser Tun in der Hand; es ist in unserer

Gewalt; aber dann, wenn die Sache läuft, führt sie die Zügel und nimmt uns mit, und wir haben zu folgen. ...
Für mich ist es ebenso leicht, den Leidenschaften auszuweichen, wie es mir schwerfällt, sie zu mäßigen. c»Sie werden leichter aus der Seele gerissen als gezügelt«[9]; wer es nicht bis zu der edlen Unerschütterlichkeit der Stoiker bringen kann, der muß sich, wie ich, im Schoß der gewöhnlichen Gleichgültigkeit betten: was diese aus Tugend taten, das zu erreichen stütze ich mich auf meine Naturanlage. Das Land, wo die Stürme brausen, liegt in der Mitte; die beiden Extreme, die Haltung der Philosophen und des Bauern, führen zur gleichen Ruhe, zum gleichen Glück. ... Gleich nach der Geburt ist jedes Ding schwach und zart: deshalb muß man zu Anfang die Augen offenhalten; denn wie zunächst, wenn das Ding noch ganz klein ist, kaum eine Gefahr darin zu erblicken ist, so ist später, wenn es erst groß geworden ist, kein Mittel mehr dagegen zu entdecken. Danach habe ich mich dem Ehrgeiz gegenüber gerichtet: er hätte mich in eine Million peinlicher Situationen gebracht. Eine jede von diesen hätte später mehr Energieaufwand von mir verlangt, um mit ihr fertigzuwerden, als ich am Anfang einsetzen mußte, um meine ehrgeizigen Wünsche von vornherein in Schranken zu halten. »Ich habe einen gerechten Abscheu dagegen, mein Haupt weit sichtbar hoch zu tragen[22].« Wie ich es als Bürgermeister gehalten habe, so mache ich es immer. Ich versuche, in meiner Seele und meinen Gedanken die Ruhe zu bewahren, »ich war schon von Natur ruhig und bin es jetzt in meinem Alter noch mehr[23]«; wenn diese zwei sich manchmal kräftig und tief beeindrucken lassen, so geschieht das bestimmt ungewollt. Aus dieser natürlichen Lässigkeit darf man nicht auf Unfähigkeit schließen (denn Sorglosigkeit und Sinnlosigkeit ist zweierlei); auch Mangel an Erkenntlichkeit und an Dankbarkeit gegenüber den Bürgern von

22. Iure perherrui / Late conspicuum tollere verticem. Horaz, Oden, III, 16. 18.

23. Cum semper natura, tum etiam aetate iam quietus. Cicero, De petit. cons., 2.

Bordeaux liegt nicht darin; sie haben das Äußerste getan, mir ihre Sympathie zu zeigen, schon ehe sie mich kannten, und dann erst recht; sie haben mehr für mich getan, indem sie mir mein Amt erneuerten, als damals, wo sie mich zum erstenmal damit betrauten. Ich wünsche ihnen alles denkbare Gute; und bestimmt hätte ich, wenn sich Gelegenheit dazu geboten hätte, nichts unversucht gelassen, ihnen nützliche Dienste zu leisten. Ich habe mich für sie bemüht, wie ich mich für mich mühe. ...

Wenn ich zu etwas Lust habe, arbeite ich eifrig los; aber dieser energische Anlauf verträgt sich schlecht mit der Ausdauer. Wer mich richtig benutzen will, muß mir Aufgaben stellen, bei denen man Kraft und Freiheit einsetzen kann, die gradlinig und schnell ablaufen und bei denen man vielleicht auch etwas riskieren muß; in diesem Falle kann ich etwas leisten: wenn aber die Aufgaben eine lange Hingabe, feine Geschicklichkeit, mühevolle Einzelarbeit, kunstvolle Verstellung und krumme Wege erfordern, so tut er besser, sich an jemanden anderen zu wenden. Was wichtig ist, braucht nicht schwierig zu sein: wäre es unbedingt notwendig gewesen, so war ich durchaus bereit, mich mit noch etwas mehr Energie einzusetzen; denn Kraft habe ich wohl noch, etwas mehr zu tun, als ich tue und als ich gern tue. ...

Die meisten Menschen lassen sich vom Ehrgeiz bestimmen; sie suchen nicht die Befriedigung durch die Sache, sondern die durch den Schein; wenn sie keinen Lärm hören, denken sie, man schläft. Meine Anlage ist dieser lärmenden Anlage gerade entgegengesetzt: ich könnte leicht einer aufregenden Sache entgegentreten, ohne mich selbst aufzuregen; ich könnte gegen eine Ungehörigkeit wettern, ohne mich zu ärgern: ist mein Zorn und mein leidenschaftliches Auflodern dazu nötig? Ich tu nur so; ich borge mir die Maske. ...

Die Freuden, die wir wirklich empfinden, sind unserer Stellung angemessen; es hat keinen Zweck, diejenigen haben zu wollen, die einem hohen Rang entsprechen; unsere Freuden sind natürlicher; und sie sind um so realer und sicherer, je gewöhnlicher sie sind. Es ist nichts mit dem falschen Stolz;

da wir ihn gewöhnlich nicht aus Überzeugung ablehnen, sollten wir es aus Stolz tun: wir sollten zu stolz sein, diesem niedrigen, lumpigen Hunger nach äußerlichem Ruhm und äußerlicher Ehre nachzugeben. Bringt er uns doch dazu, Leute jeder Sorte darum anzubetteln. [c]»Was ist das für ein Lob, das vom Markt erbeten werden kann[24]?«[ↄ], und zwar auch mit verächtlichen Mitteln und auf Kosten jeder Selbstachtung: es ist eine Schande, auf diese Weise Ehre zu erwerben. Was wir lernen müssen, ist, nicht nach mehr Ruhm gierig zu sein, als uns zukommt. Sich jedesmal zu blähen, wenn man etwas Nützliches oder Unschuldiges getan hat, das kommt den Leuten zu, für die das etwas Außerordentliches, etwas Seltenes ist: es ist ihnen schwergeworden, also soll es wertvoll sein. In dem Maße, wie etwas Gutes gut *wirkt*, ziehe ich von seiner Gutheit den Verdacht ab, daß es mehr deshalb getan worden ist, weil es gut *wirkt*, als weil es gut *ist*: das Gute, das zur Schau gestellt wird, ist halb entwertet. Viel feiner ist es, wenn das Tun wie von selbst und ohne Lärm vom Handelnden hervorgebracht wird, und wenn es dann von einem ehrlichen Menschen anerkannt und aus dem Dunkel herausgehoben wird; es tritt dann ans Licht als das, was es selbst ist. ...

Über die Deutung des Inneren aus dem Äußeren

Was anmutig ist, bemerken wir nur, wenn es überspitzt, geschwollen, verkünstelt auftritt: geht es im einfachen Kleid der Selbstverständlichkeit einher, so wird es von einem groben Blick, wie wir ihn haben, leicht übersehen; das Schöne daran ist zart und verborgen; um dieses heimliche Licht zu sehen, braucht man ein scharfes, gut gereinigtes Auge. ...
Wir sind alle reicher, als wir denken; aber wir werden zum Borgen und Betteln erzogen; wir lernen, mehr das fremde

24. Quae est ista laus, quae possit e macello peti. Cicero, De finibus, II, 15.

Gut als den eigenen Besitz zu verwenden. Der Mensch versteht es nicht, genau da haltzumachen, wo sein Bedarf befriedigt ist; sinnliche Lust, Reichtum, Macht beansprucht er mehr, als er genießen kann; seine Gier will kein Maß. Ich finde, beim Wissensdurst ist es ebenso: er mutet sich viel mehr zu als er leisten kann, und viel mehr als ihn wirklich angeht; [c]er denkt, der Nutzen des Wissens ist so groß wie sein Umfang. ... Das Wissen ist, wenn man es ruhig überlegt, ein Gut, in dem, wie in den anderen Gütern des Menschen, vieles von Natur leer und schwach ist und das man teuer bezahlen muß. ... Manches Wissen ist uns nur im Wege und belastet uns, anstatt uns zu fördern; und manches andere vergiftet uns, statt uns zu heilen.[ɔ] ...

Alle die stolzen Lehren, die über das Natürliche hinausgehen, sind vergeblich und überflüssig; es ist schon viel, wenn sie uns nicht mehr belasten und verwirren, als daß sie uns helfen. [c]»Ein gesunder Geist braucht wenig Bücherweisheit[25].«[ɔ] Es sind ungesunde Übergriffe unseres Geistes, der bekanntlich ein Arbeitsinstrument ist, das Verwirrung und Unruhe stiftet. Sammlung tut not; in uns selbst können wir die wahren Argumente finden, welche die Natur gegen den Tod vorzubringen hat und die uns in der Not am besten helfen können: auf sie gestützt, stirbt ein Bauer, sterben ganze Völker so gefaßt wie ein Philosoph. ... [c]Durch Bücher hat mein sprachlicher Ausdruck gewonnen, mein Mut kaum; er ist geblieben, wie die Natur ihn mir gegeben hat, und im Ernstfall kann er nur in der üblichen und natürlichen Weise sich bewähren: ich habe weniger aus Büchern etwas gelernt als mich an ihnen geübt.[ɔ] ...

Ehrgeiz, Habsucht, Grausamkeit, Rache reißen die Menschen nicht sehr mit sich fort, wenn sie offen auftreten, wie sie sind; Verführungs- und Zündkraft bekommen sie erst, wenn sie sich als Gerechtigkeit und Frömmigkeit tarnen. Der schlimmste Geisteszustand, den man sich vorstellen kann, ist der, wo das Böse zum Rechtmäßigen wird und wo es,

25. Paucis opus est litteris ad mentem bonam. Seneca, Epist. 106.

mit Zustimmung der Regierung, sich als Tugend maskiert; ... die äußerste Erschütterung des Rechtsbewußtseins liegt, nach Plato, dann vor, wenn das, was Unrecht ist, für Recht gelten darf. ...

In gewöhnlichen und ruhigen Zeiten ist man gewappnet gegen Schicksalsschläge von geringem Ausmaß und gewöhnlicher Art; aber in dem Durcheinander, das bei uns seit dreißig Jahren herrscht, sieht jeder Franzose, in seinem Privatleben wie in der allgemeinen Politik, sich zu jeder Stunde vor die Möglichkeit gestellt, daß sein Schicksal vollständig umschlägt; um so mehr braucht er kräftige, haltbare moralische Stützen für seine Widerstandskraft. Eigentlich sollten wir dem Schicksal dankbar sein, daß wir nicht in eine weiche, schlaffe, faule Zeit hineingeboren sind; jetzt kann mancher Mensch durch sein Unglück eine gewisse Bedeutung erlangen, dem das auf andere Weise nie gelungen wäre. cWie ich fast stets, wenn ich in geschichtlichen Darstellungen von den Wirren in fremden Staaten lese, ein gewisses Bedauern empfinde, daß ich diese Wirren nicht vor mir habe, um sie besser studieren zu können: so empfinde ich eine Art Befriedigung meiner Neugier, wenn ich jetzt mit eigenen Augen das großartige Schauspiel sehen darf, wie unsere politische Welt stirbt, und welches die Symptome und die Formen dieses Todes sind; und da ich dies Geschehen doch nicht aufhalten kann, bin ich froh, daß es mir vergönnt ist, dabeizusein und daraus zu lernen.ↄ ...

Der Zusammenbruch hat mich bestimmt mehr belebt als niedergeschlagen, und zwar infolge meiner inneren Haltung. Ich bin nicht nur im Grunde am Streit unbeteiligt geblieben, sondern habe auch meinen Stolz gewahrt; ich brauche mir nichts vorzuwerfen. Außerdem – da Gott den Menschen das Böse wie das Gute nie ganz rein schickt – blieb meine Gesundheit während dieser ganzen Zeit fest, mehr als vorher; durch mein Aushalten habe ich die Probe bestanden und gezeigt, daß ich dem Schicksal gegenüber eine gewisse Widerstandskraft besitze; es braucht schon einen ordentlichen Stoß, um mich aus dem Sattel zu heben. ...

Sicher hat der Gedanke an den Tod den meisten Menschen mehr Qualen bereitet als das Erleiden des Todes selbst. [c]Der Ausspruch eines sehr urteilsfähigen Schriftstellers aus dem Altertum entspricht der Wahrheit: »Das Leid trifft die Sinne weniger als das Denken an das Leid[26].« Das Bewußtsein, daß der Tod da ist, beschwingt uns manchmal von sich aus zu einer plötzlichen Bereitschaft, dem, was ja doch kommen muß, nicht mehr zu widerstreben. ... Dagegen bedarf es, wenn man den Tod allmählich herankommen sieht, einer gleichmäßig anhaltenden und infolgedessen schwer durchzuhaltenden Festigkeit.ͻ Wenn du nicht weißt, wie du mit dem Tod fertigwerden sollst, so braucht dir das keinen Kummer zu machen; die Natur wird es dich zur rechten Zeit lehren, vollständig und ausreichend; sie wird dir diese Arbeit ganz und gar abnehmen; deine Bemühung ist überflüssig: »Der Schmerz ist kleiner, wenn es gilt, den sicheren Untergang, der plötzlich hereinbricht, zu erleiden; es ist schwerer, dem Unglück, das du fürchtest, lange zu trotzen[27].«

Wir bringen Unruhe in unser Leben durch die Sorge um den Tod, und in unser Sterben durch die Sorge um das Leben; [c]dadurch wird uns das Leben zuwider und der Tod zum Schrecken.ͻ Nicht gegen den Tod rüsten wir uns; der geht zu schnell vorüber; [c]eine Viertelstunde leidenschaftlichen Schmerzes, der dann nicht weitergeht und uns nichts mehr anhaben kann, verdient nicht, daß wir dafür besondere Lehren aufstellen;ͻ in Wirklichkeit rüsten wir uns gegen das, was dem Tod vorausgeht. Die Philosophie befiehlt uns, den Tod immer vor Augen zu haben, ehe er da ist, immer zu bedenken und vorauszusehen, daß er kommen wird; und dann lehrt sie uns Vorsichtsmaßregeln, um Rat zu schaffen, damit diese Erwartung und dieses Immer-daran-Denken uns nicht weh tut: so handeln die Ärzte, die uns erst krank ma-

26. Minus afficit sensus fatigatio quam cogitatio. Quintilian, Institut. orat., I, 12.

27. Poena minor, certam subito perferre ruinam; / Quod timeas, gravius sustinuisse diu. Pseudo-Gallus, I, 277.

chen, damit sie Patienten haben, an denen sie ihre Mittel und ihre Kunst probieren können. cWenn wir es nicht verstanden haben zu leben, so ist es unrecht, uns zu lehren, wie wir sterben sollen, und dadurch dem Ende eine Gestalt zu geben, die nicht zum Ganzen paßt; wenn wir es fertiggebracht haben, einheitlich und ruhig zu leben, bringen wir es auch fertig, ebenso zu sterben. Sie mögen sich rühmen, soviel sie wollen, »das ganze Leben der Philosophen ist ein Denken an den Tod[20]«. Aber ich denke doch, daß der Tod wohl das Ende, aber nicht das Ziel des Lebens ist; er ist der Schluß, die Grenze, aber nicht der Inhalt des Lebens. Das Leben muß seinen Augenpunkt, seinen Sinn in sich selbst haben; die eigentliche Aufgabe, die es stellt, ist: Lebensordnung, Lebenshaltung und Lebensleid zu gestalten. Im Lebensbuch sind vielerlei Pflichten eingetragen; das umfassendste und hauptsächlichste Kapitel ist das von der Lebenskunst; der Abschnitt von der Sterbenskunst ist nur eines der zahlreichen Unterteile dieses Kapitels, und zwar eins der unwichtigsten, wenn es nicht durch unsere Angst beschwert würde.ↄ . . .

cNur die Gelehrten lassen sich, wenn sie auch ganz gesund sind, den Appetit und die Laune durch die Vorstellung des Todes verderben: die anderen Menschen verlangen nach Heilmitteln und nach Trost nur in dem Augenblick, wo es Ernst wird; nur soweit ihnen etwas weh tut, kümmern sie sich darum.ↄ Wir haben schon früher darauf hingewiesen, daß das Volk durch seine Stumpfheit und seine Unempfindlichkeit zu seiner großen Geduld gegenüber dem Bösen, das Menschen trifft, befähigt wird und zu seiner tiefen Gleichgültigkeit gegenüber allem Schlimmen, das ihnen bevorsteht. cDie Seele des gewöhnlichen Menschen hat eine Schutzschicht von Dumpfheit und wird deshalb weniger leicht getroffen und erregt.ↄ Bei Gott! Wenn es so ist, ist es am besten, wir halten in Zukunft Unterricht über den Stumpfsinn; dieser führt seine Schüler so bequem zu dem gleichen

20. Tota philosophorum vita commentatio mortis est. Cicero, Tusc. Quaest., I, 30.

Ziel, das sonst als letzte Frucht des Wissens verheißen wird.

Wir brauchen nicht zu denken, daß es dafür keine guten Lehrer gibt, die uns in die naturgegebene Einfachheit einführen können; da wäre z. B. Sokrates zu nennen; denn soweit ich mich erinnere, spricht er ungefähr in diesem Sinne, und zwar zu den Richtern, die über sein Leben oder seinen Tod zu entscheiden hatten:

»Ich fürchte, meine Herren Richter, wenn ich Sie bitte, mich nicht zum Tode zu verurteilen, gebe ich der Anschuldigung meiner Ankläger recht, die lautet: ich bildete mir ein, klüger als andere zu sein, als wenn ich ein geheimes Wissen von den Dingen besäße, die über oder unter uns sind. Ich weiß, daß ich keine Erfahrung und keine Kenntnis vom Tode besitze, ich habe auch nie jemanden getroffen, der probiert hat, wie er beschaffen ist, und der es mich deshalb lehren könnte. Wer den Tod fürchtet, setzt voraus, daß er ihn kennt; ich aber weiß weder, was sein Wesen ist, noch was er in der anderen Welt aus uns macht. Vielleicht ist der Tod etwas Gleichgültiges, vielleicht etwas Wünschenswertes. cImmerhin muß man annehmen, wenn er eine Wanderung nach einem anderen Ort darstellt, daß eine Verbesserung darin liegt, wenn man dann mit soviel großen Toten verkehren darf und wenn man nichts mehr mit ungerechten, korrupten Richtern zu tun hat. Wenn der Tod eine Vernichtung unseres Seins mit sich bringt, so bedeutet es gleichfalls eine Verbesserung, nun in eine lange, friedliche Nacht einzugehen. Im Leben kennen wir nichts Schöneres als das Ausruhen und einen ungestörten, tiefen, traumlosen Schlaf.ↄ Wenn ich weiß, daß etwas schlecht ist, wie seinem Nächsten Böses anzutun oder seinem Vorgesetzten, sei es ein Gott, sei es ein Mensch, ungehorsam zu sein, so vermeide ich es sorgfältig; wenn ich aber nicht weiß, ob etwas gut oder schlecht ist, so kann ich es nicht fürchten, usw.[29].« ...

Wenn jemand meint, ich hätte unter den vielen Beispielen

29. Nach Plato, Apologie, Kapitel 17, 26 usw.

von Aussprüchen des Sokrates, die meine These stützen könnten, schlecht gewählt, weil die Beweisführung zu erhaben sei, zu hoch über den üblichen Ansichten stünde, so muß ich antworten: ich habe es absichtlich getan; denn ich beurteile die Beweisführung anders; ich meine, sie steht durch ihre Selbstverständlichkeit weit *hinter* den üblichen Ansichten und weit *niedriger* als sie. ...

Ist die Argumentation, die Sokrates verwendet, nicht gleich bewundernswert durch ihre Einfachheit wie durch ihre Durchschlagskraft? Es ist bestimmt leichter, wie Aristoteles zu sprechen und wie Caesar zu leben, als zu sprechen und zu leben wie Sokrates: hier ist die höchste Stufe der Schwierigkeit und der Vollendung erreicht; mit gelernter Kunst wäre das unmöglich. Nun werden aber unsere Anlagen nicht in dieser Richtung ausgebildet; wir betätigen sie nicht, wir kennen sie nicht. Wir lassen uns mit den geistigen Gaben anderer belehnen und lassen die unseren brachliegen: wie jemand von mir sagen könnte, daß ich hier nur fremde Blumen zusammengetragen und selbst nur den Bindfaden geliefert habe, durch den sie zum Strauß zusammengebunden werden.

Ich habe allerdings dem Geschmack des Publikums das Zugeständnis gemacht, daß solche Schmuckzitate fortgesetzt neben meinen Gedanken hergehen. Aber es ist nicht meine Absicht, daß sie mein Eigenes zudecken oder verbergen sollen. Das wäre das Gegenteil von dem, was ich mir vornehme, nämlich nur mich darzustellen und das, was mir von Natur eigen ist; wäre ich meiner ersten Eingebung gefolgt, hätte ich meine Ansichten ganz und gar in eigene Worte gekleidet.

[c]Ich belaste meine Darstellung immer mehr mit solchen Zitaten, mehr als ich erst gewollt hatte und wie es zu Anfang gegangen war, und zwar, weil das im Zug der Zeit liegt und weil andere es mir rieten. Wenn, wie ich glaube, diese Zitate nicht recht zu mir passen, so macht das nichts; vielleicht können sie andern nützlich sein. ...

[c]Ich übernehme viel von anderen; ich freue mich aber, wenn

ich immer einmal ein Stück aus dieser geborgten Masse entwenden kann, indem ich es umdeute und für anderen Gebrauch umforme: ich setze mich dabei natürlich dem Vorwurf aus, ich hätte den ursprünglichen Sinn nicht richtig verstanden; trotzdem gebe ich den Stellen oft eine für mich charakteristische neue Nuance, gerade damit sie eben nicht so ganz bloßes Fremdgut bleiben.[ↄ] . . .

Für den Schriftsteller hat die Altersreife ebenso ihre Nachteile wie die Jugendfrische, und zwar schlimmere. . . . Wenn wir alt werden, wird auch unser Geist hartleibig und schwerflüssig. Ich spreche hochtrabend und breit vom Nichtwissen und vom Wissen mager und kümmerlich; [c]vom zweiten nur zusätzlich und als Nebensache; vom ersten ausdrücklich und als Hauptsache; wenn es darauf ankommt, spreche ich von nichts weiter als vom Nichts; und von keinem anderen Wissen als von dem um das Nichtwissen.[ↄ] Ich habe die Zeit gewählt, wo ich das Leben, das ich zu beschreiben habe, ganz überschauen kann; was mir vom Leben bleibt, gehört schon mehr in das Gebiet des Todes; und nur von meinem Tode würde ich meinen Mitmenschen beim Umzug in die Ewigkeit gern noch Kunde geben, gesetzt er wäre bei der Begegnung mit mir ebenso redelustig wie andere Wesen, die man trifft. . . .

[c]Unser Fehler ist, glaube ich, daß wir unser Schicksal nicht genug dem Himmel anheimstellen und es mehr in die eigene Hand nehmen wollen, als uns zukommt; deshalb mißlingen unsere Pläne so oft: der Himmel mißgönnt uns, daß wir den Rechten der menschlichen Voraussicht soviel Macht einräumen, wodurch seine Rechte benachteiligt werden; er beschneidet uns diese Rechte in dem Maße, wie wir sie überspannen.[ↄ] . . .

Über die Erfahrung

Niemals haben zwei Menschen die gleiche Sache ganz in derselben Weise beurteilt; und es ist unmöglich, zwei Meinungen zu finden, die genau gleich sind, nicht nur bei verschiedenen Menschen, sondern sogar bei demselben Menschen zu verschiedenen Zeiten. Gewöhnlich scheinen mir bei einer Lektüre die Stellen zweifelhaft, die im Kommentar nicht für erklärungsbedürftig angesehen werden. Ich stolpere am leichtesten, wenn es eben hingeht: wie manche Pferde, die ich kenne, gewöhnlich nur auf glattem Wege straucheln.

Sollte man nicht meinen, daß durch Glossierungen die Unsicherheit und das Unverständnis nur erhöht wird? Gibt es doch kein umstrittenes Buch, sei es menschlichen, sei es göttlichen Ursprungs, dessen Schwierigkeiten durch die Interpretation endgültig gelöst würden. Der hundertste Kommentar macht einen weiteren nötig, bei dem die Schwierigkeiten und Dunkelheiten noch unüberwindlicher werden, als sie schon dem ersten Bearbeiter erschienen waren: wann sind wir uns einmal darüber einig geworden, zu denken: »Mit dem Buch ist es nun genug, es ist jetzt nichts mehr darüber zu sagen?« Das sieht man am besten beim Gerichtswesen: unendlich viele Entscheidungen von Doktoren, von Instanzen und ebensoviele Interpretationen gelten als Richtschnur. Ist damit unser Bedürfnis nach immer weiteren Interpretationen irgendwie befriedigt? Ist irgendeine Verbesserung, irgendein Weiterkommen in der Richtung der endgültigen Beruhigung zu verzeichnen? Brauchen wir jetzt weniger Advokaten und Richter als damals, wo dieser Wust von Rechtswissen noch in den Kinderschuhen steckte? Im Gegenteil, wir vergraben und verdunkeln das klare Denken; wir können es nur noch entdecken, soweit die vielen Gitter und Schranken es erlauben. Die Menschen verkennen die natürliche Krankhaftigkeit ihres Geistes; er sucht nur spürend und bettelnd herum; er dreht sich immer im Kreise, verwickelt sich wie unsere Seidenraupen in das Gespinst, das er sich bildet, und erstickt darin – wie die Maus im Pech[30]. – Von fern glaubt er so etwas wie eine Klarheit und eine Wahrheit zu entdecken, die aber nur in seiner Einbildung existieren; und während er diesem Schein nachläuft, kommen ihm so viele Schwierigkeiten, Hindernisse und neue Fragestellungen in den Weg, daß er erst recht verwirrt und benebelt wird. ... Es ist nur individuelle Schwäche, wenn wir bei dieser Jagd nach Erkenntnis uns mit dem begnügen, was andere oder was wir selbst früher einmal gefunden haben; wer tiefer blickt, begnügt sich damit nicht; es ist immer Raum für einen Späteren, [c]ja auch wenn wir selbst es sind;[ↄ] und man kann immer auch anders vorgehen. Unser Suchen kann kein Ende finden: unser Ziel ist in der anderen Welt. [c]Wenn der Geist sich zufriedengibt, ist das immer ein Zeichen, daß er sich verengt; oder es ist ein Zeichen von Müdigkeit. Kein potenter Geist ruht in sich; er strebt immer nach etwas und will über seine Grenzen hinaus; bei seinem Aufschwung begnügt er sich nie mit dem Erreichbaren: er ist nur halb lebendig, wenn er nicht vorstürmt, hastet, sich bäumt, sich stößt und dreht. ...[ↄ]

Über die Gerechtigkeit hatte man schon im Altertum folgende Ansicht: Wer im ganzen Recht tun will, sieht sich gezwungen, im einzelnen Unrecht zu tun; und in kleinen Dingen ungerecht zu sein, wenn er die großen gerecht zu Ende bringen will. Außerdem sind die menschlichen Rechtseinrichtungen nach dem Vorbild der Medizin angelegt; deshalb wird alles, was nützlich ist, auch als gerecht und mit der Ehre vereinbar angesehen. Und die Stoiker glauben, daß sogar die Natur in den meisten ihrer Werke gegen die Gerechtigkeit verstößt: [c]und auch die Kyrenaiker sind der Meinung, daß es nichts gäbe, was an sich gerecht sei, sondern daß Gewohnheiten und Gesetze die Gerechtigkeit erst formten.[ↄ] ...

Ich möchte mich eigentlich nur einer solchen Gerechtigkeit aussetzen, die ebenso das Gute wie das Böse, das ich getan

30. Mus in pice.

habe, abwägt; bei der ich ebensoviel zu hoffen wie zu fürchten hätte: Straflosigkeit ist nicht ein ausreichender Lohn, wenn ein Mensch Wertvolleres getan hat, als Straftaten zu vermeiden. Nach unserem Verfahren reicht uns die Gerechtigkeit nur eine ihrer Hände hin; und noch dazu nur die Linke; wer mit dem Gericht zu tun hat, ganz gleich, wer es ist, verliert immer dabei. . . .

Gott, wie schwer würde es mir werden, das zu ertragen, was so viele jetzt aushalten müssen: sie dürfen ein bestimmtes Gebiet unseres Reiches nicht verlassen, dürfen die wichtigsten Städte und Höfe nicht besuchen, dürfen die Verkehrswege, die doch für alle bestimmt sind, nicht benutzen, weil sie in Gegensatz geraten sind zu Gesetzen, die bei uns gelten. Wenn die Gesetze, denen ich hier untertan bin, mir irgendwie bedrohlich schienen, würde ich sofort weggehen, dahin, wo andere gelten, irgendwohin. In der jetzigen Zeit der inneren Spaltung verwende ich das bißchen Klugheit, das mir zur Verfügung steht, darauf, alles zu vermeiden, wodurch meine Bewegungsfreiheit eingeschränkt wird.

Überhaupt halten sich ja Gesetze nicht deshalb, weil sie gerecht sind, sondern weil es Gesetze sind. Dies ist die geheimnisvolle Begründung ihrer Gültigkeit; sie haben keine andere; [c]und das ist gut für sie. Gesetze werden oft von Dummköpfen geschaffen; öfter noch von Menschen, denen gleichmäßiges Abwägen zuwider ist und die deshalb in dem, was recht und billig ist, versagen; aber jedenfalls immer von Menschen, deren Schöpfungen, wie die aller Menschen, eitel und unklar sind. Nichts anderes ist so schwer und so weit greifend mit Fehlern belastet wie Gesetze; nirgends treten sie so regelmäßig auf.[ↄ] Wer sie befolgt, weil sie gerecht sind, befolgt sie nicht recht; nicht deshalb ist er ihnen Gehorsam schuldig. . . .

[c]Man soll der Natur folgen; je einfacher ich mich ihr anvertraue, um so weiser handle ich. Unwissenheit und Sorglosigkeit, ach, was bilden sie doch für ein weiches, angenehmes und zugleich gesundes Kissen zum Ausruhen für einen Menschen mit guten Anlagen![ↄ]

Ich möchte lieber von mir etwas Richtiges verstehen als von Cicero. In der Erfahrung an mir selbst finde ich genug Stoff, aus dem ich Weisheit schöpfen könnte, wenn ich ein guter Schüler wäre: wer im Gedächtnis behält, wie weit der Zorn, den er erlebt hat, gegangen ist und wozu alles er durch dieses Fieber verführt worden ist, erkennt die Häßlichkeit dieser Leidenschaft deutlicher, als wenn er im Aristoteles davon liest, und der Widerwillen dagegen ist besser begründet: wer das Böse, das er durchgemacht und dem er gerade noch entgangen ist, nicht vergessen hat, und wie klein die Anstöße waren, die schwerwiegende Veränderungen zur Folge hatten, der ist dadurch für die Zukunft gegen Schicksalsschläge gewappnet und weiß von der Bedingtheit seines Lebens. Caesars Leben ist nicht lehrreicher für uns als unser eigenes Leben; ob es in kaiserlicher Höhe oder in Niedrigkeit verläuft, immer ist es ein Menschenleben; alles, was dem Menschen zustoßen kann, geht es an. Wir müssen nur recht hinhören; da können wir uns selbst alles sagen, was wir vor allem brauchen. Wenn ich daran denke, wie mein Verstand sich immer und immer wieder als unzuverlässig erwiesen hat, bin ich nicht ein Tor, wenn ich ihm nun für die Zukunft nicht mißtraue? Wenn ich mich durch Gründe, die ein anderer vorbringt, überzeugen lassen muß, daß meine Ansicht falsch war, so lerne ich nicht so sehr, was er mir da Neues sagt – die Aufklärung des Einzelirrtums wäre ja auch nur ein kleiner Gewinn –, als daß ich im allgemeinen die Lehre daraus ziehe, daß mein Verstand schwach ist und mich verrät: ich schließe daraus auf die Verbesserungsbedürftigkeit des Ganzen. ... Ich lerne zu vermuten, daß überall in meiner geistigen Bewegung etwas nicht in Ordnung ist, ich muß sie offenbar einschränken. [c]Sich überzeugen lassen, daß man etwas Dummes gesagt oder getan hat, das ist noch nichts; man muß daraus den Schluß ziehen, daß man überhaupt ein Tor ist: das ist eine viel weitgehendere und nützlichere Lehre.[ɔ] ...

Ich habe an mir die Leidenschaften, denen ich nun einmal verfallen war, genau belauert, wie sie sich äußern und was

sie für Folgen haben; wenn das jeder bei den Leidenschaften, die ihn gängeln, ebenso machen würde, würde er sie kommen sehen, und es wäre ihm möglich, ihren stürmischen Ablauf etwas zu verlangsamen: nicht immer springen sie uns gleich beim ersten Anlauf an; manchmal drohen sie erst und wachsen allmählich: »So bekommt das Meer beim ersten Windstoß einen weißen Schein, dann gehen die Wogen höher und höher, schließlich spritzen sie von der Meerestiefe bis zum Himmel[31].« Der kritische Verstand sitzt bei mir auf einem Großmeisterstuhl, wenigstens bemüht er sich sorgfältig, daß es so bleibt; er sieht zu, wie meine Wünsche ablaufen, auch Haß und Freundschaft, sogar die, welche ich mir selbst gegenüber empfinde, ohne sich darüber aufzuregen oder hineinziehen zu lassen: wenn er die anderen Teile nicht nach seiner Art umformen kann, so läßt er sich wenigstens nicht von ihnen fälschen; er funktioniert abseits. ...
Ich bekenne mich zu keinem anderen Ziel, als mich selbst zu erkennen; dieses Suchen führt mich in so unendliche Tiefen, zu so unendlich verschiedenen Fragestellungen, daß mein Lernen keinen anderen Erfolg hat, als daß ich fühle, wieviel mir zu lernen bleibt. Immer wieder werde ich mir der Unvollkommenheit meiner Selbsterkenntnis bewußt; diesem Umstand verdanke ich die Hinneigung zur Bescheidenheit, zum Gehorsam gegen die Glaubenslehren, denen ich folgen soll, zu einer gleichmäßigen Kühle und Ausgeglichenheit in meinen Ansichten; daher habe ich auch die Abneigung gegen die aufdringliche und streitsüchtige Arroganz mancher Menschen, die ganz von sich überzeugt sind; diese Arroganz ist aber gerade der Todfeind der Gedankenzucht und der Wahrheit. ...
Meine Erfahrung hat mich dazu gebracht, daß ich dem menschlichen Verstand seine Unzulänglichkeit vorwerfe; diese Erkenntnis ist, meiner Ansicht nach, das sicherste Ergebnis dessen, was die Welt uns lehrt. Wer sich innerlich zu dieser Schlußfolgerung nicht durchringen kann, weil mein

31. Fluctus uti primo coepit cum albescere vento, / Paulatim sese tollit mare, et altius undas / Erigit, inde imo consurgit ad aethera fundo. Vergil, Aen., VII, 528.

Beispiel oder sein eigenes ihm dazu nicht ausreicht, der mag sie deshalb anerkennen, weil Sokrates, der Meister aller Meister, das Nichtwissen gelehrt hat. ...

Die Selbstbeobachtung, der ich mich mit solcher Ausdauer und solcher Anspannung hingebe, macht mich fähig, auch andere ziemlich richtig zu beurteilen; wenn ich davon spreche, so gehört das zu den Dingen, die mir am besten glücken und die man mir auch nicht übelnimmt: oft gelingt es mir, genauer zu sehen und richtiger zu charakterisieren, wie es um meine Freunde steht, als sie selbst dazu in der Lage sind; manchen habe ich in Erstaunen gesetzt, weil meine Beschreibung so genau zutraf, und ich habe dadurch erreicht, daß er sich selbst richtiger einschätzte. Seit meiner Kindheit habe ich mich bemüht, mein Leben im Leben anderer zu spiegeln; dadurch habe ich mir eine geistige Einstellung angezüchtet, die auf solche Dinge fein reagiert; und ich lasse mir, wenn ich ein solches Ziel im Auge habe, nichts entgehen, was an Beobachtungen meiner Umgebung dazu dienlich ist, wie Haltungen, Stimmungen und Reden. Ich prüfe alles, und zwar unter dem Gesichtspunkt, ob es für mich empfehlenswert ist, es anders zu machen oder ebenso zu handeln. So entdecke ich bei meinen Freunden daraus, wie sie sich geben, ihre inneren Triebfedern. ...

Wenn jemand eine freimütige Kritik über sich selbst zu hören bekommt, so braucht er Ohren, die einen Stoß vertragen; die meisten können sie nicht aushalten, ohne sich verletzt zu fühlen; und deshalb zeigen die, welche den Mut haben, gegen uns eine Kritik zu wagen, daß sie eine besonders freundschaftliche Gesinnung uns gegenüber hegen; denn die Zuneigung darf man gesund nennen, die sich nicht scheut, auch einmal zu verletzen und weh zu tun, wenn es zu unserem Besten ist. Ich empfinde es allerdings als eine harte Pflicht, über jemanden zu urteilen, bei dem die schlechten Eigenschaften die guten überwiegen: cda muß man daran denken, daß Plato von einem Menschen, der es unternimmt, die Seele eines Mitmenschen zu prüfen, drei Eigenschaften verlangt: Wissen, Güte, Mut.ɔ ...

Die Gewohnheit hat die Kraft, unser Leben zu formen, und zwar nach ihrem Gutdünken; ihr Einfluß ist grenzenlos; es ist der Zaubertrank der Circe, der unsere Natur in jeder Richtung umzugestalten vermag. ... Ein Deutscher wird krank, wenn er kein Unterbett hat; ein Italiener, wenn er auf Federn schlafen muß, ein Franzose ist unglücklich im ungeheizten Schlafzimmer ohne Himmelbett. Der Magen eines Spaniers kann unsere Ernährung nicht vertragen; und unser Magen versagt, wenn er trinken soll nach Schweizer Art.

In Augsburg behauptete einmal ein Deutscher recht amüsant, daß unsere Art zu heizen höchst unbehaglich sei, und zwar mit denselben Gründen, die wir gewöhnlich gegen die deutschen Kachelöfen ins Feld führen: denn in der Tat ist es so: die stillstehende Hitze und auch der Geruch der vielen heißgewordenen Kacheln, aus denen sie aufgebaut sind, steigt meist den Leuten, die nicht daran gewöhnt sind, zu Kopf; mir nicht, aber andrerseits kann wieder die gleichmäßige, durch den ganzen Raum sich ausbreitende Wärme, wo man keine Flamme sieht, wo sich kein Rauch bildet, und wo es nicht, wie bei unseren offenen Kaminen, zieht, es sehr wohl mit unserer Heizungsart aufnehmen. ...

Derselbe Augsburger drückte mir sein Bedauern aus, daß ich diese Stadt verlassen müsse, deren Annehmlichkeiten und deren Schönheit ich eben vor ihm gepriesen hatte – sie verdient es auch wirklich –; und was führte er zunächst an, was mir unangenehm auffallen würde? den Druck auf den Kopf, den die Öfen an anderen Orten bei mir hervorrufen würden. Darüber hatte sich jemand anderes vor ihm beschwert, und er glaubte, es würde uns auch so gehen; denn in seiner Wohnung fiel ihm dieses Unbehagen nicht mehr auf, weil er sich eben daran gewöhnt hatte. ...

[c]Eine Wahrheit ist nicht deshalb vernünftiger, weil sie alt ist.[ↄ] Ich sage immer wieder: es ist Torheit, nur Beispiele heranzuziehen, die aus der Ferne kommen oder gelehrten Büchern entnommen sind. Was heute geschieht, ist eine ebenso ergiebige Quelle der Erkenntnis, wie die Ereignisse

zur Zeit des Homer oder des Plato. Aber ist es uns nicht oft mehr um den Anschein der Gelehrsamkeit zu tun, der durch das Zitieren erweckt wird, als um die Kraft der Beweisführung? Wie wenn es wertvoller wäre, wenn die beweisenden Beispiele aus dem Laden gelehrter Buchhändler wie Vascosans oder Plantins genommen werden, als wenn sie aus dem Anschauungsmaterial stammen, das unser Heimatdorf uns bietet.

Wir haben eben nicht die geistige Kraft, das, was sich vor unseren Augen abspielt, so durchzudenken, daß wir das Nebensächliche weglassen und das Wesentliche herausstellen, und es so lebensnah zu beurteilen, daß wir allgemeingültige Exempel daraus abziehen können. Denn wenn wir sagen, daß wir nicht die genügende Autorität haben, um durch unsere Aussage zu überzeugen, so ist dieses Bedenken unangebracht, insofern als, meiner Ansicht nach, aus den gewöhnlichsten, den alltäglichsten und den bekanntesten Dingen, wenn wir es nur verstünden, sie richtig zu beleuchten, die größten Naturwunder offenbar werden können, und die überraschendsten Musterbeispiele, besonders für das menschliche Handeln, sich daraus ergeben. ...

Die beste meiner körperlichen Veranlagungen ist die, daß ich gelenkig und nicht starr bin; mehr als bei vielen anderen sind die Neigungen bei mir sauber, normal und erfreulich; aber es kostet mich auch wenig Überwindung, es anders zu machen, und ich forme mich leicht in entgegengesetzter Richtung um. Ein junger Mann muß seine Gewohnheiten manchmal durchbrechen, um seine Kräfte wachzuhalten und um zu vermeiden, daß sie faul und feig werden; und keine Lebensart ist für ihn so töricht und so schwächend, als sich immer der Regelmäßigkeit und der Disziplin zu unterwerfen, ... ja, wenn ich ihm raten soll, wird er hin und wieder Exzesse nicht vermeiden: sonst wirft ihn die kleinste Ausschweifung um, und er wird für die Menschen, mit denen er zusammenlebt, unbequem und lästig. Die Eigenschaft, die zu einem richtigen Mann am wenigsten paßt, ist die Empfindlichkeit und das Nicht-Loskommen von bestimmten Gewohnheiten; bestimmt sind Gewohnheiten, wenn sie nicht biegsam und anpassungsfähig sind. Es ist schimpflich, wenn man etwas, was die Kameraden tun, nur deshalb nicht mitmacht, weil man nicht die Kräfte oder nicht die Courage dazu hat: solche Leute sollen zu Haus in ihrer Küche sitzenbleiben. Dies ist eigentlich überall ungehörig; aber für einen Kriegsmann ist sie absolut verwerflich und unerträglich; denn ein solcher muß, wie Philopoemen gesagt hat, sich in alle Verschiedenheiten und Ungleichheiten der Existenz schicken können.

Einst bin ich, soweit das möglich war, zu Freiheit und Unempfindlichkeit erzogen worden; und doch habe ich mich, als ich dann älter wurde, aus einer gewissen Gleichgültigkeit heraus mehr und mehr auf bestimmte Formen festgelegt (in meinem Alter nimmt man eben keine Lehren mehr an und sieht auf nichts anderes mehr, als sich zu erhalten); und nun hat die Gewohnheit, unmerklich, in meinem Inneren schon so tief ihr Siegel auf gewisse Dinge eingedrückt, daß ich es als Ausschweifung bezeichne, wenn ich einmal davon abweiche; deshalb kann ich, ohne große Überwindung, eine ganze Reihe Dinge nicht mehr tun: ich kann am Tage nicht schlafen; ich kann zwischen den Mahlzeiten nichts zu mir nehmen und auch früh nicht frühstücken; ich kann mich nicht schlafen legen, ohne daß nach dem Abendessen eine längere Zeit – etwa drei Stunden – vergangen ist; ich kann den Beischlaf nur vor der Nachtruhe und nicht im Stehen ausüben; ich kann durchgeschwitzte Sachen nicht anbehalten; ich kann zum Durstlöschen nicht reines Wasser und nicht reinen Wein trinken; ich kann nicht längere Zeit ohne Hut gehen, und ich kann mir die Haare nicht nach dem Essen schneiden lassen; es würde mir ebenso schwer werden, keine Handschuhe anzuhaben wie ohne Hemd zu gehen, oder nach dem Essen und früh beim Aufstehen mich nicht zu waschen, und keinen Betthimmel und keine Bettvorhänge zu haben: als ob das alles sehr notwendige Dinge wären. Ich könnte ohne Tischtuch essen; aber ohne weiße Serviette, nach deutscher Art, äußerst ungern; ich mache das Mundtuch sehr schmutzig, mehr als die

Deutschen und die Italiener; Löffel und Gabel benutze ich kaum. ...
Wenn Kranksein auch nichts Gutes ist, so ist doch eins gut daran: die Patienten werden dadurch frühzeitig auf den Tod vorbereitet, weil ihnen nach und nach die volle Verfügung über das Leben abgebaut wird. ...
Die Erfahrung in unangenehmen Dingen hat mich außerdem gelehrt, daß Ungeduld verkehrt ist. Das Schlimme hat seinen Ablauf und seine Grenzen, [c]seine Krankheiten und seine Gesundheit. Das Wesen der Krankheiten entspricht etwa der Anlage der Tiere; auch das Schicksal der Krankheiten ist von ihrer Geburt an bestimmt; ebenso ihre Dauer; wer selbstherrlich und gewaltsam in ihren Ablauf einzugreifen versucht, verlängert sie und macht mehrere daraus; er macht sie nicht gut, er macht sie böse. ...[ↄ] Man muß die Krankheiten gewähren lassen: ich finde, bei mir dauern sie weniger lange, da ich ihnen keinen Widerstand leiste; gewisse Leiden, die man für besonders hartnäckig hält, sind vergangen, weil sie in sich zusammengebrochen sind, ohne künstliche Hilfe und entgegen dem üblichen Verlauf. Wir müssen eben der Natur etwas nachgeben: sie versteht ihr Geschäft besser als wir. »Aber der und der ist doch daran gestorben.« Auch ihr müßt einmal sterben, wenn nicht an diesem Leiden, so an einem anderen: und wieviele haben doch sterben müssen, obwohl sie drei Ärzte dabeihatten. ...
Ich habe in mir die verschiedensten Leiden alt werden und schließlich eines natürlichen Todes sterben lassen: Rheuma, Gicht, Erschlaffung, Herzklopfen, Migräne und andere Unwohlsein, und zwar, als ich mich schon halb damit abgefunden hatte, sie zu behalten: man bannt sie leichter durch höflichen Empfang als durch schroffe Abweisung. Das Menschenleben hat seine Gesetze; man muß sich ihnen mit freundlichem Gesicht fügen: es ist uns bestimmt, zu altern und manchmal schwach oder krank zu werden, und zwar aller Ärztekunst zum Trotz. ... Es ist unrecht, mich zu beklagen, wenn mir etwas zustößt, was allen zustoßen kann. [c]»Be-

klage dich nur, wenn gerade gegen dich allein eine ungerechte Maßnahme ergriffen worden ist[32].«ↄ

Da betet ein alter Mann zu Gott, er möge ihm seine Gesundheit, seine volle Kraft ungeschmälert erhalten – also ihn wieder jung machen: »Du Tor, warum erbittest du mit kindischem Wunsch etwas Unmögliches[33]?« Ist das nicht Wahnsinn? Das verträgt sich nicht mit dem Altsein. [c]Gicht, Stein- und Verdauungsbeschwerden sind Symptome langer Jahre; sie gehören dazu, wie Hitze, Regen und Wind zu langen Reisen.ↄ ...

[Was mein eigentliches Leiden, die Blasensteine, betrifft,] so bin ich dem Schicksal dankbar, daß es mich immer wieder mit den gleichen Waffen angreift; durch die Wiederholung werde ich daran gewöhnt, dazu erzogen, ihm angepaßt und dagegen abgehärtet: ich weiß gewöhnlich ungefähr vorher, wie ein Anfall ablaufen wird. [c]Als Ersatz für das natürliche Gedächtnis, das mir abgeht, fabriziere ich mir ein Papiergedächtnis: wenn nun mein Leiden ein neues Symptom erkennen läßt, schreibe ich es auf. Jetzt bin ich sozusagen durch alle Beispielphasen durch; wenn nun ein Zustand mir besonders bedrohlich erscheint, blättere ich in den kleinen, unzusammenhängenden Zetteln, wie im Wahrsagebuch der Sibylle, und dann finde ich in den früheren Erfahrungen jedesmal eine tröstliche Parallele, die mir einen günstigen Verlauf voraussagt.ↄ ...

Der plötzliche Übergang, der dieser Krankheit eigentümlich ist, bringt sogar ein besonderes Glück mit sich: aus dem quälendsten Schmerz sehe ich mich, wenn der Stein abgeht, blitzartig wieder in den schönen Glanz der freien und vollen Gesundheit versetzt, wie das eben bei den schwersten Kolikanfällen üblich ist. Ist irgend etwas in dem Schmerz, den ich erst durchzumachen hatte, was die Freude über eine so überraschende Erlösung aufwiegen könnte? Wieviel schöner er-

32. Indignare si quid in te inique proprie constitutum est. Seneca, Epist. 91.

33. Stulte, quid haec frustra votis puerilibus optas? Ovid, Trist., III, 8. 11.

scheint mir die Gesundheit nach der Krankheit, besonders, wenn beide so unmittelbar zusammentreffen, daß ich sie gleichzeitig überschauen und durch das Nebeneinander ihre ganze Wirkungskraft vergleichen kann; sie stehen sich konkurrierend gegenüber, als ob sie sich im Streit oder im Spiel miteinander messen wollten. ...

Das Schlafen hat einen großen Teil meines Lebens eingenommen; jetzt, in meinem Alter, mache ich es noch ebenso: ich schlafe immer acht bis neun Stunden durch. Ich ziehe Nutzen aus diesem Hange zur Faulheit; offenbar bin ich dadurch lebenskräftiger. ...

Es gibt keine so erfreuliche Betätigung wie die soldatische: erstens sind die Kräfte, die sie in Anspruch nimmt, edel (denn von allen Tugenden ist der Mut die stärkste, die höchste und die stolzeste); zweitens ist der Anlaß edel: nirgends ist der Nutzen, der erstrebt wird, so gerecht und so allgemeingültig, wie wenn es um den Schutz der Ruhe und der Größe des eigenen Landes geht. Wie schön ist es doch, die Gemeinschaft mit vielen hochgemuten, jungen, tatkräftigen Männern zu fühlen und immer wieder tragischen Schauspielen zusehen zu dürfen; es bildet sich eine freie, ungekünstelte Kameradschaft; es wird eine männliche Haltung ohne viel Umstände verlangt; dazu kommt die Buntheit des vielseitigen Geschehens, der anfeuernde Klang der Kriegsmusik, die belebt und Ohren und Herz wärmt; ein weiterer Reiz liegt darin, daß Ehre mit einem solchen Einsatz verbunden ist, ja sogar darin, daß er so hart und so schwierig ist; ᶜ(Plato, in seinem Staat, nimmt darauf so wenig Rücksicht, daß er sogar Frauen und Kinder heranziehen will)ᵓ; jeder findet dabei seine besonderen Aufgaben und sein besonderes Risiko, je nachdem ihm sein Einsatz glanzvoll und wichtig erscheint; dadurch wird der Charakter der Freiwilligkeit gewahrt; daraus, daß man sogar das Opfer des Lebens in Kauf nimmt, sieht man, »daß der Tod in Waffen schön ist[34]«. Es gehört doch wirklich eine sehr niedrige und

34. Pulchrumque mori succurrit in armis. Vergil, Aen., II, 317.

schwächliche Gesinnung dazu, Angst zu haben vor dem, was in einer so großen Gemeinschaft jedem zustoßen kann; nicht zu wagen, was Menschen der verschiedensten Veranlagung wagen, ja, was ein ganzes Volk auf sich nimmt: weckt doch die Gemeinsamkeit sogar in den Kindern das Gefühl der Sicherheit. Wenn andere dich an Wissen, an Liebenswürdigkeit, an Kraft, an Vermögen übertreffen, so kannst du äußere Ursachen dafür verantwortlich machen; wenn du ihnen aber an innerer Festigkeit nachstehst, so mußt du die Verantwortung dafür nur bei dir selbst suchen.

Das Sterben ist gemeiner, matter und mühseliger im Bett als in der Schlacht: Fieber und Katarrhe tun ebenso weh und führen ebenso zum Tode wie ein Schuß. Wenn jemand die Fähigkeit gewonnen hätte, unerschrocken alles zu ertragen, was das Alltagsleben mit sich bringt, so brauchte er dann auch nicht mehr Mut, wenn er Berufssoldat werden wollte. c»Leben, mein lieber Lucilius, ist soviel wie kämpfen[35].«ↄ ... Ich habe immer ausgezeichnete Zähne gehabt, und erst jetzt fängt das Alter an, sie zu bedrohen. ... Gott begnadet die, denen er das Leben nach und nach verlöschen läßt: das ist die einzige Wohltat des Alters; der endgültige Tod wird dadurch weniger vollständig und weniger furchtbar; er hat es nur noch mit einem halben oder einem viertel Menschen zu tun. Jetzt ist mir also ein Zahn ausgefallen, schmerzlos, von selbst; es war dies das natürliche Ende seiner Zeit: nun ist dieser Teil meines Wesens schon tot und mehrere andere auch; andere Teile von mir sind halb tot, und zwar besonders aktive Teile, die während der Blütezeit meines Lebens die erste Rolle spielten. So schmelze ich allmählich dahin und entziehe mich nach und nach meinem Selbst. Wie dumm müßte mein Verstand sein, wenn er den Sprung von diesem Niedergang aus, der schon so weit fortgeschritten ist, als ebenso tief empfände, wie wenn es der ganze Sprung wäre! Bei mir wird es, hoffe ich, nicht so sein. cMein Tod wird ein gerechter und natürlicher Tod sein; und wenn ich von

35. Vivere, mi Lucili, militare est. Seneca, Epist. 96.

dem Schicksal noch etwas Besonderes erbitten und erhoffen wollte, so könnte das nur etwas Unnormales sein. Das tröstet mich, wenn ich darüber nachdenke. ...

Ich habe die »schöne Mitte«, die im Altertum gepriesen wurde, immer verehrt und für alle Lagen gültig gefunden; ich habe selbst das mittlere Maß immer als das vollkommenste Maß erlebt; soll ich nun jetzt ein übermäßiges, ein übernatürliches Alter beanspruchen? Kummer kann alles bereiten, was dem Naturablauf zuwiderläuft; was aber mit ihm übereinstimmt, muß immer als erfreulich angesehen werden: »Was der Natur entsprechend geschieht, soll man zu den guten Dingen rechnen[36].« Gewaltsam ist, wie Plato sagt, der Tod durch Verwundungen oder durch Krankheiten; aber der Tod, der uns dort unversehens empfängt, wo das Alter uns hingeleitet, ist der leichteste Tod von allen und in seiner Art köstlich. »Gewalt nimmt den Jungen das Leben, Reife den Alten[37].«[9]

Der Tod ist in unserem Leben immer gegenwärtig; in der Zeit des Niedergangs ist er schon ganz nah; er macht sich in der Entwicklung des Menschen dauernd geltend, auch wenn es aufwärts geht. Ich habe Bilder von mir, wie ich mit 25 und mit 35 Jahren aussah. Ich vergleiche diese Bilder mit meinem jetzigen Aussehen. Wie anders bin ich heute als mein einstiges Ich! Wieviel ferner ist das Bild, das ich jetzt biete, von dem damaligen als von dem meines Todes! ...

Ich lebe auf der Erde. Mir ist die unmenschliche Weisheit zuwider, die verlangt, daß wir auf die Pflege des Körperlichen verachtungsvoll und ablehnend herabsehen. Ich halte es für gleich unrichtig, sich mit Widerwillen von den natürlichen Freuden abzuwenden wie sich ihnen im Übermaß hinzugeben. ... Man soll ihnen nicht nachlaufen, aber auch nicht vor ihnen weglaufen: man soll sie nehmen wie ein Geschenk. Ich lasse mich nur zu gern von ihnen beschenken;

36. Omnia quae secundum naturam fiunt, sunt habenda in bonis. Cicero, De senect. 19.

37. Vitam adolescentibus vis aufert, senibus maturitas. Cicero, De senect. 19.

am liebsten gebe ich meiner natürlichen Neigung immer nach. cEs ist durchaus nicht nötig, die Nichtigkeit körperlicher Freuden zu übertreiben; sie zeigt sich von selbst und macht sich fühlbar genug. Dafür sorgt unser Geist. Dieser zersetzt, was gesund ist und Vergnügen bereitet und verdirbt uns die Freude daran, wie die Freude an sich selbst. Der Geist ergreift sich und alles, was sich ihm bietet, und zerrt es hin und her in seiner unersättlichen, schweifenden und wandelbaren Art: »Wenn das Gefäß nicht sauber ist, wird alles, was hineingegossen wird, sauer[38].«

Ich lege also Wert darauf, jedes einzelne Schöne im Leben bewußt zu erfassen; und doch finde ich, wenn ich genau hinsehe, eigentlich weiter nichts darin als Wind. Warum nicht? Alles in uns ist wie der Wind: und dazu ist der Wind noch klüger als wir: er freut sich, wenn er rauschen und wehen darf; er begnügt sich mit seiner Bestimmung, und es verlangt ihn nicht nach Eigenschaften, die er eben nicht hat, nach Beständigkeit und Dauer. ...ɔ Es ist mir zuwider, wenn man verlangt, daß wir den Geist in ferne Höhen erheben sollen, während unser Leib bei Tisch sitzt: gewiß will ich nicht, daß unser Geist dort auch festgenagelt sei und daß er sich im Genuß wälze; aber er soll dabeisein; cer soll sich mit zu Tisch setzen, aber auch leicht wieder aufstehen können. ...ɔ

Wenn ich tanze, tanze ich; wenn ich schlafe, schlafe ich: und auch, wenn meine Gedanken, auf einem einsamen Spaziergang in einem schönen Garten, sich eine Zeitlang mit Dingen beschäftigen, die damit nichts zu tun haben, führe ich sie dann wieder zu meinem Spaziergang zurück, zu dem Garten, zu dem Genuß dieser Einsamkeit und damit zu mir selbst.

In ihrer mütterlichen Fürsorge hat die Natur die weise Regel beobachtet: was sie zur Erhaltung unserer Existenz von uns verlangt, das bereitet uns auch Lust; sie leitet uns dazu hin, nicht nur durch die Vernunft, sondern auch durch das Gelüst: es ist Unrecht, ihr Gesetz zu verfälschen. ...

38. Sincerum est nisi vas, quodcumque infundis, acescit. Horaz, Epist., I, 2. 54.

[c]Ist es dir gelungen, in deinen Gedanken und in der Wirklichkeit mit dem Leben etwas anzufangen, so hast du die wichtigste Aufgabe erfüllt; die Natur zeigt ihre Kraft und ihren Sinn, ohne daß sie dazu besonderer Glücksumstände bedarf; sie wird auf allen Höhen sichtbar, oft auch im Hintergrund, gleichsam unverhüllt. Es ist wichtiger, daß du mit deinen Neigungen fertig wirst, als daß du mit einem Buch fertig wirst; wenn es dir gelingt, die innere Ruhe zu erobern, so hast du mehr getan als derjenige, der Städte und ganze Reiche erobert hat.

Das Meisterstück eines Menschen, auf das er besonders stolz sein kann, ist, sinnvoll zu leben; alles übrige, wie regieren, Schätze sammeln, Bauten errichten, sind Nebensachen.[ɔ] Es macht mir Freude, wenn ich ein Bild sehe wie dies: ein General sitzt vor der Lücke in der Stadtmauer, an der Stelle, wo dann gleich der Sturm beginnen soll, beim Essen und gibt sich dieser Tätigkeit ganz hin, gleichsam locker, in lebhafter Unterhaltung mit seinen Freunden. ... Nur die kleinen Seelen, die von der Last ihrer Geschäfte erdrückt werden, können sich nicht einfach von ihnen loslösen; es gelingt ihnen nicht, sie zu lassen und dann wieder aufzugreifen. ...

[c]Die innere Größe besteht nicht darin, sich möglichst weit nach oben oder nach vorwärts zu recken, sondern darin, sich zu bescheiden und zu beschränken; die Erfüllung liegt in dem, was genug ist; die Höhe darin, die normalen Dinge den ungewöhnlichen vorzuziehen.[ɔ] Nichts ist so schön und so berechtigt, als gut und recht ein Mensch zu sein; und es gibt keine so schwere Kunst, wie die, das Leben, das uns gegeben ist, [c]wirklich und natürlich zu leben; und die schlimmste unserer Krankheiten ist die, keine Achtung vor unserem Wesen zu haben.[ɔ] ...

Ich habe meinen besonderen Wortgebrauch: ich »verbringe« meine Zeit, wenn sie schlecht und unerfreulich ist; wenn es aber eine gute Zeit ist, will ich sie nicht »verbringen«, sondern sie auskosten, mich an sie klammern: über die bösen Tage muß man hinwegeilen, bei den guten verweilen. Die übliche Wendung »Zeitvertreib« und »sich die Zeit vertreiben« ist ein Ausdruck dafür, wie es vorsichtige Leute machen: sie denken, ihr Leben könnten sie nicht besser anwenden, als wenn sie es vergehen und verstreichen lassen, es verbiegen und vertun; sie wollen, soweit es ihnen möglich ist, nichts davon wissen und nichts damit zu tun haben, als wenn es etwas Langweiliges oder Verächtliches wäre. Aber ich weiß: das Leben ist anders; ich finde es wertvoll und recht nett, sogar im letzten Teil seines Ablaufes, wie ich es jetzt habe; die Natur, die uns das Leben anvertraut hat, hat ihm vielerlei Chancen gegeben, so daß wir nur uns selbst es zuzuschreiben haben, wenn es auf uns lastet und wenn es uns ungenutzt entgleitet. [c]»Das Leben des Toren ist unfruchtbar und unruhig; alles wird in der Zukunft gesucht[39].«[ɔ] Und doch richte ich mich darauf ein, daß ich mich zu gegebener Zeit leidlos von ihm trennen kann; aber deshalb, weil das Leben seinem Wesen nach vergänglich, nicht weil es mir lästig und widerwärtig ist. [c]Den Tod nicht zu verneinen, steht deshalb eigentlich nur denen wohl an, die das Leben bejahen.[ɔ] ...

Gern [c]und dankbar[ɔ] nehme ich hin, was die Natur für mich getan hat; ich finde mich damit ab und schicke mich darein. Sie ist eine große, eine allmächtige Spenderin; Unrecht tut, wer ihre Spende ablehnt, sie unwirksam macht und sie verfälscht: [c]gib dich zufrieden! Die Natur hat alles gut gemacht. »Alles, was der Natur entspricht, ist wertvoll[40].«[ɔ] ...

39. Stulti vita ingrata est, trepida est, tota in futurum fertur. Seneca, Epist. 15.

40. Omnia quae secundum naturam sunt, aestimatione digna sunt. Cicero, De finibus, III, 6.

STELLENVERZEICHNIS

An Hand der folgenden Liste können die zahlreichen *Auslassungen* unserer Auswahl (. . .) aufgefunden und kontrolliert werden. Vgl. dazu den Abschnitt: »Zur Textgestalt«, S. 30. In der ersten Spalte *(R)* steht die Seite, bei mehreren Lücken auch die Zeile unserer Ausgabe (Reclams Universal-Bibliothek), wo nach den Auslassungen der Text fortfährt. In Spalte zwei *(T)* und drei *(B)* stehen die Seitenzahlen des französischen Originaltextes, Ausgabe Thibaudet, und der deutschen Übersetzung von Bode, auf denen sich die entsprechenden Stellen finden. Kapitelanfänge (K) sind nur aufgenommen, wenn in unserer Auswahl das Kapitel nicht mit dem ursprünglichen Kapitelanfang einsetzt. Ganz kurze und unwesentliche Auslassungen sind nicht berücksichtigt.

R	*T*	*B*	*R*	*T*	*B*	*R*	*T*	*B*
35	27	2	65.20	143	201	88.22	198	327
36.13	28	4	65.32	144	203	89.1	199	329
36.37	29	7	66.29	146	209	89.14	200	330
43.26	55	60	68.31	147	212	90.6	201	333
43.36	55	62	69.9	148	213	90.26	203	337
46.22	59	71	70.1	149	216	90.29	204	338
46.31	60	72	70.25	150	219	91.7	205	341
49 (K)	69	91	72.10	166	252/55	91.19	207	344
50.17	101	113	72.28	167	256	91.33	208	346
51.4	102	115	73.27	168	259	92.17	208	348
51.29	103	117	74.6	169	261	93.32	210	355
52 (K)	105	122	76.30	179	285	97.6	213	360
52.13	106	124	76.33	180	286	97 (K)	214	361
52.19	107	125	77.10	180	287	99.6	216	364
53.25	109	129	77.36	182	290	99.16	217	368
57.11	112	135	79.1	183	293	100 (K)	219	II 4
58.19	114	139	80.14	184	296	101.29	221	9
58.35	115	141	81.6	185	298	102.31	222	11
59.20	117	143	81.14	185	299	104.26	226	21
61.20	120	149	83.4	187	301 f.	105.30	229	28
61.28	121	150	83.16	188	305	106.18	230	30
62 (K)	136	185	84.3	191	311	107.14	234	53
63.1	137	187	84.20	192	313	107.33	235	86
64.17	139	191	85.24	193	316	108.10	236	87
64.23	140	193	86.1	194	317	108.18	237	89
64.36	141	197	87.12	196	321	109 (K)	239	95
65.4	142	198 f.	88.7	197	324	109.7	242	100

R	*T*	*B*
319.28	1038	363
319.34	1040	368
320.17	1045	380
321.5	1055	404
321.28	1056	406
322.15	1058	409
322.33	1059	412
323.36	1061	416
324.3	1061	418
324.11	1063	422
324.24	1064	423
324.34	1065	426
325.8	1066	427
325.33	1067	430
326.8	1068	432
327.33	1071	440
328.14	1073	444
328.22	1074	445
328.28	1075	448
329.3	1080	459
329.19	1081	460
329.26	1081	462
330.8	1082	463
331.15	1084	467
331.28	1085	469
332.11	1088	476
332.21	1089	478
332.35	1090	480
333.17	1091	482
334.1	1092	484
334.13	1094	VI 1
334.33	1095	5
335.32	1096	9
336.13	1101	19
336.22	1102	22
337.4	1103	26
337.8	1104	27
337.33	1105	29
338.5	1107	33
338.37	1110	39
339.29	1112	43
340.35	1113	47
341.12	1114	50
341.17	1115	51
342.1	1116	52
342.11	1117	54
343 (K)	1125	71
344.11	1127	76
346.8	1129	80
346.18	1131	83
346.36	1132	87
347.5	1134	90
347.33	1137	100
348.17	1140	104
348.36	1143	108
349.3	1144	112
350.10	1146	115
350.33	1148	121
351	1162	152
351.30	1164	156
352.14	1165	159
352.30	1170	170
353.5	1173	176
353.27	1174	179
354.1	1179	189
355.21	1181	193
356.34	1183	199
357.8	1184	201
357.37	1186	205
358.24	1191	217
359 (K)	1197	231
360.21	1202	241 f.
361.8	1203	244
361.33	1205	247
362.36	1206	250
363.17	1207	252
363.30	1208	253
364.24	1209	257
365.1	1213	265
365.23	1214	268 f.
366.22	1216	273
368.3	1220	283
368.7	1223	287
369.12	1227	299
369.26	1228	301
370.7	1232	307 f.
371.18	1239	325 f.
372.26	1245	338
373.25	1246	341 f.
374.1	1247	344
374.22	1250	349
374.32	1251	352
375.20	1253	357

NAMEN- UND SACHREGISTER

Die Ziffern bezeichnen die Seitenzahlen unserer Ausgabe. Das Zeichen ~ bedeutet die Wiederholung des Stichwortes. Der Leser vergleiche ferner S. 5 und 6. Namen und Begriffe, die nur in den Fußnoten vorkommen, sind nicht berücksichtigt.

INHALT

ZWEITES BUCH

DRITTES BUCH